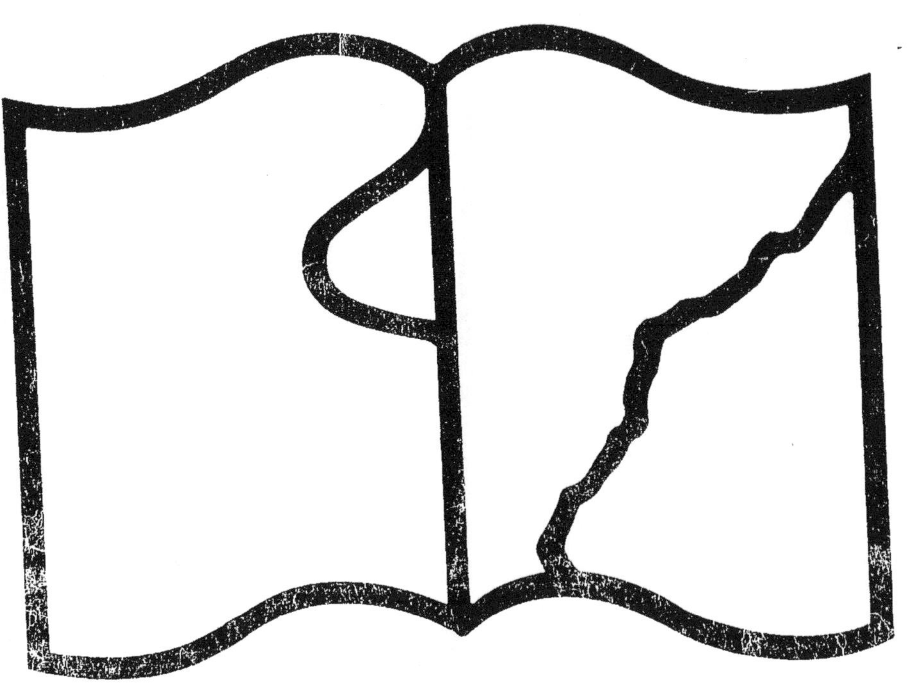

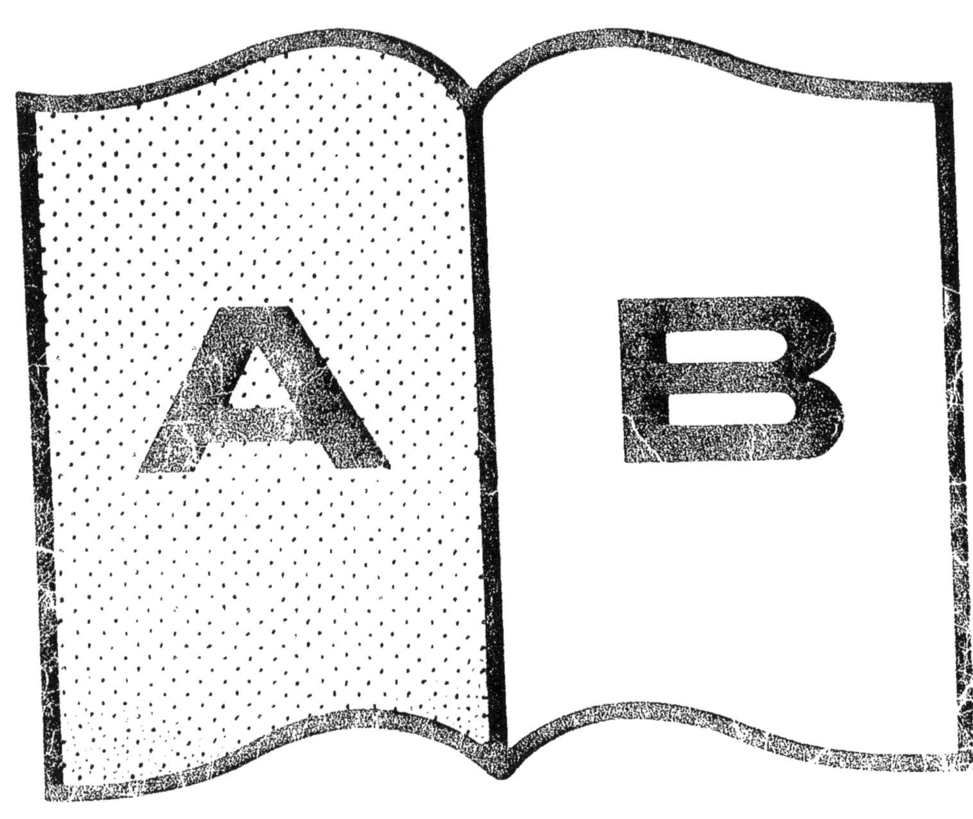
A
B

RECHERCHES ANTHROPOLOGIQUES
DANS L'ASIE OCCIDENTALE

MISSIONS SCIENTIFIQUES

EN

TRANSCAUCASIE

ASIE MINEURE ET SYRIE

— 1890-1894 —

PAR

ERNEST CHANTRE

SOUS-DIRECTEUR DU MUSÉUM

CHARGÉ DU COURS D'ETHNOLOGIE A L'UNIVERSITÉ DE LYON

Ouvrage publié avec le concours
de l'Association française pour l'avancement des Sciences (Legs Girard).

LYON

HENRI GEORG, ÉDITEUR

LIBRAIRE DE LA FACULTÉ DE MÉDECINE ET DE LA FACULTÉ DE DROIT

36-38, PASSAGE DE L'HÔTEL-DIEU, 36-38

MAISONS A GENÈVE & A BALE

1895

RECHERCHES ANTHROPOLOGIQUES

DANS L'ASIE OCCIDENTALE

MISSIONS SCIENTIFIQUES

EN TRANSCAUCASIE

ASIE MINEURE ET SYRIE

— 1890-1894 —

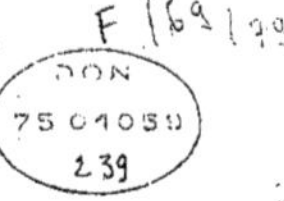

RECHERCHES ANTHROPOLOGIQUES
DANS L'ASIE OCCIDENTALE

MISSIONS SCIENTIFIQUES

EN

TRANSCAUCASIE

ASIE MINEURE ET SYRIE

— 1890-1894 —

PAR

ERNEST CHANTRE

SOUS-DIRECTEUR DU MUSÉUM

CHARGÉ DU COURS D'ETHNOLOGIE A L'UNIVERSITÉ DE LYON

Extrait des ARCHIVES DU MUSEUM D'HISTOIRE NATURELLE DE LYON, t. VI.

LYON

HENRI GEORG, ÉDITEUR

LIBRAIRE DE LA FACULTÉ DE MÉDECINE ET DE LA FACULTÉ DE DROIT

36-38, PASSAGE DE L'HÔTEL-DIEU, 36-38

MAISONS A GENÈVE & A BALE

1895

INTRODUCTION

Pendant mes voyages de 1879 à 1883 exécutés sous les auspices du ministère de l'Instruction publique, j'avais parcouru une grande partie de l'Asie antérieure dans le but d'en étudier l'histoire naturelle et principalement les populations, au point de vue ethnographique et anthropométrique.

En publiant les résultats sommaires de ces explorations, j'avais étudié les grandes lignes de l'ethnologie générale de cette partie si importante de l'ancien monde, et tracé le programme des recherches anthropologiques à y entreprendre.

Dans les rapports que j'ai adressés à M. le ministre de l'Instruction publique et dans quelques publications, j'ai signalé brièvement les particularités des races de la Syrie septentrionale, de la Haute Mésopotamie, du Kurdistan, de l'Arménie et du Caucase, mais je ne me suis attaché à décrire avec détails que les peuples de cette dernière région [1].

J'espérais revoir tôt ou tard les autres parties que je n'avais fait que traverser, et reprendre l'étude de ces familles arméniennes, kurdes, turco-mongoles et sémitiques qui ne se montrent au Caucase qu'à l'état sporadique, et sur lesquelles je

[1] *Recherches anthropologiques dans l'Asie Occidentale.* Caucase, 5 vol. in-4°, 446 figures, 140 planches et 2 cartes en couleur.

n'avais pu donner que des aperçus insuffisants dans ma monographie des peuples du Caucase.

Chargé de nouveau en 1890 d'une mission scientifique, je parcourais, accompagné de Mme Chantre, l'Arménie russe ou Transcaucasie et je reprenais le cours de mes études ethnologiques et anthropologiques que l'état de ma santé, ébranlée par mes précédentes expéditions, m'avait fait abandonner temporairement.

Je consacrais les années 1891 et 1892 à étudier les collections anthropologiques de l'Europe et spécialement celles de la Russie. Enfin, pendant les années 1893 et 1894 nous avons parcouru, Mme Chantre et moi, encore une fois sous les auspices du ministère de l'Instruction publique, les parties de l'Asie Mineure, comprises sous les anciens noms de Galatie, de Cappadoce et de Taurus cilicien.

Ma campagne de 1890 en Transcaucasie a duré de mars à septembre. Après un court séjour à Tiflis, nous nous mettions en route munis de recommandations qui devaient avoir les plus heureux effets chez les populations que nous allions visiter.

De Bakou, la ville du pétrole où nous faisons une rapide excursion, nous allons à Salyan et à Bojii-Promyssèl, où commencent à apparaître des peuples tantôt sédentaires ou demi-sédentaires, comme les Tats qui ont des terres et des troupeaux ; tantôt, en quelque sorte nomades, comme les Hadjemi et les Kalmouks qui n'habitent le pays que durant la saison des grandes pêches de la Koura. La visite des pêcheries du cours inférieur de cette rivière qui nous a permis de faire d'importantes collections de poissons n'a pas été l'un des moindres attraits de la première partie de notre voyage.

Quittant ensuite cette contrée basse et marécageuse dont notre santé n'a pas tardé à subir les effets, nous avons pris la route du Karabagh par Terter, laissant à gauche les steppes du Moughan. C'est à Choucha que je devais organiser ma caravane avant de m'enfoncer dans la région montagneuse du Karabagh et du Zanguezour. Nos préparatifs ayant nécessité un séjour d'une semaine dans cette ville, nous l'employâmes à mesurer et à photographier nombre de Tatars Aderbéidjani et d'Arméniens, peuples qui se disputent la suprématie dans ce pays comme dans un grand nombre d'autres localités de l'Arménie.

Depuis Choucha, nous cheminons par monts et par vaux dans le Karabagh, allant d'un village tatar à un village arménien, rencontrant partout des ruines de monastères et d'églises, traces des dévastations mongoles et perses. Arrivés sur les crêtes admirablement boisées du Zanguezour aux riches mines de cuivre, nous commençons à descendre et à gagner peu à peu l'Araxe, au prix de peines infinies et de dangers continuels, tant sont escarpés les sentiers qui y mènent. A Ordoubat, coquette ville tatare, et grâce aux sympathies des musulmans, nous avons pu nous livrer à nos études favorites. A Akoulis, non loin d'Ordoubat, le même accueil hospitalier nous fut fait, mais cette fois par une population arménienne riche, instruite et des plus civilisées.

Après avoir visité l'intéressante nécropole du vieux Djoulfa, nous gagnons promptement Nakhitchevan et de là Erivan. La distance entre ces deux villes est de 150 kilomètres. Nous la parcourûmes d'une seule traite en tarantass. Notre joie fut grande et nous fit oublier la fatigue, lorsqu'en arrivant à la station de Davalou, au point du jour, nous aperçûmes, dans le lointain, les deux cimes du Grand et du Petit-Ararat, dorées par le soleil levant.

A Erivan où j'avais déjà passé quelques jours en 1881, nous réorganisons une nouvelle caravane en vue d'une grande excursion dans le massif de l'Ararat.

Escorté de nombreux Cosaques, nous quittons Erivan, et nous nous acheminons vers la masse imposante du « Massis » que nous atteignons en passant par les villages de Kamarlou et d'Aralych. Ce dernier est situé au pied même de l'Ararat, à 850 mètres d'altitude. C'est un poste militaire des plus importants qui garde la frontière sur ce point.

L'ascension de l'Ararat commence sitôt après avoir quitté Aralych. Notre première halte a lieu à Sardar-Boulak, campement des Cosaques d'Aralych pendant l'été, à 2000 mètres d'altitude. Sardar-Boulak est situé dans le col qui sépare le Grand du Petit-Ararat. La salubrité de l'air, l'abondance de l'eau et ses splendides pâturages en font un des lieux de campement les plus recherchés des Kurdes.

Une belle flore s'y développe, et nous avons pu enrichir considérablement notre herbier. De nombreux campements de Kurdes Djelali établis dans les alentours, offrent le plus grand intérêt. Grâce à la bonne volonté des nomades nous avons relevé de belles séries de mesures anthropométriques.

Une excursion particulièrement attrayante fut celle que nous fîmes, fortement escortés, du campement de Sardar-Boulak à celui de Petchara, chez des Kurdes indépendants établis sur le territoire perse. Après une riche récolte de documents géologiques, zoologiques et botaniques, nous quittons à regret le séjour agréable de

Sardar-Boulak pour nous rendre à Arkhouri. De là, nous faisons plusieurs excursions intéressantes, l'une au ravin de Saint-Jacob dans lequel descend le principal glacier de l'Ararat; l'autre au lac Kip-göl, situé à 3300 mètres sur le Grand-Ararat. Cette dernière excursion ne fut point aisée, et il fallut déployer beaucoup d'énergie pour obtenir qu'on nous y conduisît, néanmoins les résultats nous payèrent surabondamment de la peine. Un peu au-dessous de ce lac, se trouvent des campements de Kurdes que nous avons pu visiter en passant.

Après Arkhouri, notre première halte est à Khorgane où s'éleva jadis une ville arménienne. De ce point, encore élevé de 2000 mètres, va commencer la descente sur la triste et insalubre plaine de l'Araxe que nous rejoignons à Igdir.

J'ai pu mesurer à Igdir une des plus belles séries de Kurdes qu'il soit possible de rencontrer. Toutes les tribus y sont réprésentées. A Koulpe, l'étape suivante, nous avons visité en détail les exploitations de sa fameuse mine de sel, vieille comme le monde, et où l'homme de l'âge de la pierre a laissé ses outils de travail. De nombreuses caravanes de Kurdes de la frontière perse et turque, ainsi que du mont Alagöz, viennent en été s'y approvisionner; aussi nous a-t-il été encore donné d'y faire une série de mensurations anthropométriques des plus intéressantes.

En quittant Koulpe, nous vîmes les fameux vestiges d'Erovantachad et d'Erovantagherd, antiques capitales de l'Arménie, situées au confluent de l'Araxe et de l'Arpa-Tchaï, puis ceux de la plus antique Armavir, ville fameuse dans les fastes de l'Arménie païenne, et où s'élevait un temple en l'honneur du Soleil. Enfin en traversant Etchmiadzine, la Rome arménienne, nous atteignons Erivan, très fatigués, mais enchantés de notre excursion au massif de l'Ararat.

Un arrêt de vingt-quatre heures dans cette ville nous permet de nous approvisionner, de changer nos chevaux et notre escorte; les Cosaques sont remplacés par des tchapars tatars. Bientôt nous sommes en route pour de nouvelles régions. Cette fois, nous marchons vers les hauts plateaux qui dominent le lac Goktchaï. Chemin faisant, nous visitons les ruines de l'antique capitale arménienne de Kharni dont la fondation remonte à 2000 ans avant Jésus-Christ. De là, par des sentiers, nous nous dirigeons vers le fameux monastère de Kéghart, en suivant la sauvage vallée volcanique de la Garni-Tchaï.

De Kéghart nous gagnons rapidement les hauts campements situés à 2000 mètres. A partir de ce point jusqu'à 3000 et 3500 nous allons malgré la température froide sur un sol abandonné depuis peu par la neige dont il reste encore çà et là de grandes flaques. Pourtant, ces parages élevés sont déjà occupés par des Kurdes venus de la plaine de l'Araxe avec leurs troupeaux, pour y passer l'été. Ces campements, dont quelques-uns sont fort riches, sont des plus intéressants, et, grâce au bon accueil qui nous y est partout fait, nos opérations anthropométriques et photographiques sont des plus fructueuses. Une hospitalité grandiose nous est offerte par ces fiers montagnards; il n'est pas jusqu'au plus pauvre qui n'offre le lait de ses brebis et une flambée de son bois si précieux, aux Français venus de loin pour les visiter.

Une autre étape nous mène au campement d'Aïridja que nous atteignons après avoir contourné une partie du massif de l'Ak-dagh, si riche en belles couches d'obsidienne. Enfin, après avoir quitté celui de Tchitchanlou, nous commençons à apercevoir à nos pieds, dans un déchirement de l'épais brouillard qui nous enveloppe, les eaux bleues du lac Goktchaï dans le voisinage duquel nous campons, le soir, dans le village de Göl.

Notre dernière étape en caravane nous conduit à Novo-Bayazid, charmante ville arménienne, et l'un des sanitorium de la région. Là il faut dire adieu à nos chevaux et à nos bons serviteurs. C'est en voiture que s'accomplira la suite et la fin du voyage, les routes ayant fait leur réapparition.

De Novo-Bayazid nous descendons en phaéton sur Delijan, puis sur Akstapha d'où nous gagnons Tiflis en chemin de fer.

Pour utiliser les quelques jours qui nous restent avant le départ du bateau, nous entreprenons une excursion finale qui nous permet de voir : Borjom, le Baden-Baden de l'Orient ; Akhaltzick, ville dont la population, composée de Juifs et d'Arméniens, m'offrait le plus vif intérêt ; enfin Abbas-Touman, autre station thermale et estivale, située dans un des plus ravissants sites du Caucase. De là nous gagnions Rion, en passant le col de Zekari, et en suivant une route neuve tracée en pleins monts de la Gourie. Cette descente depuis le col jusqu'à la vallée du Rion ne fut qu'un trop court enchantement, car nul pays de la terre n'offre, en moins de temps, plus de beautés et de richesses naturelles que ce coin privilégié dont la flore, notamment, est sans rivale. Ayant ainsi si bien terminé notre voyage en Transcaucasie, nous arrivions à Batoum, et bien à regret nous quittions cette terre hospitalière si variée d'aspects, si riche de toutes façons, si peu connue, et nous nous embarquions pour rentrer en France.

Durant ces intéressants voyages dont le récit a été publié [1] ou le sera bientôt

[1] *A travers l'Arménie russe*. — *Le Tour du Monde*, Hachette, 1892. — *En Cappadoce* (sous presse).

ailleurs par les soins de Mme Chantre, j'ai recueilli d'importantes collections relatives à la faune, à la flore et à la nature du sol des pays que nous avons traversés.

Nos récoltes ont été spécialement fructueuses dans les régions peu explorées du Karabagh, de l'Ararat, du lac Goktchaï en Russie, puis dans celles de la Cappadoce et du Taurus en Turquie. Nous avons aussi réussi à nous procurer, non sans de grandes difficultés, quelques crânes de Tatars et d'Arméniens, ainsi qu'un certain nombre d'antiquités dont les unes remontent à l'âge de la pierre et les autres au premier âge du fer. J'ajouterai à cela un grand nombre de monnaies anciennes, pierres gravées, terres cuites, etc., enfin de nombreux objets ethnographiques modernes.

Nos campagnes de 1893 et 1894 ont duré, comme les précédentes, de mars à septembre. C'est d'Angora, où la ligne du chemin de fer d'Anatolie arrivait depuis quelques mois, que commencèrent, en réalité, nos pérégrinations en Asie Mineure. C'est là surtout que nous pouvions organiser nos caravanes et commencer cette vie nomade qui devait nous permettre d'étudier les antiquités et les populations de ce pays.

L'un des buts essentiels de notre mission étant la recherche des vestiges des peuples primitifs de la Cappadoce, nous devions aller aussitôt que possible dans la région anciennement connue sous le nom de Ptérie où, depuis longtemps déjà, d'importants monuments se rattachant à la civilisation dite *hétéenne* avaient été signalés et décrits, et auprès desquels nous désirions opérer des fouilles.

En 1893, nous nous dirigeâmes tout d'abord vers les célèbres ruines d'Euyuk d'Aladja par la petite ville de Songourlou et, de là, nous atteignîmes la localité non moins importante de Boghaz-Keui où nous attendaient des découvertes tout à fait imprévues. Puis, nous allions à Yozgat d'où nous devions gagner la ville de Césarée, l'antique Mazaca, en suivant une partie de la vallée du Kizil-irmak, sur les bords duquel sont échelonnés de nombreux villages turcs et arméniens, ainsi que de nombreux hameaux tcherkesses et des campements kurdes. Chemin faisant, nous visitions les thermes de Terzili-hammam qui doivent remonter à Justinien, et nous ouvrions deux des grands tertres militaires, si nombreux dans cette contrée. De là, nous allions à Césarée par Boghazlian.

En 1894, nous avons suivi à peu près le même itinéraire jusqu'à cette dernière ville ; toutefois, en quittant Yozgat, nous fîmes une excursion jusqu'à l'antique Tavium, aujourd'hui Nefez-Keui.

A Césarée même nous séjournâmes, chaque fois, assez longuement pour étudier la ville fort intéressante ainsi que les habitants de diverses races qu'elle renferme. C'est à 18 kilomètres au nord-est de Césarée que nous avons découvert les importantes ruines pélasgiques constituées par un immense tell que les gens du pays désignent sous le nom de *Kara-Euyuk* ou *Kul-tepe*.

Après cela, nous parcourons les environs immédiats de l'Argée, couverts de villages grecs et arméniens ; nous nous arrêtons dans les couvents de Sourp-Garabet et de Zindjidéré ; nous passons une nuit à 2500 mètres d'altitude dans un des pâturages qui recouvrent les pentes de cette grande et belle montagne, pour y visiter un campement kurde. De là nous descendons sur Everek d'où nous allons visiter le village de Frakten qui possède dans son voisinage une sculpture sur roc du genre hétéen. Laissant la vallée du Zamanti-irmak, nous revenons à Everek pour gagner ensuite par le marais salé d'Indjésou, les bourgs d'Urgub, d'Hadji-Bektach et de Kir-Chehir, recueillant toujours, le long du chemin, des documents de toute nature.

De Kir-Chehir s'est effectué, en 1893, notre retour sur Angora et Constantinople. En 1894, en dépit des innombrables contrariétés que nous causèrent l'état d'insalubrité du pays, alors en proie à une violente épidémie cholérique, en dépit des quarantaines, des vexations de tous genres qui nous furent infligées et qui allèrent, vers la fin de notre voyage, jusqu'à une expulsion du territoire ottoman par iradé impérial, comme suspects de faire de la propande révolutionnaire, nous avons pu effectuer notre retour par la Cilicie, en franchissant les passes difficiles de l'Anti-Taurus. C'est par le défilé célèbre du Kuru-bel que nous avons atteint la région arménienne du Khozan, jadis réputée inexpugnable. Après, une quarantaine de 10 jours qui nous fut imposée dans le vallon sauvage dit Tekké-deressi, au sein des montagnes revêtues encore sur certains points de splendides forêts, nous arrivons à Schar, village arménien moderne, qui se dresse sur l'emplacement de l'antique et superbe Comana de Cappadoce, la ville de Ma et de Bellone aux puissants prêtres-rois.

En suivant, à peu près depuis ses sources, la vallée sauvage du bleu Sarus nous atteignons le pittoresque bourg d'Hadjin, nid d'aigle accroché aux flancs abrupts de la montagne. Descendant toujours le revers de l'Anti-Taurus, nous arrivons à la plaine torride et marécageuse de Sis, jadis rivale d'Etchmiadzine, et enfin à Adana d'où nous gagnons la mer à Mersina.

Malgré les difficultés dont fut hérissée cette campagne de 1894, nous avons gardé de cette dernière partie du voyage un souvenir profond des plus agréables.

Les impressions des jours passés dans les montagnes du Taurus nous ont fait ample compensation aux horreurs du choléra et aux vexations que de fanatiques et malhonnêtes fonctionnaires ont semées sur notre route. On peut dire, en conclusion, d'une telle traversée de l'Asie Mineure : Pauvre Turquie!... Jamais pays plus grand et plus riche en germes féconds n'a subi le joug de plus tristes maîtres! Jamais plus d'iniquités n'ont pesé aussi lourdement sur des groupes d'individus qui n'aspirent qu'à vivre en paix, en menant une vie laborieuse et honnête...

Je n'insisterai pas sur les difficultés inhérentes à ces sortes de voyage. Je me contenterai de rappeler seulement que les monts et les plateaux de l'Asie occidentale sont sillonnés de misérables sentiers; que les valleés de l'Araxe et du Kizil-irmak sont réputées pour leur insalubrité et leur chaleur torride en été; qu'enfin, les flancs de l'Ararat comme ceux de l'Argée, composés de cendres et de scories offrent de nombreuses difficultés aux caravanes qui s'y aventurent. A ces inconvénients de tous genres, il faut joindre ceux causés par la fièvre, le manque d'eau potable et les moustiques. Quant aux difficultés pouvant venir des populations peu habituées aux visites d'étrangers, et, par cela même, quelque peu farouches, elles furent singulièrement aplanies grâce aux excellentes relations que nous nous étions créées en Asie Mineure aussi bien qu'au Caucase, et grâce aussi à la haute protection des gouvernements ottoman et surtout russe qui nous avaient accordé libéralement des recommandations spéciales et dont l'appui nous a accompagné durant tout le cours de nos voyages.

Si j'ai eu l'honneur d'inaugurer, en 1879 et 1881, les recherches anthropologiques au Caucase, en Syrie et en Arménie, je constatai que je n'avais pas eu un grand nombre d'imitateurs quand je revins dans ces pays en 1890. A part un certain nombre de travaux importants[1] publiés sur les crânes venant de Palestine, de

[1] Blumenbach, *Dec. coll. suæ. cran.* — Davis, *Thesaurus craniorum.* — Girard de Rialle et Pruner bey, Crânes de Syrie *(Bull. Soc. anthrop.*, 2e série, t. I, Paris, 1886). — Flower, *Catalog. of the specimen*, etc., London, 1879. — Carter Blake, Notes on human remains from Palmyra *(Journ. anthrop. Inst. of Great Brit. and Ireland*, vol. I, 1871). — Busk, On a Skull from Palmyra *(ibid.*, vol. IV). — Richard Owen, Observation on the collection of Skull sent by cap. Burton *(ibid.*, vol. VIII, 1879). — Busk and Blak, Notes on a Skull termed Nabatathaen *(ibid.)*. — De Quatrefages et Hamy, dans Crania Ethnica, *Crânes d'Arabes d'Asie*, de la collection Lartet. — Langerhaus, Ueber

Mésopotamie et d'Asie Mineure, peu de mensurations avaient été opérées dans les autres parties de l'Asie occidentale.

En dehors de Duhousset[1] et de Kanikoff[2] qui, l'un en 1863 et l'autre en 1860, esquissaient l'ethnographie de la Perse, on voit en 1881 Weisbach[3] qui après avoir décrit un certain nombre de Grecs et de Turcs publie un remarquable mémoire sur la forme de la tête grecque. Vers 1885, Yelisseieff[4] entreprenait la monographie anthropométrique des peuples de l'Asie Mineure. Une mort prématurée ne lui a permis de publier que la race turque. Wirouboff[5] étudiait en 1890 les Tatars du Daghestan, et Nossoussof[6], à la même époque, décrivait quelques Kurdes de Transcaucasie; Pantioukoff[7] faisait enfin en 1893 un certain nombre d'observations anthropologiques sur quelques groupes caucasiens.

Plus anciennement, en 1882, Frédéric Houssay[8] publiait un travail d'ensemble du plus haut intérêt sur les peuples actuels de la Perse. Puis Félix von Luschan[9] faisait connaître en 1890 et 1892 les peuples de la Lycie, particulièrement les Turcs, les Grecs, les Tahtadji, les Yuruk et les Tsiganes. Enfin MM. Neophitos[10], Apostolides[11] et Stéphanos[12] donnaient des travaux d'étendue diverse sur les Grecs des différentes parties de l'Asie Mineure.

Grâce à deux collaborateurs, élèves de mon laboratoire, j'ai obtenu quelques petites séries de mensurations anthropométriques sur des peuples que je n'ai pas

die heutigen Bewohner des Keiligen Landes (*Archiv für Anthrop.*, Band VI, 1873). — Virchow, Alttrojanische Graber und Schadel. Berl. 1882, gr. 4, m. 13 Kpfrt. (*Archiv für Anthrop.*, Berlin, 1882). — Weisbach, Die Schädelform der Griechen (*Mith. der anth. Gesel. in Wien*, 1881). — Hamy, Documents pour servir à l'anthropologie de la Babylonie (*Nouvelles archives du Muséum*, Paris, t. VI, 1894). — Zaborowski, Crânes grecs anciens d'Asie Mineure (*Bull. Soc. anthrop.*, Paris, 1881, 3e série, t. VI).

[1] Etudes sur les populations de la Perse (*Rev. Orient.*, Paris, 1863).

[2] Mémoire sur l'Ethnographie de la Perse (*Soc. de Géographie de Paris*, 1866).

[3] *Loc. cit.*

[4] *Journal de la Soc. des Sciences nat. et d'anthropologie de Moscou*, 1890 et 1891, en russe.

[5] *Ibid.*

[6] *Ibid.*

[7] Zapiski, *De la section caucasienne de la Soc. Imp. russe de géographie*, Tiflis, 1893.

[8] Les peuples actuels de la Perse (*Bull. Soc. anthrop. de Lyon*, t. VI).

[9] Die Tachtadschy und andere Ueberreste der alten Bevölkerung Lykiens (*Archiv für Anthrop.*, band XIX, 1991. — *Reisen in Lykien, Mylias Kibiratis*, E. Petersen et von Luschan, 2 vol., in-folio, Vienne, 1882, Band II. Anthropologische Studien.

[10] Les Grecs du nord-est de l'Asie Mineure (*l'Anthropologie*, t. II, n° 1, 1891).

[11] Mensurations de quelques Grecs (*Bull. Soc. d'anthrop. de Paris*, 1883, t. IV, 3e série).

[12] *Dictionnaire encyclopédique des Sciences médicales de Paris*, 1884.

encore eu l'occasion d'étudier personnellement. Tels sont le regretté Dr Senez, médecin sanitaire à Beyrouth, et M. J.-E. Gautier, de Lyon, qui a fait un séjour de quatre ans soit en Perse. soit en Mésopotamie.

Au point de vue ethnographique, la direction scolaire du Caucase a continué, sous les auspices de son éminent curateur M. Yanowski, de recueillir et de publier des documents relatifs aux langues, aux légendes, aux traditions et mœurs des montagnards caucasiens.

De son côté, l'administration a continué sous l'habile direction de M. Seidlitz le classement des peuples du Caucase en établissant sa statistique. Malheureusement, ce classement repose sur les caractères linguistiques et les religions, et l'on sait actuellement que ces bases sont absolument insuffisantes et même dangereuses pour guider dans les recherches anthropologiques.

Je suis loin de faire abstraction complète de ces éléments d'information, mais au lieu de leur donner une importance exagérée, j'y ai joint, pour chaque peuple, tout ce que j'ai pu recueillir sur leurs origines, d'après leurs légendes, leurs traditions, et l'histoire, ainsi que sur leurs mœurs et coutumes. J'ai mesuré et photographié enfin un très grand nombre d'individus. Je me suis attaché, en un mot, à remplir le programme que j'avais, du reste, tracé pour le questionnaire de la Commission internationale anthropologique de Moscou[1].

La physionomie et la morphologie générale d'un individu, d'une famille ou d'une race peuvent, assurément, s'établir par l'observation directe et se décrire à l'aide de qualificatifs, ainsi que par de nombreuses photographies prises toutes sous le même aspect, c'est-à-dire, face et profil, sur des sujets bien choisis. Toutefois, ces documents, que l'on doit considérer comme indispensables, resteraient incomplets s'ils n'étaient accompagnés de mensurations multiples et rigoureuses. Les proportions du corps, la forme des yeux, du nez, de la face et de la tête en général, ne peuvent être étudiées et connues que grâce à des recherches anthropométriques.

Les observations au juger, aussi bien que les qualificatifs par lesquels on peut les exprimer, sont susceptibles d'interprétations variables, et c'est pour obvier à cet inconvénient que l'on a établi sous le nom d'*indices* des formules qui permettent de fixer dans l'esprit, et sur des bases solides, des formes que la seule appréciation ne saurait rendre indiscutables.

Les indices sont basés sur le rapport qui existe entre les deux plus grands diamètres

[1] *Bull. Soc. anthrop. Lyon*, t. XII, p. 60, 1893.

de la tête, par exemple, ou de la face, pris sur des points fixes établis principalement par Broca. C'est d'après sa nomenclature, universellement admise, du reste, qu'ont été opérées toutes nos mensurations. J'ai eu soin, toutefois, de me conformer autant que possible, en ce qui concerne la nomenclature, l'anthropométrie et certains détails de craniologie, surtout aux dernières décisions des Commissions internationales de Moscou [1].

C'est par le groupement méthodique des indices que l'on obtient les moyennes qui permettent de fixer dans de certaines limites les types des formes que peuvent présenter la tète, le nez, la face ou les yeux.

Mais ces moyennes, qui s'obtiennent en additionnant toutes les mesures individuelles et en divisant leur total par le nombre de cas, n'ont souvent une valeur réelle que par hasard; une moyenne peut ne pas exister dans un groupe étudié; c'est pour cela que l'on a recours au procédé de la mise en séries. C'est ce procédé qui donne réellement le type cherché parce qu'il permet de retrouver le maximum de fréquence de tel ou tel indice que l'observateur avait déjà constaté durant ses mensurations.

Toutefois, les deux procédés se complétant l'un l'autre, ils doivent être employés simultanément. La méthode de sériation et d'ordination est analytique; celle des moyennes est synthétique.

Etant donné que les mélanges sont de plus en plus considérables chez les peuples de l'Orient, comme chez ceux de bien d'autres contrées, il m'a paru utile d'opérer sur des séries nombreuses d'individus formées par des groupes isolés appartenant aux diverses régions habitées par la même race pour obtenir son type dominant. Ce n'est que par ce procédé que l'on peut remédier aux écarts et aux erreurs personnelles qui, ainsi qu'on le sait, sont encore trop fréquentes, malgré tous les soins que l'on peut apporter dans les mensurations.

En revanche, j'ai renoncé à ces instruments compliqués, impraticables dans les voyages dificiles, ainsi qu'à ces longues listes de mesures préconisées généralement par des savants qui n'ont guère eu l'occasion de les mettre en usage en dehors du laboratoire. Ces innombrables mesures, dont on fait volontiers parade et dont une partie n'a jamais été utilisée, ont l'inconvénient capital, aussi bien que certains procédés, tels que celui de la double équerre, d'augmenter ces opérations toujours trop longues pour les populations difficilement abordables, et de compromettre l'exactitude des observations les plus essentielles. Je me suis donc attaché à prendre

[1] *Compte rendu du Congrès internat. d'anthrop. de Moscou*, 1892.

surtout les mesures et les diamètres pouvant fournir des indices. Je n'ai pas non plus négligé la hauteur de la taille et la grande envergure, mais il ne m'a pas toujours été possible de prendre ces mesures. Un grand nombre de sujets s'y sont refusés, cette opération représentant pour eux, plus que les autres mesures, une véritable base de signalement. C'est pour les mêmes raisons que j'ai dû renoncer, dans bien des circonstances, à leur demander leur nom et leur âge.

Il m'a paru nécessaire enfin de ne plus négliger dans nos études anthropologiques la partie féminine de la population. Mais il n'est guère plus facile de mesurer des musulmanes, telles que les Kurdes et les Tatares, que des Arméniennes. Durant mes précédents voyages, je n'avais pu étudier qu'une trentaine de femmes, alors que j'avais pu mesurer environ six cents hommes. Cette fois, plus heureux, j'ai pu, grâce à la présence de Mme Chantre, et surtout à son aide, recueillir des observations sur une centaine de femmes de haute caste, parmi les nomades et les sédentaires.

J'ai pris des mensurations sur près de deux mille hommes et photographié plus de deux cents types bien choisis, appartenant à vingt peuples différents. Mes observations morphologiques et anthropologiques exécutées sur chaque individu montent à vingt-cinq en moyenne [1] ; il en résulte que le total de mes opérations s'élève, pour les trois dernières campagnes, à plus de cinquante mille.

Les peuples sur lesquels ont porté nos recherches seront successivement étudiés d'après leur importance numérique et leurs affinités. Ce sont :

1° Les Arméniens qui, parmi les populations les plus anciennes de l'Asie occidentale, présentent les groupes les plus homogènes en Transcaucasie et en Anatolie ;

2° Les Kurdes, voisins et ennemis séculaires des Arméniens, qui des monts Zagros et de l'Ararat débordent du côté du Caucase au nord, sur toute l'Asie Mineure à l'ouest, sur une partie de la Mésopotamie et de la Syrie au sud ;

[1] Je crois devoir indiquer ici la liste des observations que j'ai relevées sur les peuples dont la description fait l'objet de cet ouvrage :

Observations générales et morphologiques. — Nation ou tribu, nom, sexe, âge, religion, lieu de naissance, profession, dentition, embonpoint, couleur des yeux et des cheveux, forme des yeux et du nez.

Observations anthropométriques. — 1° Diamètres de la tête, antéro-postérieur maximum, transverse maximum et auriculo-bregmatique ; 2° hauteur totale de la face, de la glabelle au point mentonnier, et largeur bi-zygomatique ; 3° diamètre bi-palpébral externe et interne ; 4° hauteur totale du nez de la racine à l'épine et largeur maximum aux ailes ; 5° hauteur et largeur maximum de l'oreille ; 6° largeur de la bouche aux commissures ; 7° hauteur de la taille debout, déchaussé ; 8° largeur de la grande envergure totale aux deux médius.

Observations spéciales relatives aux déformations céphaliques, aux mutilations, tatouages, etc. Courbes céphaliques à la lame de plomb.

3° Les Bakhtyari, Mamaceni et Rusteni, ces parents des Kurdes, à peine étudiés et qui habitent les montagnes du Louristan;

4° Les Ansariés et les Tahtadji, montagnards du Liban et du Taurus, qui ont donné lieu aux récits les plus contradictoires;

5° Les Métouali, Iraniens problématiques émigrés en Syrie;

6° Les Tats ou Tadjiks, habitants de la Basse Koura;

7° Les Hadjemi, émigrés de Perse sur l'Araxe moyen;

8° Les Afghans venus également de la Perse;

9° Les Aderbéidjani, ces Turcs iranisés qui constituent une notable partie de la population de la Transcaucasie;

10° Les Turcs de l'Anatolie;

11° Les Aïssori ou Chaldéens émigrés en Transcaucasie;

12° Les Grecs d'Asie Mineure et de Syrie;

13° Les Juifs de Palestine et du Caucase;

14° Les Syriens: Maronites et Druzes;

15° Les Arabes de Syrie et de Mésopotamie;

16° Les Tsiganes de provenances diverses;

17° Les Kalmouks d'Astrakan;

18° Les Lesghiens;

19° Les Ossèthes;

20° Les Tscherkesses.

Nous ne nous occuperons ici que des onze premiers peuples qui viennent d'être énumérés.

Les autres, et surtout les familles constituant le groupe ethnique que l'on est convenu d'appeler sémitique, devaient attirer mon attention d'une façon toute spéciale. Je n'ai manqué, en effet, aucune occasion d'étudier avec soin des sujets appartenant à ces races, et je me trouve en possession d'un nombre considérable de documents sur chacune d'elles. J'ai cru pourtant devoir différer encore leur étude d'ensemble et ne pas faire entrer dans le cadre du présent ouvrage leur monographie anthropologique. Je me propose de compléter les matériaux actuellement recueillis par moi et par d'autres observateurs en poursuivant ces recherches en Syrie, en Perse et en Mésopotamie. Il me semble en effet que l'ethnologie générale de l'Asie occidentale a trop à attendre de la connaissance précise de ces races importantes pour que l'on ne s'entoure pas de documents plus nombreux que ceux que l'on possède en ce moment sur leur morphologie.

De ces mêmes peuples dont j'ai esquissé l'ethnogénie, l'ethnographie et la morphologie, j'ai cherché à obtenir également des crânes. J'ai réussi à en récolter quelques-uns et nos correspondants nous en ont envoyé plusieurs séries intéressantes. Mais en Asie occidentale, plus encore peut-être que dans les autres pays musulmans, il est excessivement difficile de se procurer des matériaux de cette nature, aussi sont-ils encore assez rares dans les collections.

La somme des documents de divers ordres que nous avons recueillis dans ces régions est, on le voit, considérable, et s'ils ne permettent pas de donner dès à présent des conclusions définitives sur l'origine et le type des peuples qui les habitent, ils viendront, du moins, augmenter dans de notables proportions, les matériaux qui sont indispensables à la solution des vastes problèmes ethniques que présente l'Asie occidentale.

Mais pour arriver à ces résultats, nous avons dû surmonter à chaque pas bien des difficultés, et courir même quelques dangers. Nous avons réussi pourtant à pénétrer chez des populations réputées inhospitalières, et nous avons eu la bonne chance de les étudier de près, chez elles, tantôt dans leurs maisons, tantôt sous la tente, recevant partout le meilleur accueil et gagnant rapidement leur confiance. C'est ainsi que vivant au milieu des Tatars et des Kurdes, voyageant parfois avec leurs bandes nomades, assistant à leurs fêtes comme à leurs travaux, nous avons pu recueillir nombre de renseignements ethnographiques et ethnogéniques du plus haut intérêt. Aussi espérons-nous pouvoir apporter quelque lumière sur ces populations et dissiper bien des erreurs répandues sur leurs mœurs et leurs origines.

La distribution géographique des populations de l'Asie occidentale est des plus difficiles à établir à cause de la nomadité séculaire des uns et des vicissitudes politiques des autres. La diversité de ces populations devrait être fort grande, à en juger par les documents historiques.

Les Hébreux, les Grecs, les Arabes et les Arméniens placent le berceau de l'humanité dans cette vaste contrée comprise entre les sources du Tigre et de l'Euphrate, l'Indoukoush et le massif de l'Ararat. Certains auteurs, plus explicites, ou moins vagues, laissent entendre que dans ces régions doivent se trouver des vestiges des civilisations les plus primitives, et aussi des restes de peuplades qui ont dû conserver dans leurs contrées montagneuses des caractères fort archaïques. Dans tous les cas, s'il est vrai que des peuples primitifs s'y sont développés dans les temps préhistoriques, la structure volcanique de la contrée, dont le relief se modifie de nos jours encore, ainsi que la puissance de l'extension glaciaire à l'époque quaternaire rendent fort difficile la découverte des vestiges de ces peuples primitifs.

Cette région a été par sa situation géographique, un champ de bataille où se mesurèrent d'une façon presque incessante les Assyriens, les Mongols de l'Asie centrale et les peuples de l'Asie occidentale. Entre temps, elle servait de lieu de passage à la plupart des grandes invasions se dirigeant du sud au nord et du sud-est au nord-ouest. On conçoit dès lors que, dans de telles conditions, les populations qui ont pu y prendre naissance n'aient pas conservé leurs caractères primitifs.

L'Arménie, l'Anatolie et la Syrie ont été tour à tour sous la domination des Grecs, des Romains, des Tatars, des Arabes, des Mongols et des Turcs Seldjoukides, chacun laissant derrière soi de fortes empreintes de son passage et, dans tous les cas, des colonies ou des prisonniers qui se fusionnèrent peu à peu avec la population autochtone. Malgré cette longue série d'invasions, certains types ont assez bien résisté et résistent encore dans nos temps modernes à leurs vicissitudes politiques.

L'Asie Mineure et la Transcaucasie ont eu, comme le Grand Caucase, leurs périodes préhistoriques et protohistoriques. J'ai exposé précédemment les principaux résultats de mes investigations au Caucase relatives à ces civilisations éteintes, je n'ai donc pas à y revenir. Quant aux récentes découvertes opérées dans ces pays, elles consistent en quelques objets néolithiques trouvés dans les environs de Koulpe au pied de l'Ararat, dans le Khozan, dans le Taurus et sur le pourtour du mont Argée. Dans cette dernière région de la Cappadoce, j'ai découvert des stations néolithiques près du village de Frakten, sur les bords du Zamanti-irmak. On doit citer encore quelques nouvelles nécropoles du premier âge du fer, ouvertes dans les régions orientales du lac Goktchaï, dans la Somkhétie et dans le Zanguezour, lesquelles n'apprennent rien de plus que ce que l'on savait par les découvertes effectuées dans le Caucase.

Je ne dois pas omettre ici de signaler les découvertes considérables que nous avons faites en Cappadoce et dans le Taurus durant les années 1893 et 1894. J'ai ouvert en Cappadoce un certain nombre de tertres artificiels renfermant des vestiges de civilisations pré-helléniques du plus haut intérêt. L'un d'eux, en particulier, et le plus considérable, situé au nord de Césarée, près du village turc de Kara-Euyuk, m'a donné d'innombrables poteries décorées les unes dans le style mycénien, les autres dans un style rappelant l'art babylonien. Associées à ces débris et dans les parties les plus profondes du tertre, j'ai recueilli des haches en pierre polie et des haches en bronze. Enfin, parmi ces objets ont été trouvées des tablettes d'argile portant des inscriptions cunéiformes, les unes en écriture assyrienne, les autres en écriture perse.

En outre de ces restes de cités pélasgiques et mésopotamiennes superposées, j'ai exploré et fait de nouvelles fouilles autour des monuments hétéens ou syro-cappadociens de la Ptérie. J'ai rapporté pour nos musées de fidèles reproductions des bas-reliefs qui constituent la partie la plus importante de ces monuments à Euyuk d'Aladja et à Boghaz-Keui.

Ayant à traiter dans un mémoire spécial de ces nouvelles observations archéologiques qui fournissent, au reste, des faits capables d'éclairer l'ethnogénie primitive des peuples que nous avons à décrire, nous ne nous en occuperons pas davantage ici.

Qu'il me soit permis, avant de clore cette introduction, de remercier toutes les personnes qui m'ont aidé dans l'accomplissement de mon voyage, dans mes recherches scientifiques et dans l'exécution de cet ouvrage. Qu'elles veuillent bien agréer ici l'expression de ma profonde gratitude.

Je nommerai, pour la Russie, LL. EE. le général Chérémetieff, gouverneur du Caucase; le conseiller privé Janowski, curateur de l'arrondissement scolaire du Caucase; le général Chalikoff, gouverneur d'Erivan, le prince de Perse Riza-Kouli-Mirza, résidant à Choucha;

MM. les natchalniks de Ghiroussi, de Nakhitchevan et d'Erivan; enfin MM. les pristafs Spiediroff d'Ordoubat, Ismaïk-bek-Novrouzoff de Kara-Kilissa, et Petros bek-Agamaloff de Katar.

Je dois encore mille remercîments à MM. Wahram Montaffian, négociant à Tiflis; Der Mikhaïliantz d'Akoulis et de Katar, et enfin à mon ami Hambartsoum Kévorkiantz qui a été notre compagnon de route et notre interprète chez les Kurdes des régions difficiles de l'Ararat et du Goktchaï.

Pour la Turquie, notre reconnaissance est acquise en première ligne à M. Paul Cambon, ambassadeur de la République Française à Constantinople; à LL. EE.

Hamdy bey, directeur du Musée impérial ottoman; Abeddin pacha, Vali d'Angora ; au Dr Bonkosky bey, médecin sanitaire du vilayet d'Angora ; à Cozzonis effendi, inspecteur général de la santé à Constantinople; puis à M. Der Katchadourian et à MM. les professeurs de l'école arménienne de Sourp-Garabet, puis à MM. Kalpakdjian à Césarée, et aux familles Nicotimos et d'Andria à Angora.

Enfin, je n'aurai garde d'oublier mon collaborateur quotidien, depuis nombre d'années, M. Claudius Gaillard, dont le zèle intelligent et le dévouement ne m'ont jamais fait défaut. L'exactitude rigoureuse de ses dessins et de ses calculs anthropométriques est au-dessus de tous éloges.

ARMÉNIENS

I

ETHNOGÉNIE ET ETHNOGRAPHIE

Il est peu de peuples qui dans leur orgueil national n'aient fait remonter leurs origines à une antiquité perdue dans la nuit des temps. Leurs légendes, leurs traditions leurs annales, quand ils en ont, sont exploitées par les chroniqueurs de leurs nations avec un talent parfois remarquable, mais le plus souvent sans aucun souci de la vérité historique.

Les Arméniens sont assurément dans ce cas, mais ils ont droit, plus que beaucoup d'autres, à revendiquer une haute antiquité.

Il n'entre pas dans mon cadre de discuter la valeur des documents sur lesquels ils se fondent pour établir leurs origines. Cependant, comme je dois chercher à éclairer l'ethnogénie de cette race, je retracerai brièvement son histoire primitive, telle qu'elle est donnée par les auteurs indigènes. Il importe, en effet, de connaître les vicissitudes sans nombre par lesquelles a passé cette race, pour comprendre les causes qui ont pu présider à la formation des divers types qu'elle présente, sur les différents points où elle est actuellement établie.

Les débuts de l'histoire d'Arménie, comme ceux de presque tous les peuples, sont obscurs et légendaires. De même aussi que la plupart des premiers historiens chrétiens de l'Orient, Moïse de Khorène qui vécut au ve siècle de notre ère fait remonter ses ancêtres nationaux aux enfants de Noé. Cette méthode ingénieuse ne devait pas être négligée par l'historien de l'Arménie pour trancher cette question si délicate et si difficile des origines. En tout cas, que les Arméniens soient Sémites ou Aryens, il paraît vraisemblable que les tribus qui ont donné naissance à la race arménienne se sont cantonnées de bonne heure dans les régions montagneuses au sein desquelles le Tigre, l'Euphrate et l'Araxe prennent leurs sources.

D'après les documents les plus anciens, on peut conjecturer que, au moment où ces tribus envahirent les plateaux et les vallées ouvertes entre le massif du Caucase et celui du Taurus, elles se trouvèrent en présence de peuplades d'origines diverses qui leur disputaient le passage et la possession du sol. Dans la Haute-Mésopotamie, c'étaient des races dites *sémitiques;* dans les régions de l'Ararat et dans celles des grands fleuves, c'étaient des Kurdes, et, au nord de l'Araxe, des proto-Géorgiens. Les unes et les autres étaient peut-être *autochtones*, mais sûrement installées dans ces contrées depuis fort longtemps. C'est probablement en Mésopotamie que les premières tribus arméniennes se disloquèrent d'abord, et ce n'est que plus tard qu'elles s'établirent dans la vallée de l'Araxe et le pays d'Ararat, comme le souvenir s'en est conservé dans la légende nationale. Il y eut plutôt fusion entre les deux races en présence, que conquête de la part des tribus envahissantes.

La généalogie toute biblique qu'a donnée Moïse de Khorène prouve ce fait important, en montrant l'adaptation de la légende sémite à la tradition des conquérants. C'est ainsi qu'après Haïg, que la tradition représente comme le premier patriarche de la nation arménienne, on nomme parmi ses successeurs des rois à noms sémites, comme Aram, Aramaïs, Armenag, dont on a fait *Arménie*. Cet Haïk ou Haïg, fils de Thorgoma, et petit-fils de Japhet serait parti de Babylone sa patrie, vers le XXIIe siècle avant notre ère pour venir s'établir avec toute sa famille dans le pays d'Ourarti (Ararat). Seul, parmi les premiers vassaux du roi d'Assyrie, Haïk se serait soustrait à la tyrannie de Nemrod en s'enfuyant vers le Nord.

Après Haïg, son sixième successeur Aram fut vainqueur des Mèdes, s'empara de l'Assyrie septentrionale, et poussa même ses conquêtes jusqu'en Cappadoce, où il fonda la ville de Majakh (aujourd'hui Césarée). Ce même Aram s'allia avec le roi d'Assyrie Ninus qui lui accorda le premier rang en Asie. Après lui, une lutte éclate entre Sémiramis et son fils Ara. Celui-ci meurt en défendant son pays qui devient alors une province assyrienne, administrée toutefois par des rois indigènes. Ce n'est que sous Sardanapale que l'Arménie recouvra son indépendance. Baroïr, trente-sixième successeur de Haïg, s'étant uni aux Satrapes révoltés, put détrôner le monarque assyrien, et renverser son empire (VIIIe siècle av. notre ère). Néanmoins ce ne fut que sous le règne de Dikran Ier (Tigrane) que le royaume arménien vit renaître sa première splendeur (565 av. J.-C.). Sous le règne de Hratchia (650 av. J.-C.), successeur de Baroïr, Champat (Sempad) fonde la dynastie des Pakradouni (Bagratides) d'origine juive[1]. La tradition veut, en effet, que ce Champat soit venu en Arménie avec les nombreux captifs juifs que Nabuchodonosor amena de Babylonie dans le pays d'Ararat[2]. C'est en 328 que périt le dernier roi de la dynastie de Haïg, dans la personne de Vahé, lequel combattait alors les généraux d'Alexandre le Grand.

Après cet événement, l'Arménie resta quelque temps au pouvoir d'un gouverneur persan nommé Mihran, puis elle tomba aux mains des rois de Syrie. L'influence séleucide se maintint jusqu'au moment où Artasias, arménien de naissance, s'étant révolté contre Antiochus le Grand, redevint pour quelque temps maître du pays. Mais l'Arménie ne resta pas longtemps en paix, car elle ne tarda pas à tomber aux mains des Arsacides (149 av. J.-C.).

Avec les Arsacides commence la seconde dynastie de ses rois, dont Nisibe en Mésopotamie fut la capitale. Les premiers rois arsacides accrurent le royaume par des conquêtes en Asie Mineure, dans le pays des Lazes, et jusque chez les peuples montagnards caucasiens.

Tigrane II, en 89 avant notre ère, couronna l'œuvre de ses prédécesseurs et ajouta la Mésopotamie, l'Adiabène et l'Atrapatène à son royaume. Les princes parthes lui reconnurent alors le titre de roi des rois. Cette période brillante fut encore de courte durée, et l'on peut même dire qu'après lui et son fils Artavasde, que Marc-Antoine livra perfidement à Cléopâtre, l'Arménie ne se releva jamais.

Après la mort d'Abgar (52 av. J.-C.), le royaume fut partagé entre ses deux fils dont l'un résidait à Edesse et l'autre à Nisibe. En 232 (dep. J.-C.), elle passa sous la domination d'Ardachir, premier roi de Perse de la dynastie des Sassanides. Il ne restait plus qu'un seul prince Arsacide, Tiridate. Il attaqua les Perses, et ses efforts furent couronnés de succès. S'étant emparé du trône, il reçut le nom de Grand. En 387, les Romains et les Perses se partagèrent ce malheureux pays, et en 428 le royaume d'Arménie devint définitivement une province du puissant empire des Sassanides. Après l'extinction des Sassanides, ce furent les Arabes qui menacèrent le pays (637 à 920) et le dévastèrent à plusieurs reprises. En 885 un prince pagratide Achod parvint à se concilier la confiance des Arméniens et du Khalife, et il

[1] Moïse de Khorène, liv. I, chap. XXI.

[2] Faustus de Byzance, liv. V, chap. LV.

fut couronné roi à Ani : il fonda la troisième dynastie des Pagratides. Mais cette fois encore des dissensions ayant éclaté au sein de la famille royale, cette vie de paix fut de courte durée. Car c'est un fait digne de remarque, que les Arméniens ont été plus souvent victimes de leur manque d'entente entre eux, et d'un manque de confiance envers leurs chefs, que des attaques étrangères.

Bientôt, se présentèrent de nouveaux conquérants : les Turcs seldjoucides qui disputaient aux Grecs la possession de l'Arménie. Les Grecs triomphèrent, portant le dernier coup à la nationalité arménienne qui ne se releva plus.

Des principautés turques se formèrent dans le nord du pays ; les Kurdes s'installèrent dans les régions méridionales ; les Orpelians, originaires de la Chine, se rendirent maîtres de grandes possessions en Géorgie et en Arménie au nord-est de Nakhitchevan. Cet état de choses dura jusqu'au XIIIe siècle, époque à laquelle l'invasion mongole ravagea l'Arménie, et s'en empara ainsi que des pays voisins.

Une nouvelle invasion, celle des Turkomans, prend place dans la seconde moitié du XVe siècle. Et à partir de 1555, après des luttes sanglantes, tout le pays est définitivement soumis aux Turcs ottomans.

Ce fut en Cilicie que se maintint le plus longtemps la nation arménienne. Rhoupen et ses successeurs acquirent une grande puissance. Ils s'allièrent avec des croisés. Léon II obtint même de l'empereur d'Allemagne, Henri VI, le titre de roi de Cilicie (1198). Mais le royaume des Rhoupéniens, après une assez longue période de prospérité, fut divisé peu à peu par des troubles, et succomba sous les attaques des sultans d'Égypte.

Léon VI, le dernier de ces princes, mourut à Paris en 1393, emportant avec lui le dernier souffle de l'existence politique des Arméniens.

Dans le courant du XVIe siècle, les Persans avaient repris aux Ottomans la partie orientale de l'Arménie ; d'autre part, les rois de Géorgie avaient aussi étendu leur autorité sur certaines provinces arméniennes.

A partir de cette époque commence à se manifester l'intervention de la Russie qui, peu à peu, à la suite de traités avec les Turcs et les Perses, s'est emparée des terres arméniennes, constituant ce qu'on appelle aujourd'hui la Transcaucasie russe. Le nom de province d'Arménie a disparu dans la nouvelle organisation territoriale de 1868.

Avant son démembrement, l'Arménie s'étendait du Tigre, de l'Euphrate, des monts Gordiens, à la mer Caspienne et au Caucase. Une grande partie de la Syrie septentrionale et de l'Asie Mineure appartenait également au domaine arménien. Les géographes nationaux, aussi bien que les Grecs et les Latins, partagent ordinairement l'Arménie en deux régions : la Grande Arménie, qui est formée de tous les pays situés entre l'Euphrate et la mer Caspienne, y compris d'Aderbeïdjan, et la Petite Arménie constituée par les provinces situées à l'occident de la Grande.

On a subdivisé la Petite Arménie en première, seconde, troisième et quatrième. Cette subdivision est fort ancienne. Elle se trouve mentionnée dans la plupart des auteurs grecs. Les Arméniens la font remonter à Arami, l'un de leurs rois les plus fameux, qui fit d'importantes conquêtes dans l'Asie Mineure, et qui donna son nom aux pays qu'il conquit. Moïse de Khorène a raconté les expéditions de ce prince, et il démontre que ces dénominations de *première*, *seconde*, etc., correspondent aux étapes principales qui marquèrent la marche colonisatrice des conquérants dans ces contrées.

Sous le règne des rois Arsacides, l'Arménie était divisée en quinze grandes provinces, subdivisées en un très grand nombre de petits cantons dont beaucoup formaient des souverainetés particulières. La plupart de ces provinces ont perdu leur ancien nom ; celles qui les ont conservés plus ou moins exactement ne sont désignées que par les livres arméniens[1].

Depuis la destruction complète des diverses principautés de l'Arménie par les Grecs et les sultans seldjoucides, les divisions territoriales de cette contrée ont été considérablement modifiées. On ne rencontre presque aucune de ces dénominations autrefois en usage et que l'on trouve dans les auteurs arméniens. Presque partout des noms turcs, arabes, persans ou géorgiens ont fait oublier ceux qui étaient en usage aux belles époques arméniennes.

Les Arméniens appellent leur pays *Haïasdan* du nom de Haïg qu'ils considèrent comme leur premier roi, et qui vint s'établir dans les montagnes des Kurdes. Ces montagnes sont situées près du lac de Van et dépendent du Taurus. De ce point où il s'arrêta d'abord, Haïg vint se fixer vers les rives de l'Araxe, d'où bientôt sa postérité se répandit sur tout le pays environnant.

Plus tard, le chef de la nation arménienne étendit ses possessions du côté du nord-ouest, au delà des sources du Tigre, sur les bords du bras méridional de l'Euphrate, et fixa sa résidence dans un petit canton très montagneux, situé au sud de ce dernier fleuve. De son côté, Armenag, le fils de Haïg, s'avançant vers le nord du pays qu'habitait son père, se fixait dans une nouvelle contrée, sur les bords de l'Araxe supérieur. C'est de ses fils et petits-fils Armaïs, Herma, Shara, Khegam, Ara, etc.,

[1] D'après Saint-Martin, *Mémoires sur l'Arménie*, p. 65 : De l'est à l'ouest : 1° la *Haute-Arménie ;* 2° *Daik'h ;* 3° *Koukack'h ;* 4° au centre, en allant de l'ouest à l'est, l'*Oudi :* 5° la *quatrième Arménie ;* 6° *Dourouperan ;* 7° *Ararad*, au milieu de toutes les autres ; 8° *Vasbouragan :* 9° *Siounik'h ;* 10° *Artsakh ;* 11° *P'haidagaran ;* 12° au midi, *Aghdonik'h ;* 13° *Mok'h ;* 14° *Gordjaik'h ;* 15° l'*Arménie persane.*

que les Arméniens prétendent faire venir les noms du fleuve Araxe (Eraskh), celui de mont Massis, de la ville d'Armavir, des provinces de Chiraz, de Kegham et d'Ararad.

Mais le nom de Haïk'h, que se donnent les Arméniens, et celui d'Haïasdan, qu'ils donnent à leur pays, ne sont pas les seuls, nous dit Saint-Martin, dont ils se servent. Ils en ont encore plusieurs autres qu'ils ont tirés des noms de quelques anciens patriarches mentionnés dans la Bible, et qui, par conséquent, ne doivent pas être antérieurs à l'établissement du christianisme en Arménie.

Le plus ancien est celui d'Ask'hnazian dérivé du nom du patriarche Ask'hanaz, fils aîné de Gomer, fils de Japhet. Un autre nom que les Arméniens donnent quelquefois à leur pays est celui de *maison* de *Thorgoma*[1], de là le nom de Thorkomati par lequel ils désignent leur nation. Suivant eux, Thorgoma était comme Ask'hanaz, fils de Thiraz, fils de Gomer. Selon Moïse de Khorène et tous les historiens arméniens, Thorgoma fut père de Haïg, premier chef de leur nation.

L'origine du nom de ce pays est, comme on le voit, extrêmement difficile à déterminer et on peut même dire presque impossible à établir d'une manière satisfaisante. Les Arméniens prétendent qu'ils le tiennent d'Aram, un de leurs plus anciens rois (le septième) qui par ses conquêtes étendit dans tous les sens les limites de l'Arménie. C'est de son nom, disent-ils, que tous les peuples tirent celui de leur pays[2].

Les Grecs le nomment *Armen;* les Syriens et les Perses *Arminig*[3]. Le patriarche Jean dans son histoire[4] et le chronologiste Samuel Anesti[5] disent la même chose. Quoi qu'il en soit de l'origine de ce nom, il semble être en usage depuis fort longtemps. Peut-être est-il le même que celui d'Aram donné dans la Bible à la Syrie et à la Mésopotamie dont il ne serait qu'une extension. Dès le ve siècle de notre ère, les Grecs le connaissaient et l'appliquaient aux contrées que nous appelons actuellement Arménie. Plus tard, ils l'étendirent à la partie orientale de l'Asie Mineure, la Cappadoce supérieure arrosée par l'Euphrate.

Le nom d'Arménie ne paraît pas avoir été connu des Juifs qui ont donné toujours à cette contrée le nom d'Ararat. Cette dénomination qui fut peut être primitivement celle de toute l'Arménie, et qui ne paraît cependant pas s'appliquer dans la Bible à d'autres lieux que celui où s'arrêta l'arche de Noé, a toujours été en usage en

[1] Saint-Martin, *Mémoires sur l'Arménie*, t. I, p. 256.
[2] Ezech, XXVII, 14.
[3] *Loc. cit.*, t. I, p. 260.
[4] Moïse de Khorène, liv. I, chap. II, p. 34.
[5] *Hist. d'Arm.*, chap. VIII.

Arménie pour désigner l'une des plus belles parties de ce royaume. Sous les rois Arsacides, la province d'Ararat ou d'Aïrarad formait le centre du gouvernement et était le séjour des souverains.

D'après Saint-Martin, c'est dans la Genèse qu'il est question pour la première fois du nom d'Ararat qui se retrouve ensuite dans le prophète Isaïe et dans le Livre des Rois. Les Septante, Joseph dans ses Antiquités judaïques, la Vulgate et la Version de la Bible en arménien conservent le nom d'Ararat ou le traduisent par les Montagnes d'Arménie ou Terre des Arméniens.

Les Chaldéens et les Syriaques n'ont pas conservé, dans leur traduction du Commentaire de la Bible, l'expression d'Ararat; ils y ont substitué celle de Montagne des Kurdes, exemple suivi par les traducteurs de la Bible en arabe.

De ces interprétations différentes, deux opinions ont surgi au sujet de la position de la montagne sur laquelle la légende fait s'arrêter l'arche de Noé. Celle qui la place dans le pays des Kurdes, au nord de la Mésopotamie et de l'Assyrie a été adoptée par la plupart des auteurs chrétiens orientaux, syriens et arabes. Elle remonte à une très haute antiquité en Orient, puisque Joseph raconte qu'au temps de l'historien chaldéen Bérose, le souvenir de l'arche et du déluge était très vivace. En ce qui concerne le déluge, il dit explicitement qu'il existe encore des débris du vaisseau dans l'Arménie, vers les montagnes de Corduène (monts Gordiens[1]).

L'Egyptien Hiéronyme qui a écrit sur les Antiquités phéniciennes s'exprime de la même manière quand il parle de ces données légendaires[2]. Cette opinion, qui semble avoir été répandue par les Juifs de Babylonie, a passé chez les chrétiens de Syrie, et la plupart des auteurs tels que saint Epiphane et saint Ephrène placent le mont Ararat dans les montagnes de l'Assyrie habitées par les Kurdes[3]. Cette tradition s'est toujours conservée chez les Syriens et les Nestoriens. On a même fondé dans ces montagnes un monastère à l'endroit même où l'on prétend que s'arrêta l'arche. Les peuples actuels du pays gardent encore une grande vénération pour les lieux qu'ils considèrent comme le berceau de la régénération du genre humain.

La tradition, plus vraisemblable, qui place le mont Ararat au centre de l'Arménie provient, très probablement, de la Version des Septante laquelle n'avait fait sans doute que consacrer l'opinion juive qui remonte à plus de deux siècles avant notre ère. Cette position de l'Ararat au centre de l'Arménie a été admise par la plupart des pères de l'Eglise, Grecs ou Latins. Toutefois saint Jérôme donne le nom d'Ararat

[1] *Mém. sur l'Arm.*, chap. XVII.
[2] *Loc. cit.*, t. I., p. 261.
[3] Saint-Martin, *loc. cit.*

non seulement à la montagne en question, mais encore à une grande étendue de pays, ce qui est conforme au témoignage des Arméniens.

« L'Ararat, dit cet interprète, est une contrée en Arménie, unie et d'une extrême fertilité ; elle est traversée par l'Araxe, et située au pied du mont Taurus qui s'étend jusque-là. Ainsi donc, l'arche dans laquelle (d'après la légende) Noé fut sauvé avec ses enfants ne s'arrêta pas quand le déluge cessa, sur les montagnes d'Arménie que l'on nomme Ararat, mais sur les sommets élevés du Taurus qui dominent les plaines d'Ararat[1]. »

Les traducteurs de la Bible en arménien ont adopté dans toute son étendue cette opinion qui faisait de leur patrie le berceau du genre humain. Les savants et le peuple de ce pays l'ont conservée jusqu'à nos jours. Ils montrent autour du mont Massis, qu'ils considèrent comme l'Ararat des Écritures, divers endroits dont les noms par leur étymologie rappellent le séjour de Noé dans ces contrées. Tel, par exemple, le nom du village d'Arghuri ou Arkhouri, situé sur le versant nord de l'Ararat et qui signifie « il planta le cep », parce qu'on pense que ce fut là que Noé en sortant de l'arche planta son premier plant de vigne. Citons encore le nom de la ville de Nakhitchevan qui signifie en arménien « première demeure », et où l'on place le tombeau de Noé.

Quoi qu'il en soit, le nom d'*Arménie* est le seul depuis une époque fort reculée qui soit donné par les peuples de l'Orient au pays que l'on connaît actuellement sous cette dénomination.

Pour se rendre compte des modifications ethnologiques qui se sont opérées en Arménie dans les temps modernes, il faut encore rappeler les événements politiques qui se sont déroulés dans cette contrée au commencement de notre siècle. Parmi ces événements, l'un des plus importants est, sans contredit, la conquête que fit la Russie des provinces turques et perses, limitrophes de la Géorgie.

Vers le commencement de mars 1827, les troupes russes, sous le commandement des généraux Benkendorf et Paskevitch, entraient en campagne. Abbas-Mirza, bientôt vaincu, dut abandonner la forteresse d'Erivan ainsi que toutes ses possessions au delà de l'Araxe et tout le pays côtier de la mer Caspienne jusqu'à Lenkoran.

La Turquie, battue de son côté, sans perdre des lambeaux aussi considérables de ses provinces, dut abandonner le vaste canton de l'Ararat, ainsi que la Somkhetie et le Lazistan.

Comme complément à ses conquêtes, la Russie, en sa qualité de puissance chré-

[1] D'après Saint-Martin, *loc. cit.*, t. I, p. 266.

tienne, se déclara protectrice des chrétiens assujettis aux deux puissances qu'elles venaient de combattre. Elle stipula, dans ses traités, que cette portion des sujets de la Perse et de la Turquie pourraient librement émigrer et se réfugier sur son propre territoire. Ses propositions étaient engageantes : tout Arménien ou autre chrétien qui abandonnait la Perse pour s'établir sur le sol russe devait recevoir des terres dans les districts de Choucha, de Nakhitchevan ou d'Erivan. De cette façon, ces pays, ravagés et dépeuplés par les guerres, revirent bientôt la prospérité.

C'est ainsi qu'en 1828, on vit émigrer de Perse et principalement de la région du lac Ourmiah environ 40.000 Arméniens. De la Turquie, les émigrés qui passaient l'Arpa-tchaï étaient encore plus nombreux. On estime à 76.000 le nombre des Arméniens qui ont abandonné les pachaliks d'Erzeroun, de Kars et de Bayazid. La plupart se sont fixés dans les régions d'Akhaltsikh, de Ghiroussi et actuellement d'Alexandropol.

Parmi les groupes importants d'Arméniens émigrés en Transcaucasie, on doit citer ceux de Novo-Bayazid et d'Igdir venant de Bayazid, celui de Göl, composé d'émigrants d'Alachgherd près Bayazid; ceux d'Akhaltsikh et d'Alexandropol, venus d'Erzeroum, et enfin celui de Toumboul, près de Nakhitchevan, venant de Salmast.

On estime à 130.000 le nombre des Arméniens qui vinrent de Perse et de Turquie, de 1828 à 1830, lors de la conquête du pays par les Russes, s'établir dans les vallées de l'Araxe et de la Koura, sous la protection russe, tandis qu'au contraire les Kurdes et les Tatars battaient en retraite vers les régions restées musulmanes. Le même fait se produisit en 1877 et 1878, lorsque la Russie s'empara des districts d'Ardahan et de Kars, alors aux Turcs. Tandis que les habitants musulmans se retiraient devant l'invasion chrétienne, des Arméniens arrivaient en grand nombre du bassin de l'Euphrate et de celui du Tchorokh, et prenaient leur place.

Il résulte des divers événements politiques qui viennent d'être retracés brièvement que l'Arménie est actuellement partagée entre les empires russe, perse et turc. L'Arménie russe est en partie comprise dans ce que l'on appelle aujourd'hui la Transcaucasie ; elle se compose de la fraction de l'ancienne Haute Arménie cédée en 1783 par Eregli-Khan, roi de Karthli et de Kakhétie en Géorgie à Catherine II, et des conquêtes faites sur la Perse et la Turquie. Elle a pour limite méridionale le cours de l'Araxe, et se prolonge au sud de ce fleuve jusqu'à l'Ararat. A l'ouest, elle touche au pachalik d'Erzeroum; vers l'est, elle s'étend par les steppes du Moughan, jusqu'à la mer Caspienne.

L'Arménie turque est constituée par les vilayets actuels d'Erzeroum, de Bayazid, de Van; par ceux de Kharpout, de Mouch, de Bitlis, de Diarbékir et d'Adana.

La portion qui est restée à la Perse est située sur la rive droite de l'Araxe, et n'est pas très considérable. Elle répond à une grande partie de l'Aderbeïdjan.

Dans les districts montagneux, les Kurdes et les Turco-Mongoles, Tatars et autres envahisseurs du sol arménien, y poussent, d'un yaëla (pâturage) à l'autre, leurs immenses troupeaux, et exercent leurs habitudes séculaires de rapine et de brigandage, au détriment des anciens occupants.

Toutefois, sur certains points, les Haïkanes semblent s'être tellement mêlés ou même incorporés aux Kurdes, qu'il est difficile de les distinguer les uns des autres. C'est ainsi que dans les régions d'Erivan, de Van, de Kharpout et d'Erzingan on rencontre parmi les Kurdes des tribus d'origine arménienne, telles que celle des Billikani, des Radveli, puis celle des Manektsi renommée par ses vertus guerrières.

Placée sous la même latitude que Naples, l'Arménie présente les climats les plus différents, et par suite les usages de ses habitants s'en ressentent. Les chaînes de montagnes qui la sillonnent en tous sens, et surtout les sommités du Caucase et du Taurus, toujours couronnées de neige et de sombres vapeurs, entretiennent sur les hauts plateaux arméniens, une température plus froide que ne le comporte sa latitude. L'hiver s'y fait sentir durant huit mois, tandis que dans les plaines basses règne une chaleur torride en été.

Là s'élevaient des villes fameuses actuellement détruites : Ani, la capitale des Pagratides, jadis renommée par ses palais, sa forteresse et ses églises ; Vagarchabad dont il ne subsiste que le monastère d'Etchmiadzine ; Ardachad, Erovantagherd, Erovantachad, Armavir, Tovin, Garin, Garni, puis Nisibe capitale des Arsacides et Van fondée par Semiramis.

Depuis des siècles, les Arméniens se sont répandus dans le monde oriental, en dehors de leurs frontières primitives. Dès le XIe siècle, ils émigrent en masse vers l'occident. Peu à peu on les voit s'établir par petits groupes en Russie, en Pologne, en Autriche, en Hongrie. De nos jours, on les rencontre dans toutes les grandes villes commerçantes du monde, et partout ils arrivent rapidement à faire partie des négociants notables.

Dans l'état actuel de dispersion de la nation haïkane, il est difficile d'en évaluer le chiffre total. Les appréciations les plus diverses ont été émises à cet égard ; cependant on peut admettre, d'après les renseignements qui paraissent les plus certains que leur nombre est approximativement de quatre millions huit cent quarante cinq mille cinq cent cinquante, répartis de la façon suivante[1] :

Arménie turque	1.765.000
Turquie d'Europe	287.000
Mésopotamie.	12.000
Cilicie	244.000
Égypte	9.200
Asie Mineure	689.000
Russie d'Europe et Sibérie.	185.000
Transcaucasie ou Arménie Russe	1.380.000
Perse	174.000
Inde et le reste de l'Asie.	48.000
Roumanie et Bulgarie.	14.500
Hongrie et le reste de l'Europe.	15.900
Amérique.	12.750
Divers pays.	9.200
	4.845.550

Si l'on entre dans le détail, en ce qui concerne, par exemple, la Turquie, on verra que seules les anciennes provinces arméniennes possèdent actuellement un million sept cent soixante-cinq mille individus de cette nation. Ils se répartissent ainsi :

Vilayet d'Erzeroum.	300.000
— de Trébizonde	41.500
District d'Erzingan.	30.000
Vilayet de Sivas	161.420
— de Van	154.000
District d'Hekkiari.	40.000
Vilayet de Bitlis.	115.000
District de Sert	75.000
— de Mouch	118.000
Vilayet de Diarbékir.	120.000
— de Kharpout.	102.000
District de Dercim	6.000
Vilayet d'Angora	95.000
— d'Adana.	97.000
— d'Alep	110.000
Localités diverses	200.080
	1.765.000

[1] Makar Tchimischkian, *Annuaire populaire arménien illustré pour 1895*, Tiflis, 1895, en arménien.

En ajoutant à ce total le chiffre de 250.000 qui est celui des Arméniens de Constantinople, et évaluant, ce qui n'est pas trop, à 750.000 le nombre des Arméniens qui vivent dans le reste de l'empire ottoman, en dehors de l'Arménie, on verra que le total de 5.200.000 n'a rien d'exagéré.

Au point de vue démographique, la nation arménienne présente quelques particularités que nous devons retracer ici. Parmi les faits les plus remarquables, on doit citer l'infériorité numérique des femmes sur les hommes, ainsi que la fréquence des nombreuses familles. Dans le district de Choucha, en Transcaucasie, on a constaté une population arménienne de 99.462 individus pour 16.936 feux, répartie entre 57.036 hommes et 44.024 femmes. A Elisabethpol, ville de Transcaucasie également, on trouve pour 2.033 feux arméniens, 8.914 individus dont 4.837 hommes et 4.077 femmes. A Ghiroussi, dans la même région encore, on compte 459 feux avec une population de 3.142 individus dont 1.695 hommes et 1.447 femmes.

Cette infériorité numérique des femmes n'est pas absolument spéciale aux Arméniens, car elle est encore plus frappante chez leurs voisins, les Tatars et les Kurdes, comme on le verra par la suite.

Il n'est question ici, bien entendu, que des Arméniens de Russie, car en pays ottoman on ne peut accorder qu'une très médiocre confiance aux recensements dans lesquels les femmes ne figurent pas plus que les bestiaux, et comptent moins que ceux-ci dans les statistiques administratives.

Quoique l'on ait beaucoup écrit sur les Arméniens, il est certain qu'on ne les connaît en Europe que d'une façon bien imparfaite, et que l'on réédite sur leur compte des notions souvent fort erronées.

Dispersés actuellement comme ils le sont, vivant dans des pays très différents les uns des autres, et au milieu de populations les plus diverses, soumis à toutes les formes de gouvernement qui existent, une description générale ne saurait leur être appliquée au point de vue sociologique. A l'exception de certains traits qui constituent le fond de leur caractère national, on peut constater des différences considérables entre eux, d'une région à l'autre.

L'Arménien des Indes, sujet libre de l'Angleterre, enrichi par le commerce; l'Arménien grand propriétaire en Autriche, seigneur féodal et premier magistrat de son district; l'Arménien élevé en Russie à d'éminentes fonctions militaires et civiles, ne peuvent être comparés à ce qu'était jadis, et ce qu'est encore l'Arménien raya de l'empire ottoman. C'est pourtant sur ce dernier type, observé tantôt dans le fond des provinces perdues de la Turquie d'Asie, ou au milieu de la société cosmopolite et équivoque de Péra, à Constantinople, que la nation a été jugée le plus souvent. Pour bien connaître les Arméniens, comme tous les autres peuples, du reste, il faut avoir vécu parmi eux, dans leur propre pays, ou du moins y avoir fait de nombreux séjours. Il faut également étudier leur histoire depuis la plus haute antiquité jusqu'à nos jours. C'est pour cela que nous avons rapidement esquissé les principaux événements qui ont marqué les différentes phases par lesquelles cette malheureuse nation a dû passer.

Les désastres qui ont frappé à tant de reprises différentes la nation arménienne l'ont atteinte aussi dans son état social. Jadis, enserrée dans une organisation en quelque sorte féodale, avec une hiérarchie forte et tyrannique, elle ne manquait ni de grandeur ni de puissance. Mais, avec le morcellement de la monarchie, une transformation s'est opérée, lentement il est vrai, mais d'autant plus sûrement que ce qui manquait à cette organisation c'était la cohésion et un pouvoir central. Si fière et si puissante autrefois, la noblesse arménienne s'est éteinte peu à peu, et ils sont rares les débris de ces anciennes familles qui possédaient leurs châteaux forts et leurs petites armées. Fiers et arrogants durant la prospérité, envers leurs subordonnés, ils subissent la mauvaise fortune avec une résignation qui n'a d'égale que le fatalisme des musulmans qui les entourent.

Quelque opinion que l'on ait des Arméniens, il est un point sur lequel tout le monde est d'accord, c'est qu'ils sont, de tous les peuples de l'Orient, le plus intelligent, le plus laborieux, le plus économe et le plus instruit. Gens de tous métiers, pourvu qu'ils soient rémunérateurs, les Arméniens ont la réputation, justifiée du reste, d'avoir une vocation marquée pour le négoce et la banque. Cette particularité les rapproche assurément des Juifs, mais ils en diffèrent beaucoup, à certains égards, notamment en ce qui concerne leur esprit de nationalité.

Grâce à leur parcimonie, quelquefois extrême, ils arrivent à amasser fréquemment d'immenses fortunes. Et qu'il soit changeur, prêteur à gages, banquier, employé, industriel ou fonctionnaire, l'Arménien n'a qu'un objectif : l'argent. Des premiers, les descendants de Haïk ont compris que c'est la grande puissance qui dominera les sociétés modernes, et leurs efforts les plus persévérants tendent vers ce but, qu'ils poursuivent, trop souvent, sans beaucoup de scrupules. Il résulte de cela, que là où les Arméniens sont en nombre, il y a peu ou point de Juifs. Tels sont par exemple les grands centres commerciaux de Tiflis et de Césarée. Dans cette dernière ville le fait est tellement marqué, les Arméniens s'y sont fait une telle réputation, que nombre de légendes, d'anecdoctes populaires faisant allusion à la supériorité des Césariotes sur les Juifs, y ont pris naissance.

Quoi qu'il en soit, c'est par leur travail surtout et leur esprit de suite que les Arméniens s'enrichissent, tandis que les Turcs et les Géorgiens leurs voisins s'appauvrissent.

Un autre fait que l'on constate sans peine dans certains milieux, c'est l'influence considérable qu'ils exercent en Russie et en Turquie. Cette influence, ils l'exercent d'abord par leur intelligence, ensuite par leur goût pour la science, par la pratique des langues, par leurs aptitudes si diverses, leur souplesse et le talent qu'ils ont de pénétrer dans le monde des fonctionnaires.

Leur pénétration dans les affaires publiques en Russie et en Turquie surtout est considérable. L'utilité de leur intervention dans les affaires ottomanes ne fait aucun doute. La moralité y trouvera-t-elle son compte? On ne peut guère le soutenir, la moralité des fonctionnaires de ce pays étant des plus discutables. Si nous examinons à un autre point de vue, le caractère des Haïkanes, on verra que, s'ils se montrent astucieux dans les transactions, du moins on ne saurait leur dénier en générale une certaine probité. C'est cette qualité et quelques autres que les Turcs ont appréciées en eux, et qui leur vaut d'être employés comme agents ou intermédiaires dans la perception des impôts et autres revenus publics.

Parcimonieux à l'excès dans les circonstances ordinaires de la vie, ils prodiguent leurs deniers sans hésitation, sans bruit, pour créer et soutenir des institutions d'utilité publique. Nombre d'écoles, de collèges, d'hôpitaux, d'associations patriotiques, ont été fondés et sont entretenus par des contributions volontaires.

Les Arméniens ne le cèdent en rien aux Juifs, comme esprit de solidarité, intérêt mercantile, habileté commerciale, mais ils sont moins aventureux que ces derniers. Leurs émigrations se font en groupes, et non isolément. Contrairement aux Juifs, ils n'ont aucune répulsion pour l'agriculture. On le constate dans leurs villages prospères des régions arrosées par l'Araxe. Là où la nature est plus âpre, comme dans les districts montagneux du Karabagh, du Zanguezour, du Zeïtoun, de Kharpout, de Mouch et de Van, ceux qui ne sont pas devenus pasteurs, comme les Kurdes, émigrent temporairement vers les grands centres où ils viennent exercer les métiers de maçon, de charpentier ou celui de portefaix : la force des Arméniens de certains districts étant proverbiale. En résumé, les Arméniens sont des gens d'ordre, sont pacifiques et s'accommodent volontiers de tous les gouvernements. Ils se montrent fidèles sujets, et ne demandent que la liberté de faire leurs affaires et d'élever honorablement leurs enfants. Cette nation présente en somme des qualités plus solides que brillantes.

Une des notions les plus fausses qui ont cours sur les Arméniens est celle qui les montre comme exclusivement attachés au pays qui les fait vivre. Il n'est pas de sentiment, au contraire, qui fasse vibrer plus profondément le cœur d'un Arménien, que le souvenir de la patrie absente. C'est plutôt l'exagération de ce sentiment qu'on pourrait leur reprocher, mais non l'oubli. Il éclate à chaque page de leurs poésies modernes, comme dans celles de leurs ancêtres. C'est avec une passion toujours vivace qu'ils entretiennent dans leur cœur, comme une consolation à leurs malheurs passés, l'espoir du réveil prochain de leur nation.

Pénétrés encore des principes de la vie patriarcale, ils sont hospitaliers, charitables, mais d'une humeur généralement triste. Ils ne possèdent pas l'esprit aventureux des Grecs ni l'audace, qui attirent vers les périls de la guerre. Ils n'en ont pas non plus la vive imagination ni les sentiments artistiques. Ils sont loin pourtant d'être dépourvus de ces qualités et, l'histoire contemporaine montre que la nation arménienne a fourni son contingent de militaires, d'artistes, de poètes et de savants.

On a dit que, livrés à eux-mêmes, les Arméniens étaient incapables de se défendre contre des agresseurs. Oui, dans les pays, comme en Turquie, où ils sont désarmés et entourés de tribus guerrières qui les pillent et les massacrent sous l'œil complaisant des fonctionnaires musulmans. Mais qu'on leur rende leurs armes et leurs droits, et l'on verra l'usage qu'ils sauront en faire ! On n'a pas oublié la guerre d'indépendance du Khozan, dernière citadelle de la liberté des montagnards arméniens de Turquie. La bravoure des habitants de Zeïtoun, d'Hadjin, défendant les défilés sauvages du Taurus cilicien, a fait l'admiration de leurs vainqueurs.

Bien avant que le service militaire devînt obligatoire au Caucase, nombre d'Arméniens s'étaient distingués dans l'armée russe. Il suffira de citer les noms des généraux Lazareff, le héros de Kars ; Madatof qui fut la terreur des Perses en 1828 ; le prince Béboutoff qui en 1834 prit Kars et Erzeroum, puis le prince Argoutinski qui soumit les tribus les plus rebelles du Caucase.

C'est encore un Arménien, le comte Loris Mélikoff qui fut aussi grand homme d'État que stratégiste, et ce n'est pas pour rien que la phrase *lux ex oriente* lui fut appliquée.

Parmi les médecins de cette nationalité, on peut citer entre autres : les Drs Kiatibian, Khorassundjian, Esmerian, justement estimés à Constantinople ; puis les Drs Mélikoff et Babaeff à Tiflis, enfin le Dr Atabekoff à Choucha. Tous font grand honneur à la Faculté de Paris.

Les Arméniens sont moins dépourvus de sentiments artistiques qu'on le dit communément. Dans les arts de la bijouterie et de l'orfèvrerie, ils n'ont pas de rivaux en Orient. Ils excellent dans la fabrication des armes damasquinées élégantes, finement ciselées. Ils ont à cet égard des traditions toujours vivantes, car de tout temps les joyaux et les armes ont tenu une grande place dans la parure nationale.

La broderie a atteint également entre leurs mains un haut dégré de perfection. Ces belles étoffes que l'on achète dans les grands bazars de la Turquie, sur lesquelles l'or, l'argent, la soie se marient pour éblouir et charmer les yeux, sont faites par des Arméniennes. Ce sont encore elles qui tissent ces beaux tapis soyeux aux nuances éclatantes qui font l'admiration des connaisseurs.

En peinture, l'Arménie a produit il est vrai un petit nombre d'artistes, mais ils ont atteint un degré de célébrité hors ligne. Tel est, entre autres, Aïwasowski dont les admirables marines firent jadis sensation à Saint-Pétersbourg et à Paris.

Citons encore les peintres Zakarian et Pachinhaghiantz. On remarque, parmi les musiciens et les compositeurs, Tchouhadjian, Gorkanian, Gara-Maraga.

Parmi les acteurs les plus célèbres qu'a fournis la nation arménienne, on remarque comme chanteur Chaklamiantz, puis comme comédien l'inoubliable Atamian qui fut en même temps peintre et poète.

La littérature arménienne qui ne cesse de s'enrichir depuis près de deux mille ans, raconte l'histoire de sa langue et de ses origines. Dans le pays de Van, des rochers portent des inscriptions haïciennes en caractères cunéiformes. D'autres monuments arméniens sont écrits en caractères perses ou grecs.

Vers la fin du ve siècle, à l'époque où la littérature atteignait son apogée chez ce peuple avide d'instruction, alors que trois cents écoles étaient ouvertes à la jeunesse, Mesrop la dotait d'un alphabet dont les signes rendaient exactement les sons de sa langue maternelle.

La langue arménienne est classée par les philologues dans la famille aryenne. Elle est iranienne par sa syntaxe et, sous d'autres rapports, elle passe pour être apparentée au grec. Par ses formes grammaticales et sa richesse, elle serait l'égale de l'ionien. On lui reconnaît la même puissance de création indéfinie par les mots composés ainsi que par les mêmes flexibilités de construction. L'arménien se divise en deux dialectes principaux : l'arménien vulgaire ou moderne et l'arménien littéraire. Ce dernier est devenu, comme le grec d'Homère et le latin de Cicéron, une langue morte et il n'est guère connu que des érudits. L'autre se divise en deux sous-dialectes, l'oriental et l'occidental. Le premier est celui des Arméniens de la Russie, de la Perse et de l'Inde ; il est le plus pur. Le second est le dialecte des habitants de la Turquie, de la Crimée et de l'Orient de l'Europe.

Malheureusement, cette langue qui a des tendances à disparaître, en présence de l'envahissement, dans toute l'Asie occidentale, de l'idiome turc, plus facile à apprendre et par conséquent plus répandu dans le monde commercial, est déjà mêlée sur bien des points, de mots empruntés aux peuples voisins. Il faut ajouter à cela que les gouvernements auxquels sont soumis actuellement les Arméniens ne manquent pas de leur imposer comme, de juste, la langue nationale officielle. Mais la vieille langue des enfants d'Haïk ne disparaîtra pas aussi rapidement qu'on le dit, car elle est conservée non seulement par le clergé, mais encore par le patriotisme plus vif que jamais qui anime le cœur de tous les citoyens quelque peu cultivés de cette nation.

A Césarée où la population arménienne ne parle généralement que le turc comme du reste une grande partie des Arméniens de Turquie, elle sait par cœur presque toutes les prières et les chants de son Église. Elle comprend son idiome maternel, mais elle le parlait de moins en moins, il y a peu de temps encore. Une grande réaction se fait pourtant depuis peu, et dans l'école de Surp-Garabet, comme à Etchmiadzine, l'arménien littéraire est actuellement enseigné ; il est parlé dans toutes les familles.

L'Arménie a eu ses siècles littéraires. Ils tiennent une place plus considérable qu'on ne le croit généralement, dans le mouvement intellectuel de l'Asie.

La littérature arménienne s'est développée sous l'influence du christianisme en s'imprégnant d'idées helléniques qui se fondirent avec ce qu'elle tenait déjà de ses ancêtres. Autour du IVe siècle surgirent une multitude de chroniqueurs dont les œuvres ont été utilisées par ses historiens jusqu'au moyen âge.

A une époque bien lointaine, alors que le Hayasdan était lié à la Perse par les liens les plus étroits, entre autres par les croyances religieuses et par une civilisation commune, il possédait une culture littéraire dont les traces ne sont pas encore effacées. Tous les fruits de cette culture furent anéantis par le zèle des apôtres. Convertis à la foi chrétienne, instruits par les docteurs de l'école de Césarée, les Arméniens s'éprirent d'un amour passionné pour la langue de leurs instituteurs. Ils accouraient, excités par une studieuse ardeur, dans les écoles d'Alexandrie, d'Athènes, de Constantinople et de Rome.

On doit à ce culte des lettres grecques, qu'aucune des nations orientales n'a jamais eu, les nombreuses versions faites au IVe et au Ve siècles, de manuscrits que la main des copistes a dénaturés dans le cours des siècles, et la connaissance d'un grand nombre d'auteurs dont le texte original est perdu. On remarque, parmi ces derniers, la chronique d'Eusèbe, une portion notable des traités de Philon et des fragments de Jean Chrysostome. Les bibliothèques des couvents d'Etchmiadzine, de

Surp-Garabet, de Jérusalem, de Sis et de Saint-Lazare, renferment des trésors de ce genre.

Au commencement du siècle dernier, la nation arménienne après tous les désastres qui l'avaient frappée, abaissée par l'oppression, marchait à grands pas vers une décadence intellectuelle complète. Ses traditions, sa langue même, tendaient à disparaître pour faire place aux mœurs et aux idiomes des vainqueurs ou plutôt des oppresseurs. Pour sortir de ce triste état de choses, la nation avait besoin d'une volonté puissante et d'un ardent patriotisme. Ces qualités se rencontrèrent chez un Arménien de Sivas du nom de Mekhitar, à qui l'on doit la fondation de l'ordre des Mekhitaristes, à la fois religieux et savant.

Le but du fondateur de cet ordre fut la régénération intellectuelle de ses compatriotes. Son désir fut de ranimer le culte de l'étude de la langue antique ; de publier à bon marché, sous une forme correcte, les productions littéraires les plus remarquables de la nation ; de créer un enseignement calqué sur les meilleures méthodes occidentales, appropriées aux besoins et au génie des Arméniens. La pensée de Mekhitar, continuée par ses disciples après sa mort, a eu sur le progrès intellectuel de la société arménienne contemporaine une action bienfaisante manifeste.

Fixé d'abord avec quelques religieux en Morée, il dut se transporter ensuite à Venise, dans l'île Saint-Lazare. Mekhitar avait donné l'impulsion au mouvement des lettres en publiant, avec le concours de ses religieux, un grand nombre d'ouvrages imprimés dans le couvent même. Après Mekhitar vinrent toute une pléiade de savants érudits qui composèrent une masse considérable de livres dont le catalogue est curieux à consulter, car ils montrent les aptitudes et les tendances de la nation à laquelle ils sont destinés.

Citons parmi les œuvres les plus remarquables : *l'Histoire et la Géographie de l'Arménie* du père Michel Tchamitch ; puis celle du père Luc Indjijian ; *l'Histoire de l'Arménie sous le gouvernement des Arabes* par Emin à qui l'on doit tant de mémoires sur l'archéologie et la philologie arméniennes ; enfin les innombrables travaux de Patkanian et ceux de l'infatigable et consciencieux Léonce Alischan. On ne peut omettre, non plus, la célèbre revue bi-mensuelle que publient les Mekhitaristes, sous le nom de *Polygraphe*. Quant à la presse périodique, elle est considérable, soit à Tiflis, soit à Constantinople, à Smyrne, à Ismidt, à Vienne, à Calcutta, à Madras, à Singapour, à Marseille et à Londres.

Outre ces éléments puissants de régénération et de progrès, la nation possède encore une fondation de premier ordre, due également à l'initiative privée, c'est le collège célèbre connu sous le nom d'Institut Lazareff des langues orientales, fondé à Moscou en 1815, par Jean Lazareff, digne descendant de l'illustre Manoug Lazar de Cilicie.

Après cela voudra-t-on encore soutenir ce reproche qu'on a fait aux Arméniens d'une absence « trop générale d'éducation et de culture intellectuelle ? » Il faut ne pas les avoir visités et connus dans leur pays pour tenir un tel langage. On doit reconnaître cependant que beaucoup de membres du clergé, les popes des villages, et même des hommes occupant un rang plus élevé méritent encore ce reproche. Nous avons rencontré des évêques, gardiens de monastères plus ou moins anciens et connus, qui ne savaient absolument rien de leurs origines ni même de leur histoire.

Dans le peuple au contraire, et même dans les plus pauvres villages perdus de de la Cappadoce ou du Karabagh, nous avons toujours été frappé par le grand désir qu'ont les habitants de s'instruire, et par la joie avec laquelle les parents envoient leurs enfants, filles et garçons, à l'école. Que de fois n'avons-nous pas entendu de pauvres pères déplorer amèrement leur misère, qui les empêchait d'avoir une école pour y envoyer leurs fils. Aussi, quand il existe des écoles, elles sont toutes assidûment fréquentées.

A Akoulis, ville de l'Arménie russe particulièrement remarquable par la culture et la politesse de ses habitants, on lit en tête de l'école des filles « Ecole des filles, mères de la société ».

Des familles plus fortunées envoient fréquemment en Europe leurs fils, voire même leurs filles, pour y faire des études complètes. Certaines jeunes Arméniennes sont de brillantes élèves de nos facultés, et emportent dans leurs pays perdus et dénués de lumière une riche moisson de connaissances utiles bien faites pour secouer le reste de torpeur et de superstition dans lequel sommeillent leurs compatriotes.

On ne peut donc pas soutenir que les Arméniens soient uniquement absorbés par le commerce, et que la soif du lucre étouffe en eux les autres sentiments. En principe, l'Arménien est trop intelligent pour ne pas comprendre tout l'avantage qu'il peut retirer de l'instruction.

Il nous reste actuellement à donner quelques détails relatifs au costume, aux usages et à la religion des Arméniens.

A Choucha, centre et chef-lieu du Karabagh, on est frappé par le costume étrange et original des Arméniennes. Sur un pantalon long et étroit, disgracieux, et une jupe en soie verte, jaune ou bleue, serrée à la taille par une large ceinture en cachemire ou en soie, elles sont affublées d'une sorte de longue pelisse en velours grenat ou brun, bordée de martre et quelquefois aussi doublée de fourrure. C'est confortable, mais peu élégant.

La coiffure de ces femmes est particulièrement remarquable. Outre un certain nombre de mouchoirs dont elles s'enveloppent la tête en les nouant les uns sur les autres, elles portent un bandeau de velours, placé en couronne, et orné de monnaies d'or et d'argent parfois anciennes et très curieuses, qui retombent sur le front. Une étoffe recouvre le tout, et s'enroule autour du cou, ne dégageant que la face et le petit bandeau sur le front. Mais ceci n'est pas tout, et on ne reconnaîtrait pas une Arménienne à cet accoutrement, s'il n'était complété par l'addition d'un épais bandeau blanc, appliqué fortement sur le bas du visage pour clore et cacher la bouche qu'une honnête femme ne saurait montrer. La compression permanente, par ce bandeau, des muscles inférieurs du visage, finit à la longue par les atrophier.

Pour les sorties dans la rue, elles jettent sur leur tête et leurs épaules un grand voile d'étoffe blanche, retenu à l'aide d'agrafes en argent très originales. Ce costume est porté surtout par les femmes âgées. La nouvelle génération tend manifestement à rejeter ces lourds et disgracieux vêtements pour adopter l'élégante mode tiflisienne.

Les Arméniens du Karabagh portent en général des vêtements sombres, pantalon et tunique, celle-ci quelquefois à longues manches fendues qui se rejettent sur les épaules, à l'ancienne mode du pays. Les vieux portent le bonnet de fourrure haut et conique qui les distingue des jeunes au *papakh* plus élégant et plus bas.

Si nous jetons un coup d'œil sur les costumes des jeunes Arméniennes qui ont, plus ou moins, des prétentions à l'élégance, on voit que jeunes femmes et jeunes filles sont vêtues à l'européenne, sauf la coiffure composée d'un petit diadème de velours orné de pierreries ou de broderies, posé sur le front, et sur lequel voltige un léger voile de tulle brodé. Beaucoup mettent aussi sur ce diadème un foulard de nuance claire, noué sous le menton, et qui leur enveloppe la tête sans grande coquetterie. Celles-ci, du moins, ne s'atrophient pas le bas du visage par l'application des bandeaux. Ces femmes qui sont, pour la plupart, fort jolies, portent leurs cheveux en longues tresses, et leurs grands yeux bruns, bien fendus en amande, sont les plus beaux du monde.

Chez les Arméniennes de Turquie, on ne remarque pas ces costumes originaux et tout à fait caractéristiques de la Caucasie. Elles ont adopté les vêtements des femmes turques, du moins en partie.

Le large pantalon faisant la jupe est très en usage chez les unes et les autres, parmi les femmes du peuple. La coiffure se compose d'un très grand nombre de petites nattes reliées entre elles par des monnaies ou des sequins d'or ou d'argent. Comme chez les Turques et les Grecques, le fez orné d'un petit turban est leur coiffure ordinaire, fort seyante d'ailleurs. Pour les sorties elles se couvrent la tête et les épaules d'une longue pièce d'étoffe blanche, le *tcharf*.

Ce n'est guère que l'accoutrement des *Avchars*, nomades que l'on rencontre dans les vallées du Taurus, qui rappelle celui des montagnardes du Karabagh et du Zanguezour. En Anatolie, les chrétiens se sont tellement identifiés aux Turcs, les usages et surtout les costumes se sont à tel point confondus, que l'on ne sait plus au juste ce qui est arménien et ce qui est turc.

Je n'ai jamais assisté à un mariage en Arménie russe, mais voici en quoi consiste cette cérémonie vue à Angora dans une famille de petits marchands arméniens du bazar. Les invités, et nous étions du nombre, se rendent d'abord chez le fiancé, où l'on ne trouve que des hommes et la famille du jeune homme. Là on nous offre des cigarettes et des rafraîchissements : sirops, raki, bonbons, etc. Puis les femmes quittent cette maison pour se rendre seules chez la fiancée que l'on doit aller chercher. Cette promenade d'une maison à l'autre, aux deux extrémités de la ville, se fait à pied, à travers les rues inclinées et défoncées d'Angora. Les Arméniennes sont dans leurs grands atours. Robes de soie et de velours, bijoux riches et lourds, diamants, les parent comme des châsses, sans cachet ni grâce, le tout étant malheureusement d'un goût européen douteux. Mais ces merveilles sont dissimulées dans la rue sous le long tcharf pudique qui leur donne des airs de vierges. Arrivés chez la fiancée, nous sommes introduits dans une longue pièce déjà encombrée d'amies, de parentes, de visiteuses pour lesquelles des sièges ont été alignés sur les deux côtés de la chambre. Au fond de la pièce la fiancée se tient debout, les yeux baissés, sans parler, sans bouger, entre deux amies qui se renouvellent de temps à autre.

L'épousée, qui est une jolie enfant de quinze ans, est fort pâle, tant est grande sa fatigue. Elle ressemble, dans son immobilité torturante, à une idole indoue, mais habillée très bien à l'européenne. Tout autour, on jase ferme, on échange les compliments d'usage. La mère et la grand'mère font avec aisance les honneurs du divan, offrent à toutes des rafraîchissements, tout en fumant cigarette sur cigarette.

On ne se presse pas de livrer la mariée. Cela serait mal, car elle ne doit pas montrer d'empressement à quitter le toit paternel. Pourtant, l'heure est venue, il faut se mettre en route. La mère semble plus triste, néanmoins aucune effusion, aucun baiser ne s'échangent entre elle et sa fille.

Le cortège des femmes voilées se reforme. La pluie est survenue, et les pauvres invitées s'en vont clopin clopant sur les hauts talons, parfois dorés, de leurs souliers de fantaisie. La mariée sort à son tour enveloppée dans son tcharf. Le cortège des hommes arrive à son tour. Le marié et son père sont placés en avant, la mariée et ses amies de noce sont derrière. La cérémonie de la bénédiction nuptiale est assez longue, parce que, l'un des frères du marié étant prêtre, tout le clergé arménien catholique a tenu à honorer la cérémonie de sa présence. Des chants nasillards et sans mesure, puis le prêtre qui bénit les époux prononce en turc des paroles extrêmement belles et touchantes sur le mariage. Alors les époux reçoivent chacun sur la tête une couronne d'oranger. Le nouveau marié est coiffé d'un fez, à la mode d'Anatolie : cet oranger sur la calotte rouge est tout un poème de grâce et de barbarie.

La cérémonie finie, on ramène triomphalement la jeune épouse à son mari qui s'est hâté de regagner sa maison. Les musiciens engagés pour la fête annoncent son arrivée par de joyeux accords. Elle entre enfin et est conduite immédiatement dans une chambre où recommence son exhibition, toujours immobile et muette. Puis les parents apportent son trousseau renfermé dans de belles malles indigènes, très curieuses, et d'heure en heure la pauvre enfant qui doit succomber à la fatigue est conduite dans sa chambre où elle change de toilette afin de montrer le nombre de ses robes ainsi que leur richesse. La pauvre fille, va, vient, harassée, sans qu'aucun mouvement de son visage ne trahisse ses émotions ; elle doit garder un empire complet sur tous ses sens. Cet usage se retrouve dans les mariages juifs du Maroc.

Du côté des hommes, car les sexes sont séparés, comme toujours, le vin coule à pleins bords, et pourtant il y a toujours des gosiers altérés qui réclament du « charab ! » Ce n'est qu'à onze heures du soir que prend fin cette cérémonie, heure à laquelle on se décide à servir à dîner aux invités. Les chants, les danses, les libations se prolongent jusqu'au matin, pour reprendre le jour suivant et se continuer quelquefois pendant une semaine, suivant la fortune des mariés.

Cet usage de donner les repas et de tenir maison ouverte est une pure satisfaction d'amour-propre. Les plus pauvres y dépensent leurs économies, et s'endettent à cette occasion pour tout le reste de leurs jours.

Dans le Karabagh et le Zanguezour on mariait il y a peu d'années, et cela doit se faire encore, les filles à partir de douze ans, les garçons à quinze. Dès ce moment, la fillette, qui courait nu-tête, adopte le voile et le bandeau cachant la bouche, car jusqu'à la naissance de son premier enfant, elle ne doit pas parler à ses beaux-parents, ni à personne. En raison de leur grande jeunesse, les époux habitent chez leurs parents durant les premières années du mariage, après quoi ils agissent à leur guise

Voici, d'après M. Davidbekoff, inspecteur de l'école de Godroute (gouvernement d'Elisabethpol), quelques usages relatifs aux cérémonies du mariage et des funérailles parmi les paysans arméniens, en Russie.

Avant la noce, le fiancé achète une paire de bœufs. Il en envoie un la veille du mariage chez sa fiancée, et garde l'autre pour ses invités. Disons aussi que, chez ces paysans, les mariages se font exclusivement en hiver, notamment pendant le carnaval.

Des deux côtés, on fait circuler le jour du mariage, dès le matin, une liste dans le village portant les noms des invités. Ceux-ci en prennent connaissance, et s'ils acceptent ils font une marque à côté de leur nom. Le soir venu, les invités se rendent chez le jeune homme où on leur offre, au son de la zourna, du thé, de l'eau-de-vie, du vin. Le prêtre bénit les habits de noce, puis le fiancé, après avoir reçu la bénédiction de ses parents, va avec ses amis chercher la jeune fille. Chez celle-ci même cérémonie de la bénédiction des habits. Enfin à minuit le cortège se forme pour aller à l'église, et après la bénédiction nuptiale, on revient chez la jeune épouse où, au son de la musique, on boit et on mange jusqu'au matin. Lorsque l'aube paraît, les invités reçoivent un cierge avec lequel ils éclairent la marche du jeune couple rentrant chez lui.

Le lendemain, un repas est offert chez le mari. Autrefois on donnait ce jour-là différents cadeaux aux jeunes ménages, mais l'usage s'en perd, paraît-il. La jeune femme, dès le premier jour de son mariage, est cachée derrière un rideau dans un coin de la pièce où se trouvent les invités. Durant quarante jours elle doit habiter ce coin où on lui apporte à boire et à manger. Jusqu'à un an accompli, elle est voilée, et, jusqu'à ses premières couches, elle n'a pas le droit de parler aux parents de son mari ni aux membres âgés de sa famille. Elle ne peut communiquer avec eux, que par signes et par des interprètes qui sont en général de petits enfants.

Le baptême ne donne lieu qu'à un échange de compliments, de petits cadeaux et à un repas, car il n'y a pas de fête arménienne sans repas.

En cas de mort, on voit apparaître les voisines, les parentes, même les étrangères qui viennent pleurer autour du cadavre. En général, la plus vieille d'entre elles improvise un « vocero » dans lequel elle relate les mérites du défunt et les hauts faits de sa vie. Les autres la soutiennent en reprenant un chœur lent et triste. Puis les hommes accompagnent le mort au cimetière, et reviennent prendre part au banquet funéraire servi par la famille.

Les familles arméniennes sont nombreuses et atteignent neuf ou dix enfants. Le berceau en usage parmi elles est le même que l'on rencontre partout au Caucase et jusqu'en Syrie. L'enfant emmailloté y est solidement fixé par des bandes, et ses urines, recueillies dans un tube *ad hoc*, sont conduites au dehors. La mère lui donne le sein sans l'enlever de son lit.

A propos de mariage, je rappellerai une légende, recueillie à Katar, dans le

Zanguezour, et relative au mont Rustup dont le sommet est couronné par le tombeau d'un saint ermite. Le peuple y vient de très loin en pèlerinage le 8 juillet. Les femmes demandent la fécondité à une source qui coule près du tombeau. L'une des pierres de ce mausolée est percée, paraît-il, de cupules dans lesquelles les jeunes filles et les jeunes garçons jouent au palet. Si la petite pierre reste dans une cupule, c'est preuve qu'ils se marieront dans l'année.

Sur deux points, en Transcaucasie, j'ai trouvé deux groupes d'Arméniens particulièrement prospères et l'un et l'autre fort intéressants. C'est à Akoulis, près d'Ordoubat et non loin de l'Araxe, puis à Akhaltzikh dans la vallée de la Koura supérieure.

A Akoulis qui faisait jdis aaprtie de la Perse, et qui n'appartient que depuis soixante-trois ans à la Russie, on est dans l'une des divisions historiques de l'Arménie, le Zokhastan, ou pays des Zokhs, compris dans le pays de Gokhten.

Le nom de Zokhs est donné encore de nos jours aux Arméniens d'Akoulis; on lui attribue différentes interprétations. Au temps les plus reculés, lorsque la poésie populaire florissait dans cette partie de l'Arménie, les Zokhs étaient connus comme troubadours et conteurs. Plus tard, abandonnant les arts pour le négoce, dans lequel ils passèrent rapidement maîtres, l'âpreté au gain aidant, le nom de zokh devint synonyme d' « avare », et c'est dans cette dernière acception qu'il est encore donné. On dit aussi qu'un prince Zoakh descendant de Haïg, ayant été maître de ce pays, avait donné à ses vassaux et à ses serfs le nom de zokhs. Il existe, dans tous les cas, un dialecte zokh très différent de l'arménien classique. Ce dialecte est parlé dans huit villages entre Akoulis et Migri, tandis que la langue écrite reste l'arménien. Il y a une dizaine d'années que M. Tarkisiantz a publié une grammaire zokh.

A Akoulis, les hommes sont de haute stature et ont un beau type brun presque arabe. Un grand nombre d'entre eux se sont distingués dans les sciences et les arts. Plusieurs ont fait leurs études de médecine en Europe. C'est un petit centre intelligent, laborieux, éclairé et prospère. Le costume des femmes est plus lourd et plus riche que nulle part ailleurs. La coiffure haute rappelle celle des Avchars. Leur type est aussi très fin et très beau.

Les écoles d'Akoulis sont remarquables à tous égards comme organisation et comme prospérité. Elles ont été fondées grâce aux dons généreux de quelques Akoulissiens. Nulle part ailleurs, on ne retrouve l'équivalent de cette prospérité. Les grosses fortunes d'Akoulis ont été gagnées dans le commerce et la commission exercés dans les grandes villes de la Russie, de l'Angleterre, de la Perse, de l'Inde, de la Hollande, à Marseille, à Montpellier et à Lyon.

Emporté à travers le monde par ses goûts et ses aptitudes, l'Akoulissien passe la plus grande partie de l'année hors de chez lui. Des absences de six à sept ans n'étaient pas rares à l'époque où les moyens de transport n'étaient pas aussi rapides qu'aujourd'hui. Pendant ce temps, les femmes, gardiennes du logis, élèvent leurs enfants, tristes et inquiètes sur le sort des absents. Ce genre de vie, joint aux calamités politiques du pays, a dû contribuer à donner à leur esprit ce tour profondément grave et mélancolique qui surprend, même chez les jeunes filles. Elles sont douces et tristes comme la poésie et la musique arméniennes.

Lorsque l'Akoulissien a enfin atteint l'âge de se reposer, que ses fils, grands et forts, peuvent le remplacer, il revient au sein de sa famille jouir du fruit de ses labeurs. Il n'est pas rare de trouver dans leurs salons la plupart de nos revues d'Europe.

A Akhaltzikh, la plupart des Arméniens sont originaires d'Erzeroum, et ils y forment une colonie prospère. C'est là que les femmes offrent le type le plus distingué de la race, et le costume le plus élégant en même temps que le plus original. Les tissus employés, de quelques nuances sombres, sont tissés et teints par eux, de sorte qu'on ne les trouve nulle part ailleurs. Le pantalon turc plus ou moins disgracieux a disparu ; une jupe bien taillée, un corsage ouvert sur la poitrine, et laissant voir dans un encadrement de jolies broderies une fine chemisette de soie, un tablier brodé d'or et attaché par une ceinture étroite en soie, tissée également à Akhaltzikh, composent le costume dans les grandes lignes. Mais ce n'est pas tout, la coiffure, la richesse et le bon goût des bijoux encadrent de la façon la plus harmonieuse la beauté des Arméniennes d'Akhaltzikh.

La coiffure des fêtes, composée d'un diadème de monnaies d'or, d'où descendent le long des tempes et jusque sur la poitrine des pendeloques de perles fines terminées par des monnaies anciennes, est bien ce que l'on peut voir de plus seyant, surtout lorsqu'un voile de mousseline de l'Inde ou de la Perse retombe par-dessus. Telle Arménienne, vêtue d'une robe de velours sombre, la tête nimbée d'or et le visage encadré de perles, le cou orné d'un collier d'or à plusieurs rangs, le tout, de style archaïque, évoque le souvenir d'une princesse byzantine dans sa parure de gala.

On regarde, à tort ou à raison, les Arméniens de Van comme des descendants des captifs hébreux ramenés de Palestine par Tigrane le Grand, roi d'Arménie. Cette descendance serait justifiée, d'ailleurs, par des caractères propres à la race juive, que l'on retrouve fréquemment chez la population actuelle. Médiocres agriculteurs, les Arméniens de Van brillent surtout dans le commerce, où ils se montrent d'une remarquable habileté, et dans l'industrie. Dans tout le vilayet de Van, les classes populaires se nourrissent d'une façon misérable. Du pain, du fromage, des herbes sauvages, tel est le fond de leur alimentation. Les riches ne se nourrissent guère mieux, excepté les jours de grande fête où tout est répandu à profusion, et où le vin et l'eau-de-vie coulent à flots[1].

Les Arméniennes de ce vilayet portent plus spécialement des robes de drap rouge, avec grand tablier de couleur, un voile de calicot est fixé sur la tête. Elles ont, dans certains villages, de hauts bonnets pointus, rouges, de forme quadrangulaire. Aussi rigoristes, sinon plus, que les musulmanes, elles observent la loi du *harem*, et se cachent aux yeux étrangers.

Les Arméniens du vilayet de Van parlent une langue très vicieuse, mêlée de mots turcs et persans; ils sont aussi très attachés à leur religion.

En Arménie, les villages sont pour la plupart adossés à la pente des collines, quand ils ne sont pas situés dans des plaines marécageuses. La presque généralité des maisons sont en partie souterraines et, souvent leur toiture se trouve au niveau du chemin ou de la ruelle sur le bord desquels elles sont construites. De sorte qu'on pourrait passer près d'un village, surtout en temps de neige, sans en soupçonner l'existence si, de loin en loin, on ne voyait s'élever de la fumée des toits de ces singulières demeures.

Dans bien des cas aussi, les maisons sont étagées les unes au-dessus des autres et, l'on peut y circuler plus aisément, en passant d'un toit à un autre, qu'en suivant les sortes des ruelles, encombrées de fumier, qui séparent les habitations. Tantôt ces villages sont construits en briques crues faites de boue pétrie avec de la paille hachée, tantôt ils sont en pierre sèche, si celle-ci existe dans le pays. Enfin à proximité des cités antiques, les villageois, grands destructeurs et vandales, s'emparent des blocs taillés, et se construisent des demeures où les inscriptions grecques s'encastrent dans les murs, ainsi que des fragments de sculpture, parfois fort élégants. Mais, ces maisons sont le plus possible adossées à une colline et, la toiture est faite au moyen de pièces de bois de peupliers ou de saules, recouvertes de branchages et de terre battue, de façon à former une terrasse imperméable. Des trous percés dans ce toit et recouverts souvent de grandes jarres en terre, défoncées, laissent échapper la fumée du foyer. Ces maisons des villageois comportent généralement un seul rez-de-chaussée, composé d'une ou deux pièces, et séparé de l'étable par un étroit couloir. En avant, règne souvent une sorte de galerie formée par un grand avancement du toit supporté par des pièces de bois. C'est là que l'on dort en été.

Dans les villes, les maisons sont construites avec plus de soin, elles ont souvent un et deux étages. Quelques-unes même sont fort élégantes et très bien comprises.

[1] Cuinet, *Vilayet de Van*.

A Choucha, dans le Karabagh, on se croirait dans une ville européenne, d'une région montagneuse. Ses solides maisons de pierre, à toits très inclinés, à cause des neiges, ses fenêtres aux élégantes grilles en fer forgé n'éveillent nullement l'idée d'une ville d'Orient. Au contraire les villes des bords de l'Araxe, à toits plats en terrasse, à cours ombreuses et entourées d'une galerie à colonnades où l'on dort au frais, font penser à l'Espagne et aux maisons mauresques.

La misère qui règne dans les maisons souterraines des villages, qui n'ont pas changé sans doute depuis que Xénophon les a signalés, est parfois bien grande. La porte et le trou du toit qui sert de cheminée sont les seules ouvertures de ces tristes tanières où, sans lumière et sans air, vivent gens et bêtes, au milieu d'une révoltante promiscuité.

Dans presque toute l'Arménie qui n'a jamais été très boisée, le seul combustible est le *rezel*, sorte de gâteau fait avec le fumier séché que l'on recueille précieusement, et que les femmes pétrissent avec de la paille et de la terre.

Sans anticiper ici sur l'étude morphologique que nous devons faire plus loin des Arméniens, je rappellerai que les Arméniennes ont une réputation de beauté assez méritée. Quoique leurs traits soient en général très accentués, elles ont, dans leur jeunesse surtout, un grand éclat. Leurs yeux bruns en amande, ombragés de cils magnifiques et de sourcils bien arqués, sont les plus beaux du monde. Un teint mat, des dents parfaites et une chevelure brune des plus abondantes sont une règle presque générale, parmi elles. Elles sont plutôt petites que grandes. Les seins sont rarement développés. Elles manquent de galbe.

Leur vie consacrée aux soins du ménage et à l'éducation des jeunes enfants se passe au fond du gynécée, où, de même que dans le harem musulman, les hommes ne pénètrent généralement pas.

En séquestrant leurs femmes à l'exemple des musulmans, et en les voilant en partie, les Arméniens se sont conformés simplement à l'usage établi dans toute l'Asie occidentale, depuis l'invasion des Turks mongols et des Arabes. Dans la société cultivée ils tendent de plus en plus à laisser aux femmes une liberté à peu près égale à celle dont elles jouissent en Occident.

On peut dire des Arméniennes en général qu'elles sont de très actives ménagères. Leurs doigts agiles s'entendent à tous les travaux. Suivant la conditon sociale, l'Arménienne file et tisse la laine, le coton dont elle fera les vêtements de la famille. C'est elle qui tient de son aïeule l'art de faire les beaux tapis, le secret de tels dessins, de telles nuances, dont elle transmettra la tradition à sa fille. Pendant l'hiver, les femmes de la maison se mettent toutes au tissage des tapis dont la vente n'est pas un des moindres revenus du ménage. Dans d'autres familles, le tapis est remplacé par le métier à broder. Elles excellent à préparer les confitures, les sirops. Enfin tout se fait dans la maison, linge, vêtements, lessive, et plus la maison est importante et riche, plus la maîtresse s'applique à ses devoirs de ménagère. Ce caractère laborieux des femmes fait que les plus pauvres se suffisent à elles-mêmes, et il est rare de voir des Arméniennes se placer comme domestiques en Orient.

Pour compléter le tableau qui vient d'être tracé du caractère arménien, il faut ajouter qu'il existe malheureusement un esprit de jalousie et de discorde qui divise et a toujours divisé la nation. Cet esprit a été une des causes les plus actives de sa ruine; maintenant qu'elle n'a plus d'existence politique il réapparaît dans le domaine des idées religieuses.

Dans le vilayet de Bitlis peuplé surtout de Kurdes, il existe un nombre considérable d'Arméniens; ceux-ci, grégoriens, protestants et catholiques, ont les mêmes mœurs et les mêmes coutumes. Le voisinage des Kurdes et leurs incessantes exactions ont fini par leur donner un caractère timide et dénué d'initiative, du moins en apparence, car en somme ils sont fort intelligents.

Les demeures arméniennes sont divisées à la turque, en deux parties : le harem et le selamlik. Les femmes sont voilées, et uniquement occupées des soins du ménage et des enfants.

Ils ne passent pas pour être d'une grande propreté, ces chrétiens de Bitlis. M. Cuinet dit que la base principale et pour ainsi dire unique de leur nourriture est le *tourchou*, c'est-à-dire des choux conservés dans l'eau vinaigrée.

Le mariage est précoce chez eux comme chez les musulmans. Une fille, dès l'âge de douze à treize ans, et quelquefois même onze ans, est considérée comme bonne à marier. Ses parents s'occupent de cette affaire, sans la consulter, bien entendu. Les pourparlers s'engagent, et si l'on tombe d'accord les fiançailles sont conclues. M. Cuinet raconte ainsi ces préliminaires.

« Alors le futur mari envoie à la jeune fille les présents d'usage qui consistent d'ordinaire en un panier de bonbons, une paire de bottines vernies, des bracelets et parures, le tout accompagné du singulier et indispensable cadeau destiné au père de la mariée, et qui n'est autre qu'une chaussette contenant quatre piastres. Cette chaussette est acceptée par le père comme prix de la cession, au mari de sa fille, de tous ses droits paternels, et, dès ce moment, elle ne lui appartient plus. »

De ces mariages précoces, il résulte de nombreux inconvénients, parmi lesquels la vieillesse anticipée de la femme décrépite à trente ans.

Parmi les usages propres aux Arméniens de ce vilayet, il faut citer celui d'enterrer les morts, à peine ont-ils expiré, ce qui a donné lieu à de biens graves méprises.

Le mode de chauffage si incommode, connu sous le nom *tandour*, est établi en permanence, et forme la partie essentielle du mobilier. C'est une grande cuve en poterie, enterrée jusqu'aux bords dans le sol. Un système assez ingénieux permet de placer au milieu de cette cuve la marmite où cuisent les choux aigres, tandis que la famille, assise autour, les pieds pendants, utilise la chaleur de la vapeur et celle du foyer, en étendant sur les genoux une pièce de drap qui couvre hermétiquement le tout.

Le costume des Arméniens de Bitlis diffère peu de celui des Kurdes. Seules, les femmes ont apporté quelques modifications coquettes, notamment à leur coiffure qui se compose, nous dit M. Cuinet, d'un petit bonnet de laine bigarrée de couleurs vives, entouré d'un crêpe de soie noire tressé en forme de couronne. Par-dessus, elles posent une longue bande d'étoffe blanche ornée aux deux bouts de rubans rouges, couvrant à peine le front, mais tombant par derrière jusqu'aux talons.

La religion primitive des Arméniens repose, comme celle de presque tous les autres peuples, sur une mythologie qu'entourent les plus obscures ténèbres. D'après Emin, la plupart des auteurs arméniens n'ont jamais cherché à comprendre le fond de la religion de leurs ancêtres, et de plus ils ne surent pas, ou ne voulurent pas rechercher la succession des dieux de leur panthéon, et voir leur corrélation avec les divinités des autres peuples de l'Asie occidentale. Ils sont restés sous cette impression que c'est chez les dieux de la Grèce qu'il faut chercher des parentés et des analogies avec ceux de leurs pères.

Emin[1] a le premier démontré que les rares débris de l'antique religion des Haïkanes nous reportent à une époque où la Grèce et l'Arménie n'avaient eu encore aucune relation. Il ne s'en établit qu'à une époque assez récente, dans les derniers temps du paganisme arménien.

Les Mekhitaristes n'ont pas compris davantage, ajoute Emin, la théogonie arménienne. Le père Indjidjian et Arsène Bagratouni veulent trouver à tout prix, dans le culte primitif de leur nation, le monothéisme, ou le culte du vrai dieu unique légué, soi-disant, aux Haïkanes par Noé lui-même et ses descendants, lorsqu'à leur sortie de l'arche ils s'établirent au pied de l'Ararat.

Cette opinion, qui repose sur une hypothèse, n'a de base ni dans la tradition locale, ni dans les données historiques, et doit être considérée comme le fruit de la piété

[1] Paganisme et religion des Arméniens, trad. par Stadler (*Revue de l'Orient*, octobre et novembre 1864).

naïve de ces vénérables érudits, et du respect qu'ils ont voulu témoigner pour leurs ancêtres.

Emin a consulté directement les anciens auteurs, et y a puisé tout ce qui peut éclairer la question. C'est en prenant pour base l'étude des traditions populaires et celle de la langue, qu'il est arrivé à cette conclusion remarquable, à savoir que le peuple de Haïk se trouvant rattaché d'un côté aux tribus babyloniennes, et de l'autre à celles qui parlent le zend, son culte primitif doit se rattacher à ceux qui étaient en honneur chez ces tribus. Il est un fait constant qu'Emin a fait parfaitement ressortir, c'est qu'en dehors de la religion indigène et nationale, il y eut un très grand nombre de divinités adorées par les Haïkanes primitifs. Celles-ci, d'origine assyrienne ou perse, ont rapidement obtenu une sorte de suprématie, et les divinités purement locales furent rejetées au second rang.

Des savantes recherches d'Emin, il ressort que cette religion primitive reposait sur le dualisme. L'un était Aramazd, la divinité suprême, père des dieux, le créateur du ciel et de la terre, produisant la fertilité et l'abondance. Aramazd est le synonyme de l'Ahura de Madze du Zend Avesta, l'Ormuzd des Occidentaux. Les Grecs en ont fait Zeus.

L'autre, le principe opposé était Ahriman. A côté de ces divinités de premier ordre, les Arméniens adoraient encore et en certains lieux du moins, plus que toutes les autres, Anahid, fille d'Aramazd, reine de la terre et mère des dieux.

L'illustre historien arménien Agathange en la dépeignant dit : « La grande Reine, la Maîtresse Anahid, la gloire de la nation, et qui en soutient l'existence ; bienfaitrice du genre humain, adorée par les rois et surtout par celui de la Grèce... »

Une inscription assyrienne représente Anahid comme adorée à Babylone, en Phénicie et en Grèce. A en juger par le nombre des temples qui lui furent élevés en Arménie, nulle part ailleurs elle ne fut plus adorée. Les auteurs grecs et latins citent les richesses de ses temples dont les plus importants se trouvaient dans la province d'Acilicène au village d'Erez (Erzinga) sur la rive droite de l'Euphrate. On y trouvait, d'après ces auteurs, outre les prêtres et les prêtresses attachés au service de la déesse, des filles des meilleures familles qui, gardiennes du culte, ne pouvaient se marier qu'après s'être abandonnées, dans ces temples, à une longue prostitution.

Agathange la montre cependant sous un jour particulier de chasteté. Le nom d'Anahid vient d'Anahata, mot qui veut dire en ancien persan « sans tache ». Epithète aussi du genre femelle de l'eau appelé *Ardoni Tchour*. Cette déesse, assurément d'origine assyro-babylonienne, est sans doute la même que Beltis ou Melita qui étaient adorées également en Perse sous le même nom.

Emin pense que les auteurs grecs et latins ont faussement attribué aux Arméniens la forme du culte qui était rendu à Anahid en Syrie et en Mésopotamie. Il n'y a pas un auteur arménien qui représente ce culte comme on le voit établi à Babylone, en Phénicie, en Phrygie, où des femmes et des hommes en délire, au son du tambour et de la flûte, se livraient à des danses obscènes et à de monstrueuses débauches. S'il y avait eu quelque chose de ce genre chez les Arméniens païens, les auteurs chrétiens n'eussent pas manqué, dans leur zèle pieux, d'en faire mention, afin d'inspirer aux néophytes plus de dégoût pour les faux dieux et leur culte. N'en trouvant aucune trace, on est en droit d'en conclure, pense Emin, que le culte d'Anahid en Arménie n'était accompagné que d'une simplicité solennelle, telle qu'elle convient à la Mère de la Chasteté. Ce ne serait qu'en sortant de l'Arménie que le culte d'Anahid s'est transformé, et qu'il apparaît avec un caractère spécial, et avec ce cortège de délire et de volupté qui distinguaient le culte d'Aphrodite dans la plus grande partie de l'Asie occidentale. Le genre d'offrandes apportées par les rois arméniens sur les autels de leur déesse témoigne de l'idée de pureté que ce peuple lui attribuait. Ces offrandes, au dire d'Agathange qui fut le secrétaire du roi Tiridate, et qui vivait au IVe siècle de notre ère, étaient des plus naïves. Faisant le récit du martyre de saint Grégoire, cet historien raconte que Tiridate avant d'envoyer Grégoire à la torture, lui ordonna de porter à la déesse des couronnes et des branches d'arbres touffus. Mais Kreutger a soutenu que l'Anahid des Haïkanes est le prototype de toutes les autres divinités du même genre dont le culte a fleuri dans l'Asie occidentale, et que l'Arménie doit être le berceau de ce culte.

Il y avait ensuite les déesses Ast'lig et Nané qu'Agathange appelle Aphrodite et qui doivent être les mêmes que la Tashter des Perses et l'Istar des Assyriens. Rawlinson suppose qu'Istar et Nana sont les mêmes Vénus appelées Istar à Babylone et Nana en Assyrie.

Il faut placer encore à côté de ces divinités celle de Tharat des Arméniens mésopotamiens qui est devenue la Tharahata des Syriens et la Derceto des Grecs. Elle était représentée par une femme dont la partie inférieure du corps avait la forme d'un poisson. Parmi les autres divinités de ce panthéon, il y avait encore un certain Dir qui doit être assimilé à Hermès ou Mercure, représenté, de même que le Taout des Phéniciens, comme le maître de l'enseignement mystérieux des prêtres, instructeur de l'écriture et des arts.

Une autre divinité était Mihr d'origine perse, dont les Grecs et les Romains ont fait Mithra, mot qui veut dire en parsi le soleil. De nos jours, *Khour*, qui dérive de *mihr*, veut dire en arménien feu invisible, immatériel. Mihr avait deux manifestations : *Areg akn*, œil d'Areg, le soleil ; *Loussine*, la lune qui était le symbole du feu sexuel de la femme. Leur temple était à Armavir, près de l'Araxe. De ce temple et de cette forteresse fameuse des *Arevortiks* il ne reste plus qu'une masse informe de murailles cyclopéennes, couronnées d'une église.

Un autre temple se trouvait à Baï-awan, le Bakou actuel.

On voit encore les représentations de la lune et du soleil sur certains bas-reliefs, comme celui qui surmonte la porte de l'église du couvent de Saint-Thomas, à Akoulis. D'ailleurs il a dû exister là aussi, un temple du même genre, car on nous a montré, dans les parties les plus anciennes de ce couvent, une petite salle voûtée avec des niches en forme de coquilles que l'on regarde comme un ancien temple du feu. On retrouve aussi ces figures sur les stèles funéraires du genre de celles du vaste cimetière du vieux Djoulfa.

Le dieu Amanar, protecteur des fruits de la terre, n'était pas moins vénéré. Il s'appelait aussi Vanadourtik, et avait pour mission de donner asile et abri. Son temple se trouvait à Bagavan, district de Pakravand, dans la province d'Ararat. On y venait le 11 août en grande solennité. La fête durait six jours pendant lesquels on offrait des sacrifices et l'on recevait l'hospitalité. Est-ce que les pèlerinages célèbres au couvent de Keghart près d'Erivan, et à celui de Surp-Garabet près de Césarée ne seraient pas un souvenir de ce culte antique? De nos jours, à Kéghart durant les pèlerinages qui s'y font deux fois par an, le couvent donne asile aux pèlerins, non seulement dans les grottes et les cellules destinées à cet usage, mais encore dans l'église même.

L'origine du monastère de Kéghart est assez curieuse à connaître. C'est la possession de deux reliques, la lance avec laquelle Jésus-Christ fut frappé et une planche de l'arche sainte, qui l'a rendu célèbre dans toute l'Arménie. On l'appelle encore Aïrivank, c'est-à-dire « Monastère de la Caverne », sans doute parce qu'il est en partie creusé dans le roc. On attribue sa fondation à Grégoire l'Illuminateur au IVe siècle. Mais rien ne prouve que ce ne fut pas dans les temps païens un temple auquel on a substitué une église chrétienne. Pourquoi Tiridate, alors qu'il faisait élever à quelques kilomètres de là, à Karni, de si admirables monuments, n'aurait-il pas choisi ce lieu superbe de Kéghart, pour y faire ériger ou plutôt creuser des temples aux divinités arméniennes, car Kéghart se compose en partie de bâtiments extérieurs, en partie de constructions monolithes taillées dans la roche même. Il y a par an deux pèlerinages à ce grand couvent. Le premier se fait le 7 mai, le second le 7 juillet, suivant le calendrier grégorien. Les pèlerins viennent y implorer la guérison de leurs maux; les femmes lui demander la fécondité. Une petite source, à l'intérieur du monastère, jouit de propriétés merveilleuses, entre autres celle de guérir les ophtalmies[1].

[1] Mme Chantre, *Arménie russe*.

Les femmes ayant eu un enfant à la suite de ce pèlerinage le ramènent trois ans après, brûlent en reconnaissance un cierge aussi haut que l'enfant à qui elles coupent sur place les cheveux en sacrifice.

Les pèlerins emportent en souvenir des médailles en mie de pain bénit. Durant les fêtes, des agneaux et des moutons sont immolés et mangés au milieu de grandes réjouissances, de chants, de danses. Ce qui est plus curieux encore, c'est la présence à ce pèlerinage chrétien de nombreux Kurdes et de Tsiganes à qui sont distribués les entrailles, les pieds, les têtes des bêtes immolées.

Le culte d'Arev fut également très répandu en Arménie. D'après Nersès de Lampron, « les Arevortiks adoraient les astres et l'arbre *Barti* de la famille des peupliers. Les femmes de cette secte s'adonnaient à la sorcellerie, et préparaient des breuvages à l'aide desquels elles enflammaient d'un amour coupable les personnes des deux sexes. »

Moïse de Khorène raconte qu'au IVe siècle encore ses compatriotes adoraient deux dragons noirs dans lesquels s'incarnaient les *dew* (génies du mal). Il raconte qu'on sacrifiait à ces dragons des victimes humaines, des jeunes filles et des jeunes garçons vierges. L'historien termine son récit par ces mots : « Autour des rochers sur lesquels cela se passait, étaient de profondes gorges remplies de serpents et de scorpions pleins de venin mortel. » Ces animaux, il ne faut pas l'oublier, étaient les créatures favorites d'Ahriman, et lui servaient d'emblèmes. La description des lieux répond assez bien à celle que l'on peut faire de Kéghart. Au lieu d'Ahriman dont la bienveillance était obtenue jadis au prix de sacrifices humains, c'est le secours de Dieu que l'on vient actuellement implorer. L'asile est donné par les moines, et les sacrifices ne comportent plus que des agneaux et des poulets.

D'après Moïse de Khorène, le roi Artachès rapporta d'Asie Mineure, en l'an 114 avant Jésus-Christ, comme trophées de guerre, des images des dieux grecs, d'Artémis, d'Hercule, d'Apollon en bronze doré, et les fit placer par les grands prêtres dans son temple d'Armavir. Les ayant ensuite transportées à Arhdichat, Artachès y ajouta les statues de Jupiter, de Minerve, de Vulcain, de Vénus aphrodite ainsi qu'une seconde statue d'Artémis. Plus tard, les prêtres placèrent ces statues dans le fort d'Ani.

Il faut encore citer dans cette énumération, Aralez et Kadch qui jouèrent un rôle important dans les légendes relatives à la lutte et aux amours de Sémiramis et d'Ara, roi d'Arménie, puis à celle relative à la malédiction d'Artachès II contre son fils Artavazd (120 après J.-C.). D'après Moïse de Khorène, les Arméniens, de même que beaucoup d'autres peuples de l'Orient et de l'Occident, avaient des bois sacrés, et y adoraient certains arbres. « Le plus antique de ces bois, dit-il, fut planté par

Armének, fils d'Haïk plus de 2000 ans avant Jésus-Christ, dans la province d'Ararat, non loin de l'Araxe, sur la colline où son fils Armaïs fonda la célèbre ville d'Armavir ». Dans ces bois plantés surtout de peupliers argentés, les prêtres de ce culte mystérieux tiraient des oracles du bruissement des feuilles, tout comme ceux de Dodone consultant le chêne polyglotte : *quercus fatidica.*

En changeant de croyances, les Haïkanes ne perdirent pas le souvenir de leurs traditions, et ne modifièrent que lentement leur culte. De nos jours, comme au temps de Zoroastre, on célèbre le feu divin. Le jour de la fête annuelle, un couple de nouveaux mariés embrase, dans un bassin de cuivre, un échantillon de tout ce que la terre bienfaisante produit de meilleur : fleurs, céréales, pampres, fruits. Les fiancés regardent le soleil comme pour le prendre à témoin de leurs amours; les malades lui demandent la santé; les mourants espèrent lui offrir leur dernier regard, et c'est toujours sous ses rayons que l'on enterre les morts [1].

C'est chez les Arméniens de la Perse et de la Turquie que l'on retrouve les traces les plus persistantes du culte du feu qui a pénétré également en Europe. C'est chez eux que, le jour de la Chandeleur, ont lieu des danses autour d'un feu allumé. Des fagots épineux sont dressés en bûcher au milieu de l'église. Des fruits de cornouiller ornent ce bûcher auquel on met le feu après vêpres. Les jeunes filles et les jeunes femmes nouvellement mariées forment une ronde tout autour. Une masse de jeunes gens se pressent derrière. L'un d'eux se met à tourner d'un mouvement lent et majestueux. A mesure que la flamme embrase les fagots, la ronde accélère son mouvement en frappant crescendo du pied en mesure. Cela dure jusqu'à ce que le feu commence à baisser, les femmes se séparent alors et laissent approcher les jeunes gens qui commencent à bondir au-dessus du bûcher avec agilité. On doit attribuer évidemment à la flamme une grande puissance de purification.

La situation géographique de l'Arménie et les vicissitudes politiques par lesquelles son peuple a dû passer ont contribué à lui donner de bonne heure une religion fort complexe, comme on vient de le voir. Tour à tour, elle s'inspire du sabéisme des Chaldéens, puis du magisme des Perses, enfin du paganisme des Grecs, car Jupiter et Vénus avaient leurs temples à côté de ceux de Mithra et d'Ormuzd. Le premier culte de l'Arménie lui vint de Babylone et de Ninive. Lorsqu'elle tomba sous la domination perse, la réforme de Zoroastre s'y implanta, non sans faire de nombreux emprunts au polythéisme grec et romain, jusqu'à l'avènement des Sassamides de

[1] Cirbied, *Mémoires de la Soc. des antiq. de France*, t. II, 1820. — Moritz-Wanger, *Reise nach dem Ararat.*

Perse (259 après J.-C.). C'est vers cette époque que le christianisme fut officiellement introduit en Arménie. Les premières semences y avaient été portées du vivant même de Jésus-Christ par Thaddée, l'un des soixante-douze disciples, et par l'apôtre Barthélemi révéré par les peuples de l'Inde, de l'Arabie et de la Perse. Plus tard, des prêtres syriens vinrent prêcher l'Evangile aux Arméniens, et commencèrent à élever des monastères sur les ruines des temples païens. Mais le véritable apôtre et le civilisateur de l'Arménie fut Grégoire l'Illuminateur. Sous les Arsacides de Perse, il convertit le grand roi Tiridate (502), et institua le siège patriarcal d'Arménie dont il fut le premier titulaire sous le titre de Catholicos (universel).

Peu après Grégoire, parurent toute une pléiade d'hommes qui continuèrent son œuvre de régénération de l'Arménie. Mais ce grand mouvement social et intellectuel fut arrêté quelque temps par l'hérésie grecque d'Eutychès, cause du schisme qui divise encore aujourd'hui la nation arménienne. Les uns, le plus grand nombre, restés fidèles à la grande Eglise nationale, fondée par Grégoire, les autres reconnaissant l'autorité du pape, sont devenus catholiques, ces derniers ne se rencontrent pas en Arménie russe. Un certain nombre enfin, protégés anglais ou américains en Turquie, se sont convertis au protestantisme.

Au sommet de la hiérarchie arménienne, est placé le cent quatre-vingt-troisième successeur de l'Illuminateur, qui est actuellement l'illustre et vénérable archevêque Krimian, surnommé le Gambetta de l'Arménie. Ce pontife suprême, dont relève tout le clergé arménien grégorien, a son siège à Etchmiadzine, non loin de la montagne légendaire de l'Ararat. L'empereur Nicolas n'a pas manqué de prendre à la Perse ce centre traditionnel, et de s'assurer ainsi la possession de la tête et du corps de la nation tout entière. Par suite de la possession de l'humble Vatican arménien, les Haïkanes du dehors sont soumis à une sorte de vasselage religieux de la Russie. Tout en laissant à cette Église la plus grande liberté, le gouvernement russe a réglé la situation du catholicos par les statuts de 1836, sorte de loi des garanties qu'ils subissent en fait, tout en les contestant en droit.

D'après la tradition, le catholicos doit être élu par les députés de tous les diocèses arméniens du monde. Le gouvernement impérial préside à l'élection qui n'est plus actuellement qu'une présentation de candidats entre lesquels l'empereur se réserve de désigner le catholicos. Le mode d'élection du pontife suprême n'est pas la seule altération apportée à la constitution arménienne. A côté du catholicos, on a institué, comme à Saint-Pétersbourg, un synode d'évêques et d'archimandrites désignés par le tsar, et près de ce synode un procureur laïque dont l'ingérence dans les affaires religieuses agrée peu au clergé.

D'après ce qui précède, on voit qu'en Russie, de même qu'en Turquie, les Arméniens tiennent une place supérieure à leur nombre. Sur près de cinq millions d'individus de cette race que l'on compte actuellement, près d'un tiers réside sur le territoire de la Russie qui possède chez elle leur chef spirituel. Cela lui donne une prise de plus sur l'Orient. Elle peut en Asie s'ériger en protectrice des Arméniens. Au traité de San-Stefano, elle avait eu soin déjà d'insérer une clause en faveur des Haïkanes demeurés sujets turcs. A défaut d'autonomie ou de liberté politique, la Russie a offert aux Arméniens la sécurité. Aussi nombre d'entre eux ont-ils émigré des États du sultan dans ceux du tsar, préférant l'ordre russe au désordre ottoman.

II

MORPHOLOGIE ET ANTHROPOMÉTRIE

Le type arménien est assurément difficile à établir, car cette race a subi de nombreux mélanges, et les éléments de ces mélanges étant fort différents suivant les régions, il importe de ne le préciser qu'en prenant la moyenne fournie par les divers groupes soumis à l'étude. Nous ne saurions donc pas admettre l'opinion de Kanikoff[1] pour qui seuls les Arméniens d'Astrakan présentent quelques chances d'avoir gardé leur type national, sinon primitif, du moins celui qu'ils avaient au moment des premières invasions turco-mongoles.

Ces Arméniens, émigrés d'Ani depuis le XIVe siècle, auraient gardé, plus que tout autre groupe habitant les différentes parties de l'Arménie, leur véritable type par suite de leur isolement pendant plusieurs siècles, au milieu de populations étrangères et musulmanes. Je suis convaincu, au contraire, que le type arménien, tel que le décrit Kanikoff, n'est pas celui de la majorité des descendants d'Haïk. Nos observations nous permettent d'affirmer hautement ce fait, et de considérer comme fort discutable le tableau que cet illustre voyageur a dressé des Arméniens.

Mais d'abord quel est ce tableau ?

« Les Arméniens sont de haute taille et assez bien faits, dit-il, mais enclins à

[1] Kanikoff, *Ethnographie de la Perse*, page 112.

l'obésité. La forme de la tête est franchement iranienne et dolichocéphale. Les yeux sont noirs et grands, mais beaucoup plus encaissés dans l'orbite que chez les Persans. Le front est bas, le nez presque sans exception est très proéminent, très aquilin et d'une grande longueur. L'ovale du visage est chez les Arméniens plus long que chez les Persans. La peau est blanche et fine chez les jeunes individus, mais elle est très sujette à devenir avec l'âge couperosée chez les hommes comme chez les femmes, ce qui déjà a été observé par Chardin. »

Nos observations anthropométriques qui ont porté sur 341 sujets, dont 44 femmes, ont été exécutées sur vingt-cinq groupes différents.

Durant mes précédentes campagnes au Caucase et en Transcaucasie, j'avais mesuré déjà une série d'Arméniens, à Tiflis et à Erivan. Pendant mes derniers voyages, j'ai continué mes investigations dans vingt-trois autres localités de la Transcaucasie et de l'Asie Mineure, représentant à peu près les régions les plus anciennement habitées par la race arménienne.

J'ai réuni dans quatorze tableaux les observations morphologiques et anthropométriques que nous avons opérées, Mme Chantre et moi, sur cette population. Nous avons enfin reproduit dans huit planches les 16 sujets qui ont paru les plus typiques parmi les 140 individus que nous avons photographiés.

Le type arménien est plus homogène en apparence qu'en réalité, comme on le verra par les mises en séries partielles et totales. Il est même à remarquer qu'il est fort variable d'une localité à l'autre, car les origines de la population sont différentes, et les vicissitudes politiques qu'elle a dû subir ont fortement modifié la race sur certains points.

Les cheveux et les yeux. — Les Arméniens sont évidemment bruns en général, car sur 341 sujets y compris 44 femmes, 194 ont les cheveux noirs; 109 les ont châtains ou moyens, et 38 les ont blonds ou clairs. Les plus bruns sont d'Akoulis d'abord, où, sur 15 sujets, 12 sont tout à fait bruns, soit 80 %, puis de Novo-Bayazid, et de Tiflis où les bruns se trouvent dans la même proportion.

A Akhaltzick, la proportion est de 78 %; à Erivan de 62 %; à Yozgatz de 73 %; à Sulivan de 77 %. Les femmes sont particulièrement brunes (75 %), car on en observe à Migri 80 % et 66 % à Akoulis de tout à fait brunes.

On trouve pour la totalité des sujets observés 32 % de cheveux moyens ou chatains plus ou moins foncés, et c'est à Choucha (88%); à Kara-Kilissa (46 %) à Tathève (47 %) qu'on les rencontre en plus grand nombre.

Les Arméniens blonds sont rares, il en existe pourtant 11 % de la totalité, c'est-à-dire que l'on voit 37 hommes blonds et une seule femme blonde. Ceux-ci appartiennent surtout à la région de Ghiroussi où l'on en trouve 10 sur 28 sujets, soit 35 %, ainsi qu'à Göl où il y en a 6 sur 15 individus observés, soit 40 %.

Mise en séries de la couleur des cheveux des Arméniens.

NOMBRE DES INDIVIDUS	LOCALITÉS	COULEUR FONCÉE	COULEUR MOYENNE	COULEUR CLAIRE
8 hommes	Choucha	»	7	1
12 —	Digh	5	6	1
2 femmes	—	2	»	»
28 hommes	Ghiroussi	7	11	10
11 —	Kara-Kilissa	4	5	2
17 —	Tathève	6	8	3
4 —	Chikhavouz	2	2	»
8 —	Migri	4	4	»
5 femmes	—	4	1	»
15 hommes	Akoulis	12	3	»
9 femmes	—	6	3	»
5 hommes	Nakhitchevan	3	1	1
5 femmes	—	5	»	»
6 hommes	Kamarlou	6	»	»
27 —	Erivan	17	9	1
15 —	Göl	3	6	6
11 —	Novo-Bayazid	8	3	»
9 —	Igdir	3	6	»
19 —	Akhaltzick	15	4	»
18 femmes	—	11	6	1
15 hommes	Tiflis	13	2	»
17 —	Gollu	6	5	6
13 —	Sulivan	10	2	1
18 —	Hadjin	12	4	2
2 femmes	—	2	»	»
15 hommes	Yosgat	11	2	2
5 —	Césarée	2	2	1
3 —	Everek	1	2	»
2 —	Urgub	»	2	»
3 —	Hourmiah	1	2	»
11 —	Sis	10	1	»
3 femmes	—	3	»	»
341		194	109	38

Les cheveux sont presque toujours droits; il est à remarquer toutefois qu'un certain nombre les ont ondulés, par exemple à Kara-Kilissa, 9 individus sur 11, et 5 sur 8 à Migri sont dans ce cas. A Akhaltzick, on ne remarque que 3 hommes ondulés sur 19, et 6 femmes sur 18.

Les cheveux frisés ne sont pas très rares : on voit à Akoulis 3 hommes sur 9 et 3 femmes sur 7 dans ce cas, ainsi que 3 individus sur 5 à Nakhitchevan.

Les Arméniens ont donc en majorité les cheveux droits et noirs, notamment les femmes ; on ne rencontre des blonds que dans les régions de Göl et de Ghiroussi.

Mise en séries de la couleur des yeux des Arméniens.

NOMBRE DES INDIVIDUS	LOCALITÉS	COULEUR FONCÉE	COULEUR MOYENNE	COULEUR CLAIRE
8 hommes	Choucha	»	7	1
12 —	Digh	4	5	3
2 femmes	—	2	»	»
28 hommes	Ghiroussi	4	15	9
11 —	Kara-Kilissa	4	5	2
17 —	Tathève	6	8	3
4 —	Chikhavouz	2	2	»
8 —	Migri	4	4	»
5 femmes	—	4	1	»
15 hommes	Akoulis	13	2	»
9 femmes	—	6	3	»
5 hommes	Nakhitchevan	3	1	1
5 femmes	—	5	»	»
6 hommes	Kamarlou	6	»	»
27 —	Erivan	20	5	2
15 —	Göl	4	8	3
11 —	Novo-Bayazid	8	2	1
9 —	Igdir	3	6	»
19 —	Akhaltzick	14	5	»
18 femmes	—	13	5	»
15 hommes	Tiflis	12	3	»
17 —	Gollu	4	7	6
13 —	Sulivan	8	3	2
18 —	Hadjin	14	3	1
2 femmes	—	2	»	»
15 hommes	Yosgat	11	4	»
5 —	Césarée	2	3	»
3 —	Evérek	1	2	»
2 —	Urgub	»	2	»
3 —	Hourmiah	»	1	2
11 —	Sis	10	1	»
3 femmes	—	3	»	»
341		192	113	36

Les yeux des Arméniens sont bruns en majorité, puisque sur 341 hommes,

192 les ont noirs (56 %), 113 les ont moyens ou châtains (33 %) et 36 seulement (11 %) les ont bleus ou clairs. Chez les femmes, 35 sur 44 les ont noir foncé; 9 moyens ou châtains ; une seule les a bleus. C'est dans les groupes de Ghiroussi et de Gollu que se voient les plus clairs, soit dans la première localité 9 sur 28, et dans la seconde 6 sur 17.

Les Arméniens présentant les yeux les plus bruns sont ceux d'Akoulis et de Tiflis (80 %); ceux d'Hadjin (77 %); ceux de Novo-Bayazid (72 %); d'Akhaltzick, (73 %) et enfin d'Erivan et Yosgat. Ils sont châtains ou brun-moyen à Choucha, (87 %), puis à Ghiroussi et à Göl (53 %) ; à Tathève (47 %).

Bien que, dans maintes circonstances, les Arméniens aient été en contact avec des Turco-Mongols, leurs yeux ne sont jamais bridés ni obliques; ils sont au contraire largement ouverts et bien fendus. Chez presque tous ils ont un éclat remarquable, et sont ombragés de longs cils.

La distance bipalpébrale externe est en moyenne, chez les hommes comme chez les femmes, de 96 millimètres; elle n'atteint pas ce chiffre pourtant dans les séries de Göl et de Novo-Bayazid, où elle n'est que de 92 millimètres, mais en revanche elle le dépasse de beaucoup à Kamarlou, à Kara-Kilissa et à Akoulis où elle arrive à 100 millimètres. Quant à la distance bi-palpébrale interne, elle est beaucoup plus homogène. Le chiffre de 28 millimètres qui est la moyenne donnée par toute la série réunie paraît constant, et c'est autour de lui qu'oscillent tous les autres. Les uns ont 27 millimètres comme à Ghiroussi, à Kara-Kilissa, à Erivan ; les autres 29 millimètres comme à Akoulis, à Tathève et à Tiflis.

Le nez, la bouche, les oreilles et la face. — Le nez des Arméniens est généralement droit et abaissé. Je l'ai trouvé convexe et abaissé chez 6 sujets sur 8 à Choucha; chez 9 sur 12 à Digh; chez 14 sur 28 à Ghiroussi; chez 10 sur 17 à Tathève; chez 3 sur 11 à Karak-Kilissa; 2 sur 4 à Chikhavouz; 1 sur 8 à Migri; 1 sur 15 à Akoulis; 6 sur 10 à Nakhitchevan; 2 sur 6 à Kamarlou; 12 sur 27 à Erivan; 9 sur 15 à Göl; 2 sur 4 à Novo-Bayazid; 3 sur 9 à Igdir et 10 sur 37 à Akhaltzick. Ce qui fait que 42 % ont le nez convexe.

La forme générale du nez, que l'observation seule permet de saisir dans de certaines limites, est précisée par la mensuration de sa largeur maximum à sa base et en dehors de ses ailes, puis par celle de sa hauteur.

L'indice nasal moyen de toutes les séries des hommes réunies s'élève à 64,81, avec des diamètres moyens de 35 millimètres et des hauteurs totales de 54 millimètres. Mais les moyennes partielles qui donnent cette moyenne générale sont loin d'être homogènes. Par exemple, l'indice moyen nasal des Arméniens de

Nakhitchevan ne monte qu'à 58,61, tandis qu'à Choucha il atteint 70,37. Les indices les plus fréquents sont, en somme, ceux qui oscillent entre 66, comme à Digh, à Tathève et à Igdir, et 63 ou 64 comme à Ghiroussi, Kara-Kilissa et Tiflis.

Chez les femmes, l'indice nasal est de 65,30. La hauteur est chez elles moindre que chez les hommes où elle est en moyenne de 54 millimètres, tandis que chez les femmes elle n'est que de 49 millimètres. La largeur moyenne est de 35 millimètres chez les hommes et de 32 chez les femmes.

Indice nasal des Arméniens.

NOMBRE DES INDIVIDUS MESURÉS	LOCALITÉS	AU-DESSOUS DE 60	DE 60 A 69,9	DE 70 A 79,9	80 ET AU-DESSUS
8 hommes	Choucha	1	1	6	»
12 —	Digh	2	5	5	»
2 femmes	—	»	1	1	»
28 hommes	Ghiroussi	8	15	3	2
11 —	Kara-Kilissa	4	4	3	»
17 —	Tathève	1	10	6	»
4 —	Chikhavouz	2	2	»	»
8 —	Migri	1	6	1	»
5 femmes	—	»	1	4	»
15 hommes	Akoulis	4	10	1	»
9 femmes	—	1	5	3	»
5 hommes	Nakhitchevan	3	2	»	»
5 femmes	—	1	4	»	»
6 hommes	Kamarlou	»	4	2	»
27 —	Erivan	2	21	4	»
15 —	Göl	2	7	6	»
11 —	Novo-Bayazid	»	6	5	»
9 —	Igdir	2	4	3	»
19 —	Akhaltzick	6	10	3	»
18 femmes	—	6	6	5	1
15 hommes	Tiflis	1	13	1	»
17 —	Gollu	2	4	10	1
13 —	Sulivan	»	2	10	1
18 —	Hadjin	»	11	5	2
2 femmes	—	1	1	»	»
15 hommes	Yosgat	8	8	3	1
5 —	Césarée	1	3	»	1
3 —	Evérek	»	»	1	2
2 —	Urgub	»	2	»	»
3 —	Hourmiah	»	3	»	»
11 —	Sis	3	5	2	1
3 femmes	—	1	»	1	1
341		58	176	94	13

La mise en série confirme la caractéristique que nous avait donnée la moyenne générale des indices, c'est-à-dire la leptorhinie. Elle montre, en effet, que, sur 341 sujets, on en trouve 176, soit 52 % dont l'indice nasal individuel flotte entre 60 et 69,9. Le tableau suivant montre, d'autre part, que c'est à Erivan d'abord, puis à Akoulis et à Tiflis que l'on rencontre le maximum de fréquence du type énoncé.

Toutefois on trouve 94 individus, soit 27 % mésorhiniens dont l'indice oscille entre 70 et 79,9, puis 58, soit 17 % d'ultra-leptorhiniens, et 13, soit 4 % de platirhiniens.

C'est donc plutôt par la longueur de leur nez qui atteint souvent 60 millimètres et même plus, que par l'étroitesse de leurs narines, que les Arméniens présentent ce caractère aussi marqué.

Les autres l'ont pour la plupart moyen et droit, très souvent abaissé et presque toujours arrondi à l'extrémité et non pointu. Le nez arménien est spécial, ainsi que le montrent les planches de I à VIII. On doit surtout remarquer les types des planches I, V, VI et VII qui sont des plus caractéristiques.

Les Arméniens sont donc leptorhiniens et doivent être placés parmi les peuples chez lesquels ce caractère est des plus accentués, tels que les Français du nord et les Kabyles qui n'atteignent que les indices de 63 et de 66.

L'observation de nos types photographiés, ainsi que le souvenir du chiffre élevé que présente la moyenne de hauteur ou largeur (55 millimètres) du nez chez nos 341 sujets, permettent de se rendre compte de cette leptorhinie qui paraît exagérée.

La bouche est plutôt petite que grande chez les Arméniens. Les hommes présentent une moyenne de 48 millimètres et les femmes une moyenne de 45. La moyenne générale est de 47.

Les lèvres sont généralement assez fines, surtout dans le groupe de Migri.

Les oreilles sont en général normales et plutôt grandes que petites. La longueur ou hauteur moyenne de l'oreille des 340 individus mesurés est de 60 millimètres et la largeur de 35.

La largeur varie peu dans les divers groupes d'Arméniens que nous avons étudiés, mais la longueur est moins fixe. C'est chez les hommes d'Igdir que la moyenne est la plus faible, elle n'atteint que 55 millimètres. C'est la largeur moyenne relevée chez les 39 femmes, tandis qu'elle dépasse souvent ce chiffre chez les hommes de Digh (64), de Nakhitchevan (63), d'Akoulis (63), de Göl (63).

Ces variations sont dues évidemment au mode de coiffure de ces populations. Il est certain que l'usage du *papakh* et la manière de le porter déforment assez souvent le lobe supérieur des oreilles, et l'abaissent au point de le raccourcir quelquefois d'un tiers.

Indice facial des Arméniens.

NOMBRE DES INDIVIDUS MENSURÉS	LOCALITÉS	AU-DESSOUS DE 95	DE 95 A 99,9	DE 100 A 104,9	105 ET AU-DESSUS
8 hommes	Choucha	»	3	4	1
12 —	Digh	2	2	4	4
2 femmes	—	1	1	»	»
28 hommes	Ghiroussi	6	10	4	8
11 —	Kara-Kilissa	1	4	3	3
17 —	Tathève	3	7	3	4
4 —	Chikhavouz	»	1	2	1
8 —	Migri	1	3	2	2
5 femmes	—	»	»	2	3
15 hommes	Akoulis	»	7	4	4
9 femmes	—	»	1	5	3
5 hommes	Nakhitchevan	»	»	4	1
5 femmes	—	»	»	5	»
6 hommes	Kamarlou	»	»	»	6
27 —	Erivan	1	2	14	10
15 —	Göl	2	7	5	1
11 —	Novo-Bayazid	4	3	3	1
9 —	Igdir	»	5	1	3
19 —	Akhaltzick	2	1	13	3
18 femmes	—	1	2	12	3
15 hommes	Tiflis	»	»	14	1
17 —	Gollu	1	5	8	3
13 —	Sulivan	»	3	10	»
18 —	Hadjin	»	2	10	6
2 femmes	—	1	»	1	»
15 hommes	Yosgat	7	5	3	»
5 —	Césarée	3	»	»	2
3 —	Evérek	2	»	1	»
2 —	Urgub	2	»	»	»
3 —	Hourmiah	»	»	1	2
11 —	Sis	»	1	2	8
3 femmes	—	»	1	»	2
341		40	76	140	85

La face des Arméniens est variable; on peut dire cependant qu'elle est plutôt moyennement large qu'étroite, car l'indice facial total des 341 Arméniens, hommes et femmes réunis, est de 100,72. Les hommes seuls présentent l'indice moyen de

100,70 et les femmes celui de 103,10. La moyenne de la largeur bi-zygomatique n'est pourtant que de 140 millimètres, mais la longueur moyenne ophrio-mentonnière est de 139 millimètres. C'est à Digh qu'elles sont le plus dolichofaciales avec un indice moyen de 95,74, et à Migri qu'elles sont le plus brachy-faciales avec un indice moyen de 108,94. Cette brachyfacialie est plus apparente que réelle chez les femmes. Elle n'est pas due à la largeur bi-zygomatique, mais bien à un raccourcissement de la face provenant du peu de développement que présente le menton chez un grand nombre de sujets. Cet état qui va jusqu'à l'atrophie est le résultat, sans doute, de cet usage qu'ont les Arméniennes de se couvrir le bas du visage d'un épais bandeau.

Il n'en est pas de même pour les hommes. Chez eux l'indice moyen de 100,70 montre des ensembles peu variables dont les moyennes ne descendent qu'exceptionnellement au-dessous de 97 (97,76 à Novo-Bayazid; 94,81 à Yozgat et 96,96 à Césarée). Ils ne dépassent que rarement 103 (103,67 à Erivan, 108,14 à Kamarlou, et 106,85 à Sis). Comme pour les femmes, la brachyfacialie que l'on constate exceptionnellement est due à la brièveté du menton plus qu'à la largeur bi-zygomatique qui, bien qu'assez forte, dépasse peu la moyenne.

La sériation ci-jointe montre que la brachyfacialie est bien la caractéristique des Arméniens: car sur 341 individus, 140 (soit 42%), présentent des indices oscillant seulement entre 100 et 104; puis 76, (22 %) entre 95 et 99,9. En revanche 40 (11 %) n'atteignent pas l'indice de 95, tandis que 85 (25 %) dépassent celui de 105.

En somme, à part les cas spéciaux que je viens de signaler, la majorité des Arméniens présentent des faces larges, la moyenne de leur largeur bi-zygomatique étant de 140 millimètres et celle de leur hauteur ophrio-mentonnière de 139 millimètres.

La taille et la grande envergure. — Les Arméniens sont d'une taille au-dessus de la moyenne, car la moyenne générale des hommes et des femmes réunis est de $1^m,67$. Toutefois, si l'on extrait de cet ensemble les 44 femmes, la moyenne s'élève à $1^m,68$; celles-ci ne donnent que le chiffre de $1^m,53$, ce qui les place parmi les petites tailles. A Migri, elles n'ont que $1^m,51$ et à Akoulis $1^m,54$. Les hommes dépassent rarement $1^m,70$. J'ai trouvé pourtant deux hommes à Tathève et un à Erivan atteignant $1^m,82$, puis deux de $1^m,81$ à Kara-Kilissa.

A Digh, à Erivan, à Novo-Bayazid, à Akhaltzick et à Tiflis, à Yozgat, à Césarée, à Hadjin. La taille des Arméniens est des plus variables, elle est pourtant moyenne d'une façon générale.

C'est à Migri qu'ils sont le plus petits ($1^m,53$) et c'est à Akoulis d'abord ($1^m,76$), puis à Kara-Kilissa et Choucha ($1^m,79$) qu'ils sont le plus grands.

Mise en séries de la taille debout des Arméniens.

NOMBRE D'INDIVIDUS	LOCALITÉS	AU-DESSOUS DE $1^m,60$	DE $1^m,60$ A $1^m,64$	DE $1^m,65$ A $1^m,69$	$1^m,70$ ET AU-DESSOUS
8 hommes	Choucha.	»	»	3	5
12 —	Digh	»	»	»	»
2 femmes	—	»	»	»	»
28 hommes	Ghiroussi	4	7	12	5
11 —	Kara-Kilissa	»	1	2	8
17 —	Tathève	1	2	6	8
4 —	Chikhavouz	1	»	1	2
8 —	Migri.	7	»	»	1
5 femmes	—	4	1	»	»
15 hommes	Akoulis.	»	»	»	15
9 femmes	—	6	3	»	»
5 hommes	Nakhitchevan	»	»	1	4
5 femmes	—	5	»	»	»
6 hommes	Kamarlou	»	»	1	5
27 —	Erivan	2	1	9	15
15 —	Göl	2	5	5	3
11 —	Novo-Bayazid	1	»	5	5
9 —	Igdir	»	2	6	1
19 —	Akhaltzick	»	2	12	5
18 femmes	—	»	»	»	»
15 hommes	Tiflis.	»	1	9	5
17 —	Gollu	»	»	»	»
13 —	Sulivan	»	»	»	»
18 —	Hadjin	»	1	4	13
2 femmes	—	»	»	»	»
15 hommes	Yosgat	»	3	2	5
5 —	Césarée	»	»	»	»
3 —	Evérek	»	»	»	»
2 —	Urgub	»	»	»	»
3 —	Hourmiah	»	»	1	2
11 —	Sis	»	»	»	2
3 femmes	—	»	»	»	»
341		33	29	79	109

La grande envergure suit naturellement la taille dans son développement. D'une façon générale elle est élevée chez les Arméniens, car elle dépasse le plus souvent 170 centimètres; 148 individus sont dans ce cas, sur 249 dont la grande envergure a été mesurée. C'est ainsi que l'on trouve à Kara-Kilissa, sur 11 individus observés,

8 grandes envergures dépassant 175 centimètres, dont 2 entre autres atteignent 188 centimètres. A Tathève, 10 grandes envergures dépassent 175 centimètres dont une arrive à 190 centimètres.

Mise en séries de la grande envergure des Arméniens.

NOMBRE D'INDIVIDUS	LOCALITÉS	AU-DESSOUS DE 1m,60	DE 1m,60 A 1m,64	DE 1m,65 A 1m,69	1m,70 ET AU-DESSUS
8 hommes	Choucha	»	»	1	7
12 —	Digh	»	»	»	»
2 femmes	—	»	»	»	»
28 hommes	Ghiroussi	3	7	7	11
11 —	Kara-Kilissa	»	»	»	11
17 —	Tathève	1	»	2	14
4 —	Chikhavouz	»	1	»	3
8 —	Migri	6	1	»	1
5 femmes	—	4	»	1	»
15 hommes	Akoulis	»	»	»	15
9 femmes	—	6	3	»	»
5 hommes	Nakhitchevan	»	»	»	5
5 femmes	—	3	1	1	»
6 hommes	Kamarlou	»	»	2	4
27 —	Erivan	3	2	6	16
15 —	Göl	1	4	4	6
11 —	Novo-Bayazid	1	2	»	8
9 —	Igdir	»	»	6	3
19 —	Akhaltzick	»	2	7	10
18 femmes	—	»	»	»	»
15 hommes	Tiflis	»	»	6	9
17 —	Gollu	»	»	1	17
13 —	Sulivan	»	»	»	»
18 —	Hadjin	»	»	»	»
2 femmes	—	»	»	»	»
15 hommes	Yosgat	1	2	3	3
5 —	Césarée	»	»	»	4
3 —	Evérek	»	»	»	»
2 —	Urgub	»	»	»	»
3 —	Hourmiah	»	»	»	3
11 —	Sis	»	»	»	2
3 femmes	—	»	»	»	»
341		29	25	47	148

On remarque au contraire 29 grandes envergures courtes, soit 11 °/₀, sur l'ensemble des mensurations. Ces grandes envergures courtes se rencontrent en partie à Migri et Akoulis où la taille y est également courte. Les hommes et les femmes de Migri ont une grande envergure inférieure en moyenne à 1m,60 ;

dix individus sur treize, soit 76 %, ont une grande envergure inférieure à 1m,60. A Akoulis 6 femmes sur 9 soit, 66 %, ont une grande envergure inférieure à 1m,60.

Grande envergure comparée à la taille debout des Arméniens.

NOMBRE D'INDIVIDUS	LOCALITÉS	GRANDE ENVERG. INFÉRIEURE A LA TAILLE	GRANDE ENVERG. ÉGALE A LA TAILLE	GRANDE ENVERG. SUPÉRIEURE A LA TAILLE
8 hommes	Choucha	1	»	7
12 —	Digh	»	»	»
2 femmes	—	»	»	»
28 hommes	Ghiroussi	10	5	13
11 —	Kara-Kilissa	»	1	10
17 —	Tathève	3	»	14
4 —	Chikhavouz	»	»	4
8 —	Migri	»	»	8
5 femmes	—	2	»	3
15 hommes	Akoulis	8	»	7
9 femmes	—	2	2	5
5 hommes	Nakhitchevan	»	»	5
5 femmes	—	»	»	5
6 hommes	Kamarlou	4	»	2
27 —	Eriran	9	4	14
15 —	Göl	2	5	8
11 —	Novo-Bayazid	3	»	8
9 —	Igdir	2	»	7
19 —	Akhaltzick	2	1	16
18 femmes	—	»	»	»
15 hommes	Tiflis	1	4	10
17 —	Gollu	»	»	»
13 —	Sulivan	»	»	»
18 —	Hadjin	»	1	17
2 femmes	—	»	»	»
15 hommes	Yosgat	3	1	5
5 —	Césarée	»	»	»
3 —	Evérek	»	»	»
2 —	Urgub	»	»	»
3 —	Hourmiah	1	»	2
11 —	Sis	»	»	2
3 femmes	—	»	»	»
341		53	24	172

La grande envergure est presque toujours supérieure à la taille chez les Arméniens. La moyenne générale est de 169 centimètres. Elle ne lui est inférieure que 53 fois, soit 21 %. Elle n'est que 24 fois, soit 10 %, égale à la taille. A Akoulis et à Ghiroussi l'écart n'est que d'un centimètre (taille 1^{m},75, grande envergure 1^{m},76); mais le plus souvent cet écart est plus grand comme, par exemple, à Kara-Kilissa où la grande envergure dépasse la taille de 6 centimètres.

La tête, ses diamètres et ses déformations. — Les Arméniens ont la tête ronde et non pas longue, comme on le dit communément. L'indice céphalométrique moyen des 341 sujets hommes et femmes réunis est de 85,63; mais chez les femmes cet indice est inférieur. Celles-ci sont moins brachycéphales, quelques-unes même, comme à Digh, sont plutôt mésocéphales, puisqu'elles atteignent à peine l'indice moyen de 78 et à Hadjin celui de 79,07. Pourtant les femmes de Migri sont sous-brachycéphales (84,48), ainsi que celles d'Akhaltzick (82,48); à Akoulis, elles sont brachycéphales (85,14).

Quant aux hommes, ils sont pour la plupart franchement hyperbrachycéphales; nos 297 sujets réunis fournissent l'indice moyen de 85,71.

Cet indice général serait beaucoup plus élevé si l'on faisait abstraction des deux séries de Migri et de Göl qui donnent, la première un indice moyen de 85,31, et la seconde celui de 83,37, car certains groupes, tel, par exemple, celui de Ghiroussi, présentent l'indice de 87,29; puis ceux de Tathève 86,95; de Digh 86,88; de Choucha, de Novo-Bayazid 86,70; Hourmiah 89,50; de Sis 87,77; de Hadjin, 86,59; etc.

La mise en séries montre, en effet, que 201 sujets sur 341 (59 %) présentent des indices céphaliques dépassant 85 et sont hyperbrachycéphales, tandis que les indices de 119 individus (34 %) flottent entre 80 et 84,9. On n'en trouve que 20 (6 %) de mésocéphales atteignant à peine 79. Ceux-ci sont en partie des hommes de Migri et des femmes d'Akhaltzick. Les brachycéphales vrais formant un total de 119 individus (34 %) se rencontrent surtout à Erivan 11 sur 27 (40 %), Akhaltzick 13 sur 19 (68 %), à Yosgat 6 sur 15 (40 %), à Göl 9 sur 15 (60 %), et à Akoulis 7 sur 15 (46 %).

C'est à Erivan, à Igdir, à Tiflis, à Yozgat, à Césarée et à Sulivan que se rencontrent les indices les plus rapprochés de la moyenne générale, c'est-à-dire 85,65. Mais comme on peut supposer à bon droit que dans ces grands centres la race est plus mêlée, il est permis de penser que c'est dans les groupes des montagnes de Digh, de Tathève, de Ghiroussi et de quelques autres localités que doit se trouver le type le plus pur, et dès lors, ce serait les indices fournis par ces groupes qui pourraient être considérés comme caractéristiques.

Mise en séries de l'indice céphalique des Arméniens.

NOMBRE D'INDIVIDUS	LOCALITÉS	DOLICHOCÉPHALES AU-DESSOUS DE 75	MÉSOCÉPHALES DE 75 A 79,9	BRACHYCÉPHALES DE 80 A 84,9	HYPERBRACHYCÉPHALES 85 ET AU-DESSUS
8 hommes	Choucha.	»	»	1	7
12 —	Digh	»	1	»	11
2 femmes	—	1	»	1	»
28 hommes	Ghiroussi	»	»	4	24
11 —	Kara-Kilissa	»	»	5	6
17 —	Tathève	»	1	2	14
4 —	Chikavouz	»	»	2	2
8 —	Migri.	»	2	4	2
5 femmes	—	»	1	2	2
15 hommes	Akoulis	»	1	7	7
9 femmes	—	»	»	4	5
5 hommes	Nakhitchevan	»	»	1	4
5 femmes	—	»	»	»	5
6 hommes	Kamarlou	»	»	4	2
27 —	Erivan	»	1	11	15
15 —	Göl	»	1	9	5
11 —	Novo-Bayazid	»	»	4	7
9 —	Igdir.	»	1	2	6
19 —	Akhaltzick	»	»	13	6
18 femmes	—	»	4	10	4
15 hommes	Tiflis.	»	»	5	10
17 —	Gollu.	»	1	2	14
13 —	Sulivan	»	1	9	3
18 —	Hadjin	»	»	6	12
2 femmes	—	»	2	»	»
15 hommes	Yosgat	»	2	6	7
5 —	Césarée	»	1	2	2
3 —	Evérek	»	»	1	2
2 —	Urgub	»	»	»	2
3 —	Hourmiah	»	»	»	3
11 —	Sis	»	»	1	10
3 femmes	—	»	»	1	2
341		1	20	119	201

Mais ces considérations seraient incomplètes si l'on ne tenait compte de ce fait ethnographique considérable de la déformation artificielle de la tête qui se rencontre chez tant de peuples, et sur lesquels j'ai appelé autrefois l'attention. Ces déformations, dont les types sont si différents, doivent avoir ici une importance capitale et sans entrer dans des détails sur l'origine de cet usage et le mode opératoire employé pour l'obtenir, je dirai tout de suite que des variations nombreuses sont apportées aux diamètres de la tête par les compressions qu'on lui a fait subir.

Ces variations peuvent modifier ces diamètres, suivant que la compression est exercée d'avant en arrière et de bas en haut (déformation inio-frontale), de façon à rejeter la tête en arrière, ou simplement d'arrière en avant, en la rejetant en haut et par côté (déformation occipito ou lambdo-frontale ou seulement occipitale). Cette dernière disposition est encore favorisée et accentuée même, par le mode de couchage des enfants dans des berceaux où ils restent longtemps immobiles dans une position absolument horizontale. L'occipital s'aplatit plus ou moins rapidement tantôt uniformément, tantôt à gauche ou à droite.

Chez les Arméniens, cet usage des compressions céphaliques a pour résultat d'exagérer la brachycéphalie propre à cette race.

En effet, dès l'enfance, une forte compression étant exercée d'avant en arrière de façon à comprimer toute la partie postérieure ou occipitale, celle-ci est rejetée en haut et par côté, aux dépens des pariétaux qui s'élargissent, tandis que le lambda est élevé ainsi que le bregma. L'on arrive à avoir non plus ces ovoïdes plus ou moins relevés, mais des sphères quelquefois pyramidales dont l'indice peut atteindre 90 et au delà.

Quoi qu'il en soit, dans les groupes dont les indices céphalométriques dépassent 85 comme à Choucha, où l'on en trouve 7 sur 8; à Digh 11 sur 12; à Ghiroussi 24 sur 28; à Tathève 14 sur 17; à Kara-Kilissa 7 sur 11 ; à Akhaltzick 14 sur 19 et à Tiflis 10 sur 15, les déformations occipito-frontales, et surtout les aplatissements occipito-lambdoïdaux sont très fréquents.

Chez les femmes, l'usage de la déformation est moins répandu que chez les hommes. Le même fait se rencontre pourtant quelquefois. C'est ainsi qu'à Akoulis 5 femmes sur 9 et à Akhaltzick 14 sur 18 dépassent le diamètre moyen de 85, et portent des traces d'aplatissement occipito-lambdoïdal.

Si les déformations artificielles influent sur la longueur de la tête, elles en modifient également, parfois d'une façon notable, la hauteur. C'est à cette action qu'il faut attribuer l'hypsicéphalie que l'on remarque sur les Arméniens aussi bien que sur d'autres peuples de l'Asie occidentale chez qui l'on constate des déformations céphaliques. Mais cette constatation n'avait été faite, tout au plus, jusqu'à présent, qu'à l'aide de la lame de plomb; faute d'instrument commode à employer en voyage, et la hauteur relative de la tête n'avait pas encore été comparée à sa largeur. Ce n'est que dans ma dernière campagne en Cappadoce et en Cilice, que, armé d'un nouveau compas permettant de prendre la hauteur auriculo-bregmatique, j'ai pu relever ce diamètre.

Grâce à ce compas[1] dont les dispositions permettent de mesurer la plupart des autres diamètres utiles à connaître, j'ai pris en Asie Mineure la hauteur auriculo-bregmatique sur 62 individus dont 5 femmes. Ce diamètre calculé avec celui de la longueur maximum (D. A.-P. M.) a donné l'indice moyen de 66,85.

La moyenne du diamètre antéro-postérieur maximum était de 181 millimètres et celle du diamètre auriculo-bregmatique de 126 millimètres. La mise en séries des indices individuels des 62 sujets soumis à cette mensuration, montre que l'indice de fréquence se trouve entre 65 (9 %), 68 (9 %) et 67 (6 %).

C'est à Yozgat que l'on rencontre les indices les plus élevés : 3 individus sur 15 de cette localité, dont l'indice moyen général est de 67,21, dépassent celui de 73; la hauteur moyenne auriculo-bregmatique étant de 123 millimètres. C'est ensuite à Everek que l'on observe l'indice le plus haut, c'est-à-dire celui de 68,25; le diamètre auriculo-bregmatique étant de 129 millimètres.

Les courbes prises à la lame de plomb, de l'ophrion à l'inion, donnent par leur superposition le schéma ci-contre qui vient confirmer dans de certaines limites, les conclusions présentées par les mensurations.

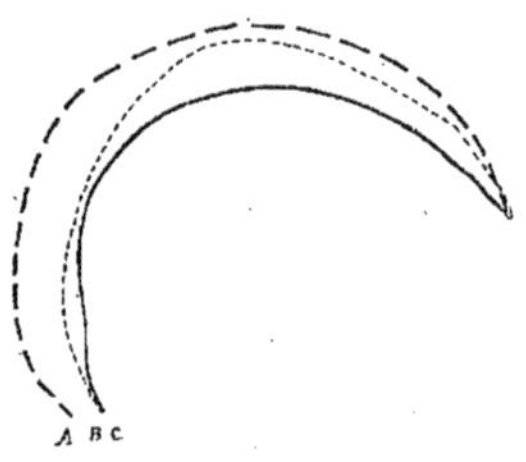

On voit, en effet, par ce graphique que, sur 62 individus, 28, soit 45 % présentent la courbe A qui paraît normale, tandis que 19, soit 30 %, rentrent dans la courbe B, et 15, soit 25 %, constituent la courbe C.

Seule la courbe B qui montre des traces manifestes de compression fronto-lambdoïdale accuse une hypsicéphalie notable et, ce qui est à remarquer, c'est que les éléments qui la composent ont la même origine que ceux qui présentent les dimensions auriculo-bregmatiques les plus élevées, c'est-à-dire qu'ils sont de Yozgat et d'Everek.

[1] Ernest Chantre, Nouveau compas *(Bul. Soc. anthrop.*, Lyon, 1893).

NUMÉROS D'ORDRE	NOMS ET AGES LIEUX DE NAISSANCE ET D'OBSERVATION PROFESSION DU SUJET	COULEUR		FORME DES CHEVEUX	FORME		DIAMÈTRES DE LA TÊTE				MESURES													OBSERVATIONS
											DE LA FACE			DE L'ŒIL		DU NEZ			DE L'OREILLE		LARGEUR DE LA BOUCHE	TAILLE DEBOUT	GRANDE ENVERGURE TOTALE	
		DES CHEVEUX	DES YEUX		DU NEZ	DE L'ŒIL	ANTÉRO-POSTÉRIEUR MAXIMUM	MÉTOPYQUE	TRANSVERSE MAXIMUM	INDICE CÉPHALIQUE	DE LA GLABELLE AU POINT MENTONNIER	BI-ZYGOMATIQUE	INDICE FACIAL	BIPALPÉBRALE EXTERNE	BIPALPÉBRALE INTERNE	HAUTEUR	LARGEUR	INDICE NASAL	HAUTEUR	LARGEUR				
	ARMÉNIENS DE CHIKHAVOUZ (Hommes)																							
1	SARKIS, 50 ans, Chikhavouz, cultivateur.	foncée	foncée	droits	convexe	non bridé	180	171	151	83,88	140	148	105,71	95	28	59	40	67,79	60	35	45	170	181	Front déprimé.
2	WARTAN, 55 ans, — —	moy.	moy.	—	droite	—	194	188	169	87,11	158	158	100,00	105	28	60	38	63,34	68	45	32	175	180	Front dépr. apl. lambd.
3	BOUTRAS, 35 ans, — —	—	—	—	dr. ab.	—	189	168	153	80,95	140	141	100,71	95	29	57	32	56,14	65	42	50	169	173	Dépr. inio-front. bregm.
4	OVANES, 35 ans, — —	foncée	foncé	—	convexe	—	168	153	155	92,26	137	135	98,54	94	26	59	34	57,62	51	33	58	157	161	
	Moyennes.						182	170	157	86,26	143	145	101,40	97	27	58	36	62,06	61	38	50	167	173	
	ARMÉNIENS DE MIGRI (Hommes)																							
1	VATCHIANTZ, 27 ans, Migri, instituteur.	moy.	moy.	ondul.	droite ab.	non bridé	182	160	156	85,71	131	136	103,81	100	28	54	35	64,81	58	35	42	173	176	Apl. bregm.
2	VATCHIANTS, 19 ans, — élève de gymnase.	—	—	—	droite	—	178	162	148	83,14	135	133	98,51	98	29	48	30	62,50	61	30	46	154	158	
3	KARMANIANTZ, 28 ans, — instituteurs.	foncée	foncée	droits	—	—	181	170	143	79,00	135	133	98,51	98	26	49	36	73,47	62	30	48	155	159	Lég. apl. sub. lambd.
4	GRIGORIANTZ, 30 ans, — pope.	tr. fonc.	tr. fonc.	—	dr. lég. conv.	—	189	177	155	82,01	144	138	95,83	104	28	57	39	68,42	61	39	45	153	157	
5	KALOUSTIANTZ, 22 ans, — instituteur.	moy.	moy.	ondul.	droite ab.	—	179	165	158	88,26	124	140	112,90	93	25	50	33	66,00	60	36	45	154	160	
6	VATCHIANTZ, 52 ans, — starichina.	—	—	droitr	—	—	181	176	152	83,97	131	140	106,86	112	36	58	36	62,06	64	32	50	153	157	Front. déprimé
7	AIKANOUCH, 22 ans, — instituteur.	foncee	foncée	ondul.	droite	—	187	168	148	79,14	144	134	93,05	89	21	60	37	61,67	60	42	48	155	158	Déf. lambdoïque.
8	CHAYANTZ, 45 ans, — propriétaire.	—	—	—	convexe	—	181	173	161	88,95	147	148	100,67	98	26	58	34	58,61	60	40	50	153	159	
	Moyennes.						182	168	152	83,51	136	137	100,73	99	27	54	35	64,81	60	35	47	156	160	
	ARMÉNIENS DE MIGRI (Femmes)																							
1	VATCHIANTZ, 21 ans, Migri.	moy.	moy.	droits	droite	non bridé	185	180	151	81,62	131	131	100,00	104	30	51	38	70,37	62	33	42	150	154	
2	MALOMMIANTZ, 18 ans, —	foncée	foncée	—	—	—	175	171	148	84,57	128	133	103,90	98	28	48	31	64,58	59	30	46	140	141	
3	JARSAVAMIANTZ, 35 ans, —	—	—	ondul.	droite ab.	—	174	160	139	79,88	120	136	113,33	98	30	46	33	71,74	63	30	58	164	165	
4	VARDI, 16 ans, —	—	—	—	—	—	162	148	148	91,35	112	132	117,85	90	27	42	30	71,43	52	30	48	153	152	
5	AIKANOUCH, 15 ans —	—	—	droits	—	—	174	161	152	87,35	126	138	109,52	101	23	43	34	79,05	54	34	40	151	150	
	Moyennes.						174	164	147	84,48	123	134	108,94	98	27	46	33	71,74	58	31	46	151	152	

Numéros d'ordre	Noms et âges	Lieux de naissance et d'observation	Profession du sujet	Couleur des cheveux	Couleur des yeux	Forme des cheveux	Forme du nez	Forme de l'œil	Diamètre de la tête : antéro-postérieur maximum	Métopyque	Transverse maximum	Indice céphalique	Mesures de la face : de la glabelle au point mentonnier	Bi-zygomatique	Indice facial	Mesures de l'œil : bipalpébrale externe	Bipalpébrale interne	Mesures du nez : hauteur	Largeur	Indice nasal	Mesures de l'oreille : hauteur	Largeur	Largeur de la bouche	Taille debout	Grande envergure totale	Observations
	ARMÉNIENS DE KARA-KILISSA (Hommes)																									
1	Vartan, 45 ans,	Kara-Kilissa,	cultivateur.	moy.	moy.	ondul.	droite	non bridé	174	170	148	85,05	146	144	98,63	105	[illegible]	59	36	61,01	67	38	50	181	183	Porte dépr. bregm.
2	Mirza, 32 ans,	—	—	foncée	foncée	—	—	—	180	182	150	83,37	137	140	102,19	104	28	51	37	72,55	62	37	51	174	181	
3	» 38 ans,	—	—	moy.	moy.	—	—	—	181	161	163	90,05	128	148	115,62	95	28	52	35	57,31	58	40	46	160	171	Apl. lambd. prononcé.
4	» 30 ans,	—	instituteur.	claire	claire	—	—	—	180	180	164	91,11	150	143	95,33	93	27	[illegible]	38	63,34	67	40	50	170	179	Apl. lambd.
5	Baba, 58 ans,	—	agriculteur.	moy.	moy.	—	conv. ab.	—	177	171	155	87,57	145	140	96,55	97	24	62	36	58,06	70	34	50	160	172	Apl. front. lambd.
6	Baba, 50 ans,	—	—	foncée	foncée	—	droite	—	179	175	155	86,59	128	143	111,71	104	30	51	40	78,43	72	42	48	175	181	Apl. lambd.
7	» 46 ans,	—	—	moy.	moy.	—	droite ab	—	186	170	152	81,72	149	135	90,60	100	26	62	37	59,68	62	40	46	167	173	apl. inio-bregm.
8	Katchadour, 35 ans,	—	—	foncée	foncée	—	conv. tr. ab.	—	176	172	160	90,90	140	148	101,37	100	28	63	36	57,14	57	37	55	170	176	Apl. inio front. br. tr. pr
9	Amburtzoun, 30 ans,	—	—	moy.	moy.	—	droite ab.	—	186	182	158	84,94	140	146	104,28	100	33	55	33	59,99	64	42	52	179	186	
10	Aroutiun, 30 ans,	—	—	tr. clair.	tr clair.	droits	droite	—	190	175	158	83,15	148	146	98,64	108	22	54	33	61,11	56	38	48	178	188	
11	» 55 ans,	—	—	foncée	foncée	—	—	—	188	183	158	84,04	144	152	105,55	99	32	58	42	72,41	63	40	40	181	188	Relev inio-front. consid.
							Moyennes.		181	174	156	86,18	141	144	102,12	100	27	57	36	63,15	63	38	48	173	179	
	ARMÉNIENS DE TATHEVE (Hommes)																									
1	Orbeloff,	Tatheve,	propriétaire.	moy.	moy.	droits	droite	non bridé	188	182	163	86,70	135	147	108,88	95	30	53	40	75,47	52	31	40	176	173	Dép. front légère.
2	Ambartsoum, 70 ans,	—	—	claire	claire	—	conv. ab.	—	184	180	160	91,84	160	153	95,62	102	32	61	40	65,57	70	40	53	176	175	Lég. dép. front. bregm.
3	Kriork, 35 ans,	—	cultivateur.	moy.	moy.	—	droite	—	189	177	163	86,70	150	148	98,66	105	34	58	38	65,51	66	35	58	182	190	Dépr. front. bregm.
4	Petros, 33 ans,	—	—	claire	claire	—	droite ab	—	181	171	160	88,39	138	145	105,07	95	28	59	33	55,82	64	40	30	172	175	
5	» 70 ans,	—	—	foncée	foncée	—	conv. saill.	—	175	168	161	92,00	151	140	92,71	93	28	55	38	69,08	70	35	50	171	177	Dépr. front bregm.
6	» 50 ans,	—	—	—	—	—	—	—	192	190	165	85,93	162	148	91,35	98	31	60	44	73,34	70	35	52	169	171	Apl. lambdoïde.
7	» 40 ans,	—	—	claire	claire	—	convexe	—	188	165	164	87,23	143	143	98,61	96	23	53	39	73,58	52	33	45	155	150	— —
8	Parsi, 33 ans,	—	—	moy.	moy.	—	—	—	163	175	156	95,70	146	145	99,31	102	26	60	37	61,67	55	36	48	175	179	
9	» 40 ans,	—	—	—	—	—	—	—	182	165	163	89,56	138	148	107,24	98	28	54	39	72,22	55	42	46	167	170	Apl. occip. lambd.
10	» 30 ans,	—	—	—	—	—	—	—	178	175	165	92,69	140	143	102,14	100	28	56	36	64,28	60	35	48	162	165	Apl. bregm.
11	Bartrich, 40 ans,	—	propriétaire.	foncée	foncée	—	droite ab.	—	193	173	156	80,83	143	130	97,20	104	29	53	38	65,51	54	34	48	168	176	
12	» 30 ans,	—	cultivateur.	—	—	—	convexe	—	181	172	154	85,08	145	146	100,68	100	31	53	38	62,26	60	34	45	167	169	
13	Khatchaton, 51 ans,	—	—	moy.	moy	—	droite	—	194	186	160	82,47	151	148	98,01	97	31	60	38	53,34	67	42	47	177	186	Dépr. breg.
14	» 68 ans,	—	—	—	—	—	droite ab	—	187	161	146	78,07	138	147	106,52	101	30	60	36	60,00	66	34	48	168	171	
15	Kevork, 36 ans,	—	startchino.	—	—	—	droite	—	182	170	162	89,01	152	146	96,05	90	30	59	38	73,07	58	42	46	182	185	Apl. lambd pron.
16	Moguerditch, 70 ans,	—	cultivateur.	foncée	foncée	—	—	—	193	165	166	86,01	158	142	89,87	94	28	50	39	78,00	73	34	48	166	182	Apl. front. bregm.
17	Oannès, 60 ans,	—	—	—	—	—	conv. ab.	—	184	173	157	85,32	143	148	103,49	95	28	56	38	67,86	60	35	50	164	176	
							Moyennes.		184	174	160	86,95	140	145	99,21	97	29	56	37	66,07	61	36	48	170	174	

NUMÉROS D'ORDRE	NOMS ET AGES LIEUX DE NAISSANCE ET D'OBSERVATION PROFESSION DU SUJET	COULEUR		FORME DES CHEVEUX	FORME		DIAMÈTRES DE LA TÊTE				MESURES										LARGEUR DE LA BOUCHE	TAILLE DEBOUT	GRANDE ENVERGURE TOTALE	OBSERVATIONS
											DE LA FACE			DE L'ŒIL		DU NEZ			DE L'OREILLE					
		DES CHEVEUX	DES YEUX		DU NEZ	DE L'ŒIL	ANTÉRO-POSTÉRIEUR MAXIMUM	MÉTOPYQUE	TRANSVERSE MAXIMUM	INDICE CÉPHALIQUE	DE LA GLABELLE AU POINT MENTONNIER	BI-ZYGOMATIQUE	INDICE FACIAL	BIPALPÉBRALE EXTERNE	BIPALPÉBRALE INTERNE	HAUTEUR	LARGEUR	INDICE NASAL	HAUTEUR	LARGEUR				
	ARMÉNIENS DE GHIROUSSI (Hommes)																							
1	X. X., 35 ans, Ghiroussi, cultivateur.	claire	claire	droits	convexe	non bridé	186	176	160	86,02	164	144	87,80	96	26	57	36	63,15	60	35	47	172	170	Apl. occip. lambdoïde.
2	» », 35 ans, — —	moy.	moy.	—	conv. ab.	—	186	180	160	86,02	140	141	96,57	98	30	55	37	67,27	55	33	43	162	160	Dép. inio-front. bregm.
3	» », 32 ans, — —	—	—	—	dr. ab.	—	178	176	154	86,51	153	143	93,46	87	23	57	30	52,63	57	34	43	163	169	Physionomie d'idiot.
4	» », 25 ans, — —	claire	claire	—	droite	—	188	171	158	84,04	138	138	100,00	102	28	54	34	62,96	62	35	45	159	155	Forte dép. inio-bregm.
5	» », 34 ans, — —	—	—	—	—	—	187	172	158	84,49	138	137	99,27	100	29	54	35	64,81	62	36	45	162	160	— —
6	» », 22 ans, — —	moy.	moy.	—	—	—	176	168	159	90,34	134	146	108,95	98	32	50	30	60,00	55	33	48	162	162	
7	» », 20 ans, — —	claire	claire	—	—	—	179	172	158	88,26	135	144	106,66	97	32	50	31	62,00	56	34	49	163	161	
8	» », 21 ans, — —	—	moy.	—	conv.	—	179	174	162	90,50	134	144	107,46	99	29	51	34	66,66	60	33	31	150	150	Apl. occip.
9	» », 28 ans, — —	—	claire	—	—	—	180	171	160	88,88	151	132	87,41	94	28	53	31	58,49	70	34	48	175	173	
10	» », 35 ans, — —	moy.	moy.	—	droite	—	183	168	152	83,06	132	140	106,05	94	28	51	38	74,51	58	36	46	168	174	Dép. front.
11	» », 25 ans, — —	claire	claire	—	—	—	173	165	154	89,01	140	138	98,56	88	32	51	35	68,62	59	38	34	165	170	
12	» », 25 ans, — —	—	—	—	—	—	180	171	158	87,77	125	147	117,60	91	28	53	34	64,15	55	30	51	172	176	
13	» », 52 ans, — —	moy.	moy.	—	convexe	—	183	178	158	86,33	138	143	103,62	95	24	55	40	72,72	60	31	50	168	151	Dép. inio-front. bregm.
14	» », 19 ans, — —	—	—	—	droite	—	188	178	160	85,10	142	152	107,04	110	25	40	35	87,50	59	40	53	169	169	
15	» », 40 ans, — —	—	—	—	conv. ab.	—	183	174	162	88,52	151	145	96,02	95	30	59	33	55,92	60	38	45	167	166	Dép. inio-front.
16	» », 30 ans, — —	foncée	foncée	—	droite	—	178	166	156	87,64	142	138	97,18	97	28	54	34	62,96	58	33	44	170	174	
17	» », 35 ans, — —	moy.	moy.	—	—	—	182	171	165	90,65	146	144	98,63	100	24	58	33	56,89	60	35	45	164	170	
18	» », 55 ans, — —	—	—	—	conv. ab.	—	176	168	156	88,63	138	140	101,44	92	24	54	32	59,26	67	36	45	165	171	
19	» », 80 ans, — —	—	—	—	convexe	—	178	174	155	87,08	158	140	88,60	94	27	57	39	68,42	60	35	48	159	160	
20	» », 40 ans, — —	claire	claire	—	conv. ab.	—	184	174	158	85,86	130	144	110,76	90	26	50	37	74,00	70	40	43	167	166	
21	» », 47 ans, — startchina.	foncée	foncée	—	droite	—	177	170	159	89,88	137	134	97,81	91	26	55	38	69,08	55	34	45	164	160	
22	» », 65 ans, — moucha.	claire	claire	—	—	—	188	174	153	81,38	158	145	91,77	97	23	60	37	61,67	63	37	53	169	179	Dép. inio-front.
23	» », 41 ans, — —	foncée	moy.	—	conv. moy.	—	178	174	155	87,08	158	140	88,60	94	27	57	39	68,42	60	35	50	159	161	
24	» », 51 ans, — —	moy.	—	—	conv. saill.	—	176	167	156	88,63	137	140	102,19	92	24	54	32	59,26	67	38	45	165	171	
25	» », 54 ans, — —	foncée	foncée	—	droite	—	182	171	165	90,65	146	144	98,63	99	25	58	33	56,89	60	35	45	166	169	
26	» », 39 ans, — cultivateur.	—	—	—	—	—	188	178	160	85,10	142	152	107,04	100	25	40	35	87,50	59	40	51	169	169	
27	» », 23 ans, — moucha.	—	moy.	—	conv. ab.	—	183	172	165	90,16	146	143	97,94	100	26	57	32	56,14	60	36	47	171	171	Lég. déformation. occip.
28	» », 27 ans, — —	—	—	—	—	—	178	170	159	89,32	138	135	97,82	90	27	55	38	69,08	55	35	45	166	167	Dép. front. occip
	Moyennes.						181	172	158	87,29	142	141	99,29	95	27	53	34	64,15	60	35	45	165	166	

NUMÉROS D'ORDRE	NOMS ET AGES. LIEUX DE NAISSANCE ET D'OBSERVATION. PROFESSION DU SUJET	COULEUR DES CHEVEUX	COULEUR DES YEUX	FORME DES CHEVEUX	FORME DU NEZ	FORME DE L'ŒIL	DIAMÈTRES DE LA TÊTE: ANTÉRO-POSTÉRIEUR MAXIMUM	MÉTOPYQUE	TRANSVERSE MAXIMUM	INDICE CÉPHALIQUE	MESURES DE LA FACE: DE LA GLABELLE AU POINT MENTONNIER	BI-ZYGOMATIQUE	INDICE FACIAL	DE L'ŒIL: BIPALPÉBRALE EXTERNE	BIPALPÉBRALE INTERNE	DU NEZ: HAUTEUR	LARGEUR	INDICE NASAL	DE L'OREILLE: HAUTEUR	LARGEUR	LARGEUR DE LA BOUCHE	TAILLE DEBOUT	GRANDE ENVERGURE TOTALE	OBSERVATIONS
	ARMÉNIENS DE CHOUCHA (Hommes)																							
1	Caprel, 35 ans, envir. de Choucha, caravanier.	moy.	moy.	droit	droite ab.	non bridé	183	178	158	86,33	135	144	106,66	98	30	61	35	57,38	54	42	47	166	169	Déf. fronto-occip.
2	Kirkor, 60 ans, — — cultivateur.	—	—	—	convexe	—	179	170	158	88,26	142	145	102,11	97	38	57	39	68,42	61	30	52	169	173	— —
3	Petros, 41 ans, — — —	—	—	—	droite	—	180	171	158	87,77	141	144	102,12	96	38	52	39	75,00	60	39	52	172	170	
4	Kirkor, 33 ans, — — —	—	—	—	convexe	—	182	173	156	85,71	139	145	104,31	97	38	53	39	73,58	62	38	33	170	172	
5	Archag, 52 ans, — — —	—	—	—	droite	—	179	169	158	88,26	140	145	103,56	96	37	52	38	73,07	61	30	53	168	170	Défor. fronto-occip.
6	Aghops, 31 ans, — — —	—	—	—	—	—	182	177	158	86,81	144	141	97,91	96	38	53	39	73,58	60	38	52	171	172	
7	Cerbis, 30 ans, — — —	claire	claire	—	—	—	183	176	155	84,70	146	144	98,63	95	37	52	37	71,15	62	39	52	170	173	
8	Archag, 27 ans, — — —	moy.	moy.	—	—	—	181	179	156	86,18	147	146	99.31	95	38	52	39	75,00	61	39	53	172	173	
	Moyennes.						181	174	157	86,74	141	144	102,12	96	36	54	38	70,37	60	38	51	169	171	
	ARMÉNIENS DE DIGH (Hommes)																							
1	Ancdé, 50 ans, Digh, 2e starichina	foncée	claire	droits	tr. conv. ab.	non bridé	183	173	157	85,79	138	140	101,44	92	24	51	35	68,63	66	30	40	»	»	Apl. lambdoïde.
2	Meesditch, 70 ans, — cultivateur.	moy.	—	—	concave	—	178	175	155	87,08	158	148	93,67	103	22	50	39	78,00	72	38	45	»	»	— —
3	Kirkoi, 40 ans, — —	foncée	foncée	—	conv. ab.	—	188	180	163	86,70	138	146	105,79	99	28	55	38	69,08	64	34	45	»	»	— —
4	Ovanez, 33 ans, — —	—	—	—	—	—	186	181	163	87,63	137	148	108,02	98	27	55	37	67,27	65	34	46	»	»	— —
5	Ceres, 43 ans, — —	—	—	—	—	—	185	180	162	87,56	139	147	105,75	97	27	54	39	59,64	66	35	45	»	»	
6	Sandjak, 50 ans, — —	moy.	moy.	—	convexe	—	187	187	164	87,70	153	151	98,68	102	28	64	34	53,13	70	30	46	»	»	Dépr. front. breg. et lambd.
7	Archag, 28 ans, — —	—	—	—	—	—	180	175	158	87,77	135	142	105,18	95	28	54	33	61,11	60	30	48	»	»	
8	Cerkis, 35 ans, — —	—	—	—	conv. ab.	—	175	169	162	92,57	148	140	94,59	100	28	58	30	51,72	60	38	44	»	»	Dépr. front. bregm.
9	Cerkisbek, 60 ans, — —	foncée	foncée	—	droite	—	184	182	146	79,34	143	140	97,90	90	26	53	40	75,47	64	35	47	«	»	Scaphocéph.
10	Aghops, 50 ans, — —	moy.	moy.	—	—	—	188	188	163	86,70	138	138	100,00	95	25	52	38	73,07	62	27	44	»	»	Apl. lambdoïde.
11	Cerkos, 31 ans, — —	—	—	—	convexe	—	186	185	164	88,17	135	138	102,22	96	24	52	37	71,15	63	27	44	»	»	— —
12	Aghops, 55 ans, — —	claire	claire	—	droite	—	180	178	156	86,66	141	145	102,83	98	25	55	40	72,72	60	32	40	»	»	— —
	Moyennes.						183	179	159	86,88	141	143	101,41	97	26	54	36	66,66	64	32	44	»	»	
	ARMÉNIENS DE DIGH (Femmes)																							
1	Taquille, 40 ans, Digh, cultivateur	foncée	foncée	droits ondul.	droite	non bridé	184	173	130	70,65	143	133	93,00	100	20	52	32	61,54	64	33	»	»	»	
2	Sarmin, 60 ans, — —	—	—		conc. ab.	—	184	172	156	84,78	139	138	99,28	104	30	43	34	79,07	54	38	»	»	»	
	Moyennes.						184	172	143	77,71	141	135	96,74	102	25	47	33	70,20	59	33	»	»	»	

NUMÉROS D'ORDRE	NOMS ET AGES — LIEUX DE NAISSANCE ET D'OBSERVATION — PROFESSION DU SUJET	COULEUR DES CHEVEUX	COULEUR DES YEUX	FORME DES CHEVEUX	FORME DU NEZ	FORME DE L'ŒIL	DIAMÈTRES DE LA TÊTE: ANTÉRO-POSTÉRIEUR MAXIMUM	MÉTOPYQUE	TRANSVERSE MAXIMUM	INDICE CÉPHALIQUE	MESURES DE LA FACE: DE LA GLABELLE AU POINT MENTONNIER	BI-ZYGOMATIQUE	INDICE FACIAL	DE L'ŒIL: BIPALPÉBRALE EXTERNE	BIPALPÉBRALE INTERNE	DU NEZ: HAUTEUR	LARGEUR	INDICE NASAL	DE L'OREILLE: HAUTEUR	LARGEUR	LARGEUR DE LA BOUCHE	TAILLE DEBOUT	GRANDE ENVERGURE TOTALE	OBSERVATIONS
	ARMÉNIENS D'AKOULIS (Hommes)																							
1	VARTAN, 28 ans, Akoulis, employé	foncée	foncée	droits	droite ab.	non bridé	185	188	157	84,86	145	154	106,20	103	26	60	34	56,67	68	44	46	176	172	
2	OVANES, 31 ans, — négociant	—	—	—	—	—	188	180	152	80,85	147	155	105,43	107	28	52	36	69.23	61	42	48	173	176	
3	CHUATSIAN, 36 ans, — —	—	—	—	—	—	186	184	151	81,18	146	154	105,47	109	27	60	37	61,67	60	32	50	177	176	
4	PETROSIANTZ, 40 ans, — —	—	—	—	—	—	189	187	153	80,95	148	149	100,67	108	30	52	35	67,30	61	40	51	176	174	
5	ARONTIAN, 27 ans, — professeur	—	—	—	—	—	188	187	161	85,64	156	155	99.35	98	30	60	35	58,33	73	35	47	176	174	
6	KRIGOR, 39 ans, — négociant	—	—	—	—	—	187	185	161	86,09	157	156	99,36	99	30	60	36	60,00	74	36	46	178	175	
7	» , 43 ans, — —		—	—	—	—	188	186	162	86,17	153	157	98,33	100	31	61	35	57,37	73	35	47	177	176	
8	» , 35 ans, — —		—	—	—	—	186	185	161	86,56	156	155	99,35	108	31	60	36	60,00	75	34	48	178	176	
9	BAGDASSAR, Akoulis, Kathar, directeur d'usine	—		—	droite	—	198	191	157	79,29	143	150	104,89	103	26	60	34	56,67	68	44	42	176	170	Dép. lambdoïde et front.
10	CHIRASIAN, — —	—	—	—	—	—	185	182	167	90,27	145	154	106,20	107	28	51	37	72,55	58	35	48	171	174	
11	PETROSSIANTZ, — ouvr. d'usine	moy.	—	—	—	—	178	172	164	92,13	148	150	101,34	98	28	52	36	68,23	61	40	43	174	186	Apl. lambd. occipital.
12	MIKAÏLIANTZ, 40 ans, — Akoulis, —	tr. fonc.	tr. fonc.	ondul.	droite ab.	—	192	189	162	84,37	155	155	100,00	109	27	60	37	61,67	60	39	46	180	182	
13	PETROSSIANTZ, 22 ans, — — —	moy.	moy.	—	—	—	188	178	158	84,04	152	151	99,34	95	31	53	35	66,03	58	36	48	175	176	
14	CONSTANTINANTZ, 57 ans, — startchina	foncée	foncée	—	convexe ab.	—	189	180	152	80,85	148	145	97,97	101	30	52	35	67.31	61	40	44	176	177	Lég. dép. front.
15	AGANIORZIANTZ, 29 ans, — —	moy.	moy.	—	droite ab.	—	185	167	158	85,40	145	144	99,30	107	32	59	37	62,70	58	43	48	174	176	
	Moyennes						187	182	158	84,49	149	152	102,01	103	29	56	35	62,50	63	38	46	175	176	
	ARMÉNIENS D'AKOULIS (Femmes)																							
1	AGANIRZIANTZ, 17 ans, Akoulis	moy.	moy.	droits	conv. ab.	»	174	164	148	85,05	126	136	107,93	102	25	52	34	65,38	60	30	46	155	157	Dépression occipito-front.
2	PETROSSIANTZ, 22 ans, —	foncée	foncée	frisés	droite	»	181	161	156	86,18	129	131	101,55	102	28	50	32	64,00	58	35	45	159	151	— —
3	MATSAKANIANTZ, 33 ans, —	—	—	—	dr. lég. conc.	»	182	159	154	84.61	132	131	99.24	103	29	49	36	73,47	52	31	44	152	154	
4	BIAFRJON, 22 ans, —	—	—	droits	droite	»	175	163	145	82.85	130	130	100,00	96	28	51	33	64,70	56	36	48	160	160	
5	KHODJAMIROFF, 18 ans, —	tr. fonc.	tr. fonc.	ondul.	—	»	174	150	150	86.20	123	125	104,06	104	28	47	32	68,08	52	29	44	147	145	
6	KHODJAMIROFF, 43 ans, —	foncée	foncée	droits	—	»	176	162	147	83,52	124	131	105,64	100	27	45	30	66,66	54	34	50	161	163	
7	AGHOFROFF, 37 ans, —	moy.	moy.	ondul.	conv. ab.	»	175	163	156	89,14	120	132	110,00	101	23	50	38	76,00	58	35	44	149	150	Dépression occipito-front.
8	AGAMIRZOFF, 19 ans, —	foncée	foncée	—	convexe	»	173	157	141	81,50	130	134	103,07	100	27	44	32	72,72	57	33	42	151	151	
9	KHODJAMIROFF, 17 ans, —	moy.	moy.	frisés	droite	»	173	158	144	83,23	125	127	101,60	92	27	50	29	58,00	60	34	44	160	161	
	Moyennes						175	160	149	85,14	126	131	103,86	100	26	48	32	66,66	56	33	45	154	154	

NUMÉROS D'ORDRE	NOMS ET AGES, LIEUX DE NAISSANCE ET D'OBSERVATION, PROFESSION DU SUJET	COULEUR: DES CHEVEUX	COULEUR: DES YEUX	FORME DES CHEVEUX	FORME: DU NEZ	FORME: DE L'ŒIL	DIAMÈTRES DE LA TÊTE: ANTÉRO-POSTÉRIEUR MAXIMUM	MÉTOPIQUE	TRANSVERSE MAXIMUM	INDICE CÉPHALIQUE	MESURES DE LA FACE: DE LA GLABELLE AU POINT MENTONNIER	BI-ZYGOMATIQUE	INDICE FACIAL	DE L'ŒIL: BIPALPÉBRALE EXTERNE	BIPALPÉBRALE INTERNE	DU NEZ: HAUTEUR	LARGEUR	INDICE NASAL	DE L'OREILLE: HAUTEUR	LARGEUR	LARGEUR DE LA BOUCHE	TAILLE DEBOUT	GRANDE ENVERGURE TOTALE	OBSERVATIONS
	ARMÉNIENS DE NAKITCHEVAN (Hommes)																							
1	Prince Toumanoff, 37 ans, Nakhitchevan, cultiv.	claire	claire	frisés	droite	non bridé	188	182	157	83,51	139	145	104,31	94	20	56	34	60,71	64	34	49	173	176	Comp. front. lambd.
2	Bagdassariantz, 48 ans, — —	foncée	foncée	—	droite ab.	—	174	177	158	90,80	152	155	101,30	95	30	57	35	61,40	68	35	52	173	170	— — —
3	Aghopроff, 30 ans, — —	moy.	moy.	—	—	—	182	180	156	85,71	143	147	102,79	97	29	59	33	55,93	55	30	50	169	173	
4	Stepan, 44 ans, — —	foncée	foncée	droits	conv. ab.	—	174	168	150	86,20	144	148	102,77	112	30	60	34	56,67	62	36	48	174	178	Apl. lambd. accent.
5	» 37 ans, — —	—	—	—	—	—	176	107	151	85,79	144	147	102,08	100	31	61	36	59,01	62	30	40	170	178	
	Moyennes.						178	173	154	86,51	144	148	102.77	99	29	58	34	58,61	62	36	49	173	176	
	ARMÉNIENS DE NAKITCHEVAN (Femmes)																							
1	X, X, 27 ans, Nakitchevan.	foncée	foncée	droits	conv. ab.	non bridé	178	168	159	88,76	144	140	103,47	94	29	54	33	61,11	64	34	49	150	156	
2	» » 30 ans, —	—	—	—	—	—	176	169	160	90,90	143	148	103,49	96	26	54	35	64,81	62	30	52	147	140	
3	» » 22 ans, —	—	—	—	—	—	173	165	160	92,48	143	147	102,79	90	30	50	35	59,31	60	36	50	157	166	
4	» ». —	—	—	—	—	—	170	170	167	94,88	144	145	100,69	97	27	60	37	61,67	58	37	50	159	161	
5	» » 20 ans, —	tr. fonc.	tr. fonc.	ondul.	droite ab.	—	178	165	158	88,76	139	139	100,00	100	27	54	33	61,11	51	30	44	154	156	
	Moyennes.						176	167	160	90,90	142	145	102,11	97	27	56	34	60,71	59	35	49	153	157	
	ARMÉNIENS DE KAMARLOU (Hommes)																							
1	Babagul, 56 ans, Kamarlou, Kamarlou, cultivat.	foncée	foncée	droits	droite	non bridé	175	164	158	90,28	135	148	109,62	95	31	51	40	78,43	65	35	40	169	165	Comp. occip. tr. forte.
2	Sarkis, 37 ans, — — —	—	—	—	—	—	177	164	159	89,83	130	147	108,09	95	31	56	40	71,43	65	37	47	172	169	— — —
3	Aroutinoff, 42 ans, — — tchapar.	—	—	—	conv. ab.	—	184	174	150	81,52	133	145	109,02	102	28	60	36	60,00	60	49	48	172	175	
4	Ovambez, 39 ans, — — paysan.	—	—	—	—	—	187	176	151	80,74	133	146	109,77	99	27	60	38	63,34	60	40	48	174	172	
5	Aronmiantz, 47 ans, — — cultivateur.	—	—	—	ab.	—	184	170	154	83,69	139	148	106,47	100	27	55	36	65,45	50	30	47	180	182	
6	» » 23 ans, — — —	—	—	—	—	-	180	172	155	83,33	133	147	108,52	101	29	54	37	68,52	50	32	49	178	176	
	Moyennes						182	170	154	84,61	135	146	108,14	100	28	56	37	66,07	58	35	48	174	173	

NUMÉROS D'ORDRE	NOMS ET AGES LIEUX DE NAISSANCE ET D'OBSERVATION PROFESSION DU SUJET	COULEUR DES CHEVEUX	COULEUR DES YEUX	FORME DES CHEVEUX	FORME DU NEZ	FORME DE L'ŒIL	DIAMÈTRES DE LA TÊTE ANTÉRO-POSTÉRIEUR MAXIMUM	DIAMÈTRES DE LA TÊTE MÉTOPIQUE	DIAMÈTRES DE LA TÊTE TRANSVERSE MAXIMUM	INDICE CÉPHALIQUE	MESURES DE LA FACE DE LA GLABELLE AU POINT MENTONNIER	MESURES DE LA FACE BI-ZYGOMATIQUE	INDICE FACIAL	MESURES DE L'ŒIL BIPALPÉBRALE EXTERNE	MESURES DE L'ŒIL BIPALPÉBRALE INTERNE	MESURES DU NEZ HAUTEUR	MESURES DU NEZ LARGEUR	INDICE NASAL	MESURES DE L'OREILLE HAUTEUR	MESURES DE L'OREILLE LARGEUR	LARGEUR DE LA BOUCHE	TAILLE DEBOUT	GRANDE ENVERGURE TOTALE	OBSERVATIONS
	ARMÉNIENS D'ERIVAN (Hommes)																							
1	X, X, 22 ans, Erivan, cultivateur.	foncée	foncée	droits	droite	non bridé	178	172	158	88,76	145	148	102,06	97	25	54	34	62,96	58	37	55	170	171	Comp. inio-front.
2	» » 30 ans, — —	—	—	ondul.	—	—	174	168	146	83,91	132	143	108,33	96	27	56	39	69,64	61	39	53	172	173	
3	» » 34 ans, — —	—	—	droits	conv.	—	178	160	144	80,90	144	149	103,47	94	28	59	39	66,09	57	35	58	169	169	
4	» » 27 ans, — —	—	—	—	abais.	—	181	170	148	81,76	142	144	101,40	98	24	56	38	67,86	62	39	54	170	171	
5	» » 40 ans, — —	moy.	—	—	conv.	—	180	169	158	87,77	139	140	100,72	95	29	58	38	65,51	59	37	52	171	170	
6	» » 32 ans, — —	foncée	—	—	conv. ab.	—	179	174	160	89,38	145	148	102,06	98	28	54	30	66,66	58	36	54	172	173	
7	» » 34 ans, — —	moy.	—	ondul.	—	—	177	169	150	84,74	133	143	107,51	96	26	56	39	69,64	60	39	55	170	170	
8	» » 39 ans, — —	—	—	droits	—	—	181	170	148	81,76	144	150	104,16	94	27	58	38	65,51	59	35	57	171	173	
9	» » 40 ans, — —	foncée	—	—	droit. ab.	—	180	178	151	83,88	142	143	100,70	97	29	56	39	69,64	62	39	58	171	174	
10	» » 41 ans, — —	—	—	—	conv. aq	—	178	167	157	88,20	138	140	101,44	98	25	57	38	66,66	63	39	55	172	172	
11	KHANAGOFF, 30 ans, Nakhitchevan, inspecteur for.	—	—	ondul.	droite	—	176	172	162	92,04	144	148	102,77	97	24	54	34	62,96	61	35	46	164	160	
12	DANIEL, 60 ans, Erivan, cultivateur . .	—	—	—	—	—	172	167	145	84,30	123	132	107,31	94	27	55	39	70,90	58	38	48	157	148	
13	SARKIS, 51, ans, — —	moy.	—	droits	droite ab.	—	181	164	142	78,45	123	133	108,13	90	28	56	38	67,86	59	37	49	159	150	
14	KODJAEFF, 30 ans, — —	—	moy	ondul.	conv. tr. ab.	—	175	172	148	84,57	132	138	104,54	95	30	56	39	69,64	61	38	46	170	176	Forte dépr. front.
15	AMBATSONM, 28 ans, — —	—	—	frisés	conv. ab.	—	180	176	158	87,77	142	141	99,29	95	28	59	42	71,18	60	34	47	170	166	Apl. lambdoïde.
16	ARHAM, 32 ans, — chef Tchapar.	foncée	foncée	droits	droite ab.	—	175	172	153	87,43	129	143	110,85	106	28	56	37	66,07	61	32	40	168	170	Dépr. front. bregm.
17	» 25 ans, — cultivateur. .	—	—	—	droite	—	174	172	159	91,38	136	144	105,88	105	28	53	35	66,03	60	34	48	166	168	
18	» 30 ans, — —	claire	claire	ondul.	conv ab.	—	180	181	160	88,88	145	144	99,30	100	30	58	35	60,34	70	28	46	182	192	
19	» 35 ans, — —	foncée	foncée	droits	droite ab.	—	180	168	153	85,00	133	138	100,00	98	28	57	34	59,65	54	38	48	169	170	Compr. inio-fr. br.
20	» 65 ans, — —	—	—	—	—	—	180	165	149	82,77	133	134	100,75	96	29	55	35	63,64	60	37	48	172	173	
21	» 65 ans, — —	—	—	frisés	tr. conv. et ab.	·	170	169	149	87,64	130	135	103,84	90	24	50	37	62,70	52	33	40	168	166	
22	» 40 ans, — —	moy.	moy.	droits	droite	—	188	185	151	80,32	156	142	91,02	90	29	48	38	79,17	68	40	45	165	163	
23	» 20 ans, — —	foncée	claire	—	—	—	178	165	155	87,08	134	135	100,74	82	28	56	32	57,14	51	38	51	165	169	Apl. lambd.
24	» 40 ans, — —	—	foncée	—	droite ab.	—	188	174	162	86,17	128	135	105,46	87	28	56	38	67,86	58	37	48	172	180	
25	» 45 ans, — —	moy.	moy.	—	conv. ab.	—	180	175	155	86,11	135	143	105,92	100	25	55	40	72,72	70	40	48	167	157	Apl. lambd.
26	» 30 ans, — musicien. . .	moy.	moy.	—	droite	—	185	180	163	88,11	136	148	108,82	107	30	58	38	65,51	50	33	46	167	165	
27	» 40 ans, — cultivateur .	foncée	foncée	frisés	conv. ab.	—	188	182	155	82,44	135	144	106,66	95	30	53	34	64,15	65	31	52	170	170	
	Moyennes.						179	172	153	85,47	136	141	103,67	96	27	55	37	67,27	59	36	50	168	168	

NUMÉROS D'ORDRE	NOMS ET AGES — LIEUX DE NAISSANCE ET D'OBSERVATION — PROFESSION DU SUJET	COULEUR DES CHEVEUX	COULEUR DES YEUX	FORME DES CHEVEUX	FORME DU NEZ	FORME DE L'ŒIL	DIAMÈTRES DE LA TÊTE: ANTÉRO-POSTÉRIEUR MAXIMUM	MÉTOPIQUE	TRANSVERSE MAXIMUM	INDICE CÉPHALIQUE	MESURES DE LA FACE: DE LA GLABELLE AU POINT MENTONNIER	BI-ZYGOMATIQUE	INDICE FACIAL	DE L'ŒIL: BIPALPÉBRALE EXTERNE	BIPALPÉBRALE INTERNE	DU NEZ: HAUTEUR	LARGEUR	INDICE NASAL	DE L'OREILLE: HAUTEUR	LARGEUR	LARGEUR DE LA BOUCHE	TAILLE DEBOUT	GRANDE ENVERGURE TOTALE	OBSERVATIONS
	ARMÉNIENS DE GÖL (Hommes)																							
1	Krikar, 22 ans, Göl, cultivateur.	foncée	moy.	droits	convexe	non bridé	185	173	155	83,78	144	138	95,83	97	25	55	35	63,63	63	38	55	168	171	Inio front. breg.
2	» 25 ans. — —	moy.	—	—	droite	—	178	166	155	87,08	144	138	95,83	98	36	52	37	71,15	63	37	50	160	165	Apl. occip. et front. breg.
3	Chabbaz, 60 ans, — —	—	—	—	conv. ab.	—	180	175	158	87,77	154	149	96,75	96	30	55	40	72,72	60	38	55	171	171	Apl. occip. gauc. lég. fr. br.
4	Chabbaz, 70 ans, — —	—	—	—	conv. tr. ab.	—	175	168	148	84,57	134	136	101,49	88	28	60	36	60,00	80	40	55	165	167	Inio-front. bregm. accent
5	» 35 ans, — —	—	—	—	droite	—	178	162	148	83,14	138	140	101,44	83	26	55	39	70,90	70	40	48	164	163	
6	» 55 ans, — —	—	—	—	conv. ab.	—	171	163	138	80,70	136	134	98,53	90	28	50	37	74,00	60	33	48	154	157	Apl. lambd.
7	» 42 ans, — —	claire	—	—	ab.	—	182	168	148	81,31	141	146	103,54	98	28	61	30	63,93	58	35	52	168	172	Déf. inio-breg.
8	» 45 ans, — —	—	claire	—	droite	—	192	168	148	77,08	148	147	99,32	91	27	57	38	66,66	72	33	58	157	163	
9	» 50 ans, — —	moy.	moy.	—	—	—	186	168	154	82,79	148	131	88,51	92	29	56	43	76,79	69	37	48	160	160	Apl. occip. gén.
10	Bagdassar, 48 ans, — —	claire	foncée	—	conv. ab.	—	175	168	152	86,85	148	138	93,24	88	28	60	35	58,34	61	36	52	168	172	Déf. inio-front. breg.
11	Masses, 35 ans, — starichina.	—	—	—	—	—	181	164	148	81,76	134	145	108,20	94	30	57	30	52,63	62	30	49	177	174	— —
12	» 35 ans, — cultivateur.	foncée	—	—	droite	—	178	171	153	85,95	143	145	101,40	94	33	53	38	71,69	58	30	54	174	174	Apl. lambd.
13	» 50 ans, — —	—	—	—	concave	—	178	165	150	84,27	138	134	97,10	100	28	52	35	67,31	68	36	46	160	160	
14	» 45 ans, — —	claire	claire	—	—	—	188	163	151	80,32	144	142	98,61	90	26	57	35	61,40	56	34	48	165	165	
15	» 30 ans, — —	—	—	—	conv. ab.	—	176	175	155	88,06	140	142	101,42	98	34	54	37	68,52	50	30	50	164	165	Apl. lambd. gauche.
					Moyennes.		180	167	150	83,37	142	140	98,59	92	29	55	36	65,45	63	35	51	165	166	
	ARMÉNIENS DE NOVO-BAYAZID (Hommes)																							
1	Kevork, 17 ans, Novo-Bayazid. cultivateur. .	foncée	foncée	droits	droite	non bridé	160	147	143	84,61	131	124	94,65	90	22	53	39	73,58	56	33	49	170	171	
2	Ovanhes, 29 ans, — —	—	—	—	—	—	170	147	143	84,11	133	125	93,98	92	20	55	38	69,08	59	34	47	168	170	
3	» 26 ans, — —	—	—	ondul.	conv.	—	169	149	140	86,39	131	125	95,41	91	23	53	38	71,69	56	34	48	169	170	Légèrement déformé.
4	» 24 ans, — —	—	—	—	—	—	172	148	150	87,21	131	124	94,65	92	27	55	39	70,90	57	33	40	171	170	— —
5	» 38 ans, — —	—	—	—	ab.	—	170	147	151	88,82	131	123	93,89	90	24	54	37	68,52	59	34	47	172	173	— —
6	» 25 ans, — —	moy.	moy.	droits	droite	—	172	161	152	88,37	128	133	103,90	93	25	50	30	60,00	59	34	47	160	171	
7	» 55 ans, — —	foncée	foncée	—	—	—	185	174	156	84,32	135	142	105,18	102	34	50	46	77,98	69	35	48	171	172	Apl. lambd
8	» 80 ans, — —	—	—	—	droite ab.	—	184	175	154	83,69	142	144	101,40	88	22	57	39	68,42	57	39	48	165	163	
9	» 40 ans, — —	moy.	claire	—	droite	—	174	160	155	89,08	130	138	99,28	88	28	52	34	65,38	67	41	48	165	162	
10	» 42 ans, — —	—	moy.	—	droite ab.	—	168	163	153	91,07	135	138	102,22	92	24	53	35	66,03	61	41	40	175	176	Apl. lambd.
11	» 19 ans, — —	foncée	foncée	—	droite	—	170	166	162	89,41	138	135	97,82	98	30	44	32	72,72	62	35	45	156	158	
					Moyennes.		173	158	150	86,70	134	131	97,76	92	26	53	37	69,81	60	35	46	168	168	

Numéros d'ordre	Noms et âges lieux de naissance et d'observation profession du sujet	Couleur		Forme des cheveux	Forme		Diamètres de la tête				Mesures													Observations
											De la face			De l'œil		Du nez			De l'oreille		Largeur de la bouche	Taille debout	Grande envergure totale	
		des cheveux	des yeux		du nez	de l'œil	Antéro-postérieur maximum	Métopique	Transverse maximum	Indice céphalique	De la glabelle au point mentonnier	Bi-zygomatique	Indice facial	Bipalpébrale externe	Bipalpébrale interne	Hauteur	Largeur	Indice nasal	Hauteur	Largeur				
	ARMÉNIENS D'IGDIR (Hommes)																							
1	Aghoproff, 60 ans, Igdir, négociant.	foncée	foncée	droits	conv. ab.	non bridé	174	162	152	87,35	140	140	95.89	92	25	60	40	66,67	62	35	40	170	169	Déf. inio-front. bregm.
2	Nicolas, 35 ans, — —	moy.	moy.	—	convexe	—	188	175	158	84,04	143	140	97,90	94	26	57	41	71,93	50	34	54	163	169	Apl. supér. lambd.
3	Sanson, 35 ans, — —	–	–	—	conv ab.	-	180	175	157	87,22	148	142	99,30	100	32	60	37	61,67	56	35	48	168	178	
4	Cerkis, 32 ans, — —	—	—	—	droite ab.	–	185	172	160	86,48	143	138	96,50	86	33	56	40	71,43	66	34	47	168	166	
5	» 18 ans, — moucha..	—	—	—	droite	–	181	170	160	88.39	138	145	105,07	95	35	55	32	58,18	51	33	48	168	171	Compr. front inio-lambd.
6	» 26 ans, — —	foncée	foncée	—	lég. conv.	—	175	168	140	80,00	145	139	95,86	96	36	51	34	66,66	52	31	41	160	165	Apl. lambd.
7	Sahek, 13 ans, — —	moy.	moy.	—	droite	–	165	149	144	87.27	115	121	105,20	95	30	45	28	62,21	57	30	46	169	170	
8	Gulluzar, 15 ans, — —	—	—	—	droite ab.	—	178	158	140	78,65	120	124	103.33	84	28	52	29	55,77	45	32	43	165	167	
9	Iskonti, 14 ans, — —	foncée	foncée	—	droite	—	166	154	142	85,54	114	123	107,90	93	36	47	35	74,46	52	37	42	166	168	
					Moyennes.		176	164	150	85,22	134	134	100,00	93	31	53	35	66,03	55	33	45	166	169	
	ARMÉNIENS D'AKHALTZICK (Hommes)																							
1	X, 40 ans, Akhatzick, cultivateur. . . .	foncée	foncée	frisés	concave	non bridé	184	170	155	84,23	140	143	102,14	94	30	50	32	54,23	62	36	48	165	166	
2	» 42 ans, — —	–	–	droits	abaissée	–	182	169	154	84,61	140	142	101.42	96	30	59	33	55,92	62	37	48	168	169	
3	» 36 ans, — employé. . . .	–	–	–	—	–	183	168	155	84,70	140	143	102,14	94	30	58	33	56,89	62	30	49	165	167	
4	» 29 ans, — —	–	–	–	–	–	182	169	155	85.16	141	143	101,41	93	30	59	32	54,23	64	36	47	169	172	
5	» 27 ans, — —	-	-	-	droite	–	181	176	146	80,66	128	128	100,00	80	24	48	30	62.50	63	34	43	180	170	
6	» 32 ans, — —	–	–	—	droite ab.		182	176	147	80,77	127	128	100,78	88	23	48	31	64,58	62	35	42	177	178	
7	Montaffian, 35 ans, — négociant. . . .	-	-	ondul.	droite	–	188	181	164	87,23	148	151	102,02	114	32	55	40	72,72	60	30	51	170	172	
8	» 49 ans, — —	—	moy.	frisés	—	–	185	174	151	81,62	148	138	93.24	91	27	48	38	79,17	62	40	48	162	161	Apl. lambd.
9	» 75 ans, — —	—	foncée	droits	conv. ab.	-	175	168	148	84,57	143	134	93,70	96	25	66	35	53,03	72	38	46	160	162	Dépr. front. inio-bregm
10	» 75 ans, — cultivateur. . .	—	—	ondul.	convexe	–	185	181	156	84,32	138	138	100,00	96	25	55	35	63,63	55	49	46	169	171	
11	» 41 ans, — —	—	—	—	—	–	183	179	156	85,24	136	138	101,47	99	29	55	35	63,63	56	40	47	168	170	
12	» 25 ans, — —	—	—	droits	droite ab.	—	183	172	154	84,15	133	143	107,51	90	23	56	35	62,50	57	32	47	166	169	
13	» 35 ans, — négociant. . . .	—	—	—	droite	—	168	177	155	82.44	140	143	102,14	93	28	52	35	67,31	62	33	45	173	173	
14	» 45 ans, — —	moy.	moy	—	convexe	—	195	191	170	87,18	140	148	105.71	105	36	60	37	61,67	73	40	48	175	176	
15	» 60 ans, — —	—	—	—	conv. ab.	—	183	169	152	83,06	138	146	105,78	100	28	60	34	56,67	64	36	41	167	170	Forte dépression bregm.
16	» 45 ans, — —	—	—	—	droite	—	175	158	148	84,57	135	138	102.22	95	28	50	37	74,00	58	41	47	165	170	
17	» 40 ans, — —	—	—	ondul.	—	—	182	169	156	85,71	148	145	97,97	93	31	52	34	65,38	58	35	44	165	168	Apl. lambd.
18	» 75 ans, — —	foncée	foncée	—	droite ab.	—	180	172	155	86,11	145	145	100.00	105	28	56	35	62,50	65	38	48	167	169	Apl. lamb. et breg.
19	» 60 ans, — —	—	—	droits	conv. ab.	—	180	160	145	80,55	138	141	102.17	90	33	55	37	67,27	59	43	48	165	166	Sup. déf. inio-fr. et breg.
					Moyennes.		182	172	153	84,06	139	140	100,72	95	28	55	34	61,82	61	38	46	168	169	

NUMÉROS D'ORDRE	NOMS ET AGES LIEUX DE NAISSANCE ET D'OBSERVATION PROFESSION DU SUJET	COULEUR DES CHEVEUX	COULEUR DES YEUX	FORME DES CHEVEUX	FORME DU NEZ	FORME DE L'ŒIL	DIAMÈTRES DE LA TÊTE ANTÉRO-POSTÉRIEUR MAXIMUM	MÉTOPIQUE	TRANSVERSE MAXIMUM	INDICE CÉPHALIQUE	MESURES DE LA FACE DE LA GLABELLE AU POINT MENTONNIER	BI-ZYGOMATIQUE	INDICE FACIAL	DE L'ŒIL BIPALPÉBRAL EXTERNE	BIPALPÉBRAL INTERNE	DU NEZ HAUTEUR	LARGEUR	INDICE NASAL	DE L'OREILLE HAUTEUR	LARGEUR	LARGEUR DE LA BOUCHE	TAILLE DEBOUT	GRANDE ENVERGURE TOTALE	OBSERVATIONS
	ARMÉNIENS D'AKHALTZICK (Femmes)																							
1	X, X, 25 ans, Akhaltzick, cultivat.	foncée	foncée	droits	conv. ab.	non bridé	179	103	145	81,00	132	132	100,00	108	30	50	37	66,07	52	30	47	»	»	
2	» » 25 ans, — —	moy.	moy.	ondul.	—	—	175	168	148	84,57	137	135	98,54	95	23	52	37	71,15	35	35	48	»	»	
3	» » 18 ans, — —	claire	foncée	droits	droite	—	178	160	148	83,14	125	126	100,80	94	31	52	30	57,69	52	34	41	»	»	
4	» » 20 ans, — —	foncée	—	—	droite ab.	—	182	167	145	79,67	130	135	103,84	96	29	47	35	75,46	50	36	52	»	»	
5	» » 14 ans, — —	tr. fonc.	—	ondul.	droite	—	182	154	145	79,67	130	120	92,30	97	25	44	31	70,45	51	40	42	»	»	
6	» » 40 ans, — —	foncée	—	droits	lég. conv. ab.	—	174	158	144	82,76	118	130	110,16	98	28	55	28	50,91	54	34	48	»	»	Lég. apl. post. frontal.
7	» » 34 ans, — —	—	—	ondul.	droite	—	184	168	146	79,34	140	136	97,14	96	26	53	27	50,94	56	34	46	»	»	
8	» » 15 ans, — —	—	—	—	—	—	173	150	148	85,55	124	130	104,83	100	28	51	31	60,78	54	34	46	»	»	
9	» » 17 ans, — —	moy.	—	droits	conv. ab.	—	172	162	152	88,37	128	128	100,00	95	27	54	34	62,96	52	37	38	»	»	
10	» » 27 ans, — —	foncée	moy.	—	droite	—	174	158	138	79,31	130	133	102,30	90	28	52	31	59,61	58	38	40	»	»	Apl. occip. lambd.
11	» » 30 ans, — —	moy.	—	—	—	—	178	167	148	83,14	132	136	103,02	91	27	54	32	59,26	45	36	50	»	»	
12	» » 30 ans, — —	—	—	—	—	—	184	168	148	80,43	125	127	101,60	91	28	54	29	53,70	47	31	41	»	»	Dépr. occip. lambi.
13	» » 22 ans, — —	—	—	—	concave	—	178	165	149	83,71	124	138	111,28	95	29	48	29	60,41	54	30	48	»	»	
14	» » 28 ans, — —	foncée	foncée	ondul.	droite	—	174	156	147	84,48	128	132	103,12	95	31	40	29	72,50	58	32	40	»	»	
15	» » 25 ans, — —	moy.	—	droits	—	—	178	155	148	83,14	124	130	104,83	90	27	50	32	64,00	51	30	43	»	»	
16	» » 25 ans, — —	foncée	—	ondul.	—	—	170	157	147	86,47	132	134	101,51	101	30	44	29	65,91	55	32	48	»	»	
17	» » 20 ans, — —	—	—	droits	—	—	180	178	154	85,55	138	140	101,44	97	32	51	39	76,47	50	37	44	»	»	Lég. dépr. front,
18	» » 13 ans, — —	—	—	—	—	—	175	165	145	82,85	120	128	106,66	94	28	43	35	81,39	47	35	40	»	»	
	Moyennes.						177	161	146	82,48	128	131	102,34	95	28	50	31	62,00	52	34	44	»	»	
	ARMÉNIENS DE TIFLIS (Hommes)																							
1	X, X, 28 ans, Tiflis, négociant.	foncée	foncée	droits	droite	non bridé	186	152	160	86,02	137	140	102,19	95	30	54	35	64,81	60	34	55	170	170	Compr. inio-fr.
2	» » 24 ans, — —	—	—	—	—	—	180	177	157	87,22	134	139	103,72	93	33	59	38	64,40	60	39	54	166	168	— —
3	» » 30 ans, — —	—	—	—	—	—	182	180	158	86,81	138	146	105,79	90	29	51	36	70,59	62	36	54	164	165	— —
4	» » 47 ans, — —	—	—	—	droite ab.	—	178	167	160	89,88	144	148	102,77	97	30	57	39	68,42	61	32	57	169	171	— —
5	» » 36 ans, — —	moy.	moy.	—	—	—	175	168	149	85,14	142	146	102,81	93	27	56	34	60,71	59	34	51	165	165	
6	» » 24 ans, — —	—	—	—	—	—	179	175	154	86,03	139	140	100,72	95	34	60	37	61,67	64	36	54	170	172	
7	» » 42 ans, — —	foncée	—	—	—	—	181	178	152	83,97	144	147	102,08	96	30	61	38	62,29	62	34	50	168	168	
8	» » 41 ans, — —	—	foncée	—	droite	—	185	179	155	83,78	140	142	101,42	93	28	50	36	61,01	58	32	55	166	168	
9	» » 33 ans, — —	—	—	—	droite ab.	—	175	170	149	85,14	135	140	103,70	90	29	54	37	68,52	60	33	54	168	172	Déform. inio-front.
10	» » 29 ans, — —	—	—	—	—	—	178	169	150	84,27	137	139	101,46	97	31	59	38	64,40	61	33	57	168	170	
11	» » 32 ans, — —	—	—	—	—	—	175	172	148	84,57	134	137	102,23	93	28	54	32	59,26	59	34	52	170	170	
12	» » 20 ans, — —	—	—	—	—	—	180	177	156	86,66	144	146	101,38	90	27	56	34	60,71	62	36	55	169	173	
13	» » 19 ans, — —	—	—	—	—	—	178	174	160	89,88	139	140	100,72	95	31	60	37	61,67	60	36	51	170	175	— —
14	» » 26 ans, — —	—	—	—	—	—	181	169	153	84,53	141	144	102,12	93	29	58	37	63,78	62	37	55	171	170	
15	» » 23 ans, — —	—	—	—	—	—	182	177	159	87,36	137	140	102,19	96	29	58	35	60,34	60	36	54	166	168	— —
	Moyennes.						179	174	154	86,03	139	142	102,15	93	29	57	36	63,15	61	34	53	168	169	

NUMÉROS D'ORDRE	NOMS ET ÂGES LIEUX DE NAISSANCE ET D'OBSERVATION PROFESSION DU SUJET	COULEURS		DIAMÈTRES DE LA TÊTE				COURBES			MESURES DE LA FACE			MESURES DU NEZ			DÉFORMATIONS DE LA TÊTE
		YEUX	CHEVEUX	ANTÉRO-POSTÉRIEUR MAXIMUM	TRANSVERSAL MAXIMUM	INDICE CÉPHALIQUE	TRANSVERSAL-FRONTAL MINIMUM	INIO-FRONTALE TOTALE	TRANSVERSALE SUS-AURICULAIRE	HORIZONTALE FRONTO-LAMBDOÏQUE	DE LA GLABELLE AU POINT MENTONNIER	LARGEUR BI-ZYGOMATIQUE	INDICE FACIAL	LONGUEUR	LARGEUR	INDICE NASAL	
	ARMÉNIENS DE GOLLU (Hommes)																
1	SALAMAN, 50 ans, Gollu, cheik du village	clair	clairs	192	159	82,81	120	340	300	539	152	155	101,97	50	35	70,00	Apl. fr.-br. et occ. gauche.
2	X, Fils du précédent — cultivateur	—	moyen	197	168	85,27	121	355	316	565	150	146	97,33	50	35	70,00	
3	X, — —	moyen	foncés	195	149	76,41	120	366	312	556	160	160	100,00	55	40	72,72	
4	» — —	—	clairs	195	164	84,10	119	344	315	548	147	155	105,43	52	36	69,23	Léger apl. fronto-bregmat.
5	» — —	—	foncés	187	162	86,63	111	312	310	530	148	142	95,94	45	30	66,66	Léger apl. fronto-bregmat.
6	» — —	foncé	moyen	190	167	87,89	122	346	300	547	156	150	96,15	48	34	70,83	Aplatissement occipital.
7	» — —	moyen	—	186	165	88,70	117	330	315	530	143	152	106,29	50	35	70,00	Tête pyramidale.
8	» — —	clair	clairs	188	166	88,29	122	337	322	555	157	146	92,99	56	32	57,14	Apl. fr.-bregmat. prononcé
9	» — —	foncé	foncés	197	171	86,80	122	350	313	536	156	156	100,00	49	38	77,55	
10	» — —	moyen	—	194	176	90,72	124	350	315	555	154	160	103,89	45	37	82,22	
11	» — —	—	clairs	188	168	89,36	120	350	319	555	147	155	105,43	46	35	76,08	Aplat. occipital prononcé
12	» 22 ans, — —	—	moyens	188	160	85,10	110	320	332	530	151	145	96,02	52	29	55,76	Apl fr.-breg. et rel. post.-br
13	» 38 ans, — —	—	foncés	197	168	85,27	122	365	330	555	162	158	97,53	52	41	78,84	
14	» 42 ans, — —	foncé	moyens	192	167	86,97	120	335	322	550	152	155	101,97	48	35	72,91	Lég. apl. fr.-breg. et occ. g.
15	» 50 ans, — —	—	foncés	197	168	85,27	116	315	312	550	152	156	102,63	52	35	67,30	
16	» 30 ans, — —	clair	clairs	190	169	88,94	120	350	314	540	150	155	103,33	51	35	68,62	Apl. occipital droit.
17	» 50 ans, — —	—	—	198	172	86,86	122	365	312	555	152	155	101,97	48	35	72,91	
			Moyennes	192	165	86,18	119	344	315	548	152	153	100,66	50	35	70,33	
	ARMÉNIENS DE SULIVAN (Hommes)																
1	STARTIN, 30 ans, Sulivan, cultivateur	foncé	foncés	194	160	82,47	119	340	316	530	148	152	102,69	47	33	70,21	Aplatissement antéro-post.
2	SARKIS, 80 ans, — —	—	moyens	196	166	84,69	117	347	293	540	159	159	100,00	45	33	73,33	
3	RACHO, 50 ans, — —	—	foncés	203	170	83,74	119	350	315	540	151	155	102,64	49	35	71,16	
4	AISO, 80 ans, — —	clair	—	194	164	84,53	120	350	293	510	149	150	100,67	49	35	71,16	Aplatiss. occipital gauche.
5	QUEWORK, 30 ans, — cheik du vil.	moyen	—	191	163	85,56	120	335	318	540	147	150	102,03	54	38	70,37	— fronto-bregmat.
6	DONO, 60 ans, — cultivateur	—	—	191	162	83,50	100	330	290	515	142	145	102,11	48	34	70,83	— —
7	JACOB, 35 ans, — —	clair	clair	190	160	84,21	111	322	282	530	143	150	104,89	46	33	71,73	
8	SARKIS, 40 ans, — —	moyen	moyens	195	152	77,94	122	340	280	550	140	146	104,28	50	36	72,00	Aplatiss. post-bregmatique.
9	STARTIN, 40 ans, — —	foncés	foncés	196	162	82,65	113	321	296	530	150	146	97,33	48	35	72,91	
10	HARTIN, 100 ans, — —	—	—	201	175	87,06	122	347	297	547	157	156	99,36	58	36	62,06	Aplatiss. occipital vertical.
11	STEBAN, 40 ans, — —	—	—	196	163	83,16	116	345	325	530	149	156	104,69	50	34	68,00	
12	KASPAR, 20 ans, — —	—	—	188	167	88,82	122	340	323	555	153	152	99,34	50	36	72,00	
13	JACOB, 30 ans, — —	—	—	197	167	84,77	121	355	300	506	149	154	103,35	52	42	80,76	
			Moyennes	195	164	84,08	117	340	302	541	149	151	101,34	49	35	71,16	

NUMÉROS D'ORDRE	NOMS ET AGES LIEUX DE NAISSANCE ET D'OBSERVATION PROFESSION DU SUJET	COULEUR		FORME			DIAMÈTRES DE LA TÊTE				MESURES										LARGEUR DE LA BOUCHE	TAILLE DEBOUT	GRANDE ENVERGURE TOTALE	OBSERVATIONS
											DE LA FACE			DE L'ŒIL		DU NEZ			DE L'OREILLE					
		DES CHEVEUX	DES YEUX	DES CHEVEUX	DU NEZ	DE L'ŒIL	ANTÉRO-POSTÉRIEUR MAXIMUM	AURICULO-BREGMATIQUE	TRANSVERSE MAXIMUM	INDICE CÉPHALIQUE	DE LA GLABELLE AU POINT MENTONNIER	BI-ZYGOMATIQUE	INDICE FACIAL	BIPALPÉBRALE EXTERNE	BIPALPÉBRALE INTERNE	HAUTEUR	LARGEUR	INDICE NASAL	HAUTEUR	LARGEUR				
	ARMÉNIENS D'HADJIN (Hommes)																							
1	X, 30 ans, Hadjin, Tekke Derem	foncée	foncée	droits		n. bridé	176	124	154	86,51	142	142	100.08	100	33	56	35	62,50	»	»	»	173	184	Déf. front. et lambd.
2	» 32 — — —	—	—	—	dr. ab.	—	180	124	156	86,66	140	141	100.71	100	32	57	35	61,40	»	»	»	175	185	
3	» 33 — — Guselim, paysan	moy.	—	frisés	dr. conv.	—	174	117	140	83,91	132	133	100 75	105	22	53	32	60,37	»	»	»	168	171	Déf. inio front.
4	» 24 — — — cordonnier . . .	foncée	—	droits	droite	—	178	118	150	84,27	127	132	103.93	97	35	52	38	73,07	»	»	»	175	180	Déf. occipit. lambd.
5	» — — paysan	—	—	—	—	—	180	135	156	86,66	129	130	100,77	98	30	48	40	83,33	»	»	»	165	170	Déf. inio front.
6	» 23 — — — muletier	moy.	moy.	—	dr. ab.	—	182	127	156	85,71	134	145	108,20	102	34	53	38	71,69	»	»	»	175	188	
7	» 40 — — — cultivateur . . .	foncée	foncée	—	conc.	—	187	115	158	84,49	135	143	105,92	95	28	54	37	68,52	»	»	»	178	180	Déf. inio front.
8	» 60 — — —	—	—	—	conv. ab.	—	174	124	157	90.23	131	137	184,57	95	32	50	37	74,00	»	»	»	165	172	Déf. lomb. très pron.
9	» 19 — — — berger	moy.	moy.	—	droite	—	178	130	154	86.51	118	130	110.16	98	30	50	30	60,00	»	»	»	174	180	
10	» 34 — — —	—	—	—	—	—	176	120	159	90.34	131	139	106,10	100	32	40	37	92,50	»	»	»	170	170	
11	» 20 ans, — Hadjin, marchand . . .	foncée	foncée	frisés	conv. ab.	—	181	116	148	81.76	137	137	100 »	102	36	58	38	65,51	»	»	»	172	187	
12	» 26 — — — —	claire	—	droits	—	—	184	114	160	86,95	122	136	111,47	98	38	51	32	62,75	»	»	»	177	180	Déf. bregm. front. faible.
13	» 30 — — — —	foncée	—	—	dr, ab.	—	177	114	155	87,57	133	137	103 »	99	31	52	38	73,07	»	»	»	178	181	Lég. déf. front.
14	» 23 — — — négociant . . .	—	—	—	—	—	178	117	150	84,27	130	133	102,30	96	30	50	32	64 »	»	»	»	168	174	
15	» 18 — — — —	—	—	—	conc.	—	172	116	160	93,02	130	128	98.46	98	32	50	34	68 »	»	»	»	171	176	
16	» 30 — — — sacristain . . .	—	—	—	dr. conv.	—	183	118	158	84,94	188	142	102,89	100	32	50	32	64 »	»	»	»	160	166	Déf. inio front.
17	» 35 — — — muletier. . .	claire	claire	frisés	dr. ab.	—	184	115	158	85,86	127	140	110.23	104	38	54	43	79,63	»	»	»	179	183	Scaph. légère.
18	» 51 — — — nét. négociant. .	foncée	foncée	droits	conv. ab.	—	184	117	164	89,13	145	143	98,63	110	26	56	38	67,86	»	»	»	175	182	Aplat. occip.
	Moyennes.						179	120	155	86,59	132	137	103,78	99	32	51	35	68,53	»	»	»	172	178	
	ARMÉNIENS D'HADJIN (Femmes)																							
1	X, 26 ans, Hadjin, femme d'Hadji Manouk . .	foncée	foncée	ondul.	conv. ab.	n. bridé	167	112	132	79,04	134	127	94,77	90	20	50	25	50,00	»	»	»	»	»	Taille moy.
2	» 25 — — belle-sœur idem	—	—	droits	conc.	—	177	116	140	79,09	129	133	103,10	100	27	50	31	62,00	»	»	»	»	»	
	Moyennes.						172	114	136	79,07	131	130	99,23	95	26	50	28	56,00	»	»	»	»	»	

NUMÉROS D'ORDRE	NOMS ET AGES LIEUX DE NAISSANCE ET D'OBSERVATION PROFESSION DU SUJET	COULEUR des cheveux	COULEUR des yeux	FORME des cheveux	FORME du nez	FORME de l'œil	DIAMÈTRES DE LA TÊTE Antéro-postérieur maximum	Auriculo-bregmatique	Transverse maximum	Indice céphalique	MESURES DE LA FACE De la glabelle au point mentonnier	Bi-zygomatique	Indice facial	DE L'ŒIL Bipalpébrale externe	Bipalpébrale interne	DU NEZ Hauteur	Largeur	Indice nasal	DE L'OREILLE Hauteur	Largeur	LARGEUR DE LA BOUCHE	TAILLE DEBOUT	GRANDE ENVERGURE TOTALE	OBSERVATIONS
	ARMÉNIENS DE YOSGAT (Hommes)																							
1	X. 47 ans, Yosgat, courtier	moy.	moy.	droits	conv. ab.	n. bridé	168	134	151	89,88	134	130	97,01	92	29	54	31	57,40	64	39	»	171	165	Déf. front. br. et lambd. dr
2	» 24 — — employé	claire	moy.	—	droite	—	182	119	153	86,81	144	128	88,88	103	33	52	28	53,84	62	41	»	172	175	Déf. lambdoïde.
3	» 25 — — barbier	foncée	—	ond.	—	—	181	133	153	84,53	124	128	103,22	90	30	46	38	82,61	55	36	»	160	165	
4	» 19 — — —	—	foncée	droits	—	—	176	124	154	83,63	133	137	103,00	108	23	»	»	»	57	38	»	165	164	Apl. front. déf. lambd.
5	» 28 — — marchand de vins	—	—	—	—	—	183	136	158	86,33	130	144	103,59	111	28	56	38	67,86	67	34	»	177	185	
6	» 45 — — —	—	—	ond.	—	—	178	132	157	88,20	144	121	86,11	95	27	52	38	73,07	67	44	»	162	156	Déf. front. occip.
7	» 45 — — négociant	—	—	droits	abaiss.	—	186	114	145	77,96	138	123	92,75	90	29	51	30	58,82	58	42	»	163	164	Déf. lambd. droit.
8	» 20 — — courtier	—	—	—	convexe	—	183	124	148	80,87	125	123	98,40	98	30	51	35	68,62	58	37	»	175	181	
9	» 40 — — négociant	—	—	—	droite	—	188	125	161	85,64	142	138	97,18	112	32	53	37	69,81	60	42	»	168	168	
10	Yeprim Papazian, 37 ans Yosgat, négociant	moy.	moy.	—	dr. ab.	—	188	118	154	81,91	129	128	99,22	113	35	56	42	75,00	63	38	»	»	»	
11	Gabriel Katcherian, 55 ans — —	foncée	foncée	—	droite	—	182	118	149	81,86	138	117	87,96	94	31	52	33	63,46	62	38	»	»	»	
12	Guhohnes Papazian, 33 ans — —	claire	—	droit.	conv. ab.	—	193	128	152	78,75	132	130	98,48	98	35	55	37	67,27	63	35	»	170	»	
13	Alexandre Paklayan, 50 ans — —	foncée	foncée	—	—	—	185	124	156	84,32	138	112	81,16	95	30	55	35	63,64	60	34	»	»	»	Déf. ant. post.
14	Parounak Aniazian, 28 ans — —	—	—	—	—	—	179	112	158	88,26	140	128	91,42	113	32	54	38	70,37	62	34	»	»	»	
15	Aroutoun Papazian, 17 ans — —	—	—	—	—	—	197	128	162	82,23	142	126	88,73	112	39	58	36	62,06	62	28	»	»	»	
					Moyennes		183	123	151	84,15	135	128	94,81	102	30	53	35	66,03	62	36	»	188	169	
	ARMÉNIENS DE CÉSARÉE (Femmes)																							
1	Bohadjian, Césarée, drogman	claire	moy.	droits	conc. ab.	n. bridé	187	122	156	83,42	118	124	105,08	98	31	51	45	83,33	63	40	»	»	»	Apl. lambd.
2	Baghdasserian, 40 ans, Césarée —	moy.	—	—	conv. ab.	—	190	121	161	86,31	118	128	86,48	104	28	57	33	57,89	60	33	»	»	»	
3	Kalpakdjian, 60 ans, — médecin	foncée	foncée	—	—	—	163	112	115	79,23	131	124	94,65	100	33	56	36	64,29	70	35	»	»	»	Ap. lam. g. déf. in. fr. b. oc.
4	» 60 ans, — md d'antiq.	moy.	moy.	—	—	—	184	111	151	82,06	135	121	91,85	97	28	56	38	65,51	63	38	»	»	»	Déf. inio front. breg.
5	» 20 ans, — — —	foncée	foncée	—	—	—	188	128	163	86,70	132	140	106,05	98	25	58	35	60,34	62	36	»	»	»	Apl. lambd. droit.
					Moyennes		186	120	155	83,33	132	128	96,96	90	30	56	37	66,07	63	36	»	»	»	
	ARMÉNIENS D'EVEREK (Hommes)																							
1	X. 28 ans, Everek	moy.	moy.	droits	droite	n. bridé	191	131	168	87,96	146	135	92,46	113	34	58	44	75,86	64	35	»	»	»	
2	» 25 — —	foncée	foncée	—	dr. ab.	—	198	135	160	80,80	142	129	90, »	108	34	54	44	81,48	68	41	»	»	»	
3	» 24 — —	moy.	moy.	—	conc.	—	180	123	164	91,11	122	126	103,27	112	32	46	38	82,61	60	34	»	»	»	
					Moyennes		189	129	164	86,76	130	130	95,59	111	33	52	42	80,77	64	36	»	»	»	
	ARMÉNIENS D'URGUB (Hommes)																							
1	X. 35 ans, Urgub	moy.	moy.	ondu.	dr. ab.	n. bridé	174	108	154	88,50	132	117	88,63	94	27	56	35	62,50	60	32	»	»	»	Déf. occip.
2	» 27 — —	—	—	—	—	—	175	105	154	88,00	138	118	88,72	95	28	56	35	62,50	61	32	»	»	»	
					Moyennes		174	108	154	88,50	132	117	88,63	94	27	56	35	62,50	60	32	»	»	»	

NUMÉROS D'ORDRE	NOMS ET AGES LIEUX DE NAISSANCE ET D'OBSERVATION PROFESSION DU SUJET	COULEUR		FORME			DIAMÈTRES DE LA TÊTE				MESURES											LARGEUR DE LA BOUCHE	TAILLE DEBOUT	GRANDE ENVERGURE TOTALE	OBSERVATIONS
											DE LA FACE			DE L'ŒIL		DU NEZ			DE L'OREILLE						
		DES CHEVEUX	DES YEUX	DES CHEVEUX	DU NEZ	DE L'ŒIL	ANTÉRO-POSTÉRIEUR MAXIMUM	AURICULO-BREGMATIQUE	TRANSVERSE MAXIMUM	INDICE CÉPHALIQUE	DE LA GLABELLE AU POINT MENTONNIER	BI-ZYGOMATIQUE	INDICE FACIAL	BIPALPÉBRALE EXTERNE	BIPALPÉBRALE INTERNE	HAUTEUR	LARGEUR	INDICE NASAL	HAUTEUR	LARGEUR				
	ARMÉNIENS DE SIS (Hommes)																							
1	X. 24 ans, Sis, cultivateur	foncée	foncée	droits	dr. conc.	n. bridé	178	110	148	83,14	125	144	115,20	98	31	57	35	61,40	»	»	»	»	»	
2	» 22 — — —	moy.	moy.	—	droite	—	176	120	160	90,90	131	140	106,86	115	35	56	31	55,36	»	»	»	»	»	
3	» 29 — — —	foncée	foncée	—	dr. ab.	—	180	127	162	90.00	132	143	108,33	115	32	50	36	72,00	»	»	»	»	»	
4	» 20 — — —	—	—	—	dr. conv.	—	180	128	156	86,66	128	145	113,28	104	32	55	38	69.08	»	»	»	»	»	
5	» » — — —	—	—	—	conv. ab.	—	172	122	162	94,18	132	140	106,05	98	31	55	38	69.08	»	»	»	»	»	Apl. occip. dr. très accent·
6	» 42 — — négociant	—	—	—	—	—	183	128	164	89,61	132	138	104.54	105	31	52	32	61,54	»	»	»	»	»	Déf. inio-fr. breg et lam. no
7	» 38 — — —	—	—	—	dr. ab.	—	180	128	163	86,24	130	138	106,15	105	31	52	31	59.61	»	»	»	»	»	
8	» 37 — — —	—	—	—	dr. conc.	—	188	120	160	85,10	134	143	106,71	100	29	50	30	60.00	»	»	»	»	»	
9	» 28 — — —	—	—	ond.	dr. conv.	—	187	120	160	85,56	135	140	103,70	102	30	52	30	57,69	»	»	»	»	»	
10	» 28 — — —	—	—	d ond.	convexe	—	185	122	162	87,57	145	140	96,55	101	28	54	38	70,37	»	»	»	176	180	
11	» 30 — —	—	—	droits	dr. ab.	—	172	120	151	87,79	122	130	106.55	98	27	50	47	94.00	»	»	»	171	176	
					Moyennes. . . .		180	122	158	87,77	131	140	106,86	103	30	53	35	66.03	»	»	»	173	178	
	ARMÉNIENS DE SIS (Femmes)																							
1	X. 23 ans, Sis	foncée	foncée	droits	dr. ab.	n. bridé	167	111	155	92,81	134	131	97,76	100	25	46	27	58,69	»	»	»	»	»	
2	» 15 — —	—	—	—	droite	—	172	127	151	87,79	122	130	106,55	95	22	50	47	94 »	»	»	»	»	»	
3	» 16 — —	—	—	—	—	—	182	120	152	83,51	124	135	108,87	99	30	»	»	»	»	»	»	»	»	
					Moyennes. . . .		173	119	152	87,86	126	132	104,76	98	25	48	37	77.08	»	»	»	»	»	
	ARMÉNIENS D'HOURMIAH (Hommes)																							
1	X. 40 ans, Hourmiah, Tiflis, moucha	moy.	claire	droits	droite	non bridé	180	123	162	97,00	140	154	109,99	92	32	54	35	64,81	68	31	»	170	171	
2	» 42 ans. — — —	—	—	droits	droite	—	178	122	162	91,01	140	153	109,28	94	33	54	35	64,81	68	32	»	171	170	
3	ARZOUMANIANZ, Salmost pr. Hour. Tiflis, nég.	foncée	moy.	ond.	conv. ab.	—	185	122	162	87,57	148	148	100,00	96	38	61	38	62,29	59	35	55	169	173	
					Moyennes. . . .		181	122	162	89.50	142	151	106,38	94	34	56	36	64,28	65	32	55	170	171	

III

CRANIOMÉTRIE

Il n'existe dans les collections anthropologiques qu'un très petit nombre de crânes d'Arméniens. On ne connaissait, jusqu'à ces derniers temps, que celui qui a été décrit par Blumenbach et d'origine incertaine, puis celui de Mouch (Turquie d'Asie) conservé au Museum de Paris [1]. Depuis quelques années l'Université de Moscou s'est rendue possesseur de sept crânes de la race qui nous occupe : trois de Bulgarie et quatre de Transcaucasie. Enfin, en 1890, j'ai réussi à en rapporter cinq autres de cette dernière région. Ce qui fait un total de 14 crânes arméniens.

On doit citer encore une collection de 63 crânes d'Arméniens de Turquie donnée au Musée de Vienne par un médecin de Constantinople. Il ne m'a pas jusqu'à ce jour été permis de mesurer cette dernière série et je ne crois pas qu'elle soit décrite.

Malheureusement, la plupart des pièces que j'ai pu étudier sont en fort mauvais état, et ne permettent pas toujours des mesures très précises. J'ai réuni néanmoins en deux tableaux les mensurations qu'il a été possible de prendre sur ces crânes. Aucun d'eux ne possède de maxilliaire inférieur, et tous, sauf un, sont

[1] *Crania ethnica*, p. 503, note 2, pl. XCII.

adultes et du sexe masculin. Je laisse de côté les trois crânes arméniens de Bulgarie dont la provenance certaine laisse à désirer et qui du reste ont été déjà décrits[1].

Capacité crânienne. — Les réparations multiples dont la plupart de ces crânes ont été l'objet, ainsi que le jeune âge de quelques-uns d'entre eux, m'ont engagé à laisser de côté leur cubage dont les résultats ne pouvaient être que très discutables. Seul le crâne de Mouch, en assez bon état, a pu donner des renseignements sur sa capacité. Celle-ci est énorme ; elle s'élève à 1690 centimètres cubes.

Norma verticalis. — Vus par la face postérieure, ces crânes présentent un ovale arrondi assez prononcé qui leur donne un air de famille bien spécial. Leurs bosses frontales sont moyennement accusées et les bosses pariétales généralement plus élevées. Les n°s 1 et 2 d'Erivan (pl. IX et X) présentent à cet égard les deux types extrêmes que donnent nos deux séries.

La moyenne de la courbe horizontale totale varie entre 509 et 520 millimètres. Quatre crânes d'Erivan dépassent pourtant le chiffre de 533 millimètres ; l'un d'eux même arrive à 536.

La moyenne de la courbe transversale totale oscille entre 450 et 456 millimètres. Quelques crânes arrivent cependant à 465 millimètres, comme le n° 2 d'Erivan et le n° 2 de Kaghizman.

La *norma verticalis* montre encore des sutures sagittales généralement simples et fines, particulièrement dans le n° 1 d'Erivan. Parfois des os wormiens viennent compliquer les sutures fronto-pariétales, comme dans le n° 2 d'Erivan, mais ce fait est rare. Le même crâne, ainsi que le n° 1, montre encore un os wormien au niveau de l'asterion.

Norma lateralis. — Vus de profil, ces sujets présentent pour la plupart une ligne dont la courbure est assez régulière, lorsqu'ils n'ont subi aucune déformation artificielle.

Dans le n° 1 d'Erivan, la courbe antéro-postérieure s'élève presque verticalement dans la région frontale sur une longueur de 40 millimètres environ, puis elle s'arrondit jusqu'au bregma, et ensuite monte très légèrement; puis elle redescend en s'arrondissant d'abord, et devient presque verticale un peu avant d'atteindre le lambda.

L'occipital s'articule au pariétal par une suture assez compliquée. Dans le n° 2 d'Erivan, la courbe antéro-postérieure qui est plus inclinée, des arcades sourcilières au bregma, descend d'abord légèrement à partir de ce point, mais bientôt elle s'accentue un peu avant le lambda.

[1] *Bull. Soc. d'anthr. de Lyon*, t. II, 1884.

Le crâne n° 5, celui de Mouch, dont la courbe transversale totale est de 490 millimètres, est remarquable par l'inclinaison de la partie fronto-bregmatique. Elle s'infléchit d'abord un peu et s'élève ensuite légèrement sur une longueur de 34 millimètres, puis après une petite incurvation, elle s'abaisse rapidement jusqu'au lambda. De là, jusqu'à l'inion, la courbure produite par la protubérance occipitale est des plus accentuées.

La moyenne du diamètre antéro-postérieur maximum varie de 173 à 177 millimètres, toutefois le n° 2 d'Erivan atteint le chiffre élevé de 185 millimètres, et celui de Mouch le chiffre de 179 millimètres. Le diamètre transverse maximum oscille entre 144 et 146 millimètres.

L'indice craniométrique moyen des dix crânes n'est que de 84, mais si l'on remarque d'une part que la série de Moscou, composée d'éléments assez hétérogènes, présente un indice moyen de 83,22, et que, d'autre part, celle d'Erivan, beaucoup plus homogène, présente celui de 86,90, on peut se demander si ce n'est pas plutôt vers ce dernier indice que doit se trouver le type craniométrique des Arméniens, type qui doit être qualifié de super-brachycéphale.

Ce caractère correspond du reste à celui que montrent les recherches céphalométriques. On doit tenir compte cependant de la mésaticéphalie que l'on remarque dans la série de Moscou, car elle existe à un bien plus haut degré dans le crâne décrit par Blumenbach (D. Ap. 181. D. T. M. 138) dont l'indice céphalique est de 76, 24; puis dans l'un des crânes de Slivno décrit par M. Gondati [1], dont l'indice est de 78. Mais ce sont là des cas isolés qui ne peuvent influencer l'indice fourni par l'ensemble.

Pour l'indice vertical, longueur-hauteur, l'écart est moins grand, bien qu'il n'existe pas plus dans une série que dans l'autre cette homogénéité que nous avons constatée dans les chiffres présentés par nos séries anthropométriques. Cet indice vertical est de 78,61 pour la série de Moscou, et de 81,54 dans celle de Lyon.

Les indices basilo-bregmatiques largeur-hauteur présentent alors une homogénéité remarquable; ils ne diffèrent que de quelques millimètres (série de Lyon 93,83) ; série de Paris et de Moscou, 94,44).

Le crâne de Mouch, dont l'indice de longueur-largeur est si voisin de celui de notre série d'Erivan, en diffère complètement par l'indice basilo-bregmatique. Celui-ci est plus haut que large (h. bas.-breg. 155) contrairement à ce qui se voit chez tous les autres. Cette particularité est due sans doute à la déformation antéro-postérieure dont il est porteur.

[1] *Loc. cit.*

Norma antérieure. — Vus de face, ces crânes présentent un front moyennement haut, et une largeur générale assez grande, que les diamètres ophrio-alvéolaires et bi-zygomatiques vont démontrer.

La moyenne du premier est de 87 millimètres dans la série de Moscou, et de 92 millimètres dans celle de Lyon, ce qui donne pour la face, des indices de 65,91 dans la série de Moscou, de 71,11 pour le crâne de Mouch, et de 70,77 dans la série de Lyon. La face chez les Arméniens est donc, d'après ces crânes, plutôt large que longue. Ce qui contribue à augmenter, en apparence du moins, la largeur de la région faciale chez ces sujets, c'est le développement du frontal qui est assez considérable, surtout dans la série de Moscou, où le frontal maximum atteint une largeur moyenne de 119 millimètres. A Erivan il n'est que de 111 millimètres; à Mouch 125. L'indice frontal moyen est de 82, 35 dans la série de Moscou, et de 91,83 dans celle de Lyon.

On ne trouve ni dans les orbites, ni dans les ouvertures nasales, des caractères bien uniformes.

Les ouvertures nasales sont plutôt longues que larges.

Les orbites arrondies sont pourtant plus fréquentes que les orbites allongées.

Les orbites diffèrent aussi beaucoup par leurs formes dans nos deux séries. Celle de Moscou donne l'indice de 82,50 ; celle de Lyon donne l'indice de 95.

Le diamètre bi-orbitaire externe, ainsi que l'inter-orbitaire, varie assez peu dans chacune des séries. La moyenne de celle de Moscou est de 103 millimètres pour le premier, et de 21 pour le second. Ces diamètres diffèrent dans la série de Lyon de près de 10 millimètres. L'indice bi-orbitaire externe est, dans cette dernière, de 102, et l'indice inter-orbitaire de 20 millimètres. L'indice orbitaire moyen, de l'ensemble est de 93.

L'indice orbitaire du crâne de Mouch est de 97,62.

Le nez est grand ou plutôt long chez les Arméniens, comme l'ont montré les indices sur le vivant.

Les crânes donnent comme moyenne de largeur 24 millimètres dans la série de Lyon et 24 dans celle de Moscou. Le diamètre vertical ou de longueur donne une moyenne de 38 millimètres dans la première série et 39 dans la seconde. L'indice moyen des deux séries réunies est de 50, mais celui de Moscou est de 61,53 tandis que celui de Lyon est de 46,15, celui de Mouch est de 43,39 (longueur 53, largeur 23).

Norma postérieure. — Vus de derrière ces crânes montrent une voûte élevée au vertex. Cette disposition est impliquée par l'importance du diamètre basilo-bregmatique dont la moyenne est de 137 millimètres dans la série d'Erivan, moyenne abaissée par le n° 1, mais où les hauteurs de 142 se rencontrent dans les n°s 4 et 5. Dans la série de Moscou la moyenne n'est que de 136, toutefois le n° 2 présente une élévation de 140 millimètres.

Cette *norma* montre encore des bosses occipitales assez accentuées, surtout dans le n° 2 d'Erivan et dans celui de Mouch. Le diamètre bi-mastoïdien est grand dans la plupart de ces crânes; la moyenne est de 110 millimètres.

Le diamètre bi-mastoïdien du crâne de Mouch est de 109 milimètres et se rapproche ainsi de la moyenne générale de nos deux séries.

L'ensemble de l'occipital légèrement oblique de haut en bas et d'avant en arrière se renfle modérément pour constituer l'inion.

Dans le n° 2 d'Erivan et surtout dans le crâne de Mouch ce renflement est beaucoup plus accusé et présente même une protubérance marquée.

Norma inférieure. — Cet aspect montre des trous occipitaux tantôt ovales tantôt ronds. L'indice moyen de ceux de Moscou, y compris celui de Mouch est de 87,88, et l'indice de la série d'Erivan de 96,96.

La voûte palatine est moyennement profonde et se trouve assez allongée. L'indice moyen de la série de Moscou est de 74; celui de Lyon de 66,67.

La longueur moyenne de la voûte palatine de nos Arméniens est de 51 millimètres dans la série de Lyon, et de 50 millimètres dans celle de Moscou; sa largeur est de 37 dans la première série et de 34 dans la seconde.

L'indice palatin du crâne de Mouch est de 66,93 (longueur 53, largeur 35).

CRANES D'ARMÉNIENS

1 et 3 d'Alexandrepol. — 2 de Kaghismann. — 4 de Tiflis. — 5 de Mouch.

Muséums de Moscou et de Paris.

MENSURATIONS		NUMÉROS DES CRANES 1 ♂	2 ♂	3 ♂	4 ♂	5 ♂	MOYENNES
Capacité crânienne approchée		»	»	»	»	1569	»
Diamètres	Antéro-postérieur maximum	172	173	174	171	170	173
	Transversal maximum	140	144	146	144	149	144
	— bi auriculaire	105	104	124	122	128	116
	— bi-mastoïdien	100	105	103	102	109	103
	— frontal maximum	112	120	125	117	125	119
	— — minimum	95	94	105	92	104	98
	Vertical basilo-bregmatique	134	140	133	133	140	136
Indices craniométriques	Longueur = 100 { Largeur	81,39	83,23	83,91	84,21	83,24	83,23
	Longueur = 100 { Hauteur	77,90	80,92	76,43	77,78	78,21	78,61
	Largeur = 100 | Hauteur	95,71	97,22	91,09	92,36	93,95	94,44
Indice frontal		84,82	78,33	84,00	78,63	83,20	82,35
Courbes	Horizontale totale	510	520	500	496	520	509
	— préauriculaire	210	215	210	240	200	239
	Transversale totale	435	465	455	440	490	450
	— sus-auriculaire	325	326	320	308	234	322
	Frontale cérébrale	103	106	105	108	110	104
	— totale	125	130	130	126	135	129
	Pariétale	115	130	120	120	126	122
	Occipitale	110	114	116	118	116	116
Trou occipital	Longueur	34	33	30	35	33	33
	Largeur	30	26	28	31	32	29
	Indice	88,23	78,78	93,33	88,57	96,96	87,88

MENSURATIONS		NUMÉROS DES CRANES 1 ♂	2 ♂	3 ♂	4 ♂	5 ♂	MOYENNES
Largeur de la face	Bi-orbitaire externe	100	103	106	103	100	102
	Interorbitaire	22	22	22	20	22	21
	Bi-zygomatique maximum	128	134	133	134	135	132
	Bi-maxillaire maximum	65	65	56	54	56	59
Hauteur de la face	Inter-maxillaire	18	21	17	20	23	19
	Totale de la face (ophrio-alvéolaire.	78	92	78	94	96	87
	— de la pommette	22	26	24	25	24	24
	Orbito-alvéolaire	46	49	42	40	39	43
Indice facial		60,93	68,65	58,64	70,15	71,11	65,91
Orbites	Hauteur	35	36	36	38	41	37
	Largeur	42	39	40	40	42	40
	Indice orbitaire	83,33	92,30	90,00	95,00	97,62	92,50
Nez	Longueur	55	55	55	58	58	59
	Largeur	23	27	26	23	23	24
	Indice nasal	45,71	47,14	44.28	40,51	43,39	61,53
Voute palatine	Longueur	51	52	48	49	53	50
	Largeur	37	38	36	39	35	37
	Distance au trou occipital	x	»	»	36	40	38
Indice palatin		72,55	73,07	75,00	79,59	66,93	74,00

CRANES D'ARMÉNIENS D'ÉRIVAN

Du XVIIIe Siècle

Muséum de Lyon.

MENSURATIONS		1 ♀	2 ♂	3 ♂	4 ♂	5 ♂	MOYENNES
Capacité cranienne approchée		»	»	»	»	»	»
Diamètres	Antéro-postérieur maximum	150	185	173	164	178	170
	Transversal maximum	137	150	148	149	147	146
	— bi-auriculaire	77	95	94	85	90	88
	— bi-mastoïdien	88	118	116	114	117	110
	— frontal maximum	98	116	115	113	116	111
	— frontal minimum	90	102	107	105	107	102
	Vertical basilo-bregmatique	125	141	139	142	142	137
Indices craniométriques	Longueur = 100 { Largeur	91,33	81,08	85,55	90,85	87,50	85,88
	Longueur = 100 { Hauteur	83,33	76,21	80,34	86,58	84,52	80,59
	Largeur = 100 | Hauteur	91,24	93,99	93,91	95,30	96,59	93,83
Indice frontal		91,84	87,92	93,03	92,91	92,23	91,89
Courbes	Horizontale totale	465	533	534	536	534	520
	— préauriculaire	232	235	236	235	235	234
	Transversale totale	430	465	462	464	463	456
	— sus-auriculaire	315	337	338	337	337	332
	Frontale cérébrale	104	109	111	110	109	108
	— totale	120	123	124	124	123	122
	Pariétale	122	125	127	126	127	125
	Occipitale	62	60	70	70	71	68
Trou occipital	Longueur	25	36	36	34	36	33
	Largeur	24	35	35	35	35	32
	Indice	96,00	97,23	97,23	102,94	97,23	96,96

MENSURATIONS		1 ♀	2 ♂	3 ♂	4 ♂	5 ♂	MOYENNES
Largeur de la face	Bi-orbitaire externe	100	»	106	104	120	100
	Interorbitaire	19	»	22	23	22	21
	Bi-zygomatique maximum	130	»	130	130	131	130
	Bi-maxillaire maximum	80	»	82	81	82	81
Hauteur de la face	Intermaxillaire	19	»	20	21	20	20
	Totale de la face (ophrio-alvéolaire.	92	»	91	94	92	92
	— de la pommette	21	»	22	26	24	23
	Orbito-alvéolaire	32	»	33	33	34	33
Indice facial		70.77	»	70.00	72,30	70,23	70,77
Orbites	Hauteur	32	»	40	42	40	
	Largeur	36	»	42	43	42	
	Indice orbitaire	88,89	»	95,24	97,65	95,24	95,60
Nez	Longueur	50	»	54	52	53	52
	Largeur	23	»	25	25	24	24
	Indice nasal	46,00	»	46,29	48,07	45,28	46,15
Voute palatine	Longueur	44	»	53	54	54	51
	Largeur	33	»	35	35	35	34
	Distance au trou occipital	36	»	37	37	37	36
Indice palatin		75,00	»	66,03	64,81	64,81	66,67

KURDES

I

ETHNOGÉNIE ET ETHNOGRAPHIE

Le nom que se donnent à eux-mêmes les Kurdes, et sous lequel ils sont connus dans toute l'Asie occidentale, se retrouve, en persan, dans l'adjectif *gourd*, *Kourd* qui signifie rude, fort, excellent. Le nom de *Gourd*... dans le Chah-nameh, la grande épopée nationale de la Perse, désigne les héros. Chez les Turcs ce mot de *kourd* signifie *loup* et, de fait, cette dénomination s'applique à merveille à ce peuple dont ils redoutent la rapacité cruelle. En slave *gord* signifie fier, altier. Tout démontre que le nom qu'ont pris les Kurdes n'est qu'une épithète, une expression naïve de la confiance qu'ils ont dans leur force et dans leur courage. Ce nom remonte à la plus haute antiquité, car les Grecs et les Romains l'ont connu et même modifié dans leurs transcriptions : *Karduchi*, *Gordyæi*, *Curtii*. En Arménie les Kurdes sont des *Kardouks*. Les Arabes appellent la nation Kart, et les Kurdes eux-mêmes se nomment *Kartmanchis*.

On a déjà beaucoup écrit sur l'origine des Kurdes et les avis sont encore partagés. Les historiens arméniens[1] les regardent comme les descendants des Mèdes qu'ils nomment *Marks*. Les rois d'Arménie auraient rejeté ces *Marks* ou

[1] Choudabachef, *Revue de l'Arménie*, p. 66, d'après Eguiazaroff, *Essai ethnographique sur les Kurdes du gouvernement d'Erivan*.

Mèdes de l'autre côté de l'Ararat dans la province de Kord ou Kordik, après les avoir subjugués.

Une autre opinion plus accréditée et soutenue par la majorité des savants de l'Europe considère les Kurdes comme des descendants des anciens Chaldéens de l'Iran qui auraient fait irruption à une époque très ancienne dans le bassin du Tigre. Là, après avoir assujetti les tribus sémitiques déjà maîtresses du sol, ils auraient jeté les bases des puissances qui ont grandi sous le nom d'Assyrie et de Babylonie. Ce que l'on possède de l'histoire des Kurdes se réduit à ce qu'ont laissé les historiens grecs, latins et arabes.

A la chute de Ninive ils s'allièrent aux Mèdes, et comme la plupart des autres peuples des hauts plateaux de l'Asie occidentale, ils s'aryanisèrent assez vite. Soumis par Cyrus, ils lui fournirent des soldats ainsi qu'à ses successeurs. Ils tombèrent ensuite sous la domination des Parthes et des Sassanides. Après la chute du Khalifat, du XIe au XIVe siècle, nombre de chefs kurdes, au milieu du profond désordre de cette période, se créèrent des principautés en divers cantons de la Syrie, dans la Haute Mésopotamie et en Asie Mineure. De Guignes [1], qui a résumé l'histoire de ces princes, donne un tableau curieux de ces principautés qui s'étendaient jusqu'à Damas, Alep, Homs, Hamah à l'ouest, et dans la région de Diarbékir au nord. L'illustre Salaheddin, le Saladin de nos historiens, était un de ces princes kurdes de la Syrie. On les vit dans le même temps étendre leur influence jusqu'aux confins du Caucase.

Le XIIIe siècle vit l'apogée de la puissance des Kurdes ; toutefois les historiens musulmans ne rapportent guère de ces temps que des notions vagues et un tissu de légendes obscures. Maçoudi [2] en fait une branche séparée des Arabes qui abandonna sa langue primitive pour adopter un idiome étranger.

Ibn-Khaldoum [3] fournit des renseignements plus précis émanant de recherches vraiment dignes de notre temps.

Cheref, un chef kurde, prince de Bitlis, a écrit en persan vers la fin du XVIe siècle une chronique de sa nation qui ne remonte pas bien loin dans le passé [4].

Thomas Arzerouni, l'historien arménien du Xe siècle qui a écrit l'histoire de la dynastie des Arzerouni, ne présente point de nation sous le nom Kurde; il cite

[1] De Guignes, *Histoire des Huns*.

[2] Maçoudi, *Les prairies d'or*, trad. de Barbier de Meynard, t. III.

[3] Ibn-Khaldoum, *Histoire des Barbares*, t. III, p. 413.

[4] Velidaminoff, Saint-Pétersbourg, 1860-62.

cependant les peuplades nomades et pillardes qui venant de Kerman ou d'ailleurs, volaient les terres des Arzerouni. Les princes arméniens des différentes parties du pays de Van ont été maintes fois aux prises avec ces peuplades errantes, et les noms que l'historien énumère se retrouvent parmi ceux des tribus qui constituent la nation kurde.

D'après une opinion fort répandue chez les Arméniens, les Kurdes des montagnes gordiennes seraient des Arméniens qui auraient été contraints d'embrasser l'islamisme pour garder leur indépendance. Une preuve que l'on donne à l'appui de cette manière de voir, c'est que de nos jours encore il y a des tribus kurdes qui portent les noms de chefs de satrapies arméniennes, tels que les *Mamekani* que l'on croit être les descendants de la satrapie des *Mamikonian* qui gouvernèrent la province de Taron *(Mouch)*; les tribus *Rachkis* de la satrapie des *Rechdouni*, etc.

M. Portoukalian, à qui je dois une partie de ces renseignements, m'a fait savoir aussi que les membres de la tribu des Duderis (nom qui signifie deux églises, en kurde), prétendent, d'après leur tradition, avoir une origine arménienne.

Durant les invasions mongoles et tatares, les Kurdes restèrent passifs dans leurs montagnes, laissant passer le flot dévastateur qui ne pouvait les atteindre. Toutefois, lorsque plus tard les nations devenues maîtresses des territoires qu'ils occupent en vinrent aux mains, ils se virent partagés entre la Turquie et la Perse, et plus tard la Russie. Les limites fixées en 1047 par Mourad IV et Chah-Saffi sont demeurées assez longtemps les mêmes. Elles n'ont guère été modifiées qu'en 1840 et en 1878.

De nos jours, les Kurdes habitent principalement les régions situées à l'est et au nord du cours moyen et supérieur du Tigre, et les montagnes où naissent l'Euphrate et l'Araxe. Mais ces limites sont très indécises, et l'on trouve des Kurdes dans toutes les contrées environnant le Kurdistan, en Arménie turque, en Arménie russe, dans l'Anatolie, en Syrie, en Mésopotamie et dans toute la Perse occidentale et méridionale jusqu'au golfe Persique. On en trouve également jusqu'en Afghanistan, en Beloutchistan et en Asie Centrale.

On estime le chiffre de la nation kurde à 1.826.000 individus environ, ainsi répartis : en Turquie d'Asie, 1.300.000; en Perse, sans compter les Loris et les Baktyaris, 500.000 ; en Afghanistan et en Beloutchistan, 5000 ; en Arménie russe, 25.000; en Turquie d'Europe 1000. C'est dans les vilayets d'Erzeroum, de Van, de Bitlis, de Diarbekir, de Khlarpout et d'Alep que se rencontrent les plus grandes agglomérations de Kurdes. D'après le consul anglais Taylor qui a beaucoup séjourné dans ces régions, les Kurdes Kirmandjis s'y trouvaient encore, il y a 25 ans, au nombre de 811.000 et les Kurdes Zazas, au nombre de 200.000. Mais ces chiffres sont certainement inférieurs à la réalité, car il est probable que l'on n'a pas plus tenu compte des femmes et des enfants dans ces statistiques, qu'on ne le fait en général en Orient. Au reste, comment peut-on faire de sérieux recensements dans des régions telles que celles qu'habite la majeure partie de ce peuple?

Voici d'autre part un état approximatif d'une partie de la population kurde établi en Turquie d'Asie. Ces documents que je tiens de source européenne et que je crois aussi exacts que possible remontent à 1883. Ils montrent par vilayet, sandjak, district et caza la religion, le chiffre de la population de chaque tribu, ainsi que le nombre des tentes ou maisons dans chaque tribu.

Districts.	Nom des Tribus.	Nombre de tentes ou de maisons par Tribu.	Chiffre de la population de chaque Tribu.	Nomade semi-nomade ou sédentaire.	Religion.
	VILAYET D'ERZEROUM. — SANDJAK D'ERZEROUM				
Plaine d'Erzeroum. .	Pissianli . .	160	780	S. N.	Sunnites.
Nariman	Chekhbezenli .	160	670	—	—
Khinis	Zerekanli . .	60	320	—	—
Fekman	— . . .	100	550	—	—
Khenis	Tchariki. . .	200	1000	—	Kizilbachs.
Ferdjan	Balabanli . .	750	3750	—	—
	SANDJAK DE BAIBOUR				
Plaine de Baïbour. .	Chekhbezenli .	60	300	N.	Sunnites.
	SANDJAK D'ERZINGHIAN				
Plaine d'Erzinghian	Guerdjiani. / Furmen. .	1540	7700	S.	Kizilbachs.
Kemakh . . . . / Kourontchaï. . .	Zaza. . . .	660	3300	—	—
	SANDJAK DE BAYAZID				
Plaine de Bayazid . .	Djélali . . .	230	2650	N.	Sunnites.
Diadin	Adamanli . .	470	2350	—	—
Alachguerd	Seilanli. . .	1150	5750	S. N.	—
Antab.	Sipekanli . .	500	2500	—	—
—	— . .	150	720	S.	Yezidis.
	VILAYET DE VAN. — SANDJAK DE VAN				
Ardjech . . . . / Abagha	Heydéranli. .	1100	5500	—	Sunnites.
Mahmondi . . .	Dugherrli . .	350	1700	—	—
	Milanli . . .	400	2000	—	—
	Yézidi . . .	500	2600	—	Yézidis.

Districts.	Nom des Tribus.	Nombre de tentes ou de maisons par Tribu.	Chiffre de la population de chaque Tribu.	Nomade semi-nomade ou sédentaire.	Religion.
	SANDJAK DE L'HÉKIARI				
Elbac	Mongouri	2850	4250	S. N.	Sunnites.
Djonlamerkg	Hartouchi	400	2100	—	—
Livine	—	450	2300	—	—
Ghuéver	Ghuéverli	2600	28000	—	—
Chemdinan	Chemdinanli	1800	9200	—	—
Oromar	Doski	300	1500	—	—
Djonlamerkg	Doukhoubi.	4000	20000	—	Nestoriens.
Fiar	Féyari	6000	30000	—	—
	VILAYET DE BITLIS. — SANDJAK DE BITLIS				
Plaine de Bitlis	Slokhli	230	1100	S.	Sunnites.
Nabié	Nahiéli	350	1700	—	—
Kardjikan	Raladjli	300	1400	—	—
Khizan	Khizanli	750	3600	—	—
Modekan	Modekanli	850	4000	—	—
Khonyont	Khontli.	250	1200	—	—
—	Balakli.	400	2080	—	religion inconnue
	SANDJAK DE SEERT				
Bervari	Duderli.	850	4200	N.	Sunnites.
Benhtan	Benhtanli	4500	22000	—	—
Chirvan	Chirvanli	2500	12000	S.	—
Kharzan	Balakli.	1600	8000	—	sans religion.
	Yézidi	400	2000	—	Yézidis.
Béchari	Richkotanli	300	1500	N.	Sunnites.
	Bakzanli	450	2200	—	—
	Pindjinarli.	450	2200	—	—
	Binanli	250	1200	—	—
	SANDJAK DE GUINDJ. — NOUVEAU MUTETARIFAT				
Plaine de Guimdj	Guindjli	850	4200	S.	Sunnites.
— de Daps	Dapsli	250	1200	—	—
	Solakhli	500	2400	—	—
Khoulp	Badekanli	850	4200	—	—
	Khoulpli	350	1700	—	—
Khian.	Khianli.	550	2700	—	—
Hévédan	Hévédanli	350	1700	—	—

Districts.	Nom des Tribus.	Nombre de tentes ou de maisons par Tribu.	Chiffre de la population de chaque Tribu.	Nomade semi-nomade ou sédentaire.	Religion.
	SANDJAK DE MONCH				
Sassoun	Sassounli . .	250	1200	S. N.	Sunnites.
Plaine de Monch. .	Tchikourli. .	750	3700	—	—
	Almanli . .	180	900	—	—
	Badekanli . .	250	1200	—	—
	Issali . . .	35	150	—	—
	Séylanli . .	120	600	—	—
Malazgnerd . . .	Hassananli. .	250	1200	—	—
	Mamekanli. .	300	1500	—	—
Boulanik.	Belekli . . .	150	700	N.	—
Varto.	Djibranli . .	200	1000	—	—
	Khoromékian .	700	3500	—	—
	VILAYET DU DERSIM, NOUVELLEMENT CRÉÉ. — SANDJAK DE KHOZAT				
Ovadjik	Gulabi . . .	2500	12000	S. N.	Kizilbachs.
Mezguerd	Fcharikli . .	1500	7000	—	—
Dersim	Dersiunli . .	2000	10000	—	—
Khonsoutchan . . .	Balabanli . .	2250	11000	S.	—

Les Kurdes de la Russie relativement peu nombreux et entourés d'Arméniens, de Tatars et de Géorgiens, ont peu de cohésion avec les grandes tribus de Perse ou de Turquie. Ils ne sont un peu compacts que dans le district d'Erivan où 18 à 20.000 individus vivent dans le voisinage immédiat des Tatars dont ils prennent peu à peu le costume et la langue.

En Transcaucasie, le district de Sourmalou compte 11.000 Kurdes; celui d'Erivan 7500; celui d'Etchmiadzine 5500; celui d'Alexandropol 3000. Ils sont peu nombreux dans le district de Novo-Bayazid, où leur chiffre est estimé à 250 environ, ainsi que dans celui de Nakhitchevan où il ne dépasse pas 650.

Sur le territoire russe, c'est sur le pourtour de la montagne biblique et dans les vallées sauvages, découpées dans ses contreforts, ainsi que sur les plateaux qui s'y rattachent, que l'on rencontre le plus de tribus indépendantes, celles qui paraissent le plus pures et, par conséquent, celles qui offrent le plus d'intérêt. J'ai pu en 1890 observer dans cette région de nombreux Djellali, Milanli, Radki, Bourouki (pl. XIII à XV) et d'autres encore.

Le nom commun aux Kurdes de l'Arménie russe est « Karmandja ». Ils se répartissent en quelques tribus ayant chacune son dialecte particulier, mais ces dialectes diffèrent si peu entre eux que toutes ces tribus se comprennent sans difficulté. Le chef, s'il n'est pas d'origine noble, est toujours un homme riche et considéré. Il y en a quelquefois plusieurs.

Les tribus importantes se divisent à leur tour en petites sociétés dont chacune avait jadis son *supérieur* ou *vieillard*, nommé par le chef de la tribu. Ce supérieur appelé *ruspi* faisait rentrer les impôts, et jugeait les petites affaires, assisté des vieillards de la société.

Les Kurdes de Russie obéissaient, il y a peu de temps encore, à feu Djafar-agha qui portait le titre de *el-begui*. Ils lui devaient certaines servitudes comme transporter en été son matériel de campement, l'approvisionner en bois, etc., et de plus tout homme qui se mariait lui donnait un bœuf en guise d'impôt.

Jusqu'au moment de la nouvelle réforme judiciaire en Transcaucasie, les Kurdes jouissaient donc d'une certaine autonomie administrative. Pour les différends journaliers, et les discussions au sujet des héritages, on s'en rapportait au jugement des vieillards. Mais dans les cas graves de vol, de rapt ou d'assassinat, c'était à la décision du chef que l'on faisait appel. Celui-ci décrétait des amendes, l'emprisonnement ou des peines corporelles, mais il n'avait pas le droit de punir par la mort ou par l'exil. Un des châtiments les plus sévères que l'el-begui pouvait infliger en cas de meurtre, était le *talankyryn* ou confiscation de tous ses biens. Le coupable payait son crime de ses biens qui étaient partagés entre les parents de la victime et l'el-begui.

M. Eguiazaroff[1] rapproche cette coutume d'une punition connue dans l'ancien droit russe sous le nom de *potok vezgrablenie*, mais dans cette dernière le coupable perdait aussi sa liberté et était exilé de la principauté. Or l'exil est pour le Kurde une punition cruelle entre toutes, car loin des siens, il est l'être le plus malheureux qui se puisse voir; il peut être offensé ou tué sans que personne s'en inquiète. Depuis la réforme judiciaire, les Kurdes ne sont plus au pouvoir de leurs chefs. Ils sont assimilés aux autres indigènes, et comme tels sont soumis aux tribunaux et communes rurales. Les pouvoirs de la police, en Transcaucasie, sont confiés aux *pristafs*.

L'*oba* est une petite communauté composée de huit à vingt familles, en tête de laquelle se trouve l'agha, ou bien un homme possesseur d'une *iourte*. La possession privée de la terre n'existe pas chez les Kurdes. Elle ne tend à s'établir que chez ceux qui sont enregistrés comme *contribuables*. La propriété privée n'existe que pour les biens mobiliers et les troupeaux. Les terres en possession des Kurdes sont les *iourtes*, les bergeries et les stations hivernales.

[1] *Loc cit.*

Le mot iourte, pris dans son sens restreint, dit M. Eguiazaroff, signifie l'emplacement d'une tente. Dans le sens étendu, il signifie tous les pâturages et prés que possède chaque oba en été et que paissent ses troupeaux réunis. Tous les membres de l'oba doivent défendre les limites de l'iourte contre l'invasion des troupeaux étrangers. Personne ne saurait s'approprier un lot de terre, sauf le chef de l'oba qui possède quelquefois un emplacement pour attacher son propre cheval.

L'iourte est, en somme, une propriété communale placée sous la direction du che de l'oba pendant tout le temps que celui-ci est en état de payer les bergers. Quoique ces iourtes soient parfaitement délimitées, il existe différents droits de passage, réglés par leurs chefs. Les mêmes droits et les mêmes rapports existent au sujet des bergeries. Lorsqu'une commune n'en a pas, elle en loue à des Arméniens ou à des Tatars.

En ce qui concerne les villages d'hiver, seules les maisons et les clôtures sont propriété privée. Tout le reste est possession commune.

Les Kurdes de Transcaucasie tendent à mener une vie de plus en plus sédentaire. Actuellement, on les divise en nomades et en demi-sédentaires. Les premiers passent dehors la plus grande partie de l'année et ne rentrent dans leurs stations hivernales que très tardivement. Les autres, au contraire, rentrent de bonne heure, font des provisions pour l'hiver, et s'occupent du travail des champs.

Les villages d'hiver sont situés généralement près des rivières ou des sources. Ils n'ont un aspect ni propre ni gai, car les huttes ressemblent beaucoup plus à des tanières de bêtes sauvages qu'à des habitations humaines. On y voit des tas de foin et de fumier, mais aucune trace de végétation.

Dans la plaine les huttes sont faites en terre et en branchages. Dans la montagne, elles sont en pierres sèches, comme dans les villages arméniens et tatars. Elles se composent d'une ou de plusieurs chambres, suivant la fortune des habitants. A côté de la hutte sont placées la bergerie et l'étable. Dans leur antre enfumé et nauséabond les Kurdes mènent, durant l'hiver, une vie monotone qui leur pèse et les attriste. Pendant qu'ils fument, causent et s'occupent des bêtes, les femmes vaquent aux soins de leur ménage, brodent, tissent des tapis ou filent la laine, car elles sont d'une activité étonnante. Celles qui ne savent ni coudre ni filer sont méprisées.

Au printemps, la société se divise en obas, et chacune d'elles commence ses pérégrinations. Les familles se mettent en route avec leurs enfants, leurs troupeaux et le matériel de campement. Elles s'arrêtent tout d'abord à la première *iourte* où l'on attend que les veaux et les chevreaux nouveau-nés aient pris assez de force pour suivre les troupeaux.

En route, chaque famille se tient à part. Les femmes, les enfants et les vieillards ont des montures, tandis que les jeunes filles, les jeunes garçons et les hommes faits vont à pied et dirigent la marche. On ne saurait croire quel aspect imposant et grandiose offre cette émigration de pasteurs. Le voyageur perdu dans les hautes montagnes du Karabagh et du Zanguezour qui a eu l'occasion de croiser ces bandes pittoresques, voire même de cheminer côte à côte avec elles, en garde un souvenir profond et saisissant qu'il ne lui est plus possible d'oublier.

Arrivés dans la *iourte*, chaque famille choisit une place où elle installe sa tente; cette place s'appelle *var*.

Les tentes noires, faites en laine de chèvre, sont de dimensions variables. La toiture est soutenue par des rangées de pieux. Les flancs et la partie postérieure de la tente sont inclinés; les bords s'appuient sur des palissades en roseaux de 1 mètre environ de hauteur. Au fond de la tente sont empilés pendant le jour les tapis, matelas, feutres, et tout ce qui sert à la literie. A droite sont rangés, d'une part les chaudrons et autres ustensiles de cuisine, tous en cuivre, généralement étamé; d'autre part les outres à liquides (bourdouques) et celles qui contiennent le fromage et le beurre. A gauche, se trouve l'enclos destiné aux agneaux nouveau-nés. Le milieu de la tente est occupé par le foyer composé de trois pierres. Enfin le seuil est garni de piquets auxquels on attache, pendant la nuit, au premier rang, les chevaux, au second les bêtes à cornes.

Autant l'hiver rend les Kurdes taciturnes, autant le séjour de la tente les rend gais. Là, ils dansent, jouent et chantent en s'accompagnant de la zourna.

La principale occupation des nomades est l'élevage des brebis. Des troupeaux de 1500 moutons et brebis ne sont pas rares. Aussi, être berger est une occupation fort honorable, et les plus expérimentés se piquent de connaître chacune de leurs bêtes. Vêtus d'un manteau de feutre grossier, ils charment leur solitude, pendant qu'ils les gardent, en jouant d'une sorte de cornemuse.

En somme, les Kurdes se font de jolis revenus avec les produits de leurs troupeaux. Ils ne connaissent pas le luxe. Depuis le printemps jusqu'à l'automne, leur nourriture se compose de lait aigre, de fromage et de gruau au lait. Quoiqu'ils aiment beaucoup la viande ils se privent d'en manger pour ne pas tuer leur bétail, et ils trouvent préférable de voler celui des voisins, lorsqu'ils veulent préparer leur provision de viande sèche pour l'hiver.

Ils font trois repas par jour. Celui du soir est le plus copieux parce qu'ils font cuire bien souvent à la faveur de l'obscurité les moutons volés pendant le jour. Ils supportent le jeûne facilement, mais il leur arrive aussi fréquemment de se gorger de nourriture, jusqu'à ce qu'ils ne puissent plus se mouvoir.

Le vêtement des Kurdes est assez original. Il se compose d'une chemise sur laquelle ils mettent une sorte de cafetan fait avec des tissus d'Asie. Le cafetan est à larges manches et tombe jusqu'aux genoux. Il est fixé à la taille par une ceinture. Les pantalons très larges, en toile ou en drap, vont en se rétrécissant dans le bas. Le costume est complété par des jambières en grosse laine qu'ils tricotent eux-mêmes. Leurs pieds sont chaussés de bottes ou de sandales. Ils portent une calotte de feutre ronde ou conique autour de laquelle ils enroulent un turban atteignant parfois des dimensions considérables, comme cela se voit dans les régions de Bithis et de Kharpout. Ceux qui vivent avec les Arméniens et les Tatars portent parfois le papakh ou bonnet d'Astrakan.

Les femmes ont une chemise longue et à larges manches, des pantalons très larges, serrés à la cheville, un cafetan fendu sur les côtés, qui ressemble à celui des hommes, enfin un tablier et une large ceinture. Les jours de fête, elles mettent sur leur cafetan une veste en drap brodée, de couleur rouge. D'ailleurs, le rouge est la couleur favorite des Kurdes. Après lui viennent le vert et le jaune. Ces nuances éclatantes font le plus bel effet sous le soleil. Comme coiffure, elles portent un fez à long gland, autour duquel elles drapent avec coquetterie une étoffe de soie jaune, quand elles sont riches. Le fez est orné sur le front de pièces de monnaie d'or ou d'argent qui rehaussent l'éclat de leurs yeux noirs et la couleur ambrée de leur peau. Elles portent en outre des colliers, des amulettes, des ornements d'argent bizarres, des bracelets, des bagues, etc., plus ou moins grossiers, suivant leur fortune, et qui achèvent de donner à leur costume une physionomie agréable et originale. Malheureusement les haillons dominent trop souvent dans les campements et ils ne donnent qu'une bien faible idée de ce costume vraiment splendide quand il est fait avec de riches étoffes de soie.

Lors de notre dernier voyage en Arménie russe, il nous a été donné de voir deux fois des campements riches. L'un d'eux était situé sur l'Ararat, mais du côté de la Perse. C'est le campement de Petchara (alt. 2800 m.), habité par des Kurdes entièrement indépendants et qui exercent à loisir leurs méfaits tour à tour en Turquie, en Russie et en Perse. La position de leur campement un peu au delà du nord des trois frontières, leur donne une sécurité absolue.

Là, les tentes sont faites d'une étoffe épaisse ; des murs en pierres sèches leur font une enceinte solide, et abritent en même temps les habitants contre les vents terribles qui soufflent à cette altitude. Dans quelques-unes, notamment dans celle du chef, le sol est couvert de splendides tapis dans la partie réservée à la famille. Les femmes portent des vêtements de soie, ainsi que de beaux bijoux d'or. Un air de propreté, de confort, règne au milieu de ces individus qui ont, en outre, la vigueur et la mine de gens bien nourris. Ces Kurdes de Petchara sont des Djelali, tribu sur laquelle nous aurons à revenir.

La même aisance existe aussi dans le campement des Radkis que nous avons rencontrés sur les hauts plateaux du Goktchaï à 2925 mètres d'altitude (pl. XVI). C'est le plus riche de la région. En hiver, ces Kurdes habitent le village de Sourmalou. Tentes vastes et chaudes ; costumes riches et élégants chez les deux sexes ; abondance de tapis superbes, c'est ce qui frappe tout d'abord dans ce campement. Et, quel ne fut pas notre étonnement, en nous rendant chez le chef qui nous avait conviés à un repas d'hospitalité, de voir une table basse dressée à l'européenne, avec assiettes, cuillères, fourchettes, couteaux, verres, etc. Le menu lui-même ne différait en rien de celui qu'aurait pu offrir une bonne maîtresse de maison arménienne. Seul le vin manquait. Mais il se pourrait que parmi ces Radkis quelques familles soient précisément d'origine arménienne, ou tout au moins qu'il y eût parmi eux quelques femmes de cette race enlevées par ces Kurdes, assez coutumiers de ce genre de méfait.

Le sabre court, le poignard, le fusil, le pistolet, la pique, et surtout le bâton sont actuellement encore leurs armes favorites. Ils emploient aussi de petits boucliers en bois dont ils se servent avec une merveilleuse adresse pour parer les coups. Entre eux, ils se servent du bâton de préférence aux autres armes.

La famille kurde se compose du père, de la mère, des fils avec leurs enfants et des filles célibataires. Tous les membres de la famille doivent au père une obéissance absolue. Il a le droit de couper le nez et les oreilles à sa femme, si elle a trahi ses devoirs d'épouse. Les Kurdes de la région d'Erivan ne mettent jamais à exécution ces procédés barbares, mais le langage a conservé le témoignage de ces mœurs d'autrefois. De l'avis de personnes dignes de foi, cet usage existerait encore chez les Kurdes de Perse et de Turquie.

Bien que le père ait une autorité absolue sur ses enfants, il n'a pas sur eux le droit de vie et de mort. Le père infanticide est aussi détesté que le fils paricide. Ils sont tous les deux repoussés également de la société ; on les évite comme la peste.

Les Kurdes sont sévères sur le chapitre de la moralité. Femmes et filles sont réputées pour leur honnêteté. La prostitution n'existe pas chez ces nomades, et l'adultère y est fort rare. Les mères sont fières de leurs enfants, et la stérilité est une cause de grand chagrin pour elles. En vue d'obtenir des enfants, elles ont recours aux prières des cheikhs et font des pèlerinages dans les lieux saints.

Le père marie sa fille à son gré, sans la consulter. Il peut aussi rompre le mariage, mais seulement dans des cas exceptionnels. Les devoirs du père sont de nourrir et d'élever ses enfants, ainsi que de défendre leurs intérêts et leur honneur. La justice sociale et celle de la tribu ne reconnaissent que l'autorité et la responsabilité du père. Si un jeune homme enlève une jeune fille, le père répond de sa bourse, pour son fils. Que le fils vole ou tue, c'est encore le père qui doit satisfaire les victimes ou leurs parents, sans pouvoir repousser son fils, ni l'abandonner à la vengeance de ses ennemis. Mais en matière criminelle, quand il y a contrainte par corps, c'est le fils qui doit expier ses méfaits. Le père doit aussi marier son fils, payer une somme convenable pour sa fiancée, et donner une dot suffisante à sa fille.

La mère n'a qu'une influence morale sur son fils, et dépend même de celui-ci, dans une certaine mesure, après la mort de son mari. Le fils a la priorité par rapport à la fille, et le frère aîné par rapport aux autres frères.

Le père est propriétaire de tous les biens de la famille. Il est vrai que la mère est propriétaire de sa dot et de la progéniture de la vache qu'elle a reçue de ses parents, mais en fait c'est le mari qui en use. En résumé, si le père de famille à les plus larges pouvoirs dans sa maison, il n'en abuse pas. Il aime sa femme et ses enfants, et ceux-ci le payent de retour et lui témoignent toujours le plus grand respect.

Le foyer, chose sacrée aux yeux d'un Kurde, est disposé au milieu de la maison ou de la tente. Le feu étant l'élément pur par excellence, il n'est pas permis d'y cracher ni d'y jeter des ordures. Ce fait constituerait une injure mortelle.

Les jours de fêtes religieuses, il doit être entretenu avec du bois et non avec du fumier, même dans les pays où l'on ne possède pas d'autre combustible. Dans les occasions solennelles, le Kurde jure en invoquant son foyer.

Ils n'entretiennent pas nuit et jour leur feu, mais ils prennent soin de ne pas le laisser éteindre. Entre voisins on n'aime pas à se prêter du feu, cela est regardé comme préjudiciable.

En somme, *foyer* est synonyme de *famille*. Lorsqu'un fils se marie et quitte sa famille, il crée son foyer. Lorsqu'on baptise un nouveau-né, on le promène autour du foyer, dans lequel on enterre son cordon ombilical qu'on a eu soin de garder depuis sa naissance. Lorsqu'une mère marie sa fille, elle va préparer elle-même son foyer avec du feu pris à la maison paternelle. La fille qui se marie fait le tour du foyer de ses parents, comme pour lui dire adieu.

La généalogie n'est pas très bien conservée chez les Kurdes. L'ensemble des familles qui tirent leur origine du même ancêtre s'appelle *tahoä*. A la généalogie se rattachent aussi les parents de la ligne féminine, mais seulement ceux de la deuxième et de la troisième génération.

En Transcaucasie, à côté du talion, se place l'usage de la taxe du sang. On sait que chez les Kurdes la vendetta est en vigueur. Elle prend le nom de *bysak* qui signifie : « Attends, tu me payeras ça ! » C'est cette coutume qui les oblige d'être toujours armés et prêts à l'attaque comme à la défense, tous ayant, plus ou moins, quelque parent, quelque ami à venger. Mais cette haine farouche et hérédaire est remplacée quelquefois par le prix du sang, dont l'évalution se fait suivant une sorte de tarif. On paie ordinairement pour un meurtre, de 100 à 500 roubles. Pour une ablation de main, de 40 à 50 roubles. Pour une oreille coupée, de 20 à 30 roubles, etc., etc. Cette taxe ne garantit pas d'une manière absolue la vie du meurtrier. L'argent n'est souvent qu'une satisfaction momentanée, la nature reprend le dessus, il est bien rare que la vengeance ne s'assouvisse dans le sang.

En dehors des Yésidi, on peut dire que la plupart des Kurdes sont musulmans sunnites. Un petit nombre d'entre eux, en Perse, sont cependant chiites. Mais ce qu'il y a de certain, c'est que leur foi est faible, et qu'ils n'ont pas des idées bien nettes sur leur religion. Il ne saurait en être autrement, puisqu'ils n'ont pas de littérature propre, et que leurs livres religieux sont en arabe, langue que connaissent seuls leurs cheikhs, et encore pas toujours. Leur ignorance étant absolue, et leurs superstitions d'autant plus grandes, les cheikhs et les sorciers les exploitent habilement.

Les cérémonies religieuses accomplies par les cheikhs se bornent à un petit nombre, et sont des plus simples. Ils n'ont pas de mosquées, ni de temples, étant donné leur vie en partie nomade. La seule chose qu'accomplisse un Kurde régulièrement et d'une façon quotidienne c'est la prière ou *namaz* qu'il répète trois fois par jour, après avoir fait préalablement ses ablutions. C'est, du moins ce que l'on rapporte ; mais, pour ma part, je n'ai jamais vu un Kurde accomplir publiquement le *namaz* comme le font les vrais musulmans. Ils répètent par cœur, et sans la comprendre, cette prière qui est en arabe. Ils connaissent encore, en qualité de musulmans, le nom de Mahomet et de ses trois premiers successeurs, Omar, Osman et Abou-Bekr.

Ils pensent que le monde a été créé par un être suprême dont le prophète a été Mahomet. Ils croient à un paradis et à un enfer. Ils observent un jeûne de trente jours, c'est-à-dire le Ramazan. Enfin ils ne mangent pas de cochon, et regardent les chrétiens comme des *guiaours* (infidèles ou mécréants).

Les croyances des Kurdes présentent un bizarre mélange d'islamisme et de superstitions. Mais le culte de la flamme, symbolisé dans le foyer, qu'ils professent aussi, et peut-être avec plus de conviction que tout le reste, mérite une sérieuse attention. Dans le domaine de la superstition, nous les voyons s'imaginer volontiers que Dieu est un être terrible qui se mêle de toutes leurs petites affaires. C'est pourquoi ils lui sacrifient un mouton avant de commettre un vol.

Suivant eux, les anges sont des êtres mortels ; le monde est plein de mauvais esprits, dont ils peuplent les antres, les forêts et les rivières.

Les Kurdes sont en général fatalistes et pensent que la destinée des hommes est écrite d'avance. Toutefois, ils portent de nombreux talismans pour se préserver des coups. Nous avons observé maintes fois cet usage chez ceux de Transcaucasie. Hommes, femmes, enfants sont littéralement couverts d'amulettes, lesquelles se composent des choses les plus bizarres. En outre du verset du Koran que leur donnent les cheikhs, il entre dans la composition de ces talismans des grelots, des omoplates d'oiseaux, des boutons, des coquilles, des objets en bois sculptés et percés comme des perles, etc., etc. L'énumération en serait interminable. Cet usage des talismans était très répandu chez les Chaldéens qui employaient des bandes d'étoffes, avec inscriptions ainsi que des amulettes nombreuses. Les hommes en portent cousus dans le dos, sur les épaules et sur la poitrine.

Outre les cheikhs qui ont à leurs yeux un prestige tel qu'ils s'estiment heureux, dit-on, de boire l'eau dans laquelle ils se sont lavé les pieds, les sorciers ou *ajindars* ont aussi une grande autorité sur eux. On les voit prédire l'avenir et guérir tous les maux à l'aide de leurs talismans et de leurs formules magiques. Il est curieux toutefois de remarquer que les Kurdes ne reconnaissent pas aux femmes le pouvoir de prédire l'avenir : ils n'ont pas de sorcières.

L'apprentissage du métier de sorcier est d'ailleurs soumis à une rude épreuve par la volonté des cheikhs : ceux-ci prétendent, en effet, que quiconque désire dominer les esprits et acquérir le don de prédire l'avenir, doit se soumettre à un jeûne de quarante jours, loin des hommes, dans une fosse profonde ou une grotte. Durant ce temps, il devra se contenter pour toute nourriture d'une amande, ou bien de sept grains de blé, ainsi que d'un dé d'eau par jour. Il devra, en outre supporter les tentations des *ajins* qui essayeront de mille façons de le chasser de son trou.

Disons encore qu'ils croient à la métempsycose. Sept ans après leur mort, ils peuvent renaître sous la forme humaine ou animale, suivant la gravité de leurs péchés. Le juste redevient homme ; le plus grand pécheur se transforme en chien[1]. Pour terminer, de l'inextricable réseau d'idées superstitieuses au milieu desquelles se débattent les Kurdes, détachons-en quelques-unes parmi les plus caractéristiques.

Au nombre des mauvais esprits se comptent les *alki* ou femmes invisibles dont la

[1] Câzandgian, *l'Arménie* (1er juillet 1891).

mission diabolique est d'exterminer les femmes en couches. Elles se transforment en menues choses, tel que des poils, et pénètrent avec la nourriture dans les entrailles. Puis elles leur arrachent les poumons et le cœur, qu'elles emportent avec les enfants pour les dévorer.

Les Kurdes regardent le soleil et la lune comme frère et sœur, sans cesse à la poursuite l'un de l'autre. La lune qui est le frère a choisi la nuit, parce que sa sœur aurait eu peur de se promener dans l'obscurité sur un ciel rempli de mauvais esprits. Périodiquement, la lune meurt d'amour pour le soleil, et renaît ensuite. Les éclipses, et les comètes sont regardées comme de sinistres présages. Enfin, chaque homme a son étoile qui meurt avec lui.

Il n'est pas jusqu'à l'origine des animaux qui n'ait sa place dans les idées superstitieuses de ces nomades. Ainsi, d'après eux, l'ours est le berger d'un roi qui, ayant perdu ses moutons, redoutait tellement le courroux de son maître, qu'il s'enfuit dans la montagne, où il implora Dieu de le changer en une bête sauvage.

Un prophète, agacé un jour par des rats, lança sur eux son mouchoir qui se trouva soudain transformé en chat.

Le coucou est regardé comme une jeune fille fratricide que son crime avait rempli d'horreur, et qui supplia Dieu de la changer en oiseau.

On sait fort peu de chose en ce qui concerne la langue des Kurdes. D'après M. Portoukalian, elle comprend deux dialectes principaux : le *kermantchi*, qui vient, dit-on, de l'ancien persan ou *farsi*, et le *zaza* dérivé du *kermantchi*. Le *zaza* est parlé plus spécialement dans les régions d'Erzeroum et de Dersim.

Comme ils n'ont pas de littérature écrite, leurs poésies sont empruntées à la Perse. Quant à leurs chansons populaires, empreintes d'un cachet plus personnel, elles sont, paraît-il, d'un style tout archaïque et empreintes de sentiments courageux qui peignent bien leur âme belliqueuse.

Pendant les longues veillées d'hiver, le troubadour kurde pousse ses *laou, laou*, au milieu d'une assistance recueillie qui prend une vive part aux sentiments exprimés dans la chanson. On dit aussi que certaines d'entre elles sont empreintes d'une mélancolie et d'une gravité pénétrante qui laissent un souvenir inoubliable à ceux qui ont eu la chance de les entendre. Ces mélodies kurdes se rapprochent de celles du Caucase, et notamment de celles des Lesghiens.

De l'étude des Kurdes de la Transcaucasie, et plus spécialement de ceux du gouvernement d'Erivan, assez bien connus aujourd'hui comme on a pu le voir, grâce à leur accès rendu plus facile par la perte de leur indépendance, et grâce aux recherches étendues et scientifiques dont ils ont été l'objet, nous passerons à celle des Kurdes de la Turquie d'Asie. Ceux-ci, moins abordables, ont avec les précédents de nombreux points de ressemblance, cela va sans dire, pourtant il ne sera pas sans intérêt de rapporter ici quelques traits relatifs à leur genre de vie, à leur caractère et à leurs coutumes, dans ce pays où ils jouissent d'une plus grande liberté, et s'abandonnent plus volontiers à leurs penchants naturels.

En Kurdistan, en Mésopotamie, ils sont subdivisés en un grand nombre de tribus portant le nom du chef qu'ils se sont choisi ou qui s'est imposé, ce qui est le cas le plus fréquent. Ces chefs sont soumis eux-mêmes à l'autorité de chefs suprêmes auxquels ils doivent le service militaire. Ces derniers exercent un pouvoir absolu, augmenté encore par la superstition.

C'est ainsi que le célèbre Obeïdoullah, qui dominait sur quinze à vingt tribus habitant les frontières de la Perse et les environs de Van, a pu réunir en 1879 plus de dix mille cavaliers. C'est parmi ces tribus que se trouve celle des Chèkas (pl. XX).

Un fait ethnographique peu connu, c'est celui de la division des Kurdes en deux catégories ou classes bien distinctes : les nobles qui dédaignent la charrue et portent les armes, et les laboureurs. La première est généralement semi-nomade, et n'a pour demeure que ses tentes, au moins pendant l'été, et vit de ses troupeaux ou du butin que lui fournissent ses expéditions ou un service mercenaire en Turquie et en Perse. La seconde est à peu près sédentaire, et demeure dans des villages.

La classe supérieure est connue sous le nom de *Kermani* ou *Assireta*, et celle des agriculteurs ou paysans sous celui de *Gouran* ou *Raia*. On prétend que ces derniers sont les restes des tribus vaincues ou asservies. Ils sont dans tous les cas plus nombreux et supérieurs sous le rapport de la moralité. Mais cette distinction en nobles et serfs n'existe presque plus en dehors du Kurdistan proprement dit, et ne dépend plus actuellement que des conditions locales. En effet, tandis que les tribus des montagnes des frontières du nord de la Perse habitent des villages qu'ils quittent en été pour conduire leurs troupeaux sur des points plus élevés, celles des plaines chaudes de la Mésopotamie préfèrent la vie nomade et leurs tentes.

Au dire des rares voyageurs qui ont visité le Kurdistan, il faut reconnaître que les individus de haute caste présentent un type plus noble que le laboureur. Le Kurde nomade et guerrier a les traits plus durs, la démarche plus assurée et résolue; son attitude est celle d'un homme qui se sent bien maître du pays et supérieur à ses voisins. Il est aussi généralement plus riche que le sédentaire. Celui-ci a une physionomie plus douce et plus régulière; ce fait est surtout remarquable chez la femme. Parmi le nombre considérable de tribus entre lesquelles tous les Kurdes se répartissent, il en est quelques-unes qui possèdent une certaine supériorité sur les autres par le nombre, et par la force ou le caractère du chef. Cette prééminence s'est déplacée dans maintes circonstances, et c'est pour cela que les nomenclatures que l'on en possède sont discordantes suivant les régions, les époques et les sources.

La portion la plus rude, la plus sauvage de la nation et la plus redoutée aussi, est celle qui habite la partie nord du Kurdistan, entre le Grand et le Petit Zab, c'est-à-dire à la hauteur du sud du lac Ourmiah. Dans cette région, les Gourans n'existent presque pas; les nomades, aristocratiques pillards, forment une petite confédération puissante, composée de huit ou neuf tribus principales qui ont eu alternativement la suprématie sur les autres. On cite parmi les groupes les plus importants les Rovandiz qui se subdivisent en douze branches différentes. On estime leur chiffre à 12.000 tentes ou familles. Ils reconnaissent pour chefs, les Sorân, famille puissante dont la ville de Rovandiz est la citadelle. On cite ensuite les Hekkari, les Bilbas, et les Djaf. Ces derniers les plus braves sont aussi les plus redoutés. Ils habitent à l'est, dans le district persan de Kermanchah. En été, ils poussent leurs troupeaux jusque sur les plus hautes montagnes de la frontière; en automne, ils descendent dans les environs de Souleïmanyeh; en hiver, ils s'établissent jusque dans les plaines de Diyalah. Leur chef peut mettre sur pied 2000 cavaliers et 4000 fantassins que l'on considère comme d'excellents soldats.

A côté de ces tribus guerrières et pastorales plus spéciales au Kurdistan proprement dit, on doit citer un certain nombre de tribus agricoles importantes telles que celles des Djelali chez qui l'on compte 5000 tentes à l'est de Bayazid et au sud du massif de l'Ararat.

Ces Djelali que nous avons visités sur l'Ararat sont répandus sur les confins de la Turquie, de la Perse et de la Russie; ils sont à peu près tous nomades et brigands de premier ordre. D'après l'historien arménien Arakel, ils ont fait leur apparition au commencement du XVIIe siècle, et depuis n'ont cessé de dévaster les régions qui les avoisinent. Ils étaient répandus, en troupes pillardes, depuis Constantinople jusqu'à Erivan, et de Bagdad à Derbend. Les Djelali actuels sont les dignes descendants de leurs ancêtres, et comptent parmi les plus redoutables de tous les Kurdes. Nous n'avons eu pourtant qu'à nous louer de leur large hospitalité.

Ce sont ces mêmes tribus ou des tribus voisines qui pillent, brûlent et massacrent sous l'œil bienveillant du gouvernement turc ou même, comme dans ces derniers temps, de concert avec son armée régulière, les paisibles cultivateurs arméniens.

Dès le commencement de 1891, du reste, le sultan, de plus en plus inquiet de la tournure que prenaient les choses en Arménie turque, avait conclu, paraît-il, avec les chefs kurdes, une convention secrète. Il s'engageait à leur fournir des armes et des instructeurs ottomans afin de constituer une milice garde-frontière. De leur côté, les Kurdes étaient obligés de réprimer par le sang les moindres tentatives insurrectionnelles des Arméniens, quelle qu'en fût la cause. On leur a ainsi assuré la liberté de continuer et d'accentuer même les atrocités dont ils désolent les parties les plus riches de l'Asie Mineure.

Dans la contrée montagneuse qui sépare le lac de Van de celui d'Ourmiah, sur le territoire turc, on rencontre les Millanli, les Heyderanli (pl. XX), les Seylanli et bien d'autres, que j'ai visités et étudiés en 1881.

Les principales tribus kurdes de la Haute-Mésopotamie et surtout celles des environs d'Orfa, ainsi que celles de la Syrie du nord et de l'Anatolie (pl. XVI à XVIII), sont les *Khaldanli*, les *Barazi* ou *Bazhie*, les *Dugherli* et les *Millu*, etc. Chacune d'elles se subdivise en un plus ou moins grand nombre de familles.

Actuellement, les tribus *Khaldanli*, *Barazi* ainsi que leurs sous-divisions n'ont point de chefs officiels. Il y a bien parmi elles quelques chefs de famille un peu plus riches que les autres, et auxquels on donne le nom de *grands de la tribu*, mais ce ne sont pas des chefs véritables.

Des Dugherli, à qui appartient en partie le village de Merdjri-Khan, près d'Orfa ont conservé jusqu'à présent les descendants de leurs anciens chefs: Aly-bey et Humébey, deux cousins rivaux, mais sans prestige. Ils sont néanmoins respectés dans la tribu, qui est sous l'entière dépendance de l'administration locale d'Orfa, de même que les Khaldanli, Barazi, etc. (pl. XIX).

La tribu mère des Millu comprend vingt et une subsivisions ou familles. Elle dépend d'un seul chef, Ibrahim-Agha-ben-Mamô-el-Tamma, descendant du fameux Tamer-pacha, qui a joué un rôle important en Mésopotamie, il y a une cinquantaine d'années. Ce chef, quoique momentanément dépendant du vali de Diarbékir, a conservé un certain prestige aux yeux de ces familles qui le craignent beaucoup, ainsi que quelques tribus arabes placées aussi sous sa dépendance.

De même que les Kurdes de la Transcaucasie, ceux-ci ont des mœurs assez sévères[1] et au sujet desquelles j'ai donné ailleurs des détails circonstanciés.

C'est à Soverek que j'ai rencontré pour la première fois la tribu redoutée, des Kurdes *Zaza*, qui habitent en grand nombre cette localité. Il y avait même, au moment de notre passage, outre une brigade de *zaptiès* (gendarmes), un bataillon

[1] E. Chantre, De Beyrouth à Tiflis *(Tour du monde*, Lib. Hachette, 1889).

d'infanterie campé au milieu de la ville. Ce déploiement inaccoutumé de forces était destiné à réprimer, le cas échéant, l'effervescence des Zaza de la région, exaspérés par la mise à exécution de la loi de recrutement. Jusqu'à ces dernières années, le gouvernement turc n'enrôlait que les volontaires, ce qui ne constituait qu'un bien faible contingent, tandis que cette année, la levée ne comprenait pas moins de 1500 hommes.

Cette tribu importante des *Zaza* est répandue principalement dans les montagnes de Dersim, situées dans les provinces de Kharpout et d'Erzinghin. On dit que le dialecte *zaza* est spécial; toutefois, il est, suivant les régions, fort mélangé de mots arméniens ou de mots arabes et turcs. J'ai observé un grand nombre de *Zaza* à Diarbékir. Et ce ne fut pas chose facile que de soumettre ces terribles indépendants aux mensurations anthropométriques. Seuls, l'appât d'une légère rémunération et la visite d'un médecin français parvenaient à décider ces hommes réduits à la dernière misère, à la suite de famines successives.

C'est aussi à Diarbékir et surtout plus au sud que se trouvent en nombre considérable les Yézidi. Ces Kurdes forment, comme on le sait, une secte méprisée des musulmans. J'ai rencontré fréquemment des membres de cette secte durant mes voyages en Kurdistan et en Arménie russe, sur les confins de l'Ararat.

On a beaucoup écrit à ce sujet, mais la question n'a jamais été traitée d'une manière scientifique. Quant à l'historique de cette secte, il a été retracé admirablement dans un livre publié récemment par M. Ménant[1]. L'auteur a peint, dans ce volume, avec sa clairvoyance habituelle, la vie et les vicissitudes de ce pauvre petit peuple, digne pourtant d'un meilleur sort, et auquel on ne peut moins faire que de s'intéresser.

Quoique peu nombreux, les Yézidi sont répandus dans tout le Kurdistan, ainsi que dans la province d'Erivan. On peut en voir assez souvent à la mine de sel de Koulpe où ils viennent faire leur provision.

Les Yézidi de l'Arménie russe ont été, de la part de M. Eguiazaroff, l'objet d'intéressantes observations auxquelles j'aurai à faire de fréquents emprunts.

Avant de résumer les diverses opinions émises au sujet de leur origine probable, voyons, tout d'abord, ce que sont ces individus.

Toutes les haines, toutes les querelles soulevées entre les Yézidi, et les autres musulmans en général, surtout les Kurdes, ont eu pour objet la religion. En effet, ce sont leurs croyances religieuses qui sont cause de tout le mal, car les Yézidi ont le malheur de reconnaître et d'adorer en même temps le bon et le mauvais génie, le

[1] *Les Yézidi, Episodes de l'histoire des adorateurs du Diable*, par M. Joachim Ménant, Paris, Leroux, 1892.

bien et le mal, c'est-à-dire Dieu et le Diable ! De là des haines, des mépris, des représailles interminables contre ces infortunés adorateurs de Satan.

Ce n'est pas d'aujourd'hui qu'on s'occupe de la religion des Yézidi. On pourrait citer une longue liste d'auteurs qui ont traité déjà ce sujet. Les uns les regardent comme des mahométans ; les autres, comme des nestoriens ou comme des partisans de la doctrine de Zoroastre. Il est certain qu'ils ont eu leur religion particulière, mais il est certain aussi qu'elle ne se présente plus à nous que très altérée, car elle a subi l'influence des religions des autres nations.

Tout en étant monothéistes, ils adorent le soleil comme l'image de la justice de Dieu, comme le principe vivifiant de l'humanité. Quand il se réveille le matin, le Yézidi se tourne vers l'Orient, et les mains levées, il incline sa tête trois fois vers l'astre naissant ; puis il baise ses ongles, et met ses mains sur la tête ; c'est sa prière pour toute la journée. Ils ne connaissent pas le *namaz* des musulmans, et ne s'abstiennent nullement de boire du vin.

Ils reconnaissent quatre éléments : la terre *(aërd)*, l'eau *(aa)*, l'air *(ba)* et le feu *(agyr)* qui tous sont sacrés à leurs yeux. La terre est la mère de toutes choses : tout en provient et tout y retourne.

Comme les anciens Arévortiks, ils adorent le tremble, mais, contradiction extrême, ils prétendent par là rendre un culte à l'arbre dont le bois servit à faire la croix de Jésus. Quant à leur vénération pour Satan, elle est entourée du plus grand mystère, car ils évitent toujours soigneusement de prononcer son nom. Il ne faut même pas faire allusion à ce sujet en leur présence, sous peine de provoquer leur irritation.

Le culte intéressé du mauvais principe, propre aux Mazdéens, mais surtout aux Mèdes, se retrouve chez eux à un très haut point. Ils ont une peur extrême de l'offenser. Ils prétendent pourtant ne pas adorer le Diable, comme une divinité, mais seulement le vénérer, car ils le regardent comme un ange disgrâcié, et espèrent qu'il sera réhabilité un jour, et pourra alors intercéder auprès de Dieu pour leurs péchés.

Lorsqu'on demande à un Yézidi quelle est sa religion, il répond qu'il est *issavi*, c'est-à-dire qu'il appartient à Jésus, en un mot qu'il est chrétien. Et comme ce sont des pillards et des voleurs de premier ordre, ils donnent comme excuse que Jésus leur a permis de voler en souvenir du voleur crucifié à sa droite.

La lune et tous les astres en général sont cités très souvent dans leurs contes et leurs chansons populaires. Comme les autres Kurdes, ils y rattachent un grand nombre d'idées superstitieuses. Comme tous les Kurdes aussi, ils ont le respect absolu du feu, l'élément pur par excellence, dans lequel ils ne crachent ni ne jettent aucune ordure.

Disons encore, pour compléter le tableau succinct de ces croyances si bizarrement amalgamées des Yézidi, qu'ils reconnaissent, immédiatement au-dessous de Satan, sept archanges exerçant une grande influence sur le monde, ce sont : Gabriël, Michel, Raphaël, Ariël, Dédraël, Azraphel et Schemkéel. Ils regardent le Christ lui-même comme un ange qui a pris la forme d'un homme. Ils ne croient pas qu'il est mort sur la croix, mais qu'il est monté au ciel après sa mort, et qu'il reviendra sur la terre.

En résumé, il semble ressortir de toutes ces convictions, plus ou moins sérieuses, que je viens d'énumérer, que ces Yezidi, comme les Kurdes proprement dits, doivent plutôt être regardés comme les derniers sectateurs, inconscients, du culte de Zoroastre. La pureté de la secte primitive s'est perdue au contact des religions voisines, auxquelles ils ont dû, à certains moments, de gré ou de force, faire de nombreux emprunts. Mais il est certain que, parmi leurs croyances, les plus enracinées ne sont pas ces dernières. Leur vénération pour Satan, leur ferme croyance aussi en un Dieu tout-puissant, esprit du bien dont le soleil reflète la lumière divine, leur respect absolu pour le feu, pour les astres en général qu'ils admirent et vénèrent, constituent essentiellement le fond véritable de leur religion dont il faut chercher les origines chez les Mazdéens.

L'eau est l'emblème de la pureté, et entretient la vie. L'air purifiera tout ce qui restera après l'action du feu, le jour du Jugement, et rasera la surface de la terre, de sorte qu'un œuf placé à un bout du monde sera visible à l'autre bout.

Les Yézidi reconnaissent 124.000 prophètes. Ils affirment qu'ils vénèrent Jésus-Christ et les patrons de l'Eglise arménienne. Ils appelent Jésus l'esprit de Dieu. La Vierge Marie vient ensuite. Parmi les patrons de l'Eglise, se tient au premier rang Grégoire l'Illuminateur, puis saint Serge, ce dernier est identifié avec le saint national des Yézidi (Khydyr-Nasbi) en l'honneur duquel on observe tous les ans un jeûne de trois jours. Mais le plus vénéré est Cheikh-Ade qui est le prophète national. C'est à lui qu'on attribue les bases de la religion yézide ; il est regardé en même temps comme la personnification de Dieu

Les dogmes de Cheikh-Ade ordonnent : la foi absolue en Dieu et son amour illimité ; l'adoration des prophètes et des serviteurs de Dieu par le jeûne, la prière et les sacrifices ; l'estime des parents ; l'amour du prochain et le secours mutuel ; l'aumône aux pauvres ; l'égalité des hommes devant Dieu. Ils défendent le mensonge et la fausse accusation ; la calomnie, l'assassinat et en général l'effusion du sang ; le talion, la vengeance, l'adultère : le mariage entre les personnes de religions différentes, le mariage entre parents jusqu'au troisième degré, l'usure et l'avidité. Quiconque fait infraction à ces prescriptions est exclu de l'Eglise, et cesse par ce fait même d'être Yézidi. Aucune intervention humaine ne saurait y remédier.

On attribue encore à Cheikh-Ade la défense d'entretenir des rapports avec les mahométans, de porter des habits de couleur bleue, de manger du porc; il ne défend pourtant pas les boissons alcooliques.

Les Yezidi n'ont ni églises ni lieux de prière. Il n'existe qu'un temple unique qui est voué au Cheikh-Ade dont les cendres y sont conservées. Ce temple et la vallée où il s'élève portent le nom du prophète national, c'est la Mecque des Yezidi. Ceux-ci y viennent en foule à l'époque des fêtes. Le reste du temps ce temple est remplacé par le foyer des cheikhs, qui a la propriété de guérir certains maux. En Transcaucasie, celui du cheikh de Mirak près de l'Alaghoz chasse les mauvais esprits (djins). Celui du cheikh Akhmed est regardé comme peuplé de *djins* qui y sont emprisonnés par milliers; au foyer du cheikh Kerim à Synagi dans le district de Sourmalou, s'adressent les impotents et les gens atteints de maladies parasitaires. En Turquie d'Asie, leur chef suprême est établi à Mossoul.

Les Yezidi croient à l'immortalité de l'âme et à une vie au delà de la tombe. Les âmes des justes vont au paradis, celles des pêcheurs errent sur la terre jusqu'au moment du jugement. Celles-ci sont en lutte continuelle avec les djins. Ils croient également que les âmes des ancêtres peuvent intervenir auprès de Dieu en faveur de leurs descendants, et c'est pourquoi ils s'attachent à gagner la faveur des défunts en faisant célébrer pour eux des offices et en leur servant des repas funéraires. Les Yezidi ne construisent pas de tombeaux. L'aspect extérieur et l'arrangement intérieur de leurs tombes ressemblent à ceux des autres Kurdes. Toute la différence consiste en ce qu'ils ont la face tournée vers l'Orient, et que leurs bras ne sont pas allongés le long du corps, comme chez les Kurdes musulmans, mais croisés sur la poitrine.

La division en castes s'est conservée jusqu'à nos jours chez cette secte. Ces castes sont au nombre de deux : les laïques et le clergé.

Les laïques se divisent en nobles et en simples particuliers. On ne peut pas dire qu'ils forment deux classes particulières; ce sont plutôt des différences de position. Des changements de fortune peuvent faire un noble d'un simple particulier et *vice versa*. La caste du clergé se divise en sous-castes d'après le degré qu'occupent les prêtres dans la hiérarchie, et d'après les fonctions qu'ils remplissent auprès du cheikh principal et dans le temple. Les mariages entre sous-castes sont défendus.

Voici dans l'ordre hiérarchique la division du clergé yézide.

1° La caste des cheikhs *(Pex)*.

2° Celle des *pirs*. Tous les cheikhs sont des descendants des disciples de Cheikh-

Ade. Ils se distinguent à leurs vêtements : les cheikhs sont vêtus de blanc, les *pirs* de noir.

3° Les *fakirs* (faegir), c'est-à-dire les pauvres, les mendiants. Ce sont souvent des cheikhs et des pirs qui mènent volontairement une vie de renoncement et de privations.

4° Les *Kaval's* (Gaeval). Ceux-ci ne sont pas inférieurs aux précédents, mais ils occupent une situtation officielle, c'est-à-dire qu'ils sont attachés à la personne du cheikh principal ou à l'émir Mirza-bey. Ce sont eux qui font sur l'ordre du cheikh une tournée annuelle dans leurs villages pour prélever les impôts, dons et sacrifices, suivant la coutume des Yézidi. Ils sont aussi des « juges-voyageurs », envoyés en différents points pour écouter les plaintes, les différends de leurs coréligionnaires, et porter ensuite les décisions des cheikhs.

5° Les *ankhan's* ou *aouan's*, qui constituent le degré inférieur du clergé.

6° La caste des *desservants*, connus sous le nom de « serviteurs du foyer de Cheikh-Ade ».

Les membres du clergé Yésidi jouissent de certains privilèges. Leurs personnes et leurs maisons sont inviolables. Ils occupent partout les places d'honneur. Tout le monde y compris le chef de la nation baise la main d'un cheikh ou d'un pir, lorsqu'il le rencontre. Ces derniers ont le droit d'anathème et d'exclusion de l'église. Ce sont là leurs armes les plus terribles. Ils reçoivent pour leurs services une indemnité et différents dons et sacrifices.

Les droits civils des cheiks passent à leurs fils; mais les fonctions religieuses appartiennent à ceux de ces derniers qui ont acquis les connaissances nécessaires. Cette caste est devenue si nombreuse, qu'aujourd'hui certains villages en sont presque exclusivement peuplés.

De même que les autres Kurdes, les Yésidi se divisent en plusieurs tribus. Il y en a deux en Russie : les *sypika* dans la province de Kars et les *Hassania* dans le gouvernement d'Erivan. Cette dernière tribu se divise en deux branches : la branche aînée habite principalement le district de Sourmalou, et occupe les montagnes de la frontière; la branche cadette est répandue dans l'Allagöz et les districts d'Etchmiadzine, d'Alexandropol et de Novo-Bayazid.

Le pouvoir religieux et civil est centralisé entre les mains du cheikh principal. Les fonctions judiciaires appartiennent à l'émir Mirza-bey, mais celui-ci ne saurait juger aucune affaire importante à l'insu et en l'absence du cheikh.

En somme, le premier personnage de la petite nation des Yésidi est le cheikh principal, et le second l'émir, actuellement Mirza-bey, qui réside à Badrié dans la province de Mossoul. Sa famille est la plus ancienne de toutes les familles nobles.

Autrefois les Yésidi, comme tous les Kurdes, avaient une autonomie administrative. Ils n'obéissaient qu'à leurs chefs de tribus. Ils avaient leurs tribunaux particuliers, et seuls les crimes tombaient quelquefois sous le coup de la justice russe. Le chef de la tribu avait un pouvoir étendu. Il pouvait infliger toutes les peines, sauf la peine de mort, car leur religion défend de verser le sang humain. L'expulsion de la tribu la remplaçait et n'était pas moins terrible.

Les revenus des chefs se composaient principalement des dons qu'on leur faisait à l'occasion de tous les événements heureux ou malheureux qui leur arrivaient; à l'occasion des fêtes, etc., etc., tout était prétexte à cadeaux. A cela s'ajoutaient certaines redevances: fauchage des prés, culture des champs, la récolte, le transport et le battage du blé. Une partie des amendes lui revenait aussi.

Les rapports de famille sont les mêmes que chez tous les Kurdes

Les Yésidi observent rigoureusement l'endogamie. Le mariage est conclu pour la vie et regardé comme indissoluble. L'adultère seul peut faire rompre le mariage, et l'époux coupable n'a pas le droit de se remarier. Exceptionnellement les chefs et les riches prennent deux femmes, jamais plus. Le fiancé achète en quelque sorte par des cadeaux sa femme à ses parents, mais ceux-ci doivent, s'ils sont riches, rendre au delà de ce qu'il donne en la dotant. Le rapt existait autrefois, mais il ne se pratique plus de nos jours. Les cérémonies du mariage sont les mêmes que chez les autres Kurdes.

Nous connaissons maintenant le peu de renseignements qui ont été recueillis sur la religion des Yézidi ; nous allons à présent passer à l'étude de leur origine, ou du moins nous allons voir les diverses théories qui ont cours à ce sujet.

Les musulmans Chiites regardent les Yézidi comme descendants de l'usurpateur omniade Yézid ou Ezid qui aurait tué Hassan et Hussein, et se serait emparé du khalifat, ce qui fait que les Yézidi sont connus par les Chiites sous le nom « d'exterminateurs » de leurs imams. Aussi les Chiites ont-ils persécuté sans trève ni repos ces infortunés qui se consolent, en pensant qu'un jour viendra où leurs ancètres, dominés par les musulmans, seront vengés, et leur suprématie rendue.

Des Yézidi pourtant renient leur descendance du khalife. Ils prétendent que le patriarche Eda ou Errdan, qui a fondé leur nation, n'a rien de commun avec Ezide, exterminateur des martyrs chiites. Erda aurait vécu longtemps avant Mahomet et Jésus et, par conséquent, n'aurait pas pu participer à la guerre pour l'héritage du Prophète.

D'après une opinion légendaire et mystique, ils sont d'origine divine. Cette opinion trouve un faible appui dans la doctrine de Zoroastre, dont il existe des traces nombreuses dans leurs croyances.

On sait, en effet, que le trône d'Ormuzd était entouré de sept *amchaspanda's* (princes du monde), sous les ordres desquels se trouvaient les génies du bien, connus sous le nom *izeda* et qui, de même que les anges, ont pour mission de garder les hommes. L' « Ezda » de Pir-Hassan, ressemble aux « Izeda » aussi bien par la consonance que par la signification, et, comme le fait remarquer M. Eguiazaroff, cette opinion a pour avantage qu'elle montre un rapport entre les Yézidi et les nations d'origine iranienne.

Il existe encore une autre opinion d'après laquelle les Yézidi seraient une fraction du peuple arménien qui se serait séparée de l'Eglise grégorienne. Cette assertion se trouve appuyée par quelques faits historiques, car Moïse de Khorène, par exemple, a constaté l'existence de la secte des *Arevapachtes*, c'est-à-dire des adorateurs du soleil, et de celle des *Divapachtes* ou adoratouurs du Diable, dans les limites de l'ancienne Arménie. D'après les notes postérieures des chroniqueurs, cette secte aurait existé jusqu'au xie et même jusqu'au xiie siècle de notre ère. Comme preuve à l'appui, M. Eguiazaroff mentionne Nersès le Béni qui dit, dans son épître adressé à l'évêque de la ville de Samosate : « Les sectateurs sont, de par leur religion et leur langue, des Arméniens. » On sait que les Arévortiks, dont l'existence en Arménie remonte aux siècles les plus reculés, adoraient le soleil et le tremble dont le feuillage rendait des oracles, comme celui des forêts de Dodone. De plus, ils pratiquaient, en quelques points, la doctrine de Zoroastre. Lorsque Grégoire l'Illuminateur vint, au ive siècle, prêcher le christianisme aux Arméniens, il ne réussit jamais, dit-on, à ramener à la religion nouvelle ceux d'entre eux qui étaient *Arévortiks*. On a dit aussi que les Yézidi parlaient la langue arménienne, qu'ils sympathisaient avec cette nation, et témoignaient un grand respect pour son Eglise, et en particulier pour Grégoire l'Illuminateur. Mais toutes ces preuves ne sont pas péremptoires, car ils ne connaissent qu'un peu l'arménien, et non comme leur propre langue. Quant à la sympathie entre les deux nations, elle s'explique par la communauté des persécutions et une tolérance religieuse mutuelle.

Je citerai enfin, pour terminer, l'opinion de M. Portoukalian sur l'origine du mot *Yézidi*.

« En langue persane, dit-il, la particule *i* signifie être « originaire de » ; *Spahani*, signifie habitant d'Ispahan. Ceci établi, on sait qu'il y a en Perse une ville nommée Yezd, située à 130 kilomètres sud-est d'Ispahan, et qu'entre cette dernière ville et Yezd, il en existe une autre nommée Yezdikest. Les habitants de ces villes sont actuellement encore des *guèbres*, adorateurs du feu et du soleil, sectateurs de Zoroastre, et leurs opinions religieuses s'accordent sur les points essentiels avec celles des Yézidi.

« Il semble, d'après cela, que ces derniers sont simplement des colonies persanes de Yezd qui, en se répandant en Arménie, se sont mêlées aux anciens Arméniens païens, et ont embrassé, par la force du temps et des persécutions, quelques préceptes du christianisme. M. Portoukalian fait en outre remarquer que les Yézidi ne s'appellent pas comme on est d'accord de l'écrire, mais qu'ils se disent eux-mêmes *Yezdi*[1].

« La parenté entre deux nations, dit M. Eguiazaroff, se démontre par la communauté de la langue et par le type anthropologique. Or, la communauté de la langue n'étant pas démontrée, et les recherches anthropologiques faisant défaut, il serait risqué de regarder les Yézidi comme des Arméniens. »

J'ajouterai à cette opinion, qui est la mienne aussi, que les recherches anthropologiques qui ont été faites jusqu'à ce jour sur cette population ont contribué à démontrer que les Yézidi sont des Kurdes au sens strict de ce mot. Et la preuve en est dans la communauté, entre ces deux peuples, en général non seulement du type anthropologique, mais encore de la langue, du mode de vivre et de la culture intellectuelle.

Les uns et les autres parlent le « Kourmandji », quoique les Yézidi appellent leur langue « zyman e ezda » (langue des Yézidi), et prétendent que ce sont les Kurdes qui parlent leur langue, et non pas eux qui parlent la langue des Kurdes.

Les mœurs et les usages, les doctrines religieuses, la vie privée, les cérémonies, les rapports de famille, la généalogie, l'éducation des enfants, etc., etc., tout cela est analogue, et parfois même identique chez les Yézidi et chez les Kurdes.

Là où il y a des différences, on peut dire qu'elles ne sont que dans les détails. L'habit est de même coupe chez les deux peuples, et pourtant une femme yézidi ne se distingue d'une Kurde, que parce qu'elle porte des pantalons de couleur blanche, emblème de la chasteté et de la pureté. On sait que les Kurdes affectionnent les couleurs éclatantes : rouge, jaune, vert, bleu. Les jeunes filles yézidi recherchent aussi ces couleurs voyantes, mais jusqu'à leur mariage seulement, car les femmes mariées s'habillent de blanc de préférence. Dans tous les cas, on rapporte que, comme les Sabéens, avec lesquels ils ont d'ailleurs des points de ressemblance, les Yézidi ont horreur de la couleur bleue.

En outre de la circoncision, les Yézidi ont encore une cérémonie dite *bysk* pendant laquelle le cheikh ou le *pir* coupe trois mèches de cheveux sur la tête de l'enfant, quelques jours après sa naissance.

Si nous poursuivons ce parallèle entre les deux peuples, nous voyons que l'organisation de la commune nomade est la même de part et d'autre. La plus grande

[1] De Beyrouth à Tiflis (*Tour du monde*, 1889).

différence, c'est que les Yézidi ont une forme de gouvernement théocratique, et une organisation en castes, tandis que les Kurdes n'en ont pas.

Il y a aussi plus d'esprit de solidarité et de sociabilité chez les premiers. Ils ont des mœurs plus douces, et sont plus enclins aux occupations paisibles, telles que celles de l'agriculture qui répugnent aux Kurdes en dépit des efforts du gouvernement russe qui, en Transcaucasie, les a enregistrés comme paysans. Il est vrai que les Yézidi n'ont pas encore tout à fait perdu l'habitude de la vie nomade, mais ils n'aiment pas le vagabondage. Leurs campements d'été sont situés dans le voisinage de leurs villages d'hiver.

II

MORPHOLOGIE ET ANTHROPOMÉTRIE

La physionomie des Kurdes a été bien souvent décrite, mais aucune observation anthropométrique n'avait été entreprise sur eux avant 1881, époque de mon voyage de Beyrouth à Tiflis[1]. Durant ma mission de 1890 en Transcaucasie, et celles de 1893 et 1894 en Turquie d'Asie, j'ai continué mes recherches sur cette intéressante population, et j'ai réussi à mesurer de nouvelles séries importantes d'individus.

Le nombre des Kurdes actuellement étudiés au point de vue anthropométrique s'élève à 332 dont 62 femmes. Tous sont adultes et âgés de vingt à soixante ans. Ils ont été observés dans quinze localités, villages ou campements d'été, de la région du mont Ararat et de la vallée de l'Araxe, ainsi que dans six autres localités de la Haute-Mésopotamie et de l'Arménie turque.

Pendant son expédition scientifique au Caucase, M. Nossoussoff[2] a mesuré dans les pâturages (Yaëla) d'Aïridja, 25 Kurdes dont 4 femmes, ce qui porte à 357 le total des sujets étudiés jusqu'à ce jour. M. le colonel Duhousset[3] a étudié les Kurdes de Perse durant le séjour qu'il a fait dans ces pays. Après lui, de Khamikoff[4] a donné un aperçu de ce peuple dans son ouvrage sur l'Ethnographie de la Perse.

Je ne décrirai ici que les individus qu'il m'a été donné d'étudier personnellement.

J'ai réuni dans huit planches les portraits des individus qui m'ont paru les plus

[1] E. Chantre. *Bull. Soc. anthr. de Lyon*, t. II, 1882.

[2] *Comptes rendus de la Société d'anthropologie de Moscou*, 1890.

[3] *Etude sur les populations de la Perse*, Paris, 1863.

[4] *Mémoire sur l'ethnographie de la Perse*, Paris, 1866.

typiques parmi les 192 photographies de cette race que j'ai relevées, face et profil, soit en Russie, soit en Turquie.

Considérée d'une façon générale la physionomie des Kurdes respire la sauvagerie ; leurs traits sont durs ; leurs yeux, d'un éclat farouche, sont petits et enfoncés sous l'orbite. Le plus souvent ils sont bruns, grands et secs, et d'une force de résistance peu commune. Ils ne portent guère que la moustache, et se ceignent la tête d'un turban. Leur démarche est assurée, leur port de tête fier, et leur regard d'une suprême arrogance. Ajoutons à cela qu'ils rient et parlent peu.

LES CHEVEUX ET LES YEUX. — On peut dire que les Kurdes sont bruns ; 66 %

Mise en séries de la couleur des cheveux des Kurdes.

NOMBRE D'INDIVIDUS		LOCALITÉS	FONCÉ	MOYEN	CLAIR
13 K. Radki,	hommes	Tokmak-Gol	6	7	»
9 —	femmes	—	8	1	»
6 —	hommes	Sardar-Boulak	4	2	»
6 —	femmes	—	4	2	»
11 K. Djélali,	hommes	Korghane	6	5	»
6 —	—	Sardar-Boulak	5	2	»
7 —	—	Petchara	5	1	»
8 —	femmes	—	6	2	»
7 K. Bourouki,	hommes	Airidja	4	2	1
8 —	femmes	—	6	1	1
6 —	hommes	Chitchanlou	3	3	»
4 —	femmes	—	4	»	»
20 K. Milanli,	hommes	Allaghöz	16	1	3
3 K. Yézidi,	—	Koulpe	3	»	»
3 —	—	Karakou	2	1	»
6 K. Galtounri,	—	Allaghöz	4	2	»
6 K. Sofikanli,	—	Vall. de l'Araxe	5	»	1
10 K. Tsiganes,	—	—	5	5	»
30 K. Bilikani,	—	Erivan	21	9	»
23 K. Tribus diverses,	—	Kharpout	7	16	»
11 K. Montkans,	—	Bitlis	3	8	»
6 K. Eydéranli,	—	Plaine d'Abaga	3	3	»
6 K. Seylanli,	—	Bayazid	6	»	»
4 —	femmes	—	4	»	»
14 K. Zazas,	hommes	Diarbékir	9	5	»
10 —	femmes	—	9	1	»
5 K. Boktanli,	hommes	Van	2	3	»
22 K. Barazi,	—	Orfa	10	9	3
16 —	—	Biredjick	5	10	1
35 K. Tribus diverses	—	Haute-Mésopotamie	21	14	»
11 —	femmes	—	8	3	»
332			204	118	10

de la totalité des hommes ont les cheveux foncés, et les autres les ont châtain foncé.

Les plus bruns se trouvent parmi les Djelali de Sardar-boulak et de Petchora (5 sur 6 et 5 sur 7); puis chez les Milanli de l'Allagöz (16 sur 20). Pour les femmes, la proportion est à peu près la même que pour les hommes : on trouve, en effet, 6 femmes sur 9 brun foncé chez les Radki, et 7 sur 8 chez les Bourouki d'Aïridja. Les cheveux, rasés chez les hommes, sauf une mèche au niveau du lambda, sont presque toujours droits et très exceptionnellement ondulés ou frisés. Les femmes les portent en une série de petites tresses.

Mise en séries de la couleur des yeux des Kurdes.

NOMBRE D'INDIVIDUS		LOCALITÉS	FONCÉ	MOYEN	CLAIR
13 K. Radki,	hommes	Tokmak-Gol	7	6	»
9 —	femmes	—	6	3	»
6 —	hommes	Sardar-Boulak	4	2	»
6 —	femmes	—	4	2	»
11 K. Djélali,	hommes	Korghane.	10	1	»
6 —	—	Sardar-Boulak	5	1	»
7 —	—	Petchara.	5	2	»
8 —	femmes	—	4	4	»
7 K. Bourouki,	hommes	Airidja	5	2	»
8 —	femmes	—	7	1	»
6 —	hommes	Chitchanlou	3	3	»
4 —	femmes	—	4	»	»
20 K. Milanli,	hommes	Allaghöz	18	2	»
3 K. Yézidi,	—	Koulpe	3	3	»
3 —	—	Karakou	2	1	»
6 K. Galtourni,	—	Allaghöz	6	»	»
6 K. Sofikanli,	—	Vall. de l'Araxe	2	3	1
10 K. Tsiganes,	—	—	9	1	»
30 K. Bilikani,	—	Erivan	16	14	»
23 K. Tribus diverses,	—	Kharpout.	11	12	»
11 K. Moutkans,	—	Bitlis	4	6	1
6 K. Eydéranli,	—	Plaine d'Abaga	2	4	»
6 K. Seylanli,	—	Bayazid	3	3	»
4 —	femmes	—	3	1	»
14 K. Zazas,	hommes	Diarbékir.	3	11	»
10 —	femmes	—	5	5	»
5 K. Boktanli,	hommes	Van	2	3	»
22 K. Barazi,	—	Orfa	17	4	1
16 —	—	Biredjick.	11	3	2
35 K. Tribus diverses	—	Haute-Mésopotamie	19	13	3
11 —	femmes	—	6	5	»
332			206	118	8

Les yeux ni bridés ni obliques sont plutôt bruns plus ou moins foncé que noirs, comme chez les Tatars et les Arméniens. C'est chez les Djélali de Khorgane qu'ils sont le plus foncés (10 sur 11), puis chez ceux de Petchara (5 sur 7) ainsi que chez les Bourouki d'Aïridja (5 sur 7) et les Milanli (18 sur 20).

Chez les femmes, la proportion des yeux foncés est encore plus considérable que chez les hommes. Leurs yeux, généralement protégés par de longs cils et ornés de beaux sourcils, sont agrandis encore par les plus coquettes à l'aide de l'antimoine, et ont souvent un éclat insoutenable. Sur 9 femmes Radki, de Tokmak-Gol, 4 seulement les ont moyens ou châtain plus ou moins clair. Toutes les autres les ont brun foncé. Il en est de même pour les Djélali de Petchara et les Bourouki d'Aïridja.

Le diamètre bi-palpébral externe est en moyenne de 95 millimètres chez les hommes et les femmes réunis de toutes les tribus. Aucune série ne présente chez les hommes un diamètre supérieur à 97 millimètres, et aucune ne descend au-dessous de 91 millimètres. Chez les femmes, il atteint exceptionnellement 103 millimètres et la moyenne est de 98 millimètres. Quant au diamètre bi-palpébral interne, il est en moyenne de 29 millimètres chez les hommes et les femmes réunis; chez celles-ci il est de 28 millimètres et chez les hommes de 30 millimètres.

Le nez, la face, les oreilles, et la bouche. — Le nez des Kurdes, d'une ligne ferme et hardie, contribue en grande partie au caractère de leur physionomie. Loin d'être absolument aquilin ou même crochu, comme on le dit généralement, il est souvent droit (37 %); quelquefois droit et abaissé (17,76 %), mais surtout convexe abaissé (40,90 %). Il est très rarement concave. Les nez droits se trouvent surtout chez les Milanli de l'Allagöz (17 sur 20), ainsi que les Kurdes tziganes de l'Araxe (8 sur 10).

C'est chez les Kurdes Bilikani, que l'on trouve le plus grand nombre de nez convexes abaissés (13 sur 30); 7 sur 11 chez les Radki de Tokmak-göl; 7 sur 11 chez les Djélali de Khorgane, 5 sur 6 chez les Djélali de Sardar-Boulak et de Petchara.

Chez les femmes, la proportion des nez droits est plus considérable que chez les hommes; on en trouve en effet 66 % de la totalité ayant cette forme, tandis qu'il s'en trouve à peine 33 % avec des nez convexes abaissés. Les nez droits se rencontrent chez les Radki dans la proportion de 9 sur 15, et de 5 sur 8 chez les Bourouki.

La longueur du nez des Kurdes est relativement grande; elle est en moyenne de

53 millimètres chez les hommes et femmes réunis; de 54 millimètres chez les hommes seuls, et chez les femmes de 47 millimètres. La largeur moyenne générale est de 36 millimètres. Dans la série isolée des femmes, elle est de 31 millimètres.

Mise en séries de l'indice nasal des Kurdes.

NOMBRE D'INDIVIDUS		LOCALITÉS	AU-DESSOUS DE 60	DE 60 A 69,9	DE 70 A 79,9	80 ET AU-DESSUS
13 K. Radki,	hommes	Tokmak-Göl	4	8	1	»
9 —	femmes	—	2	2	5	»
6 —	hommes	Sardar-Boulak	2	4	»	»
6 —	femmes	—	1	5	»	»
11 K. Djélali,	hommes	Korghane	1	6	4	»
6 —	—	Sardar-Boulak	2	4	»	»
7 —	—	Petchara	4	1	2	»
8 —	femmes	—	1	5	2	»
7 K. Bourouki,	hommes	Airidja	1	4	2	»
8 —	femmes	—	2	3	1	2
6 —	hommes	Tchitchanlou	»	2	3	1
4 —	femmes	—	1	2	»	1
20 K. Milanli,	hommes	Allaghöz	5	10	4	1
3 K. Yézidi,	—	Koulpe	»	2	1	»
3 —	—	Karakou	»	1	2	»
6 K. Galtourni,	—	Allaghöz	3	2	1	»
6 K. Sofikanli,	—	Vall. de l'Araxe	»	2	4	»
10 K. Tsiganes,	—	—	»	7	3	»
30 K. Bilikani,	—	Erivan	»	25	5	»
23 K. Tribus diverses,	—	Kharpout	5	5	12	1
11 K. Moutkans,	—	Bitlis	2	4	3	2
6 K. Eydéranli,	—	Plaine d'Abaga	»	5	1	»
6 K. Seylanli,	—	Bayazid	1	3	2	»
4 —	femmes	—	»	2	2	»
14 K. Zazas,	hommes	Diarbékir	1	6	7	»
10 —	femmes	—	»	2	5	3
5 K. Boktanli,	hommes	Van	»	»	3	2
22 K. Barazi,	—	Orfa	»	3	9	10
16 —	—	Biredjick	»	»	10	6
35 K. Tribus diverses	—	Haute-Mésopotamie	4	8	13	10
11 —	femmes	—	»	4	7	»
332			42	132	114	39

L'indice nasal général calculé sur l'ensemble des 332 individus, hommes et femmes réunis, est de 66,03. Ils sont donc leptorhiniens.

Certains groupes, tels que celui des Bourouki de Tchitchanlou, présentent un indice moyen de 72,35, et celui des Sofikanli, celui de 70,78, et se rapprochent des mésorhiniens. Chez ces tribus 4 individus sur 6 dépassent l'indice de 70.

Quelques autres tribus, telles que celles des Zaza de Diarbékir (7 h. sur 14) ; celle des Barazi de Biredjick (10 h. sur 16) ; celle de Kharpout (12 sur 23) ; celle des Barazi d'Orfa (10 h. sur 22) dont les indices arrivent à 80 et le dépassent même, doivent être rangées parmi les mésorhiniens. En présence de ces nombreux cas de mésorhinie (153 sur 332) on pourrait se demander comment cette population peut encore être classée parmi les leptorhiniens. L'étude des séries que composent les 174 autres individus qui restent en dehors de cette catégorie explique cette anomalie apparente. On y trouve, en effet, 114 véritables leptorhiniens de 60 à 69,9, et 42 sous-leptorhiniens qui n'atteignent pas ou atteignent à peine 60. Dans cette dernière catégorie on remarque 9 Radki sur 34: 8 Djélali sur 21 ; 4 Bourouki sur 25 et 5 Milanli sur 20.

L'usage de porter un bouton à une narine est plus répandu chez les femmes que celui des pendants d'oreilles.

Les Kurdes ont la bouche moyenne et des lèvres assez minces, mais bien modelées. La largeur ne dépasse que rarement 51 millimètres, et ne descend qu'exceptionnellement à 46. La moyenne est de 48 millimètres. Les Radki présentent le diamètre le plus grand, et les Bourouki le plus petit. Chez les femmes, le diamètre ne dépasse pas 48, et quelquefois atteint à peine 44 millimètres, telles que les Bourouki de Tchitchanlou. La mâchoire fort régulière est massive, quelquefois même grossière. Quant à la dentition, elle est magnifique, et la carie ne se montre guère avant quarante ans.

Malgré l'usage du turban, les oreilles des Kurdes ont une longueur voisine de la normale. L'indice moyen est de 62,50; mais elle est de 64,78 pour les hommes, et de 58,18 pour les femmes. Chez les hommes, l'ensemble de l'oreille est rejeté en avant, tandis que chez les femmes dont la tête est couverte de plusieurs enveloppes, les oreilles ne sont pas déformées, c'est ce qui explique cette différence notable que l'on observe entre l'indice de l'oreille des hommes et celui des femmes.

La face est étroite chez les Kurdes. L'indice facial total ophrio-mentonnier des 332 sujets que nous avons observés est de 99,27.

La hauteur verticale de la face est en moyenne de 137 millimètres, et la largeur moyenne de 136 millimètres.

Chez quelques tribus, on trouve une légère brachyfacialie caractérisée par des indices de 104 à 107, comme chez les Sofikanli, les Milanli, les Bilikani, mais ce sont là des faits isolés, qui montrent des mélanges avec les Arméniens des mêmes régions qui ont assez souvent la face courte; 10 % environ de la totalité sont dans ce cas. La masse au contraire, présente des faces plus ou moins allongées, avec des indices descendant à 96 et même à 90 comme certains Radki, Djélali, Bourouki et Tsiganes.

Mise en séries de l'indice facial des Kurdes.

NOMBRE D'INDIVIDUS		LOCALITÉS	AU-DESSOUS DE 95	DE 95 À 99,9	DE 100 À 104,9	105 ET AU-DESSUS
13 K. Radki,	hommes	Tokmak-Göl	2	10	1	»
9 —	femmes	—	4	1	4	»
6 —	hommes	Sardar-Boulak	1	3	2	»
6 —	femmes	—	1	2	2	1
11 K. Djélali,	hommes	Korghane	»	5	4	2
6 —	—	Sardar-Boulak	2	1	2	1
7 —	—	Petchara	»	5	1	1
8 —	femmes	—	2	2	3	1
7 K. Bourouki,	hommes	Airidja	2	4	»	1
8 —	femmes	—	4	2	1	1
6 —	hommes	Tchitchanlou	1	1	4	»
4 —	femmes	—	1	»	1	2
20 K. Milanli,	hommes	Allaghöz	6	4	6	4
3 K. Yézidi,	—	Koulpe	»	2	1	»
3 —	—	Karakou	1	»	2	»
6 K. Galtourni,	—	Allaghöz	1	1	3	1
6 K. Sofikanli,	—	Vall. de l'Araxe	»	»	5	1
10 K. Tsiganes,	—	—	2	8	»	»
30 K. Bilikani,	—	Erivan	»	11	19	»
23 K. Tribus diverses,	—	Kharpout	9	8	2	4
11 K. Moutkans,	—	Bitlis	3	2	3	3
6 K. Eydéranli,	—	Plaine d'Abaga	1	2	2	1
6 K. Seylanli,	—	Bayazid	1	1	4	»
4 —	femmes	—	»	2	1	1
14 K. Zazas,	hommes	Diabékir	1	6	6	1
10 —	femmes	—	1	4	3	2
5 K. Boktanli,	hommes	Van	»	1	4	»
22 K. Barazi	—	Orfa	2	7	8	5
16 —	—	Biredjick	3	2	7	4
35 K. Tribus diverses,	—	Haute-Mésopotamie	3	10	14	8
11 —	femmes	—	1	1	6	3
332			55	108	121	48

Cette dolichofacialie est due en partie au peu de développement du diamètre zygomatique qui, dans ces cas, descend à 135 millimètres et plus encore.

Les femmes ne font pas exception; leur indice moyen est de 98,45, et le diamètre bi-zygomatique descend quelquefois à 122 millimètres avec des hauteurs de 130. Il faut ajouter que, chez les femmes kurdes comme chez les Arméniennes, l'indice facial doit être plus élevé, par suite du peu de développement que présente le menton. En effet, l'emploi du bandeau mentonnier existe chez un grand nombre de tribus, et, bien qu'il ne soit en usage que chez les femmes mariées, son influence ne se fait pas moins sentir sur l'ensemble.

Mise en séries de la taille debout des Kurdes.

NOMBRE D'INDIVIDUS		LOCALITÉS	AU-DESSOUS DE 1,60	DE 1,60 DE 1,64	DE 1,65 À 1,69	1,70 ET AU-DESSUS
13 K. Radki,	hommes	Tokmak-Göl	»	»	3	10
9 —	femmes	—	»	»	»	»
6 —	hommes	Sardar-Boulak	»	2	»	4
6 —	femmes	—	»	»	»	»
11 K. Djélali,	hommes	Korghane	»	»	4	7
6 —	—	Sardar-Boulak	»	1	»	5
7 —	—	Petchara	»	1	2	4
8 —	femmes	—	»	1	1	»
7 K. Bourouki,	hommes	Airidja	»	1	1	5
8 —	femmes	—	»	»	»	»
6 —	hommes	Tchitchanlou	»	1	2	3
4 —	femmes	—	»	»	»	»
20 K. Milanli,	hommes	Allaghöz	1	6	9	4
3 K. Yézidi,	—	Koulpe	1	1	1	»
3 —	—	Karakou	2	»	1	»
6 K. Galtourni,	—	Allaghöz	»	1	1	4
6 K. Sofikanli,	—	Vall. de l'Araxe	»	»	»	»
10 K. Tsiganes,	—	—	»	»	»	»
30 K. Bilikani,	—	Erivan	»	»	9	21
23 K. Tribus diverses,	—	Kharpout	»	4	4	15
11 K. Moutkans,	—	Bitlis	»	»	»	»
6 K. Eydéranli,	—	Plaine d'Abaga	»	»	»	»
6 K. Seylanli,	—	Bayazid	»	»	»	»
4 —	femmes	—	»	»	»	»
14 K. Zazas,	hommes	Diarbékir	»	»	»	»
10 —	femmes	—	»	»	»	»
5 K. Boktanli,	hommes	Van	»	»	»	»
22 K. Barazi,	—	Orfa	»	»	»	»
16 —	—	Biredjick	»	»	»	»
35 K. Tribus diverses,	hommes	Haute Mésopotamie	»	»	»	»
11 —	femmes	—	»	»	»	»
332			4	19	38	82

La taille et la grande envergure. — Les Kurdes sont de haute stature, minces et élancés. J'ai rencontré chez la plupart des Kurdes que j'ai visités, particulièrement en Turquie, une résistance obstinée à se laisser mesurer la taille, aussi ne suis-je en possession de cette mesure que pour 43 sujets sur 332 que j'ai étudiés à d'autres points de vue. La moyenne générale des hommes seuls est de $1^m,68$, mais cette moyenne serait beaucoup plus élevée si l'on faisait abstraction de quelques cas particuliers. Dans la série des Milanli et des Yésidi de l'Allagöz, on voit des individus qui ne présentent que $1^m,58$ et même $1^m,52$. Chez les Radki, au contraire, des tailles de $1^m,78$ à $1^m,88$ ne sont pas rares, aussi la moyenne est-elle de $1^m,75$ pour cette tribu. Viennent ensuite les Bourouki avec une moyenne de $1^m,70$[1].

Mise en séries de la grande envergure des Kurdes comparée à leur taille.

NOMBRE D'INDIVIDUS		LOCALITÉS	GRANDE ENVERGURE INFÉRIEURE A LA TAILLE	GRANDE ENVERGURE ÉGALE A LA TAILLE	GRANDE ENVERGURE SUPÉRIEURE A LA TAILLE
13 K. Radki,	hommes	Tokmak-Gül	6	1	6
9 —	femmes	—	»	»	»
6 —	hommes	Sardar-Boulak	2	»	4
6 —	femmes	—	»	»	»
11 K. Djélali,	hommes	Korghane	3	2	6
6 —	—	Sardar-Boulak	1	»	5
7 —	—	Petchara	4	»	3
8 —	femmes	—	»	»	2
7 K. Bourouki,	hommes	Airidja	2	»	5
8 —	femmes	—	»	»	»
6 —	hommes	Tchitchanlou	1	»	5
4 —	femmes	—	»	»	»
20 K. Milanli,	hommes	Allaghöz	9	3	8
3 K. Yézidi,	—	Koulpe	»	1	2
3 —	—	Karakou	2	»	1
6 K. Galtourni,	—	Allaghöz	1	»	5
6 K. Sofikanli,	—	Vall. de l'Araxe	»	»	»
10 K. Tsiganes,	—	—	»	»	»
30 K. Bilikany,	—	Erivan	3	5	22
23 K. Tribus diverses,	—	Kharpout	4	1	18
11 K. Moutkans,	—	Bitlis	»	»	»
6 K. Eydéranli,	—	Plaine d'Abaga	»	»	»
6 K. Seylanli,	—	Bayazid	»	»	»
4 —	femmes	—	»	»	»
14 K. Zazas,	hommes	Diarbékir	»	»	»
10 —	femmes	—	»	»	»
5 K. Boktanli,	hommes	Van	»	»	»
22 K. Barazi,	—	Orfa	»	»	»
16 K. —	—	Biredjick	»	»	»
35 K. Tribus diverses,	—	Haute-Mésopotamie	»	»	»
11 —	femmes	—	»	»	»
332			38	13	92

[1] M. Nassossof a trouvé chez les 25 Bourouki d'Airidja, hommes et femmes réunis, la taille de 1,68.

La grande envergure est fréquemment supérieure à la taille d'1 ou 2 centimètres au moins. Elle n'est égale qu'une fois chez les Radki (13 hommes), deux fois chez les Djélali avec 1m,71 et trois fois (sur 20 hommes) chez les Milanli avec 1m,68 et et 1m,80. Elle l'est cinq fois (sur 30 hommes) chez les Bilikanis avec 1m,70 et 1m,72.

La taille n'est supérieure à la grande envergure que dans la proportion de 40 % sur la totalité. Elle l'est six fois (sur 13 hommes) chez les Radki de Sardar-Boulak ; six fois (sur 11 hommes) chez les Djélali ; huit fois (sur 20 hommes) chez les Milanli ; vingt-deux fois (sur 30 hommes) chez les Bilikani et dix-huit fois (sur 23 hommes) chez les Kurdes de Kharpout.

La tête, ses diamètres et ses déformations. — Les Kurdes ont la tête plutôt longue que large ; l'indice céphalométrique de mes 332 sujets est de 78,53, mais ce chiffre n'est pas, en quelque sorte, l'expression de la réalité, comme le montrera la mise en séries.

On verra en effet que cet indice, qui fait des Kurdes des mésocéphales, est légèrement dénaturé par la présence d'un groupe brachycéphale (83,87), celui des Bilikani des environs d'Erivan, lesquels doivent sans doute leur brachycéphalie à l'aplatissement de leur occipital si fréquent chez les Arméniens. Si l'on fait abstraction de ce groupe qui a peut-être aussi une origine arménienne, comme plusieurs autres tribus que j'ai étudiées autrefois sur le territoire turc, on verra que les Kurdes de Transcaucasie sont en réalité sous-mésaticéphales avec un indice moyen de 78,35.

On trouve en effet, sur la totalité, 40 % d'hommes présentant des indices céphalométriques inférieurs à 75, notamment chez les Radki de Sardar-Boulak (4 sur 6) ; les Djélali de Petchara (7 sur 7) et les Kurdes tsiganes de l'Araxe, (6 sur 10).

Pour les femmes, la proportion est à peu près la même puisque à Sardar-Boulak on voit 2 Radki sur 6, et 5 Bourouki sur 8 dans le groupe d'Aïridja dont les indices céphalométriques n'atteignent pas 75.

La série mésaticéphale est, en réalité, la plus considérable, car 60 % des indices masculins se placent entre 75 et 80. On voit, en effet, dans cette catégorie 9 Radki de Tokmakgöl sur 13 ; 5 Djélali de Khorgane sur 11 ; 7 Djelali de Petchara sur 7 ; 5 Galtournï sur 6 ; 6 Sofikanli sur 6 ; 11 Milanli sur 20 ; 4 Bourouki d'Airidja sur 7[1].

[1] M. Nassossof a trouvé un indice céphalométrique de 78,48 à ses 25 sujets d'Airiga, hommes et femmes réunis.

Indice céphalométrique.

NOMBRE D'INDIVIDUS		LOCALITÉS	DOLICHO-CÉPHALES AU-DESSOUS DE 75	MÉSOCÉ-PHALES DE 75 A 79,9	BRACHY-CÉPHALES DE 80 A 84,9	HYPERBRA-CHYCÉPH. DE 85 ET AU-DESSUS
—	—	—	—	—	—	—
13 K. Radki,	hommes	Tokmak-Göl	4	9	»	»
9 —	femmes	—	1	8	»	»
6 —	hommes	Sardar-Boulak	4	1	1	»
6 —	femmes	—	2	4	»	»
11 K. Djélali,	hommes	Korghane.	4	4	3	»
6 —	—	Sardar-Boulak	3	2	»	1
7 —	—	Petchara	»	7	»	»
8 —	femmes	—	2	5	1	»
7 K. Bourouki,	hommes	Airidja.	2	4	1	»
8 —	femmes	—	5	3	»	»
6 —	hommes	Tchitchanlou	3	1	2	»
4 —	femmes	—	1	2	1	»
20 K. Milanli,	hommes	Allaghöz	3	11	6	»
3 K. Yézidi,	—	Koulpe.	3	»	»	»
3 K. —	—	Karakou	»	3	»	»
6 K, Galtourni,	—	Allaghöz	1	5	»	»
6 K. Sofikanli,	—	Vall. de l'Araxe. . . .	»	6	»	»
10 K. Tsiganes,	—	—	6	4	»	»
30 K. Bilikani,	—	Erivan	»	»	24	6
23 K. Tribus diverses,	—	Kharpout	6	12	4	1
11 K. Moutkans,	hommes	Bitlis	»	1	8	2
6 K. Eydéranli.	—	Plaine d'Abaga	»	2	3	1
6 K. Seylanli,	—	Bayazid	»	3	3	»
4 —	femmes	—	»	»	4	»
14 L. Zazas,	hommes	Diarbékir.	1	7	6	»
10 —	femmes	—	»	7	3	»
5 K. Boktanli,	hommes	Van.	»	1	4	»
22 K. Barazi,	—	Orfa	2	13	7	»
16 —	—	Biredjick	1	8	7	»
35 K. Tribus diverses,	—	Haute-Mésopotamie. . .	1	8	18	8
11 —	femmes	—	»	1	7	3
332			55	142	113	22

Quant aux femmes dont l'indice céphalométrique moyen est de 78,26, c'est parmi les Bourouki d'Aïridja et les Radki de Sardar-Boulak que l'on rencontre les plus dolichocéphales (74,44), et chez les Radki de Tokmak-göl que se trouvent les plus mésaticéphales (77,22). Elles sont donc légèrement plus dolichocéphales que les hommes. Si nous établissons maintenant un état des écarts que l'on rencontre dans les indices céphalométriques des séries, on trouve dans le tableau suivant des écarts variables qui montrent la pureté relative de chacune des séries.

13 h.	Radki de Tokmak-Göl	70,77 à 79,38
9 f.	— —	74,58 à 79,65
6 h.	Radki de Sardar-Boulak	70,71 à 80,61
6 f.	— —	72,91 à 77,59
11 h.	Djélali de Khorgane	70,70 à 82,50
6 h.	— de Sardar-Boulak	71,50 à 85,55
7 h.	— de Petchara	77,17 à 79,47
8 f.	— —	70,37 à 82,12
7 h.	Bourouki d'Aïridja	73,40 à 80,85
8 f.	— —	71,26 à 78,40
6 h.	de Tchichanlou	72,46 à 81,12
4 f.	—	71,82 à 81,62
20 h.	Milanli	73,62 à 82,28
3 h.	Yésidi	70,04 à 73,98
3 h.	—	77,90 à 79,14
6 h.	Galtourni	74,73 à 78,67
6 h.	Sofikanli	77,25 à 79,80
30 h.	Bilikani	81,67 à 86,48
10 h.	Tsiganes	72,82 à 76,65

Les déformations sont presque nulles chez les femmes, mais très fréquentes chez les hommes, surtout chez les Radki de Sardar-Boulak et de Tokmak-göl; on en trouve 10 sur 13 chez les premiers et 5 sur 6 chez les seconds. Puis chez les Bourouki d'Aïridja et de Tchitchanlou qui en présentent 4 sur 6 et 5 sur 7. Enfin chez les Sofikanli qui sont tous déformés, et chez les Bilikani où les déformations se trouvent dans la proportion de 55 °/₀. Mais ces déformations ne sont pas de même nature dans toutes ces tribus. Chez les unes, on voit des compressions inio-fronto-bregmatiques dont le résultat a été d'accentuer quelquefois l'allongement général de la tête; chez les autres qui se rapprochent de la brachycéphalie, on constate des traces manifestes de compressions occipito ou même lambdoïdo-frontale. Il résulte de cela que, si l'on fait des séries à part des quelques sujets non déformés, on obtiendra un indice céphalométrique moyen de 80, car il n'y a presque pas un sujet kurde en Transcaucasie qui ne présente des traces de déformations.

NUMÉROS D'ORDRE	NOMS ET AGES LIEUX DE NAISSANCE ET D'OBSERVATION PROFESSION DU SUJET	COULEUR DES CHEVEUX	COULEUR DES YEUX	FORME DES CHEVEUX	FORME DU NEZ	FORME DE L'ŒIL	DIAMÈTRES DE LA TÊTE ANTÉRO-POSTÉRIEUR MAXIMUM	MÉTOPIQUE	TRANSVERSE MAXIMUM	INDICE CÉPHALIQUE	MESURES DE LA FACE DE LA GLABELLE AU POINT MENTONNIER	BI-ZYGOMATIQUE	INDICE FACIAL	DE L'ŒIL BIPALPÉBRALE EXTERNE	BIPALPÉBRALE INTERNE	DU NEZ HAUTEUR	LARGEUR	INDICE NASAL	DE L'OREILLE HAUTEUR	LARGEUR	LARGEUR DE LA BOUCHE	TAILLE DEBOUT	GRANDE ENVERGURE TOTALE	OBSERVATIONS
	KURDES RADKI (hommes)																							
1	HASSAN-AGHA, 40 ans, Tokmak-Göl, pasteur.	foncée	foncée	droits	conv. ab.	non bridés	194	175	154	79,38	151	150	99,33	98	31	68	44	64,71	45	43	64	182	177	Déf. inio-front. breg.
2	YUSSEF, 30 ans, — —	—	—	—	droite	—	193	170	145	75,13	138	135	97,82	94	32	53	30	56,60	47	34	43	168	165	— —
3	X..., 30 ans, — chef T. Chapar.	moy.	moy.	—	—	—	196	184	150	76,53	144	140	97,22	100	37	51	40	78,43	46	35	54	186	188	— —
4	X..., 25 ans, — pasteur.	—	—	—	—	—	198	180	152	76,76	143	140	97,90	105	30	53	36	67,92	46	34	54	180	184	
5	X..., 20 ans, — —	foncée	foncée	—	—	—	190	165	143	75,26	135	130	96,29	98	33	54	34	62,96	61	36	54	163	166	
6	X..., 30 ans, — —	moy.	moy.	—	convexe	—	188	170	145	77,12	144	138	95,83	97	28	51	35	68,63	58	43	53	176	177	Comp. front. breg.
7	X..., 35 ans, — —	foncée	—	—	droite ab.	—	188	170	142	75,53	163	134	86,45	88	34	60	35	58,34	58	41	53	168	177	
8	X..., 25 ans, — —	moy.	—	—	conv. ab.	—	197	165	138	70,05	142	136	95,77	91	28	58	31	53,54	53	37	48	180	170	Déf. inio-bregm.
9	X..., 30 ans, — —	—	—	—	—	—	187	168	143	76,47	137	136	99,27	98	29	54	34	62,96	48	25	53	177	174	—
10	X..., 30 ans, — —	foncée	foncée	—	—	—	199	176	149	74,87	138	138	100,00	88	27	56	35	62,50	58	30	50	188	187	—
11	MIRZABEK, 55 ans, — —	moy.	moy.	—	conv. tr. ab.	—	185	162	145	78,37	133	131	98,49	88	28	61	36	59,02	60	37	51	160	167	—
12	X..., 30 ans, — —	foncée	foncée	—	conv. ab.	—	195	175	138	70,77	151	138	91,39	86	30	60	36	60,00	53	32	49	172	177	—
13	X..., 75 ans, — —	—	—	—	droite ab.	—	200	185	147	73,50	150	146	97,33	94	38	58	35	60,34	58	37	48	173	173	—
	Moyennes.						193	173	145	75,13	143	137	95,80	94	31	56	35	62,50	53	35	51	175	176	
	KURDES RADKI (Femmes)																							
1	X..., 17 ans, Tokmak-Göl, pasteur.	tr. fonc.	tr. fonc.	ondul.	droite	non bridés	181	171	143	79,00	141	129	91,49	105	29	51	33	64,70	56	34	54	»	»	Taille au-dessus moy.
2	X..., 25 ans, — —	moy.	foncée	—	—	—	181	169	136	75,13	142	131	92.25	104	29	49	33	67,34	51	33	50	»	»	
3	X..., 18 ans, — —	—	—	—	—	—	182	164	137	75,27	124	125	100.80	93	24	47	33	70,21	55	34	44	»	»	Taille moyenne.
4	X..., 15 ans, — —	—	moy.	—	convexe	—	182	169	140	76,92	127	130	102,36	109	20	44	33	75,00	54	33	35	»	»	— —
5	X..., 25 ans, — —	foncée	foncée	—	conv. ab.	—	172	158	137	79,65	131	136	103,81	97	24	55	28	50,91	53	25	39	»	»	Taille moy. déf. inio-fr.
6	X..., 18 ans, — —	—	—	—	droite ab.	—	181	161	139	76.79	134	120	89.55	101	31	47	33	70,21	56	32	47	»	»	Taille moyenne.
7	X..., 19 ans, — —	tr. fonc.	tr. fonc.	—	droite	—	181	162	144	79,55	124	130	104,83	103	24	44	34	77,27	54	24	49	»	»	Comp. inio-front.
8	X..., 30 ans, — —	foncée	foncée	droits	—	—	183	161	140	76.50	128	126	98,43	96	29	44	34	77,27	54	32	46	»	»	Taille moyenne
9	X..., 15 ans, Aidjn —	—	—	—	—	—	186	157	135	74,58	136	122	89,70	90	23	46	24	52,17	59	34	46	»	»	— —
	Moyennes.						180	163	139	77,22	131	127	96,94	99	26	47	31	65,95	54	31	45	»	»	

NUMÉROS D'ORDRE	NOMS ET AGES LIEUX DE NAISSANCE ET D'OBSERVATION PROFESSION DU SUJET	COULEUR		FORME DES CHEVEUX	FORME		DIAMÈTRES DE LA TÊTE				MESURES													OBSERVATIONS
											DE LA FACE			DE L'ŒIL		DU NEZ			DE L'OREILLE		LARGEUR DE LA BOUCHE	TAILLE DEBOUT	GRANDE ENVERGURE TOTALE	
		DES CHEVEUX	DES YEUX		DU NEZ	DE L'ŒIL	ANTÉRO-POSTÉRIEUR MAXIMUM	MÉTOPIQUE	TRANSVERSE MAXIMUM	INDICE CÉPHALIQUE	DE LA GLABELLE AU POINT MENTONNIER	BI-ZYGOMATIQUE	INDICE FACIAL	BIPALPÉBRALE EXTERNE	BIPALPÉBRALE INTERNE	HAUTEUR	LARGEUR	INDICE NASAL	HAUTEUR	LARGEUR				
	KURDES RADKI (hommes)																							
1	KHACHO, 25 ans, Sardar Boulak, pasteur.	foncée	foncée	droits	conv. ab.	—	198	164	140	70,70	133	128	96,23	92	25	50	36	64,28	61	36	45	169	173	Dép. inio-front. bregm.
2	SALMA 31 ans, — —	tr. fonc.	tr. fonc.	—	droite ab	—	194	182	142	73,19	147	143	97,27	95	28	55	33	59,99	70	40	58	175	176	— —
3	NABI, 30 ans, — —	moy.	moy.	—	—	—	190	178	162	74,73	148	130	97,20	95	31	53	25	47,17	59	37	47	181	180	— —
4	MAHMOND, 70 ans, —	—	—	—	conv. ab.	—	197	180	138	70,05	128	128	100,00	92	25	57	37	64,91	64	35	53	165	172	— —
5	ALI, 42 ans, —	foncée	foncée	—	concave	—	196	175	158	80,61	143	145	101,40	98	34	56	38	67,86	59	31	55	160	163	—
6	X..., 40 ans, —	—	—	—	convexe	—	193	180	154	79,79	156	142	91,61	90	33	57	36	63,15	57	33	48	174	164	
					Moyennes.		194	176	145	74,74	141	137	97,16	98	29	55	34	61,81	61	35	51	170	171	
	KURDES RADKI (Femmes)																							
1	KALÉ, 44 ans, Sardar Boulak.	foncée	foncée	droits	dr. tr. ab.	—	184	160	142	77,17	126	122	95,31	97	27	51	33	64,71	66	30	48	»	»	Dép. inio-front. bregm.
2	TEHILÉ, 21 ans, —	—	—	—	droite	—	179	172	137	76,53	135	132	97,77	107	30	49	33	67,34	60	36	52	»	»	
3	BAÏAS, 36 ans, —	—	—	—	—	—	185	165	132	71,35	130	123	94,61	100	32	44	30	68,18	55	37	56	»	»	
4	GAORI, 13 ans, —	—	—	—	conv. ab.	—	192	164	140	72,91	120	130	108,33	100	30	55	27	49,09	58	30	40	»	»	Temp aplat.
5	MERDÉ, 26 ans, —	moy.	moy.	—	droite	—	178	157	138	77,53	118	123	104,23	97	26	47	31	65,95	54	29	43	»	»	
6	KHAZOL, 25 ans, —	—	—	—	—	—	182	158	139	76,37	125	126	100,80	98	31	48	32	66,67	52	29	53	»	»	
					Moyennes.		183	162	138	75,41	126	126	100,00	99	29	49	31	63,26	56	34	48	»	»	
	KURDES DJÉLALI (hommes)																							
1	AMO MAHAMAD, 40 ans, Korghan, startobina..	foncée	foncée	droits	convexe	—	200	164	165	82,50	149	147	98,65	100	26	55	37	67,27	45	35	49	171	171	Déf. inio-front. breg.
2	ALI, 35 ans, — cultivateur.	—	—	—	—	—	195	160	151	77,43	142	135	95,07	92	29	57	38	65,66	49	36	50	173	165	
3	HOUSSEIN, 25 ans, — berger.	—	—	—	droite	—	193	182	143	74,09	132	135	102,27	95	28	49	39	79,59	60	37	51	172	170	
4	OUSOUPÉ, — —	—	—	—	convexe	—	206	179	154	74,73	140	146	104,28	100	28	60	41	68,33	50	30	54	175	177	Déf. inio-front. breg.
5	HOUSSEM, — —	—	—	—	droite	—	200	180	154	77,00	138	145	105,07	98	30	53	41	77,35	62	40	45	170	170	
6	ISO ALO, 19 ans, Igdir —	—	moy.	—	—	—	198	165	140	70,70	135	130	96,29	81	30	50	33	66,00	53	35	44	167	173	— —
7	AIDO, Korghan, —	—	—	—	convexe	—	196	173	154	78,57	140	141	100,71	84	28	58	34	58,62	62	30	44	170	173	
8	METO, 28 ans, — —	—	—	—	concave	—	185	173	148	80,00	143	137	95,80	92	28	50	35	70,00	58	30	50	162	165	
9	HADJI, 35 ans, — —	—	—	—	convexe	—	198	178	146	73,73	140	140	100,00	83	27	52	37	71,15	62	35	55	170	167	Déf. inio-front. breg.
10	AVDI, 35 ans, Igdir —	moy.	—	—	—	—	188	167	153	81,38	135	142	105,18	97	31	54	36	66,66	57	41	51	167	168	
11	X..., 30 ans, — —	foncée	foncée	—	conv. ab.	—	198	163	150	75,75	145	139	95,86	90	30	59	40	67,79	56	41	51	165	170	
					Moyennes.		196	171	150	76,53	139	139	100,00	92	28	54	37	68,52	55	35	40	169	169	

NUMÉROS D'ORDRE	NOMS ET ÂGES LIEUX DE NAISSANCE ET D'OBSERVATION PROFESSION DU SUJET	COULEUR		FORME DES CHEVEUX	FORME		DIAMÈTRES DE LA TÊTE				MESURES DE LA FACE			MESURES DE L'ŒIL		MESURES DU NEZ			MESURES DE L'OREILLE		LARGEUR DE LA BOUCHE	TAILLE DEBOUT	GRANDE ENVERGURE TOTALE	OBSERVATIONS
		DES CHEVEUX	DES YEUX		DU NEZ	DE L'ŒIL	ANTÉRO-POSTÉRIEUR MAXIMUM	MÉTOPIQUE	TRANSVERSE MAXIMUM	INDICE CÉPHALIQUE	DE LA GLABELLE AU POINT MENTONNIER	BI-ZYGOMATIQUE	INDICE FACIAL	BIPALPÉBRALE EXTERNE	BIPALPÉBRALE INTERNE	HAUTEUR	LARGEUR	INDICE NASAL	HAUTEUR	LARGEUR				
	KURDES DJÉLALI (hommes)																							
1	Darbo, 38 ans, Sardar Boulak, pasteur.	foncée	foncée	ondul.	droite	non bridés	180	178	154	85,55	138	140	101,44	95	31	55	36	65,45	52	35	50	162	171	Apl. lambd.
2	Ibrahim, 50 ans, — —	moy.	moy.	—	convexe	—	188	171	144	76.58	144	136	94,44	90	26	56	36	64.29	66	38	50	166	174	Déf. ant. post. max. dép.
3	Valon, 70 ans, — —	foncée	foncée	droits	—	—	190	160	147	77,37	135	142	105,18	98	28	55	38	69.08	68	44	50	170	180	Déf. inio-anter. bregm.
4	Abdoullah, 30 ans, — —	—	—	—	conv. ab.	—	185	165	137	74,05	133	134	100,75	85	28	59	37	62,70	57	40	50	163	160	— — —
5	» 40 ans, — —	—	—	—	—	—	198	160	145	73,23	140	140	95,89	95	34	62	35	56,45	54	30	52	167	172	Aplat. bregm.
6	» 20 ans, — —	—	—	—	—	—	200	168	143	71,50	145	132	91,03	88	28	60	33	55.00	62	32	46	163	170	
	Moyennes.						190	170	145	76,31	140	137	97,85	91	29	57	35	61,40	59	36	49	165	171	
	KURDES DJÉLALI (hommes)																							
1	X..., 25 ans, Betchora, pasteur	foncée	foncée	droits	droite ab.	non bridés	190	162	151	79,47	138	135	97,82	93	21	62	36	58,06	55	35	48	171	172	
2	X..., 30 ans, — —	moy.	moy.	—	conv. ab.	—	198	167	154	77.77	147	138	93,87	92	31	61	32	52.46	54	26	48	173	172	Déf. inio-bregm.
3	X..., 28 ans, — —	foncée	foncée	—	droite	—	100	170	148	77,89	134	140	104.47	92	30	51	38	74,51	53	35	53	172	170	— —
4	X..., 23 ans, — —	—	—	—	conv. ab.	—	193	166	152	78,75	145	140	96,55	100	28	60	32	53,34	65	37	50	172	180	— —
5	X..., 30 ans, — —	—	—	—	—	—	188	175	144	76,59	142	140	98.59	98	35	58	36	62,06	55	40	44	171	169	— —
6	X..., 22 ans, — —	—	—	ondul.	—	—	184	165	142	77.17	142	140	98.59	95	28	55	30	54,54	61	38	50	170	167	— —
7	X..., 25 ans, — —	moy.	moy.	—	—	—	187	160	148	79,14	126	137	107,03	94	30	50	38	76,00	50	38	48	160	161	
	Moyennes.						190	168	148	77,89	130	138	99,28	94	29	56	34	60,71	56	35	48	169	170	
	KURDES DJÉLALI (Femmes)																							
1	Knote, 21 ans, Betchorra, pasteur.	foncée	foncée	droits	droite ab.	non bridés	189	174	133	70,37	135	120	95,53	107	31	53	35	66,03	58	36	48	160	165	
2	Am, 22 ans, — —	—	—	—	—	—	183	157	140	75.67	124	127	102,41	102	25	50	33	66,00	55	30	46	158	162	Tête rejetée en arrière.
3	Khazi 29 ans, — —	moy.	moy.	—	—	—	179	163	147	82,12	125	134	107,20	105	28	51	32	62,75	54	25	48	»	»	Front extrêmement bas.
4	Srubnie, 24 ans, — —	—	—	—	droite	—	185	173	143	77,29	130	134	98,53	107	33	47	33	70,20	65	33	42	»	»	Front très bas.
5	X..., 24 ans, — —	foncée	foncée	—	droite ab.	—	181	163	144	79,55	120	133	103,10	99	29	48	33	68,75	55	32	50	»	»	
6	Hadjar, 20 ans, — —	tr. fonc.	tr. fonc.	—	—	—	186	160	144	77,42	128	132	103,12	103	24	42	27	64,28	50	30	47	»	»	Petite taille.
7	X..., 45 ans, — —	moy.	—	—	droite	—	177	167	140	79,09	148	131	88,51	100	28	53	30	56,60	51	34	53	»	»	Taille au-dessus moy.
8	X..., 40 ans, — —	—	—	—	—	—	180	162	133	70,37	132	120	90,90	102	30	47	34	72,34	58	28	48	»	»	
	Moyennes.						183	165	140	76,50	132	130	98,48	103	28	48	32	66,66	55	31	47	150	163	

NUMÉROS D'ORDRE	NOMS ET AGES — LIEUX DE NAISSANCE ET D'OBSERVATION — PROFESSION DU SUJET	COULEUR		FORME DES CHEVEUX	FORME		DIAMÈTRES DE LA TÊTE				MESURES — DE LA FACE			DE L'ŒIL		DU NEZ			DE L'OREILLE		LARGEUR DE LA BOUCHE	TAILLE DEBOUT	GRANDE ENVERGURE TOTALE	OBSERVATIONS
		DES CHEVEUX	DES YEUX		DU NEZ	DE L'ŒIL	ANTÉRO-POSTÉRIEUR MAXIMUM	MÉTOPIQUE	TRANSVERSE MAXIMUM	INDICE CÉPHALIQUE	DE LA GLABELLE AU POINT MENTONNIER	BI-ZYGOMATIQUE	INDICE FACIAL	BIPALPÉBRALE EXTERNE	BIPALPÉBRALE INTERNE	HAUTEUR	LARGEUR	INDICE NASAL	HAUTEUR	LARGEUR				
	KURDES BOUROUKI (hommes)																							
1	X..., 55 ans, Avridja, Startchina.	foncée	gr. clair	ondul.	droite	non bridés	193	182	148	76,68	148	146	98,64	96	35	57	36	63,15	46	34	48	176	186	Déf. inio-breg et fr. breg.
2	X..., 28 ans, — pasteur.	moy.	moy.	—	concave	—	188	168	152	80,85	140	138	98,56	96	27	57	37	64,81	43	32	55	168	163	Déf. inio breg.
3	X..., 30 ans, — —	—	—	—	droite ab.	—	185	165	144	77,83	140	138	98,56	89	33	57	37	64,91	57	35	53	171	170	Forte dépr. breg.
4	X..., 50 ans, — —	foncée	foncée	—	conv. tr. ab.	—	189	183	145	76,72	155	140	96,32	87	29	63	35	55,56	43	33	42	175	178	Dépr. front. inio-breg.
5	X..., 50 ans, — —	—	—	—	conv. ab.	—	205	188	143	74,58	152	148	97,37	90	37	56	42	75,00	51	36	50	174	177	
6	X..., 17 ans, — —	—	—	droits	droite	—	188	166	138	73,40	132	124	93,93	93	30	54	32	62,75	58	35	46	165	166	
7	X..., 18 ans, — —	—	—	—	lég. concave	—	198	172	148	76,68	128	138	107,81	92	37	51	38	74,51	60	33	50	167	170	Déf. inio-breg.
	Moyennes.						191	174	146	76,44	142	138	97,18	91	32	56	36	64,29	51	34	49	170	172	
	KURDES BOUROUKI (Femmes)																							
1	X..., 30 ans, Avridja, pasteur	foncée	foncée	frisés	conv.	non bridés	179	148	138	77,09	138	129	93,47	101	27	48	33	68,75	65	34	48	»	»	
2	X..., 35 ans, — —	—	—	—	tr. conv.	—	179	167	130	72,62	130	126	96,92	93	25	45	33	73,32	53	27	47	»	»	Déf. inio-front.
3	X..., 25 ans, — —	—	—	—	droite	—	186	171	138	74,19	143	129	90,21	97	25	47	25	53,19	56	33	48	»	»	— —
4	X..., 17 ans, — —	tr. fonc.	—	—	—	—	181	100	129	71,26	127	119	93,70	99	28	37	30	81,08	53	33	41	»	»	Lég. def. inio-breg.
5	X..., 14 ans, — —	foncée	—	—	—	—	188	159	138	73,40	124	114	91,93	88	25	42	24	57,14	52	32	48	»	»	
6	X..., 14 ans, — —	moy.	moy.	droits	—	—	169	145	125	73,96	120	115	95 83	90	25	44	28	63,63	54	20	40	»	»	Déf. inio-front. breg.
7	X..., 18 ans, — —	foncée	foncée	—	droite conv.	—	182	160	141	77,47	122	129	105,73	101	26	44	27	61,36	61	32	46	»	»	
8	X..., 25 ans, — —	—	claire	—	droite	—	179	169	138	77,09	131	132	100,76	104	28	44	36	81,82	49	35	53	»	»	
	Moyennes.						180	159	134	74,44	129	124	96,12	96	26	43	29	67,42	55	31	44	»	»	
	KURDES BOUROUKI (hommes)																							
1	X..., 25 ans, Chitchanlou, agricult.	moy.	moy.	droits	droite	non bridés	190	175	152	80,00	135	138	102,22	95	36	41	30	95,12	59	39	51	160	163	Déf. inio-front.
2	X..., 48 ans, — —	—	—	—	conv.	—	198	182	148	74,74	144	150	104,16	94	32	56	40	71,43	45	35	48	172	176	— —
3	X..., 30 ans, — —	foncée	foncée	—	conv. ab.	—	188	167	142	75,53	136	131	96,32	96	31	58	35	60,34	62	29	44	172	167	— —
4	X..., 33 ans, — —	moy.	moy.	—	droite	—	196	175	142	72,46	135	141	104,44	90	28	49	33	67,34	57	33	43	167	176	— —
5	X..., — —	foncée	foncée	ondul.	concave	—	195	168	148	81,02	139	142	102,15	97	28	52	40	76,92	57	40	46	162	165	
6	X..., 60 ans, — —	—	—	—	droite	—	195	179	141	72,30	148	136	91,89	90	31	51	40	78,43	66	44	49	171	173	Déf. inio-front. breg.
	Moyennes.						193	174	147	76,16	139	139	100,00	93	31	51	37	72,55	57	36	46	167	160	
	KURDES BOUROUKI (Femmes)																							
1	X..., 20 ans, Chitchanlou, agricult.	foncée	foncée	droits	droite	non bridés	181	150	143	79,00	128	135	105,46	93	34	53	33	62,26	60	30	48	»	»	Taille moyenne.
2	X..., 20 ans, — —	—	—	—	—	—	177	151	145	81,92	122	128	104,91	88	30	47	30	63,83	58	35	47	»	»	Lég. dépr. post. front.
3	X..., 35 ans, — —	—	—	—	concave	—	181	164	130	71,82	120	127	105,83	84	28	46	38	82 61	55	37	45	»	»	
4	X..., 30 ans, — —	—	—	—	droite	—	193	164	148	75,89	144	132	91,66	90	33	57	32	56,14	55	36	47	»	»	Déf. inio-breg.
	Moyennes.						183	159	141	77,05	128	130	101,56	88	31	50	33	66,00	57	34	46	»	»	

NUMÉROS D'ORDRE	NOMS ET AGES — LIEUX DE NAISSANCE ET D'OBSERVATION — PROFESSION DU SUJET	COULEUR — DES CHEVEUX	COULEUR — DES YEUX	FORME DES CHEVEUX	FORME — DU NEZ	FORME — DE L'ŒIL	DIAMÈTRES DE LA TÊTE — ANTÉRO-POSTÉRIEUR MAXIMUM	DIAMÈTRES DE LA TÊTE — MÉTOPIQUE	DIAMÈTRES DE LA TÊTE — TRANSVERSE MAXIMUM	INDICE CÉPHALIQUE	MESURES DE LA FACE — DE LA GLABELLE AU POINT MENTONNIER	MESURES DE LA FACE — BI-ZYGOMATIQUE	INDICE FACIAL	DE L'ŒIL — BIPALPÉBRALE EXTERNE	DE L'ŒIL — BIPALPÉBRALE INTERNE	DU NEZ — HAUTEUR	DU NEZ — LARGEUR	INDICE NASAL	DE L'OREILLE — HAUTEUR	DE L'OREILLE — LARGEUR	LARGEUR DE LA BOUCHE	TAILLE DEBOUT	GRANDE ENVERGURE TOTALE	OBSERVATIONS
	KURDES GALTOURI (hommes)																							
1	X..., 23 ans, Alaghöz Koulpe	foncée	foncée	—	convexe	non bridé	190	168	144	75,79	138	138	100,00	95	28	52	39	75,00	43	34	48	168	173	Déf. inio-front.
2	Rassoule, 30 ans, —	—	—	—	droite	—	187	171	146	78,07	133	146	105,79	86	28	58	34	58,62	52	35	48	165	164	— —
3	X..., 36 ans, —	—	—	—	droite ab.	—	190	167	142	74,73	136	137	100,73	88	30	54	32	58,26	46	34	49	168	175	— —
4	X..., 40 ans, —	—	—	—	—	—	192	168	144	75,00	135	145	93,05	95	31	56	35	62,50	44	36	48	169	173	— —
5	X..., 42 ans, —	—	moy.	—	—	—	189	170	145	76,72	138	137	99,27	95	28	55	30	65,80	50	33	48	166	170	— —
6	X..., 25 ans, —	—	—	—	—	—	187	169	146	78,07	136	137	100,73	95	31	54	32	59,26	43	34	47	165	167	— —
	Moyennes.						189	168	144	76,18	136	140	102,94	92	29	54	35	64,81	45	34	48	166	170	
	KURDES SOFIKANLOU (hommes)																							
1	Malo Davo, 26 a., vallée de l'Araxe Khegart, past.	foncée	foncée	droits	droite ab.	non bridé	190	173	148	77,89	140	144	102,85	98	28	55	42	76,36	64	40	52	»	»	Lég. déf frontale.
2	X..., 28 ans, — — —	claire	claire	—	—	—	182	158	145	79,67	122	128	104,91	94	25	52	38	73,07	55	28	53	»	»	Très forte dépr. inio-breg.
3	X..., 20 ans, — — —	foncée	foncée	—	—	—	184	165	145	78,80	132	138	104,54	98	23	49	30	61,22	55	34	48	»	»	Taille au-dessous moy.
4	X..., 23 ans, — — —	moy.	—	—	—	—	189	172	146	77,25	134	142	105,96	98	24	52	39	70,00	58	34	53	»	»	— —
5	X..., 30 ans, — — —	—	—	—	—	—	185	170	144	77,83	130	135	104,81	96	28	50	30	60,00	56	30	49	»	»	Déf. inio-breg.
6	X..., 24 ans, — — —	—	—	—	—	—	190	170	148	77,89	140	143	102,75	98	24	52	38	73,07	55	29	48	»	»	—
	Moyennes.						186	169	146	78,49	133	138	103,75	97	25	51	36	70,58	57	32	50	»	»	
	KURDES TSIGANE (hommes)																							
1	Osman, 40 ans, vallée de l'Araxe Khegart, pasteur	foncée	foncée	droits	droite	non bridé	195	178	143	73,33	143	138	96,50	100	30	57	37	68,91	65	47	48	»	»	
2	Elsan Kapo, 50 ans, — — —	—	—	—	—	—	195	166	143	73,33	138	133	96,37	90	28	49	37	75,51	64	38	48	»	»	
3	Roustan, 40 ans, — — —	—	moy.	—	—	—	197	181	151	76,65	148	143	96,61	95	28	53	35	66,03	69	36	47	»	»	
4	X..., 38 ans, — — —	—	—	—	abaissé	—	194	179	146	75,26	145	141	91,14	98	28	52	36	69,23	66	30	47	»	»	
5	X..., 42 ans, — — —	—	—	—	—	—	193	177	145	75,13	140	133	97,14	97	27	57	37	64,25	64	38	48	»	»	
6	X..., 40 ans, — — —	—	—	—	droite	—	193	179	142	72 82	144	139	96,52	92	28	50	38	76,00	65	44	47	»	»	
7	30 ans, — — —	moy.	foncée	—	—	—	194	180	145	74,74	143	137	95,80	97	20	54	36	66,66	68	40	49	»	»	
8	32 ans, — — —	foncée	—	—	—	—	19[illegible]	178	143	75,26	138	134	97,10	94	28	50	37	74,00	65	47	47	»	»	
9	22 ans, — — —	—	moy.	—	—	—	195	177	145	74,36	140	133	94,99	98	30	53	35	66,03	69	48	48	»	»	
10	35 ans, — — —	—	foncée	—	—	—	194	179	144	74,22	142	138	97,18	95	28	54	37	68,52	64	47	47	»	»	
	Moyennes.						194	177	144	74,22	142	137	96,47	95	28	52	36	69,23	65	40	47	»	»	

NUMÉROS D'ORDRE	NOMS ET AGES LIEUX DE NAISSANCE ET D'OBSERVATION PROFESSION DU SUJET	COULEUR DES CHEVEUX	COULEUR DES YEUX	FORME DES CHEVEUX	FORME DU NEZ	FORME DE L'ŒIL	DIAMÈTRES DE LA TÊTE: ANTÉRO-POSTÉRIEUR MAXIMUM	MÉTOPIQUE	TRANSVERSE MAXIMUM	INDICE CÉPHALIQUE	MESURES DE LA FACE: DE LA GLABELLE AU POINT MENTONNIER	BI-ZYGOMATIQUE	INDICE FACIAL	DE L'ŒIL: BIPALPÉBRALE EXTERNE	BIPALPÉBRALE INTERNE	DU NEZ: HAUTEUR	LARGEUR	INDICE NASAL	DE L'OREILLE: HAUTEUR	LARGEUR	LARGEUR DE LA BOUCHE	TAILLE DEBOUT	GRANDE ENVERGURE TOTALE	OBSERVATIONS
	KURDES MILANLI (hommes)																							
1	Ousoupe, 25 ans, Alaghöz Koulpe, pasteur.	foncée	foncée	droits	droite	non bridé	175	170	144	82,28	148	136	91,89	98	38	55	37	67,27	60	40	45	180	180	Déf. inio-frontale.
2	Rasoude, 30 ans, — — —	—	—	—	—	—	193	175	144	74,61	142	142	100,00	100	31	54	40	74,07	44	38	43	175	167	
3	Makri, 30 ans, — — —	—	—	—	—	—	185	170	146	78.92	135	137	101,48	95	32	59	37	62,70	60	33	46	165	163	— —
4	Djalo, — — —	moy.	—	—	—	—	190	175	144	75,79	138	138	100,00	93	30	62	37	59,68	56	48	45	163	160	
5	Nabi, 50 ans, — — —	—	—	—	droite ab.	—	188	167	149	79,25	144	133	92,36	90	30	62	33	53,23	52	28	51	167	161	
6	Rossgo, 30 ans, — — —	foncée	—	—	convexe	—	190	176	152	80,00	138	145	105,07	103	32	64	36	56,25	58	41	58	167	167	
7	Sabi, 75 ans, — — —	—	—	—	droite	—	188	166	152	80.85	141	135	95,74	95	24	58	38	71,69	58	35	48	168	168	Aplat. occipit.
8	Alo, 25 ans, — — —	—	—	—	—	—	195	188	146	74.87	148	138	93,24	101	32	64	35	54,69	60	28	48	164	160	Aplat. occipit.
9	Ali Balon, 30 ans, — — —	—	—	—	—	—	196	188	152	77,55	144	145	100,69	97	38	56	38	67,86	54	38	46	165	163	
10	Vardi, 45 ans, — — —	—	moy.	—	—	—	192	174	151	78.64	133	145	109,02	98	32	54	37	68,52	56	33	44	173	172	Déf inio frontale.
11	Balon, 40 ans, — — —	—	claire	—	—	—	188	174	153	81.38	128	144	112.49	96	32	58	32	55.17	55	37	48	163	165	
12	Alo, 55 ans, — — —	—	foncée	—	—	—	190	168	147	77,37	130	138	106,15	88	31	55	36	65,45	48	30	40	167	158	— —
13	Barroule, 45 ans, — — —	—	claire	—	—	—	205	179	151	73.62	152	150	98,68	95	34	62	48	61.29	52	40	46	170	174	Occipit. très rejetée en arr.
14	Nabi, 35 ans, — — —	—	—	—	—	—	198	165	151	76,26	139	145	104,31	96	33	52	35	67,31	64	48	46	163	165	Déf. inio-bregm.
15	Dali, 45 ans, — — —	—	foncée	—	convexe	—	190	177	152	80,00	154	142	92,20	107	33	61	38	62,29	58	36	38	168	167	Déf. inio-front
16	Diali, 45 ans, — — —	—	—	—	droite	—	188	162	147	78,19	138	135	97,82	90	32	45	38	84.44	45	32	46	158	160	
17	Sano, 65 ans, — — —	—	—	—	—	—	194	171	147	75,77	134	137	102,23	92	29	54	38	70.37	63	35	44	165	168	Aplat. lambd.
18	Nabi, 38 ans, — — —	—	—	—	—	—	193	170	148	77,89	140	137	97,85	105	32	50	39	78,00	68	38	41	170	172	
19	Sano, 48 ans, — — —	—	—	—	—	—	185	170	150	81,08	148	138	93,24	85	28	25	38	69,08	64	39	44	165	168	— —
20	Davriche, 18 ans, — — —	—	—	—	—	—	185	158	144	77,83	136	128	94,12	92	28	56	38	67,86	57	38	56	165	160	
	Moyennes.						190	171	148	77,89	140	139	99,28	95	31	56	36	64,28	56	36	47	167	166	
	KURDES YEZIDI (hommes)																							
1	Kalo, 25 ans, Zora, Koulpe	foncée	foncée	droits	droite	non bridé	207	170	145	70,04	144	138	95,83	104	30	54	35	64,81	58	35	46	165	168	
2	X..., 45 ans, — —	—	—	—	—	—	190	174	142	72.45	136	140	102,94	95	33	52	41	78,84	52	35	46	164	164	
3	Ouzbochi, 20 ans, — —	—	—	—	—	—	196	169	145	73,98	138	136	98,55	90	38	58	35	66.03	55	30	46	152	153	
	Moyennes.						199	171	144	72,36	139	138	99,28	93	32	53	37	69,81	55	33	46	160	161	
	KURDES YEZIDI (hommes)																							
1	Famo, 40 ans, Karakou, Igdir, berger. . . .	foncée	foncée	droits	droite	—	186	168	145	77,95	138	140	101,44	93	30	53	41	77.35	63	42	48	156	155	
2	X..., 42 ans, — — —	—	—	—	—	—	188	164	148	78.72	140	137	100,00	90	31	54	36	66,66	64	35	47	158	156	
3	Hussein, 85 ans, — — —	moy.	moy.	—	droite ab.	—	187	167	148	79,14	150	138	91,99	92	33	56	40	71.43	63	30	46	168	169	Déf. ant post génér.
	Moyennes.						187	166	147	78,61	142	138	97,18	91	31	54	39	72,22	63	35	47	159	160	

KURDES BILIKANI (hommes)

Numéros d'ordre	Noms et âges — Lieux de naissance et d'observation — Profession du sujet	Couleur — des cheveux	Couleur — des yeux	Forme des cheveux	Forme — du nez	Forme — de l'œil	Diamètres de la tête — antéro-postérieur maximum	Diamètres de la tête — métopique	Diamètres de la tête — transverse maximum	Diamètres de la tête — indice céphalique	Mesures de la face — de la glabelle au point mentonnier	Mesures de la face — bi-zygomatique	Mesures de la face — indice facial	De l'œil — bipalpébrale externe	De l'œil — bipalpébrale interne	Du nez — hauteur	Du nez — largeur	Du nez — indice nasal	De l'oreille — hauteur	De l'oreille — largeur	Largeur de la bouche	Taille debout	Grande envergure totale	Observations
1	Bada, 30 ans, Erivan, pasteur.	foncée	foncée	droite	conv. ab.	non bridés	190	182	100	84,21	140	137	97,85	94	29	54	37	68,52	53	36	51	175	177	Déf. inio-front.
2	Houssen, 27 ans, — —	—	—	—	—	—	188	179	160	85,10	144	139	96.52	92	28	53	36	67.92	48	34	50	179	177	
3	X..., 34 ans, — —	moy.	—	—	—	—	189	174	158	83,60	142	138	97,18	93	31	54	39	72,22	55	33	48	170	171	
4	X..., 20 ans, — —	foncée	—	—	—	—	185	179	157	84,86	139	137	98,56	92	29	55	37	67,27	56	36	36	171	171	Apl. lambd.
5	Miza, 20 ans, — —	—	—	—	—	—	187	174	159	85,02	140	139	99,28	96	29	56	34	60,71	54	37	48	167	166	
6	X..., 37 ans, — —	—	—	—	droit ab.	—	184	172	155	84,23	138	138	100,00	97	30	53	36	67,92	57	34	50	169	170	— —
7	Ali, 39 ans, — —	moy.	—	—	—	—	186	178	156	83,87	140	137	97,85	95	28	52	39	75,00	49	36	47	165	167	
8	X..., 22 ans, — —	—	—	—	—	—	185	179	154	83,24	142	136	97,88	98	30	54	36	66,66	52	34	49	168	170	Déf. inio-front.
9	X..., 29 ans, — —	—	—	ondul	conv. ab.	—	190	186	159	83,68	140	139	99,28	92	29	52	37	71,15	54	37	47	170	172	
10	X..., 36 ans, — —	—	—	—	—	—	187	177	158	84.49	136	140	102,94	93	31	57	36	63,15	58	37	51	167	169	
11	X..., 30 ans, — —	—	—	droite	—	—	191	187	156	81,67	139	138	99,28	94	20	55	34	61.81	48	34	50	160	169	— —
12	X..., 19 ans, — —	—	—	—	—	—	189	184	159	84,12	136	137	100,73	97	30	53	35	66.03	58	36	46	165	170	
13	Aram, 23 ans, — —	—	—	—	—	—	192	189	158	82.87	142	144	101,40	92	30	52	35	67,31	54	37	51	170	171	Déf. inio-front.
14	X..., 28 ans, — —	—	moy.	ondul.	—	—	190	186	156	82,83	139	140	100,72	98	29	51	32	62,75	55	33	48	166	168	— —
15	X..., 28 ans, — —	foncée	—	—	—	—	187	182	159	83,35	138	136	100,72	92	29	53	35	66,03	56	36	44	167	166	— —
16	X..., 32 ans, — —	—	—	droite	—	—	189	180	150	84.65	136	139	102,20	90	30	54	34	62,96	52	34	50	169	171	
17	X..., 41 ans, — —	—	—	—	—	—	191	184	157	82,72	139	140	100.72	95	20	52	36	69,23	55	35	47	168	171	Déf. inio-front
18	X..., 47 ans, — —	—	—	—	—	—	190	184	157	82,63	144	146	101,38	94	30	54	37	68,52	57	34	49	170	171	
19	X..., 30 ans, — —	—	foncée	—	—	—	188	179	160	85,10	141	144	102.12	97	28	55	34	61,81	61	35	52	170	172	Apl. lambd.
20	X..., 27 ans, — —	—	—	—	—	—	189	187	158	83.60	142	140	98,59	94	31	53	35	66.03	56	35	50	169	171	— —
21	X..., 36 ans, — —	—	—	—	—	—	185	180	160	86.48	140	142	101,42	91	32	56	37	66.07	57	37	48	167	169	
22	X..., 39 ans, — —	moy.	—	—	droit. ab.	—	183	179	154	84,15	143	139	97,20	95	31	51	35	68,63	55	34	49	166	169	
23	X..., 27 ans, — —	—	—	—	—	—	187	180	158	84.49	146	152	104,10	91	32	58	37	69.81	62	36	51	169	171	
24	X..., 29 ans, — —	—	moy.	—	—	—	179	176	153	85.47	140	141	100,71	92	29	52	35	67,31	57	32	47	171	171	— —
25	X..., 38 ans, — —	—	—	—	—	—	180	172	150	83.37	139	141	101,43	95	28	51	36	70,59	52	34	49	169	172	— —
26	X..., 42 ans, — —	—	—	—	conv. ab.	—	182	171	153	84,06	137	140	102,19	94	29	52	36	69,23	50	36	47	170	170	
27	X..., 39 ans, — —	foncée	—	—	—	—	179	160	153	85.47	139	142	102,15	91	30	56	34	60,71	56	36	47	171	173	— —
28	X..., 29 ans, — —	—	foncée	—	—	—	182	172	152	83.51	138	141	102,17	92	29	57	35	61.40	58	34	50	172	172	
29	X..., 38 ans, — —	—	—	—	—	—	187	172	158	84,49	136	138	101.47	93	29	54	37	68,52	52	32	47	170	171	
30	X..., 40 ans, — —	—	—	—	—	—	182	174	153	84.06	146	152	104,10	93	31	51	36	70,59	59	34	50	168	169	
						Moyenne	186	178	156	83,87	140	140	100,00	93	29	53	35	66,03	53	34	48	169	170	

NUMÉROS D'ORDRE	NOMS ET AGES LIEUX DE NAISSANCE ET D'OBSERVATION PROFESSION DU SUJET			COULEUR		FORME			DIAMÈTRES DE LA TÊTE				MESURES											LARGEUR DE LA BOUCHE	TAILLE DEBOUT	GRANDE ENVERGURE TOTALE	OBSERVATIONS
													DE LA FACE			DE L'ŒIL		DU NEZ			DE L'OREILLE						
				DES CHEVEUX	DES YEUX	DES CHEVEUX	DU NEZ	DE L'ŒIL	ANTÉRO-POSTÉRIEUR MAXIMUM	MÉTOPYQUE	TRANSVERSE MAXIMUM	INDICE CÉPHALIQUE	DE LA GLABELLE AU POINT MENTONNIER	BI-ZYGOMATIQUE	INDICE FACIAL	BIPALPÉBRALE EXTERNE	BIPALPÉBRALE INTERNE	HAUTEUR	LARGEUR	INDICE FACIAL	HAUTEUR	LARGEUR					

KURDES ZAZA (hommes)

N°	Âge	Lieu	Profession	Cheveux (couleur)	Yeux (couleur)	Cheveux (forme)	Nez (forme)	Œil (forme)	Antéro-post. max.	Métopyque	Transv. max.	Indice céphal.	Glabelle-point mentonnier	Bi-zygom.	Indice facial	Bipalp. ext.	Bipalp. int.	Nez haut.	Nez larg.	Indice	Oreille haut.	Oreille larg.	Larg. bouche	Taille debout	Grande envergure	Observations
1	» 22 ans,	Karpouth,	cultivateur	foncée	foncée	»	abaiss.	n. bridé	191		137	71,72	150	133	88,66	100	27	52	26	50,00	60	33	44	167	167	Déf. inio-front.-bregm.
2	» 20 —	—	—	moy.	—	»	dr. ab.	»	185		146	78,92	140	135	96,42	96	27	57	34	59,65	82	34	51	171	162	Lég. déf. front.
3	» 25 —	—	—	foncée	moy.	»	droite	»	197		140	71,06	131	144	109,92	105	27	46	38	82,61	57	38	52	177	175	Déf. inio-front.-bregm.
4	» 26 —	—	—	—	foncée	»	—	n. bridé	187		140	74,86	140	136	97,14	98	34	48	37	77,08	57	35	50	166	170	Déf. inio-front.
5	» 20 —	—	—	moy.	moy.	»	abaiss.	—	188		148	78,72	120	135	112,50	103	30	54	36	66,66	60	34	48	160	161	Déf. front.
6	» 26 —	—	—	foncée	—	»	dr. concave	—	195		150	76,92	145	135	93,10	103	34	48	38	79,17	64	36	53	172	180	
7	» 32 —	—	—	moy.	—	»	droite	—	188		148	78,72	141	145	102,83	118	31	58	43	74,13	58	40	51	170	183	Déf. inio-front.
8	» 29 —	—	—	—	—	»	dr. ab.	—	188		147	78,19	140	134	95,71	102	33	3	38	71,69	55	32	44	177	172	Lég. déf. inio-bregm.
9	» 35 —	—	—	—	—	»	conv. ab.	—	197		144	73,09	140	132	94,28	107	34	58	36	62,06	56	34	51	169	166	
10	» 50 —	—	—	—	—	»	—	—	190		148	77,89	152	140	92,10	96	33	58	32	55,17	62	32	48	172	174	Déf. inio-front.-bregm.
11	» 30 —	—	—	—	—	»	concave	—	175		150	85,71	137	135	98,54	92	29	44	35	79,54	58	32	52	156	167	
12	» 45 —	—	—	foncée	—	droit-	droite	»	190		147	77,37	138	127	92,02	98	29	50	35	70,00	55	32	48	164	168	
13	» 22 —	Chiro	—	—	foncée	—	—	»	195		143	73,33	147	128	87,07	98	27	54	32	59,2	58	40	48	163	175	Déf. inio-front.-bre
14	» 28 —	—	—	moy.	moy.	—	—	»	187		144	77,00	134	130	97,01	90	30	48	34	70,83	57	27	52	108	177	Déf. inio-front.
15	» 25 —	Malatia	—	—	—	—	conv.	»	184		140	76,08	131	128	97,70	97	28	50	38	76,00	62	25	53	162	164	
16	» 26 —	—	—	—	—	—	dr. ab.	»	179		144	80,44	155	138	89,03	97	32	57	33	57,89	59	35	52	172	191	Déf. inio-front.-breg.
17	» 23 —	Karpouth	—	—	—	—	—	»	191		148	76,28	144	136	64,44	94	28	55	34	61,81	58	34	48	152	176	Apl. lambd.
18	» 30 —	Chiro	—	foncée	foncée	—	droite	»	188		152	80,85	132	148	112,11	98	28	53	41	77,35	62	32	52	171	178	Déf. inio-bregm.
19	» 30 —	Malatia	—	moy.	moy.	—	dr. ab.	»	197		143	72,59	158	138	87,34	91	35	55	34	61,81	55	34	57	175	183	Déf. inio-bregm.
20	» 35 —	Karpouth	—	foncée	—	—	droite	»	192		155	80,73	131	143	109,15	96	27	52	37	71,15	64	38	48	169	177	Déf. inio-front.
21	» 35 —	—	—	—	—	—	—	»	175		147	84,00	137	137	100,00	90	28	48	34	70,83	56	37	47	172	176	Comp. front.-bregm.
22	» 30 —	Malatia	—	—	foncée	—	—	»	187		148	79,14	141	138	97,87	88	30	51	32	62,75	62	37	48	175	179	Déf. inio.-front.
23	» 38 —	—	—	—	—	—	—	»	188		145	78,72	140	134	95,71	97	33	50	37	74,00	58	34	48	153	160	
							Moyennes. . . .		188		145	77,12	140	136	97,14	98	30	52	35	67,31	59	34	49	167	173	

NUMÉROS D'ORDRE	NOMS ET AGES LIEUX DE NAISSANCE ET D'OBSERVATION PROFESSION DU SUJET	COULEURS		DIAMÈTRES DE LA TÊTE				COURBES			MESURES DE LA FACE			MESURES DU NEZ			DÉFORMATIONS DE LA TÊTE
		YEUX	CHEVEUX	ANTÉRO-POSTÉRIEUR MAXIMUM	TRANSVERSAL MAXIMUM	INDICE CÉPHALIQUE	TRANSVERSAL-FRONTAL MAXIMUM	INIO-FRONTALE TOTALE	TRANSVERSALE SUS-AURICULAIRE	HORIZONTALE FRONTO-LAMBDOÏQUE	DE LA GLABELLE AU POINT MENTONNIER	LARGEUR BI-ZYGOMATIQUE	INDICE FACIAL	LONGUEUR	LARGEUR	INDICE NASAL	
	KURDES, MOUTKANS ET DODAS (hommes)																
1	Mahamoud, 30 ans, zapetier, né et observé à Bathman copru.	marron	noirs	196	100	81.63	119	338	310	552	144	148	102.77	48	34	70,83	
2	Stomar, 30 ans, — — —	—	—	191	168	87.95	118	330	298	560	141	150	106.38	49	40	81,63	
3	Osso, 22 ans, —	bruns	—	194	159	81,95	12?	345	300	566	140	158	112,85	50	48	96.00	Léger aplat. fronto-bregm.
4	Aba, 20 ans, cultivat.,	—	—	188	156	82,97	123	330	262	545	145	150	103.44	48	35	72.91	Aplat. fronto-bregmatique
5	Azo, dervich, né et observé à Hazù.	marron	châtains	202	167	82,67	110	355	330	550	157	150	95,54	53	36	67.92	
6	» — — —	verts	—	202	164	81,18	114	357	345	555	145	157	108,27	47	36	76.59	Apl. fr.-breg.; surtout breg.
7	Horzan —	marron	chât. foncé	193	160	82.90	115	340	322	536	150	146	97.33	52	30	57,69	
8	» 22 ans. né à Hyerik (près Bitlis), observé à Bitlis.	—	—	191	166	86.91	104	347	310	555	146	150	102,73	46	32	69,56	
9	» 36 ans, —	—	blonds	197	163	82,74	114	334	314	546	145	152	92.12	52	35	67.30	Traces de comp. fr.-bregm
10	» —	—	chât. foncé	206	159	77,18	115	360	310	555	162	146	90.12	54	32	59.25	Aplat. fronto-bregmatique
11	» 45 ans	bruns	châtains	192	156	81,25	112	340	317	524	106	150	90.36	52	32	61,53	Apl. r.; arc. sourcil. proém.
	Moyennes. .			195	161	82,56	115	343	310	549	151	150	99,33	50	35	70,00	
	KURDES, EYDÉRANLI (hommes)																
1	» 30 ans, » plaine d'Abaga, chez Mousaayha.	bruns	châtains	197	159	80.71	125	350	322	570	149	155	104.02	»	»	»	Apl. fr.-br.; scapho-céphale
2	Moustapha, 52 ans, » — —	marr. verd.	—	204	162	79.41	124	345	294	562	155	154	99.35	»	»	»	Apl. fr.-br. ; rég. occip. d .
3	» 40 ans, » — —	marron	—	194	165	85,05	120	316	292	570	145	147	101,37	»	»	»	Apl fr.-br. occ. rej. en arr.
4	Ehhen, 45 ans, » — —	bruns	noirs	204	·64	80.39	124	370	292	585	152	151	95.34	»	»	»	Apl. fr-br ; relèv. de l'occ.
5	Sadonaia, 45 ans,	—	châtains	196	155	79.08	12?	340	260	555	158	152	110,14	»	»	»	Imp. fr-br.; occ. rej. en arr.
6	— 20 ans, zapetier, né et observé à Bayazid . . .	marron	noirs	189	156	82.53	125	310	295	530	149	138	92.61	46	35	76,08	
	Moyennes. .			197	160	81,22	123	343	295	562	148	149	100,67	46	35	76,08	
	KURDES SEILANLI (hommes)																
1	» 30 ans, » né et observé à Bayazid.	bruns	noirs	202	164	81,18	123	370	300	565	143	150	104,89	45	32	71,11	
2	» 35 ans, » — —	—	—	192	154	79,38	120	325	270	537	144	145	100,69	52	35	67,30	Apl. fr.br. et ht. occipital.
3	» 50 ans, » — —	—	châtains	194	155	80.72	110	330	295	530	149	150	100,67	48	33	68,75	Apl. fr.-br.; apl. occ. gauch
4	» 60 ans, » — —	—	bruns	203	151	75.49	111	335	281	512	144	146	101.38	46	35	72,91	Imp. fr.-br. et temporale.
5	» 40 ans, » — —	—	noirs	207	160	78,81	114	345	311	550	159	146	91.82	53	36	67.92	Apl. fr.-br.; ht. occ. tr. rel.
6	» 21 ans, » — —	—	bruns	19	160	81,21	116	364	310	557	153	146	95,42	54	32	59,25	
	Moyennes. .			198	157	79,28	115	314	295	546	148	147	99,32	50	33	66,00	
	KURDES SEILANLI (femmes)																
1	» 25 ans, » née et observée à Bayazid	bruns	noirs	190	155	81,57	122	330	284	535	144	146	101.38	42	30	71,42	
2	» 40 ans, » — —	—	—	196	160	81,63	120	335	296	542	148	143	96.61	42	31	73,80	
3	» 20 ans, » — —	—	—	168	142	84,52	90	250	260	470	126	121	96,03	45	27	60.00	Apl. ht. occip. microcéphale
4	» 30 ans, » — —	—	châtains	194	160	82.47	121	340	295	556	132	149	112,87	43	30	69,76	
	Moyennes. .			187	154	82,48	113	313	285	527	137	139	101,46	43	29	68,60	

NUMÉROS D'ORDRE	NOMS ET AGES LIEUX DE NAISSANCE ET D'OBSERVATION PROFESSION DU SUJET	COULEURS		DIAMÈTRES DE LA TÊTE				COURBES			MESURES DE LA FACE			MESURES DU NEZ			DÉFORMATIONS DE LA TÊTE
		YEUX	CHEVEUX	ANTÉRO-POSTÉRIEUR MAXIMUM	TRANSVERSAL MAXIMUM	INDICE CÉPHALIQUE	TRANSVERSAL-FRONTAL MINIMUM	INIO-FRONTALE TOTALE	TRANSVERSALE SUS-AURICULAIRE	HORIZONTALE FRONTO-LAMBDOÏQUE	DE LA GLABELLE AU POINT MENTONNIER	LARGEUR BI-ZYGOMATIQUE	INDICE FACIAL	LONGUEUR	LARGEUR	INDICE NASAL	
	KURDES ZAZAS (hommes)																
1	» » » » »	bruns	châtains	200	160	80,00	96	328	295	543	158	153	96,83	50	38	76,00	
2	Hasan, 25 ans, cultivat., né à Sowerek, observé hôpital Alep.	bruns	—	198	164	82,82	86	336	300	565	153	150	98,03	44	32	72,72	Léger aplat Inio-br (c. g.
3	Akmet, — — — — — —	marron	—	200	154	77,00	80	330	290	542	143	146	102,10	48	38	79,16	Etroit. accentuée des temp.
4	Mustapha, 25 ans, cult., né à Sofula — — —	bruns	—	192	150	78,12	81	322	300	532	150	153	101,99	52	26	50,00	
5	Hassan, 28 ans, berg., né à Gazzene — — —	marron	—	182	145	79,67	72	290	273	500	144	140	97,22	53	34	64,15	
6	Hassan, 31 ans, berger, né à Kala — — —	marron	châtains	196	155	79,08	70	325	350	560	150	151	96,79	51	32	62.74	Lég. apl. p.-br. et des temp.
7	Housen, 45 ans, berger, né et observé à Sowerek	bruns	—	194	152	78,35	81	325	275	535	144	150	104,16	46	34	73,91	
8	Housen, 30 ans, brigand, né à Arban (p. Karpout) obs. à Alep.	—	—	201	160	79.60	85	332	300	548	140	148	105.71	54	35	64,81	Aplatis. post.-bregmatique
9	Hammôo Eben Cassim, 70 ans, portier d'un Khan, né et obs. à Diar.	verts	noirs	202	151	74,75	111	312	277	530	151	144	95,36	47	37	78,72	
10	Mehemed, 45 ans, cultivateur, né à Lidjé, observé à Diarbékir.	bruns	châtain fon	208	164	78,84	120	368	288	587	154	151	98,05	45	35	77,77	
11	Mahomed Eben Ali, 15 ans, cultiv., né à Petchar, obs. —	—	châtains	188	157	83,51	110	301	298	523	139	140	100,72	46	32	69,56	
12	Mustapha Eben Ali, 60 ans, marc. de bois, né à P. obs. —	marrons	—	187	156	82,88	112	317	286	532	140	147	104,99	50	36	72,00	
13	Velo Eben Haydo Haïcho, 55 ans, — — — —	bruns	noirs	191	156	80,41	122	310	300	548	151	157	103,97	55	35	63,63	Apl. fronto-br.; lég. scaph
14	Mahmoud Eben Mohammed, cultiv., né à Palouli, — —	brun	—	194	156	80.41	110	350	300	555	161	150	93,16	51	31	60,78	
		Moyennes. .		195	155	79,48	96	329	295	512	149	148	99,32	49	33	67,34	
	KURDES ZAZAS (femmes)																
1	Meriam Eben Khoré, 30 ans, journ., née à Petch. obs. à Diarbékir.	bruns	noirs	180	148	78,30	112	332	307	511	135	145	107,40	41	29	70,73	
2	Madé — Hadji, 15 ans, née à Zeghour, — —	—	—	170	151	84,35	108	320	270	504	134	153	114,17	38	27	71,05	
3	Fatta — Hemmo, 15 ans, journ., née et — —	—	châtain fon.	188	148	78,72	112	315	302	535	138	135	97,82	40	27	67,50	
4	Baizé — Rendé, 25 ans, serv., née à Petchar, — —	—	—	187	144	77,00	114	340	265	530	140	144	98,64	42	32	76,19	
5	Aïcha — Schenoli, 25 ans, serv., — — —	—	noirs	182	142	78,02	110	325	268	522	145	140	96,55	47	32	68,08	
6	Eminé — Aure, 25 ans, ram. d'herb., — — —	marron	—	192	147	76,56	117	350	300	522	138	140	101,44	38	36	94.73	
7	Madé — Zeiné, 13 ans — — — —	noirs	châtain fon.	184	145	78,80	120	326	304	522	137	137	100,00	37	35	94,59	
8	Zabré — Ihammé, 22 ans, — — — —	bruns	noirs	184	144	78,26	111	314	304	530	140	131	93,58	41	35	79,54	
9	Eminé — Aïché, 16 ans, mend., née à Petch., — —	noirs	chât. foncé	182	148	81.31	111	308	270	527	138	135	97,82	41	31	75,60	Léger apl. fronto-bregmat.
10	Mariam — Hajar, 25 ans, — née à Perka — —	bruns	—	192	161	83.85	114	355	312	555	138	141	102,17	38	32	84,21	Aplat. fronto-bregmatique
		Moyennes. .		185	147	79,46	113	328	292	528	130	140	100,72	40	31	77,50	
	KURDES BOKTANLI ET CHEKAS (hommes)																
1	» 45 ans, muletier, né et observé à Van.	marron	châtains	198	165	83,33	112	337	311	542	145	150	103,44	49	39	79,59	
2	» 25 ans, — — —	—	—	191	160	83,76	110	325	305	530	147	152	103,39	47	35	74,46	Aplat. fronto-bregmatique
3	» 30 ans, — — —	bruns	noirs	197	154	78,17	115	345	300	557	150	150	100,00	41	35	78,94	Impression fronto-bregmat.
4	» 24 ans, — — —	marron	châtains	187	154	82,35	120	314	300	522	148	141	95,26	44	36	81,81	
5	» — — — —	bruns	noirs	195	164	84,10	123	354	314	519	145	147	101,37	38	35	92,10	Aplatiss. occipital gauche.
		Moyennes. .		193	159	82,38	117	335	306	534	147	148	100,87	44	30	81,82	

Numéros d'ordre	Noms et âges — Lieux de naissance et d'observation — Profession du sujet	Couleurs — Yeux	Couleurs — Cheveux	Diamètres de la tête — Antéro-postérieur maximum	Diamètres de la tête — Transversal maximum	Diamètres de la tête — Indice céphalique	Diamètres de la tête — Transversal-frontal minimum	Courbes — Inio-frontale totale	Courbes — Transversale sus-auriculaire	Courbes — Horizontale fronto-lambdoïque	Mesures de la face — De la glabelle au point mentonnier	Mesures de la face — Largeur bi-zygomatique	Mesures de la face — Indice facial	Mesures du nez — Longueur	Mesures du nez — Largeur	Mesures du nez — Indice nasal	Déformations de la tête
	KURDES, BARAZIS, DUGHERLY ET CHICANLY (hommes)																
1	HAMO, 38 ans, berger, né à Serudj p. orfa, observé à Orfa	bleu verd.	châtains f.	203	164	80,78	129	378	310	585	154	164	106,48	55	48	87,27	Scaph. forte corde à cham.
2	HASSAN, 45 ans, cultiv., né à Ormerian, près Mardine —	bruns	noirs	206	169	82,03	121	308	310	555	146	164	112,32	54	40	74,07	Léger aplatissement frontal
3	BAKDACH, 62 ans, cultivateur, né et —	bleus	—	214	166	77,57	128	388	319	590	156	166	106,41	49	43	87,75	Forte protub. de l'écaille o
4	OSSO, 58 ans, cultivateur, né à Soroudj, —	bruns	—	212	162	76,41	116	305	300	580	159	155	97,48	54	47	87,03	
5	MAHAMET, cultivateur, né et —	marron	blonds	206	150	72,81	119	346	275	544	150	150	100,00	55	46	83,63	
6	SELO, 55 ans, cultivateur, né et —	bruns	noirs	193	152	78,75	114	365	277	536	139	150	107,91	48	38	79.16	
7	RACHED, 45 ans. cultiv., né à Kara-ghedj, obs. Merdjeri-Khan	marron	noirs	208	162	77,88	125	354	312	556	151	149	98,67	51	40	78,43	
8	ALI, 42 ans, cultivateur, près d'Orfa, —	bruns	noirs	200	164	82,00	119	331	297	447	149	152	102,01	56	38	67,85	
9	MOHLLA OMER, écrivain, né à Orfa, —	—	—	204	159	77,94	110	350	296	566	154	146	94,80	46	37	80,43	Impress. fr.-breg. tr. marq
10	ALAF, 48 ans, cultivateur, né à Serudj, —	—	très noirs	194	161	82,98	124	324	312	536	149	153	102,68	46	46	100,00	
11	CHEKH-AYOUB, 52 ans, né à Kara-guetch. —	vert bleuâtr.	noirs	193	162	83,93	118	330	286	544	144	148	102,77	51	36	70,58	
12	CHEKO, 18 ans. domest., né à Kara-guetch, —	bruns	—	186	153	82,25	117	510	274	230	140	158	112,85	41	36	87,80	Apl. occ. médian assez pro.
13	MESELEM, 44 ans, cultiv., né près d'Orfa, —	marron	châtain f.	211	160	75,82	112	358	289	577	151	148	98,01	51	37	72,54	
14	ADJI-KALIL, 44 ans, cultiv., né à Serudj, —	—	noirs	201	152	75,62	115	342	272	540	150	148	98,66	48	41	85,41	Prot. occ. pron. faible ap.
15	KAYON, 30 ans, né à Djorlak, observé à Merdj-Rihan —	bruns	—	196	162	82,65	112	348	307	576	140	152	102,01	52	39	75.00	
16	SOLIMAN fr, de KODOR, 38 ans, né à Veran-chehr. —	marron	—	194	153	78,86	124	355	300	552	145	140	102,75	52	36	69,23	
17	HIMAM, 36 ans, cultivateur, né à Serudj, —	bruns	—	199	156	78,39	110	347	306	556	143	151	105,59	48	39	81,25	Léger a. l. occipit. gauche.
18	MOHAMMED, 28 ans, porteur, né près d'Orfa. —	marron	—	190	145	76,31	104	312	257	510	138	139	100.72	48	36	75,00	Re. et fronto-breg. du crâne
19	KALIL, 40 ans, cultivateur, né à Serudj, —	—	—	214	163	76,16	116	366	323	575	153	152	99,34	42	37	88,08	
20	MOHAMMED, 45 ans, — — — —	bleus	châtains	212	153	72,16	112	353	300	562	153	146	95,42	51	39	76,47	Aplatiss. post-bregmatique
21	IBRAHIM, 26 ans, — — — —	—	—	204	157	76,96	114	345	296	550	155	147	94,83	56	35	62,50	
22	AYON, 20 ans, — — — —	bruns	noirs	196	150	76,53	106	320	316	526	149	142	95,30	47	34	72,34	
	Moyennes. . .			201	157	78,11	116	347	297	525	149	151	101,34	50	39	78,00	

NUMÉROS D'ORDRE	NOMS ET AGES, LIEUX DE NAISSANCE ET D'OBSERVATION, PROFESSION DU SUJET	COULEURS: YEUX	COULEURS: CHEVEUX	DIAMÈTRES DE LA TÊTE: ANTÉRO-POSTÉRIEUR MAXIMUM	DIAMÈTRES DE LA TÊTE: TRANSVERSAL MAXIMUM	DIAMÈTRES DE LA TÊTE: INDICE CÉPHALIQUE	DIAMÈTRES DE LA TÊTE: TRANSVERSAL-FRONTAL MINIMUM	COURBES: INIO-FRONTALE TOTALE	COURBES: TRANSVERSAL SUS-AURICULAIRE	COURBES: HORIZONTALE FRONTO-LAMBDOÏQUE	MESURES DE LA FACE: DE LA GLABELLE AU POINT MENTONNIER	MESURES DE LA FACE: LARGEUR BI-ZYGOMATIQUE	MESURES DE LA FACE: INDICE FACIAL	MESURES DU NEZ: LONGUEUR	MESURES DU NEZ: LARGEUR	MESURES DU NEZ: INDICE NASAL	DÉFORMATIONS DE LA TÊTE
	KURDES, BARAZI ET CHICANLI (hommes)																
1	MESLEN, 40 ans, cultivateur, né à Biredjik obs. à Biredjik	marron	châtain f.	199	162	81,40	123	347	292	537	155	143	92,25	48	41	85,41	
2	KALIL, 45 ans, cultivateur, né à Kaparli, — —	marr.	blonds	200	156	78,00	127	350	293	532	158	113	90,50	63	38	71,69	
3	MAHAMET, 40 ans, cultivateur, né à Kharabe, — —	brun	noirs	198	155	78,28	92	353	297	553	157	146	92,99	50	47	94,00	
4	SCHIKHO, 30 ans, moukre, né à Majenna, — —	marron	châtain f.	197	158	80,20	83	328	300	515	145	145	100,00	47	36	76,59	Étroitesse des temporaux.
5	AKMET, 50 ans, cordier, — —	bruns	noirs	204	160	78,43	96	375	312	500	151	160	105,95	51	43	84,31	Comp. antéro-bregmatique-
6	MAHAMET, 45 ans, moukre, — —	marron	blonds	213	158	74,17	86	378	276	562	150	160	106,66	50	38	76,00	Scaphocéphale.
7	RAMO, 35 ans, journalier, né à Kharabsour, — —	bruns	noirs	195	164	84,10	81	353	300	552	110	154	103,35	45	37	82,22	
8	SALA, 30 ans, berger né à Razal près Biredjik, — —	—	—	202	161	79,70	151	355	314	568	147	149	101,35	48	38	79,16	
9	MESIEM, 30 ans, tailleur de pierres, — —	—	—	200	160	80,00	127	362	318	563	157	152	96,81	53	38	71,69	Aplatiss. antéro-postérieur.
10	MOHAMAD, 23 ans, cultivateur, né à Hara-Mazidâ — —	marron	—	207	162	78,26	124	365	310	568	156	150	96,15	49	36	73,46	
11	MOHAMDA, 60 ans, musicien, né à Magdale (Seroudj) — —	bleus	noirs	182	146	80,26	113	297	261	532	141	142	100,71	39	32	82,05	Comp. ant.-br., apl. oc.
12	HADJ-AHMAD, 27 ans, menuisier, — —	marron	noirs	193	151	78,25	119	330	300	528	140	150	106,67	47	38	80,85	
13	ALO, 30 ans, musicien, — —	—	—	186	155	83,33	117	322	277	538	141	141	100,00	47	34	72,34	
14	SAMO, 20 ans, berger, né à Muribi, — —	—	—	189	159	84,12	122	319	290	535	135	149	110,36	49	37	75,51	
15	IBRAHIM KHALIL, soldat, né à Roumkola — —	marron	châtains	216	169	78,24	120	380	312	565	149	162	108,72	49	37	75,51	
16	— 30 ans, soldat, né et — —	marron	noirs	210	116	76,66	126	361	027	534	153	160	104,57	52	38	73,07	
			Moyennes . .	199	158	78,38	113	348	298	548	149	150	100,67	48	38	79,17	
	KURDES, TRIBUS DIVERSES DE LA SYRIE ET DE LA HAUTE-MÉSOPOTAMIE (femmes)																
1	BERFO, 52 ans, mendiante, née à Bottane, observé à Diarbékir.	bruns	châtain f.	196	159	81,12	122	350	312	554	139	145	104,31	48	33	68,75	
2	BESSI, 28 ans, mendiante, née à Keppi, — —	noirs	noirs	184	150	84,78	106	320	305	590	136	140	102,94	46	30	65,21	
3	MARIAM, 50 ans, mendiante, née à Dehè, — —	bruns	châtain f.	185	162	87,56	109	319	312	497	138	143	103,62	44	32	72,72	
4	— 40 ans, servante, née à Ghabennouk, — —	—	—	192	154	80,20	124	310	322	517	132	148	112,11	48	35	72,91	
5	HAZAR EBEN HABINÉ, 40 ans, journalière née à — —	—	noirs	180	155	86,11	118	310	290	510	140	137	91,33	42	32	76,19	
6	EVE EBEN REDROS, 30 ans, journ., née à Khiam, —	noirs	—	194	153	78,86	110	320	300	510	136	148	108,82	45	32	71,11	Aplatissem. occip. gauche
7	RAHEL EBEN CHANKO, 35 ans, mend., née à — —	marron	noirs gris	187	161	86,09	117	330	312	527	136	147	108,09	44	34	77,27	
8	MARIAM, 38 ans, mendiante, née à Séerte, — —	verts	châtain f.	192	154	80,20	118	321	318	520	144	144	100,00	46	34	73,91	
9	MARIAM EBEN GADAR, 25 ans, née à Burka, — —	bruns	châtains	189	152	80,42	120	318	314	515	142	145	102,11	44	29	65,90	
10	LOULON EBEN GADAR, 35 ans, née à Dergour, — —	noirs	noirs	192	155	80,72	110	320	297	522	146	140	95,89	44	34	77,27	
11	EMMO EBEN RIHAN, 23 ans, née à Koulp, — —	verts	—	189	156	82,53	115	320	307	500	140	147	104,99	46	32	69,56	
			Moyennes. .	189	156	82,54	115	324	308	519	140	144	102,85	45	32	71,83	

	NOMS ET AGES LIEUX DE NAISSANCE ET D'OBSERVATION PROFESSION DU SUJET	COULEURS		DIAMÈTRES DE LA TÊTE				COURBES			MESURES						DÉFORMATIONS DE LA TÊTE
											DE LA FACE			DU NEZ			
		YEUX	CHEVEUX	ANTÉRO-POSTÉRIEUR MAXIMUM	TRANSVERSAL MAXIMUM	INDICE CÉPHALIQUE	TRANSVERSAL-FRONTAL MINIMUM	INIO-FRONTALE TOTALE	TRANSVERSALE SUS-AURICULAIRE	HORIZONTALE FRONTO-LAMBDOÏQUE	DE LA GLABELLE AU POINT MENTONNIER	LARGEUR BI-ZYGOMATIQUE	INDICE FACIAL	LONGUEUR	LARGEUR	INDICE NASAL	
	KURDES, Tribus diverses de la Syrie et de la Haute Mésopotamie (hommes)																
1	Abdula, 26 ans, cultivateur, né à Kikan, observé à Diarbékir	noirs	bruns	183	170	92,89	115	335	310	535	153	156	101,95	54	34	62,96	Imp.c.t. mar.n.b. apl. oc.
2	Hassan, 50 ans, — né à Lidje, — —	bruns	châtains	198	161	81,31	114	343	310	545	148	149	100,67	49	36	73,46	Aplatissement frontal.
3	Ahmet, 50 ans, — né à Mazu-Dag, — —	—	châtains	194	160	82,47	115	330	300	530	152	152	100,00	54	38	70,37	Scaphocéphale ; apl. occip
4	Mohamed, 60 ans, laboureur, né à Karaletchi, obs. à —	—	noirs	202	169	83,66	112	362	309	555	158	159	100,63	54	41	75,92	Imp. fr-breg apl. oc. gauc
5	Abigcchur, 40 ans — né à Surkudji, observé à —	noirs	noirs	202	156	77,22	114	344	297	528	147	149	101,35	44	31	70,45	
6	Ali, 27 ans, cultivateur, né à Hanike, observé à —	verts	—	201	152	75,62	116	342	294	520	146	145	99,31	54	37	68,51	Aplatissement frontal et c.
7	Youssouf, 70 ans ; cultivateur, né à Quelly obs. à —	bruns	châtains	202	162	80,19	123	370	315	515	149	154	103,36	49	41	83,67	Impression fr prononcée
8	Suleyman, 25 ans, cultivateur, né à Kondour, obs à —	marron	noirs	194	151	77,83	101	302	321	545	150	147	97,99	48	36	75,00	
9	Hanna, 42 ans, tisserand, né à Bourka, observé à —	—	—	197	170	86,29	119	343	310	558	151	152	100,66	50	38	76,00	
10	Daoud ibn Zeya, 55 ans, tisserand, né à Bourka, obs à —	bruns	noirs	188	157	83,51	105	321	200	510	150	141	93,99	50	38	76,00	
11	Mehmet Báso, 20 ans, — né à Sowerek, obs. à —	—	noirs	196	150	76,53	111	331	300	561	151	141	95,36	48	33	68,75	
12	Mohamed Ali Eben Ibrahim, 20 ans, soldat, né et obs. à —	—	châtains	180	157	87,22	115	299	309	504	141	146	103,54	50	34	68,00	
13	Hassan Eben Ibrahim, 20 ans, soldat, né à Masgirth, ob. à —	—	noirs	182	153	84,06	115	300	310	505	157	140	89,17	51	29	56,86	
14	Hassan Mehemed, 18 ans, soldat, né à Masgirth, obs. à —	marron	—	190	155	81,57	114	315	289	535	142	140	98,59	39	32	82,05	
15	Ali Houri, 20 ans, soldat, né à Masgirth, observé à —	bruns	châtains	181	168	92,81	110	319	330	537	143	145	101,40	51	37	72,54	Aplatiss. occipital gauche.
16	Markar, 35 ans journalier, né à Khizn, observé à —	verdâtres	noirs	197	166	84,26	113	350	300	555	153	150	98,03	55	32	58,18	
17	Vartan, 50 ans, journalier — observé à —	verts	noirs	197	154	78,17	110	340	288	552	142	146	102,81	51	38	74,50	Aplatiss. occipital droite.
18	Ohannès, 28 ans — né à Dèhé, observé à —	bruns	noirs	197	168	85,27	120	330	323	538	150	148	98,66	56	33	58,92	
19	Mohamed-Anis, 25 ans, gard. des rues, né et ob. à Alep (Syrie)	bruns	châtains	18[illegible]	164	86,77	85	332	312	535	147	147	100,00	41	38	92,68	Fr. proém. ap. oc. g. t. m.
20	Kosso, 45 ans, maçon, né à Azié, observé à Alep (Syrie).	—	bruns	215	158	73,48	86	361	310	563	155	154	99,35	54	41	75,92	Arcades sourcilières proém.
21	Aoza, 25 ans, cultiv., — — — —	—	châtains	184	162	88,04	8[illegible]	318	300	514	149	146	97,98	51	35	68,62	
22	Ahmed Dervish, 28 ans, mend., né à Karkouk, obs. à Alep (Syrie).	—	châtains	194	162	83,50	83	336	292	522	142	153	107,74	44	36	81,81	
23	Omero, 56 ans, cultivateur, né près d'Alep, — — —	—	noirs	198	155	78,28	92	321	310	52[illegible]	153	145	94,76	51	35	68,62	Imp. inio-bregmat. t. marq
24	Saïdo, 28 ans, mendiant, né à Azié, — — —	marron	châtains	196	166	84,69	92	342	292	520	153	156	101,95	50	36	72,00	Léger aplatissement front.
25	Bakairo, 80 ans, moukre, né à Giaour dag, — — —	—	bruns	192	169	88,02	83	342	310	552	143	158	110,49	42	34	80,95	Aplatissement frontal.
26	Ahmet, 40 ans, mend., né à Kanadjek (p. Kilis) — — —	bruns	noirs	186	158	84,94	85	315	290	525	143	154	107,69	57	49	85,96	
27	Hamza, 55 ans, — né à Cherbian — — — —	—	châtains	1[illegible]0	155	81,57	76	310	280	525	142	146	102,81	57	35	61,40	Apl.fr.br. ; traces cert de b
28	Hassan, 49 ans, berg., né à Djanlikanli p. Slahie, obs. à Alep —	marron	blonds	192	162	84,37	87	340	285	550	139	154	110,79	47	38	80,85	Léger aplatissement front
29	Hali, 20 ans cultiv., né à Cida (près Kilis), — — —	—	blonds	191	157	82,19	8[illegible]	315	310	536	149	157	105,36	46	38	82,60	
30	Bachid, 22 ans, cultivateur, né à Djoumé, — — —	—	noirs	192	154	80,20	84	320	200	510	149	143	95,97	54	30	55,55	
31	Ahmet Bakro, 20 ans, cultiv., né à Djaoud, — — —	bruns	châtains	193	150	77,72	79	325	300	525	147	145	98,63	48	35	72,91	
32	Dado, 25 ans, médecin, né Shadian (p. Azié). — — —	verts	—	195	160	82,05	83	322	315	522	135	143	105,92	44	38	86,36	
33	Moustapha, 25 ans, berger, né à Djanli-Kanli, — — —	marron	châtains	193	159	82,38	80	342	230	552	143	151	105,59	48	36	75,00	
34	Homab, 27 ans, berger, né à Kousabrahim, — — —	—	blonds	200	158	79,00	87	345	230	555	137	153	111,67	54	35	64,81	Aplatiss. des bosses front
35	Hanahan, 18 ans, cultivateur, né à Pertakli, — — —	bruns	noirs	195	165	84,61	89	340	310	555	142	148	104,22	43	38	88,37	
	Moyennes. . .			193	159	82,54	100	333	300	529	147	149	101,35	49	36	72,78	

Je ne puis terminer cette étude des Kurdes sans insister sur les caractères morphologiques et anthropométriques des tribus Yesidi dont l'origine complexe est encore discutée.

Répandus un peu partout en Asie occidentale, ils sont confondus par les Arabes et les Turcs avec d'autres groupes qu'ils ne reconnaissent pas comme de véritables musulmans, et qu'ils accablent de leur mépris. Tels sont les Ansariés, les Tahtadji, les Kizilbachi, les Bektachi, etc., dont nous aurons à nous occuper plus tard.

Par leurs caractères ethnographiques, l'ensemble de leur physionomie et quelques-uns de leurs caractères anthropométriques, les Yésidi paraissent appartenir à la nation Kurde, du moins en Transcaucasie. Les indices céphaliques de six individus de cette secte que j'ai mesurés en Arménie russe, montrent que dans cette région ils sont mésocéphales; trois hommes de Zara présentent un indice de 72,36 et trois hommes de Karakou un indice de 78,61.

Mais à côté de ces mésocéphales, on trouve des ultra-brachycéphales avec un indice moyen de 88,15 comme le montrent les quatre sujets mesurés par M. Gautier à Cheilk-han près d'Ispahan.

Huit Yésidi enfin que j'ai mesurés en Syrie et en Arménie turque, quatre à Hamah et quatre à Bayazid, présentent une brachycéphalie marquée, mais ne dépassant pas cependant l'indice céphalique de 86.

L'indice céphalique moyen des dix-huit Yésidi actuellement mesurés est de 81,12. Il ne fournit pas, comme on pouvait s'y attendre, un élément d'information décisif pouvant permettre de rattacher les Yésidi à une race plutôt qu'à une autre.

L'hétérogénéité morphologique que l'on constate chez les Yésidi démontre qu'ils ne constituent pas un groupe ethnique à part. C'est une secte dont les adhérents sont d'origines diverses, mais plus particulièrement Kurdes.

Pour ne nous en tenir actuellement qu'aux données céphalométriques, on voit, en effet, des Yésidi dolichocéphales présenter des indices céphaliques de 72 à 79 qui les rapprochent des tribus Kurdes Djelali et Radki, peut-être d'origine perse. On en rencontre, d'autre part, qui, par leur brachycéphalie de 85 à 86 peuvent être rangés à côté des Arméniens. Ces mêmes particularités doivent faire rapprocher encore de cette antique nation les Ansariés, les Tahtadji, ainsi que certaines autres sectes qui doivent avoir des liens de parenté avec elle.

On ne peut méconnaître, en effet, l'existence d'une grande affinité morphologique entre ces divers groupes et les Arméniens. Ce fait, joint à ce que l'on sait de leurs coutumes et des croyances permet de penser que, si une partie d'entre elles ont une origine perse, d'autres ont une origine arménienne. Comme les uns et les autres, les Yésidi ont conservé le souvenir des idées saines de de Soroastre. Le christianisme n'a fait parmi eux qu'une impression légère et fugace, alors que chez le gros de la nation arménienne quelque peu sémitisée, il faisait de rapides progrès. Celles des tribus les plus imbues des idées iraniennes ne durent céder, le plus souvent, que pour la forme aux propagateurs de la doctrine de Mohammed. C'est alors, sans doute, que pour se soustraire aux persécutions ils se groupèrent sous le vocable de tel ou tel cheikh, et constituèrent ces sectes, plus ou moins mystérieuses, chez lesquelles à côté du culte du feu, du soleil, des astres en général, on rencontre des traces vagues et mêlées des doctrines chrétiennes et musulmanes.

III

CRANIOMÉTRIE

Les crânes kurdes ne sont pas plus nombreux dans les collections que les crânes arméniens. J'en ai rapporté neuf des environs de Diarbékir en 1881, et non sans de très grandes difficultés. Les musées de Moscou et de Vienne en possèdent chacun trois. Ne connaissant pas exactement la provenance de ces derniers, je les laisserai de côté pour le moment. Cette étude ne sera donc consacrée qu'aux sujets que j'ai recueillis moi-même, et qui sont déposés au muséum de Paris. Sur les neuf individus de Diarbékir, cinq seulement sont dans un état de conservation assez bon pour être décrits utilement.

Tous ces individus sont adultes : deux sont du sexe féminin et trois du sexe masculin. Les mesures auxquelles ils ont pu donner lieu sont groupées dans un tableau. J'ai reproduit dans cinq planches et sous quatre vues différentes les cinq crânes de Diarbékir dont la description va être donnée (pl. XXI à XXV).

Capacité cranienne. — Bien que l'état de conservation de ces crânes laisse généralement à désirer, leur cubage a pourtant été fait. La moyenne des cinq crânes est de 1493 centimètres cubes environ. Le n° 4 est particulièrement grand. Sa capacité atteint 1625 centimètres cubes. Le n° 3, au contraire, est relativement petit ; sa capacité ne dépasse pas 1395 centimètres cubes.

Norma verticalis. —Examinés sous cet aspect, ces crânes présentent un ovale beaucoup plus allongé que celui qui a été constaté sur les Arméniens, excepté cependant chez les sujets n°s 1 et 5 qui sont du sexe féminin. Le n° 1 (pl. XX) et le n° 4 (pl. XXII) montrent, à ce point de vue, les types extrêmes de la série. Le front est large et légèrement arrondi; les bosses frontales sont modérément accusées, même chez les sujets masculins. La boîte crânienne s'élargit au niveau des bosses pariétales, particulièrement développées, dans les n°s 2 et 4 exceptés. Le n° 1 est manifestement asymétrique.

Cette face montre des sutures généralement assez compliquées et à engrènements multiples, comme dans les n°s 2 et 4 (pl. XXII et XXIII). Les n°s 3 et 5 ont des sutures plus simples que les autres. De plus, on remarque sur le n° 3 deux os wormiens au niveau du lambda.

La moyenne de la courbe horizontale est de 508 millimètres; deux sujets portant les n°s 1 et 3 n'atteignent l'un que 491, l'autre 492 millimètres.

La moyenne de la courbe transversale totale, qui n'a pu être prise que sur quatre sujets, est de 464 millimètres; le n° 3 ne présente que 450 millimètres, mais les n°s 1 et 4 atteignent, en revanche, 470 millimètres et l'autre 472.

Norma lateralis. — Vus de profil, ces crânes offrent une courbure assez régulière, lorsqu'il n'y a pas eu de déformations artificielles.

Des arcades sourcilières qui ne sont guère accentuées que dans le n° 3, la courbe s'infléchit légèrement jusqu'au bregma, excepté dans le n° 4. De ce point, au lieu de redescendre, elle s'élève encore sur une longueur de 30 à 40 millimètres et quelquefois même de 60 millimètres comme, par exemple, dans le n° 4, puis elle se dirige vers le lambda presque verticalement jusqu'à l'inion et se poursuit sans aucun ressaut. Les n°s 3 et 4 présentent une incurvation assez prononcée au bregma. Dans le n° 5 dont les arcades sourcilières sont un peu plus accentuées que dans les précédents, la courbe est plus tourmentée que dans les deux autres sujets. L'écaille occipitale présente enfin une protubérance anormale.

Le diamètre antéro-postérieur maximum moyen des cinq individus est de 175 millimètres; le n° 3 est le plus court avec 168 millimètres, et le plus long est le n° 2 avec 182 millimètres (pl. XXII).

Le diamètre transversal maximum moyen est de 139 millimètres; le plus étroit est le n° 2 avec 132 millimètres, et le plus large, le n° 5 avec 144 millimètres (pl. XXVI).

L'indice craniométrique moyen des cinq crânes est de 79,43 c'est-à-dire qu'ils sont mésaticéphales. Toutefois on remarque que la série est moins homogène que celle que nous avons rencontrée dans nos recherches anthropométriques sur le vivant. On trouve, en effet, à côté de l'indice de 72,52 qui est celui du n° 2, l'indice de 83,53 pour le n° 1.

L'indice de hauteur (hauteur, longeur) est encore plus hétérogène. La moyenne est de 77,71. Le diamètre basilo-bregmatique présente une moyenne de 136 millimètres.

Norma antérieure. — Quatre seulement de nos crânes possèdent leur face complète. La plupart présentent un front élevé et moyennement large; la moyenne du diamètre frontal maximum est de 115 millimètres; le n° 1 est celui qui a le frontal maximum le plus étroit avec 108 millimètres. La moyenne du diamètre frontal minimum est de 95 millimètres. L'indice frontal moyen est de 82,60. La face est le plus souvent longue avec une hauteur moyenne de 93 millimètres. Cette hauteur est surtout remarquable sur le n° 2 qui atteint 96 millimètres et le n° 4 qui arrive à 94 millimètres. La largeur bi-zygomatique moyenne, qui est de 122 millimètres, est beaucoup plus faible que celle des Arméniens (130 à 132^{mm}). Parmi nos quatre sujets en possession de leurs faces, un seul, le n° 2, dépasse le chiffre de la moyenne, et l'on voit le n° 3 ne présenter qu'une largeur de 118 millimètres.

L'indice facial moyen de cette série est de 76,23. Ces quatre Kurdes sont donc caractérisés par une dolichofacialie assez marquée que l'on ne rencontre guère que chez les races dites sémitiques, comme les Arabes et les Berbères [1].

Les orbites sont généralement rondes, la hauteur moyenne est de 35 millimètres et la largeur moyenne de 39 millimètres. L'indice orbitaire est de 89,74, ce qui en fait des mégasèmes. Cet indice peut être rapproché, comme l'indice facial, de celui des Arabes et des Berbères [2].

Au point de vue de leur position respective, les orbites de nos quatre sujets présentent des diamètres peu différents. La moyenne de l'indice bi-orbitaire externe est de 102 millimètres et celle de l'inter-orbitaire ou bi-orbitaire interne est de 20 millimètres.

Ces diamètres rappellent ceux des Arméniens.

L'étude des crânes vient confirmer l'existence de la leptorhinie que nos recherches sur le vivant nous avaient révélée. L'indice nasal moyen est de 47,06 avec des moyennes de hauteur de 51 millimètres et des largeurs de 24.

Norma postérieure. — Vus par leur face postérieure, ces crânes montrent une voûte légèrement élevée au vertex; le diamètre basilo-bregmatique ou vertical n'est pourtant pas très considérable, la moyenne n'est que de 138 millimètres.

Cette norma montre encore des bosses occipitales parfois très accentuées comme dans les n°s 1 et 5 et des apophyses mastoïdes généralement massives et

[1] *Crania ethnica*, page 514.

[2] *Loc. cit.*

rugueuses. La moyenne du diamètre bi-mastoïdien est de 109 millimètres, et celle du diamètre bi-auriculaire est de 122 millimètres; la longueur bi-astérique moyenne est de 106 millimètres.

L'écaille occipitale chez la plupart globuleuse, surtout dans les nos 4 et 5, est reliée aux pariétaux par des sutures à engrenages grossiers et compliqués d'os wormiens comme dans les nos 3 et 4. Les rugosités de la région iniaque sont assez saillantes surtout chez les sujets masculins.

Norma inférieure. — Cet aspect permet de constater la forme tantôt ronde (nos 4 et 5) tantôt ovale (no 3) qu'affecte, chez nos cinq sujets, le trou occipital dont l'indice est de 91,43. La longueur moyenne est de 35 millimètres et la largeur de 32. Cette norma laisse voir également la forme de la région palatine. Celle-ci est moyennement large. L'indice palatin moyen est de 66,66; la longueur totale moyenne étant de 54 millimètres et la largeur moyenne de 36. La voûte palatine est assez profonde, elle mesure en moyenne 14 millimètres. La distance moyenne du trou occipital à la naissance de la voûte palatine est de 42 millimètres.

Aucun de nos crânes n'a conservé ses dents; la plupart des alvéoles sont béantes, quelques-unes à peine, et seulement dans les maxillaires supérieurs sont résorbées. Il paraît probable toutefois que ces individus, quoique adultes, étaient encore jeunes.

CRANES DE KURDES DE DIARBEKIR

Muséum de Paris.

MENSURATIONS		1 ♀	2 ♂	3 ♂	4 ♂	5 ♀	MOYENNES
ACITÉ CRANIENNE APPROCHÉE		1430	1485	1395	1625	1500	1493
MÈTRES.	Antéro-postérieur maximum	170	182	163	181	178	175
	Transversal maximum	112	132	140	[illegible]	141	139
	— bi-auriculaire	120	122	122	119	128	122
	— bi-mastoïdien	112	103	110	110	104	109
	— frontal maximum	108	114	120	114	120	115
	— — minimum	92	94	96	98	98	95
	Vertical basilo-bregmatique	140	142	130	134	135	136
NDICES ANIOMÉ-TRIQUES	Longueur = 100. Largeur	83,53	72,52	83,33	77,3	80,90	79,43
	Longueur = 100. Hauteur	82,35	78,02	77,33	74,03	76,40	77,71
	Largeur = 100. Hauteur	98,59	107,57	92,85	95,71	94,44	97,84
ICE FRONTAL		85,18	82,46	80,00	85,97	81,66	82,60
URBE	Horizontale totale	491	520	492	520	520	508
	pré-auriculaire	228	230	230	230	»	229
	Transversale totale	472	465	450	470	»	464
	— sus auriculaire	304	30	302	306	»	303
	Frontale cérébrale	100	105	105	108	»	104
	— totale	130	155	132	134	»	137
	Pariétale	120	130	112	118	»	120
	Occipitale	115	120	110	110	»	113
TROU CCIPITAL	Longueur	39	36	34	34	35	35
	Largeur	32	34	33	31	32	32
	Indice	82,05	94,44	97,06	91,18	91,43	91,43

MENSURATIONS		1 ♀	2 ♂	3 ♂	4 ♂	5 ♀	MOYENNES
LARGEUR DE LA FACE	Bi-orbitaire externe	99	102	105	105	»	102
	Inter orbitaire	22	18	22	18	»	20
	Bi-zygomatique maximum	122	128	118	122	»	122
	Bi-maxillaire maximum	57	67	58	65	»	61
HAUTEUR DE LA FACE	Inter-maxillaire	18	20	18	18	»	18
	Totale de la face (Ophrio-alvéolaire)	90	96	92	94	»	93
	— de la pommette	25	26	24	25	»	25
	Orbito alvéolaire	41	42	36	42	»	40
INDICE FACIAL		73,77	75,00	77,96	77,05	»	76,23
ORBITES	Hauteur	37	36	37	32	»	35
	Largeur	38	44	38	38	»	39
	Indice orbitaire	97,37	81,82	97,37	84,21	»	89,74
NEZ	Longueur	58	54	48	45	»	51
	Largeur	25	26	24	24	»	24
	Indice nasal	43,10	48,15	50,00	53,33	»	47,06
VOUTE PALATINE	Longueur	54	53	54	58	»	54
	Largeur	35	36	37	38	»	36
	Distance au trou occipital	43	42	44	42	»	42
INDICE PALATIN		66,66	67,92	68,52	65,51	»	66,66

BAKHTYARI

MAMACENI ET RUSTENI

ETHNOGRAPHIE ET ANTHROPOMÉTRIE

Il convient de parler ici d'un certain nombre de peuplades qui passent à tort ou à raison pour être des tribus kurdes, telles que celles des Lori, des Bakhtyari, et quelques autres moins importantes.

Les Bakhtyari dont nous nous occuperons d'abord présentent de nombreuses affinités avec les Kurdes dont ils sont, du reste, voisins. Ils habitent actuellement, au nombre de deux cent cinquante mille environ, les régions situées à l'ouest d'Ispahan et au sud du Kurdistan proprement dit. Ce sont des pasteurs nomades ou semi-nomades comme les Kurdes, et ils se divisent en un assez grand nombre de tribus ou communautés. D'après Rawlinson qui a visité plusieurs fois ces populations, la langue des Lori et des Bakhtyari n'est qu'un dialecte kurde.

Quant à leurs caractères morphologiques, ils ont été rarement étudiés. On possède cependant à cet égard quelques renseignements circonstanciés; ils sont dus au colonel Duhousset qui commandait en 1859, comme instructeur, le camp de Sultanieh.

Voici le portrait que notre compatriote a fait de cette population pour l'étude de laquelle il a eu des facilités qu'aucun autre voyageur n'a jamais rencontrées[1].

Il lui a été donné d'observer plusieurs milliers d'individus.

« L'extérieur de cette race, dit-il, annonce la vigueur physique et la décision pour les entreprises hasardeuses. Les hommes ont une taille moyenne, une constitution très robuste et sont fort endurcis à la fatigue ; leur teint est brun; la chevelure noire à ondes longues; l'œil couvert et ombragé de sourcils épais; le nez gros, aquilin et abaissé sur la lèvre; les pommettes sont saillantes et avancées; le regard est dur et le cou maigre. »

M. Duhousset a mesuré quelques Bakhtyari et a relevé leurs profils céphaliques qui montrent une brachycéphalie rare chez les Kurdes. Leur indice céphalométrique est, suivant cet observateur, de 83,37. On rencontre de plus chez ces individus une hypsécéphalie remarquable qui n'a pu être mesurée, mais qui est manifeste. Ce dernier caractère qui éloignerait les Bakhtyari des Kurdes s'explique par la présence, chez la plupart des sujets étudiés, de cette déformation fronto-occipitale dont j'ai déjà montré les conséquences, et qui n'avait pas échappé à M. Duhousset.

Les Bakhtyari ont encore attiré l'attention de deux voyageurs. L'un d'eux est mon savant ami le professeur Frédéric Houssay ; l'autre est M. J.-E. Gautier.

Le premier qui, en 1883, faisait partie de la mission Dieulafoy, a rencontré en Suziane un certain nombre d'individus de cette race[2]. M. Houssay n'a pu mesurer que trois Bakthyari. Leur indice céphalométrique moyen est de 83,70. Ils paraissent, suivant l'auteur, comme à M. Duhousset, fortement métissés de Turcomans.

M. Gautier a réussi à mesurer en 1886, d'après mes indications, neuf Bakhtyari dans les montagnes qu'il a traversées entre Ispahan et Kirmanchah[3].

D'après les observations de M. Gautier, ces neuf individus sont ultra-brachycéphales, car ils présentent un indice céphalométrique moyen égal à 89,32. La moyenne de leur diamètre antéro-postérieur maximum est de 178 millimètres et la moyenne du diamètre transversal maximum de 159. La mise en série de ces Bakhtyari montre que cette ultra-brachycéphalie est bien la véritable caractéristique de ce groupe, car on voit 4 sujets sur 9 avoir un indice de 90 ; 3 seulement leur sont inférieurs. L'indice nasal moyen des neuf sujets est de 69,08, et la moyenne de leur taille est de 167 centimètres.

M. Gautier a mesuré encore dans ces mêmes pays plusieurs autres séries d'indi-

[1] *Étude sur les populations de la Perse*, Paris, 1863, p. 23.

[2] Les peuples actuels de la Perse (*Bull. Soc. anthrop. de Lyon*, t. VI, p. 123).

[3] Notes inédites.

vidus appartenant à des tribus qui paraissent pouvoir être rattachées à la grande nation kurde. Tels sont quatre Mamaceni des environs de Chiraz et cinq Rusteni des environs de Serabsia.

Les Mamaceni présentent un indice céphalométrique moyen de 78 avec des diamètres antéro-postérieurs maximum assez grands dont la moyenne est de 191 millimètres, et des diamètres transverses maximum dont la moyenne est de 149 millimètres. La moyenne de leur taille est de 168 centimètres.

Cette tribu, que ses caractères anthropométriques rapprochent davantage des Kurdes que les Bakhtyari (lesquels sont réellement Kurdes par la langue), est mésaticéphale, et ne présente pas au même degré des traces de ces déformations céphaliques qui ont fait des Bakhtyari, comme de quelques Kurdes et de certains Arméniens, des ultra-brachycéphales.

La tribu des Rusteni ressemble plus encore aux Kurdes que les précédentes, surtout par leur indice céphalométrique qui est de 82,20. Le diamètre moyen antéro-postérieur maximum est de 185 millimètres et le transverse maximum de 153 millimètres.

Leur taille est celle des Mamaceni et des Bakhtyari. La moyenne est de 167 centimètres.

ANSARIÉS

I

ETHNOGÉNIE ET ETHNOGRAPHIE

Cette population est également connue sous les noms de Noussaïrié, Neèseriés, ou Ansari, variantes du nom d'Ansariés, qui signifie dans leur langue « petits chrétiens ». Les historiens des Croisades les appellent Nassorites, et Pline, Nazerini. Une branche de cette famille qui habite plus spécialement la Cilicie et la Lycie est désignée sous le nom de Tahtadji ou Tachtadschy.

On estime à environ 200.000 le nombre des Ansariés des divers pays où l'on en rencontre actuellement.

Les Ansariés habitent principalement un massif de montagnes de la Syrie septentrionale, limité à l'est par la vallée de l'Oronte et baigné à l'ouest par la Méditerranée, sur une longueur de 175 kilomètres, entre Latakieh au nord, et Tripoli au sud.

Ces montagnes, dites des Ansariés, étaient appelées dans l'antiquité les monts Bargylus et leur altitude ne dépasse guère 1200 mètres. Leur extrémité nord-est est contournée par l'Oronte qui les sépare de l'éperon du Taurus nommé Alma-Dagh [1].

[1] Rey, Essai de géographie sur le nord de la Syrie *(Bul. de la Soc. de géograph. de Paris*, avril 1873).

Elles font partie du vilayet de Beyrouth, et appartiennent au district de Tripoli.

La population entière de ce district est d'environ soixante-dix mille âmes sur lesquelles soixante-cinq mille sont des Ansariés. Les autres sont des Grecs et des Syriens maronites.

Les Ansariés de cette région sont divisés en neuf tribus ou *achaïrs* dont voici le tableau statistique établi sur les données les plus dignes de foi [1].

Les Kaïatin	24.000
Les Haddadineh.	11.000
Les Nouassera	10.000
Les Motouara.	4.000
Les Chemsin	16.000
Les Touachera	
Les Karahleh	
Les Rochaoune	
Les Mlih	

Les principales tribus sont celles des Kaïatin, des Motouara, des Chemsin et des Rochaoune, qui habitent plus particulièrement le pays de Lafita, l'un des cantons les plus sauvages du district.

Il y a quelque temps encore, chaque canton du Djebel Ansarié était administré par un moquaddem dont les fonctions étaient héréditaires et qui recevait son investiture du gouverneur turc de Latakieh. Le moquaddem était à peu près indépendant. Aujourd'hui, un certain nombre d'entre eux ont dû se soumettre à l'autorité turque ; toutefois la plupart des tribus cantonnées dans les hautes montagnes passent encore pour rebelles, et paraissent conserver leur autonomie.

L'accès du pays Ansarié est donc assez difficile, et ce n'est guère que sur le littoral, à Tripoli et à Latakieh, dans les environs de Beyrouth, dans la vallée de l'Oronte et à Antioche, que cette population a été surtout étudiée. C'est du reste dans cette dernière localité, où les Ansariés se trouvent au nombre de 20.000 environ, qu'il m'a été donné d'en mesurer un certain nombre et de recueillir des renseignements sur leurs mœurs et coutumes.

Dans chacun des arrondissements d'Alexandrette, de Killis, d'Alep et de Djeser-Chougr, on en compte 3000 environ. Pasteurs et brigands à l'occasion dans leurs montagnes, ils sont d'excellents cultivateurs dans les vallées et les plaines. Ce sont eux qui cultivent le tabac renommé de Latakieh, et dans la

[1] Rey, *loc. cit.*, page 339.

plaine d'Antioche, ils sont recherchés, sous le nom de Fellah, comme bons laboureurs et jardiniers.

Comme chez la plupart des peuples de l'Orient, les femmes passent, chez les Ansariés, pour être traitées en esclaves. Elles ne sont pas consultées au sujet de leur mariage qui ne peut avoir lieu qu'avec un homme de la même secte, sinon de la même tribu. Les parents attendent à peine que leurs filles aient atteint l'âge de dix ans pour les donner ou plutôt les vendre à des garçons qui n'ont guère plus de quatre à cinq ans que leurs fiancées. Toutefois, ces jeunes époux restent encore deux ou trois ans chez leurs parents respectifs avant de fonder une nouvelle famille.

La moralité, quoi que l'on en ait dit, paraît assez grande chez les Ansariés. On doit remarquer pourtant que l'adultère n'est puni que s'il a lieu avec un étranger. Dans ce cas, c'est par la mort que la coupable expie son crime.

Ils ont la réputation d'être aussi vindicatifs que les Corses.

Le costume des Ansariés diffère assez de celui des Syriens leurs voisins. Leurs bottes recouvrent un large pantalon blanc qui est lui-même recouvert d'une sorte de jupon rappelant la fustanelle des Grecs, mais ne formant pas de plis et beaucoup plus étroit [1]. La poitrine, le dos et les épaules sont protégés par une veste généralement blanche dont les manches sont fendues et pendantes, comme celle des Kurdes et des Arméniens. La plupart d'entre eux portent une large ceinture contenant un véritable arsenal de pistolets, de poignards de toutes dimensions. Ils sont coiffés d'un bonnet rouge à gros gland entouré d'un léger turban.

Le costume des femmes se compose d'un pantalon bleu serré à la cheville, et d'un jupon court retenu à la ceinture par un châle rayé rouge ou jaune. Un corsage noir ou bleu échancré sur la poitrine laisse voir la chemise boutonnée jusqu'au menton. Leur coiffure est la même que celle des hommes ; elle en diffère pourtant en ce qu'elle est surchargée de pièces de monnaie et entourée quelquefois d'un keffieh de soie. Excepté dans les villes du littoral, comme à Latakieh, les femmes ne sont pas voilées. Elles évitent seulement de se montrer à visage découvert aux étrangers.

Le témoignage des Ansariés n'est pas accepté en justice.

Ils ont une très grande vénération pour leurs vieux cheikhs qui sont respectés pour leurs vertus, et sont assez souvent déclarés saints ou santons. Ils leur élèvent des tombeaux sur des collines isolées et les entourent de bosquets. Ils ont porté d'ailleurs, au plus haut degré le culte des morts en général et le respect des sépultures.

[1] Lortet, *Syrie d'aujourd'hui*, page 74.

Les Ansariés se disent officiellement musulmans chiites, se circoncisent et font des ablutions. Ils récitent des prières, particulièrement à minuit et un peu avant le lever du soleil. Leur religion est du reste des plus complexes et des moins connues, l'un de ses principes, même le plus absolu, étant de la garder secrète ainsi que les pratiques de leur culte. Ils ne mettent même pas leur propre femme au courant de leur croyance.

Les quelques renseignements que l'on possède sur cette religion sont dus à Soliman-effendi-el-Ezani, Ansarié d'Antioche. Après avoir été converti par les missionnaires américains de Beyrouth, il a publié, en 1880, un ouvrage sur ses anciens coréligionnaires.

Les Ansariés auraient, d'après lui, un dieu invisible et un dieu visible qui est Ali. Ils se divisent en quatre sectes principales dans lesquelles on trouve certains détails de la loi judaïque, de celle de Mohamed Ali, du mazdéisme et même du christianisme. C'est un mélange inextricable de débris de croyances et de préceptes au-dessus desquels surgirait un grand nombre de vestiges d'un paganisme primitif analogue à celui de la plupart des peuples de l'Asie occidentale.

Les quatre sectes qui divisent cette population sont :

1° Les Chemsie, adorateurs du soleil.

2° Les Kleisié, adorateurs de la lune (la plus nombreuse).

3° Les Ghaibié, adorateurs d'un dieu créateur de toutes choses.

4° Les Chemalié qui ne reconnaissent aucune divinité, et semblent être les libres-penseurs de cette nation.

Comme beaucoup de musulmans ils accrochent aux branches de certains arbres des chiffons, en ex-voto. En revanche, ils ont horreur des pèlerinages, par haine, sans doute, des mahométans.

La plupart croient à une sorte de métempsycose. Celle-ci consiste dans le passage de l'âme d'un défunt dans le corps d'un autre Ansarié. Mais, dans le cas où sa pureté laisse à désirer, elle passe dans le corps d'un juif, puis dans celui d'un sunnite et enfin dans celui d'un chrétien. Elle change ainsi de domicile jusqu'à ce qu'elle soit assez pure pour pouvoir s'élancer dans une étoile, son séjour définitif.

La branche des Tahtadji qui habite surtout en Cilicie et en Lycie tire son nom de son occupation spéciale qui est celle de faire des planches (Tahta). Ce sont des scieurs de long. Ils sont aussi appelés *Allevé*, sans doute parce qu'ils sont sectateurs d'Ali.

D'après mon savant ami, le Dr von Luschan, qui a eu l'occasion d'étudier en

Lycie un grand nombre de Tahtadji qu'il apppelle Tachtadschy, ces gens s'occupent essentiellement du commerce des bois [1].

De même que les Ansariés desquels il les rapproche, ils sont officiellement regardés comme mahométans. Ils ne parlent que le turc, et, depuis quelques années, ils ont accepté le service militaire, afin de ne pas perdre une partie de leurs droits de citoyens comme les Arméniens et les Grecs de l'Anatolie.

Leur adhésion à l'islam n'est malgré tout qu'apparente et, comme leurs frères de Syrie, ils conservent secret leur culte et les principes de leur religion. Comme aux Ansariés de Syrie, on leur reproche de se livrer à des orgies à l'occasion de leurs fêtes religieuses, notamment dans des réunions nocturnes durant lesquelles, après s'être enivrés, ils se livreraient à la promiscuité la plus complète, dans la plus grande osbcurité. Cette légende qui est répétée par les zaptieh (gendarmes) et les palefreniers n'a plus aucun crédit parmi les Turcs intelligents et cultivés. Ces réunions nocturnes que l'on attribue à d'autres sectes, telles que les Kizilbach, les Yézidi, peuvent s'expliquer par la nécessité où elles ont été, et sont encore, de se cacher pour l'exercice de leur culte, afin d'échapper à la persécution des musulmans. Il n'est pas rare, au reste, de rencontrer en pays turc des fanatiques musulmans accablant d'injures un chrétien (guiaour), et l'accusant d'actes obscènes.

En ce qui concerne les Tahtadji, ce qui a pu contribuer, d'après von Luschan, à donner naissance à ces accusations, c'est l'usage que l'on trouve chez eux des mariages entre frère et sœur, signalé par plusieurs auteurs et dont il a pu constater la réalité.

Cette population vit isolément dans les montagnes, le plus souvent à une hauteur de 1000 à 1500 mètres. Leurs habitations ne consistent, en toute saison, qu'en de petites huttes rondes en planches recouvertes de branchages.

Les Tahtadji ne viennent dans les villes que pour vendre leurs planches et acheter des outils. Afin de ne pas attirer l'attention des Turcs, ils évitent de lier connaissance, et ne les voient que pour leurs affaires. Quand ils sont obligés de vivre avec eux, ils s'appliquent à pratiquer les mêmes usages ; ils fêtent, entre autres, comme eux, le Ramazan.

Cependant, les Tahtadji boivent du vin et de l'alcool et mangent de la viande de porc. Ils regardent, en revanche, le lièvre et le dindon comme impurs, et n'en mangeraient à aucun prix. Pour eux le paon est la personnification du diable.

[1] Die Tachtadschy und andere Ueberreste der alten Bevolkerung Lykiens (*Arch. für Anthropol.*, Band XIX, 1891, p. 31). — Reisen in Lykien, Mylias Kibiratis, E. Petersen et F. Von Luschan, 2 vol. in-folio, Vienne, 1882, Band II, *Anthropologische Studien*, p. 198.

Cet oiseau est appelé, suivant les circonstances, à une autre vie sous la forme d'un homme de bien ou d'un saint. Ce fait, et bien d'autres, les rapproche de la secte des Yézidi. Comme les Ansariés de Syrie, ils ont l'idée de la métempsycose, et croient au mauvais esprit, démon semblable à l'ange déchu des chrétiens, et qui devient un bon esprit après avoir séjourné dans le corps de divers animaux. Ils ont quatre grands prophètes : Moïse, David, Jésus et Ali.

A l'occasion de l'inhumation d'un défunt, les Tahtadji ont l'habitude de faire brûler sur la tombe ouverte une pièce du vêtement du mort qu'ils tiennent suspendue à une branche d'arbre. On cite encore l'usage de déposer sur la tombe un vase à boire à deux anses.

On voit par ce qui précède que cette population ne doit pas être séparée des Ansariés, et que sous bien des rapports elle a des affinités ethnographiques assez grandes avec quelques autres peuplades peu connues de l'Anatolie, et confondues avec les Turcs. Mes observations anthropométriques sur les Ansariés de Syrie et celles de von Luschan sur les Tahtadji de Lycie contribueront sans doute à assigner une place à ce groupe, à côté des Arméniens qui constituent l'une des plus anciennes et des plus belles nations de l'Asie occidentale.

II

MORPHOLOGIE ET ANTHROPOMÉTRIE

Le caractère indépendant des Ansariés et la méfiance qu'ils professent à l'égard des étrangers sont des obstacles assez grands pour arriver à les observer avec quelques détails.

N'ayant pas visité leurs montagnes, c'est à Antioche que j'ai eu, en 1881, l'occasion d'en étudier une série. Grâce à l'intervention obligeante de l'agent consulaire de France, dans cette localité, j'ai mesuré et photographié 48 individus dont 6 femmes[1].

La physionomie des Ansariés diffère complètement de celle des Grecs et des musulmans syriens ou turcs qui les entourent.

Les hommes, généralement bien musclés, sont agiles, vigoureux, et n'ont pas de tendance à l'embonpoint. La plupart ont une allure martiale et une expression dure dans le regard qui rappellent les Kurdes à bien des égards.

Les femmes sont pour la plupart belles, mais n'ont pas cet aspect de santé et d'énergie que l'on trouve chez les femmes de ces derniers.

Les cheveux et les yeux. — Les Ansariés sont surtout bruns. Pourtant il y a des voyageurs qui affirment qu'ils ont les cheveux blonds et les yeux bleus.

La réalité est que, sur 48 sujets observés, 19 hommes sur 42 et 5 femmes sur 6 ont les cheveux foncés; 18 hommes et 1 femme les ont moyens ou châtains et 5 hommes seulement les ont clairs ou blonds. Les femmes sont, toutes proportions gardées, plus brunes que les hommes. Pour la totalité on a donc 48 % de châtains; 39 % de bruns et 13 % de blonds.

[1] *Bull. Soc. anth. de Lyon*, t. I, 1882, p. 167.

La plupart des Ansariés ont les cheveux droits ; 10 % à peine les ont ondulés ou frisés.

Mise en séries de la couleur des cheveux des Ansariés.

NOMBRE D'INDIVIDUS	LOCALITÉS	COULEUR FONCÉE	COULEUR MOYENNE	COULEUR CLAIRE
42 hommes	Antioche	19	18	5
6 femmes	—	5	1	»

Parmi les yeux qui sont toujours assez vifs, et qui n'ont jamais rien de mongoloïde, les couleurs bleu et vert clair sont assez rares, 36 hommes sur 46 et 2 femmes sur 6 les ont foncés ; puis 2 hommes et 4 femmes les ont moyens ou brun clair, et 4 hommes les ont clairs ou bleus.

Pour la totalité, on a donc 56 % d'yeux foncés et 8 % d'yeux clairs.

Les Tahtadji étudiés par von Luschan ont tous les cheveux et les yeux bruns.

Mise en séries de la couleur des yeux des Ansariés.

NOMBRE D'INDIVIDUS	LOCALITÉS	COULEUR FONCÉE	COULEUR MOYENNE	COULEUR CLAIRE
42 hommes	Antioche	36	2	4
6 femmes	—	2	4	»

Le diamètre bi-palpébral externe est en moyenne, chez les hommes comme chez les femmes, de 95 millimètres, et la distance bi-palpébrale interne est en moyenne de 28 millimètres.

Le nez, les oreilles, la bouche et la face. — Le nez est généralement droit et légèrement abaissé chez les Ansariés. L'indice nasal moyen des 48 sujets est de 71,42 avec des hauteurs moyennes de 49 millimètres et des largeurs moyennes de 35 millimètres. Ils sont donc mésorhiniens.

Mise en séries de l'indice nasal des Ansariés.

NOMBRE D'INDIVIDUS	LOCALITÉS	AU-DESSOUS DE 60	DE 60 A 69,9	DE 70 A 79,9	80 ET AU-DESSUS
42 hommes	Antioche.	2	15	17	8
6 femmes	—	»	3	3	»

La mise en série de l'indice nasal montre que, sur les 48 sujets, 2 hommes seulement présentent des indices inférieurs à 60 ; 18 individus dont 3 femmes, des indices inférieurs à 70 ; 20 dont 3 femmes, des indices inférieurs à 80 ; 8 hommes enfin atteignent l'indice élevé de 80.

Cette mésorhinie que l'on peut être surpris de trouver chez les Ansariés que d'autres caractères rapprochent des races leptorhiniennes, est très apparente dans les individus que j'ai photographiés.

La planche XXVI présente un type aussi caractéristique que possible de cette population. Les deux individus qu'elle représente, le cheikh Soliman et son fils, deux santons vénérés dans toute la plaine d'Antioche et au delà, sont de race certainement pure, et doivent donner une idée du type ansarié de la région.

La bouche est moyenne chez ce peuple, surtout chez les femmes. Les lèvres sont généralement fines. Les oreilles sont plutôt grandes que petites et, dans la plupart des cas, elles sont déformées par la coiffure.

La face est relativement courte. L'indice facial des 48 sujets d'Antioche est de 101, avec des largeurs bi-zygomatiques moyennes de 153 millimètres et des hauteurs de la glabelle ophrio-mentonnière au point mentonnier de 150 millimètres. Chez les femmes cette mésofacialie est un peu plus accentuée. L'indice facial féminin est de 104,90.

Mise en séries de l'indice facial des Ansariés.

NOMBRE D'INDIVIDUS	LOCALITÉS	AU-DESSOUS DE 95	DE 95 DE 99.9	DE 100 A 104.9	105 ET AU-DESSUS
—	—	—	—	—	—
42 hommes	Antioche.	6	9	14	13
6 femmes	—	»	1	1	4

La mise en série de l'indice facial des 48 Ansariés confirme la mésofacialie que nous avaient montrée les moyennes. On voit, en effet, que tandis que 13 hommes et 4 femmes dépassent l'indice de 105, et que 14 dépassent celui de 100, on en voit 9 seulement inférieurs à 99,9 et 6 à celui de 95.

La taille et la grande envergure. — La crainte qu'ont les Asariés de perdre leur indépendance en étant appelés au service militaire, a considérablement augmenté les difficultés que j'ai rencontrées chez cette population pour en étudier les caractères morphologiques. Afin d'obtenir l'autorisation de prendre sur eux les principales mesures céphalométriques pouvant fournir des indices, j'ai dû renoncer à prendre leur taille et leur grande envergure. Cette opération constituait pour eux une véritable constatation de leurs aptitudes au service militaire, et sans doute aussi une base de signalement qu'ils devaient à tout prix éviter de laisser prendre. Quoi qu'il en soit, j'ai pu observer que les hommes sont généralement de taille moyenne, souvent même élevée. Les femmes, au contraire, sont plutôt petites.

La tête, ses dimensions et ses déformations. — Les Ansariés ont la tête courte; leur indice céphalométrique moyen est de 84,53. Les femmes sont un peu plus brachycéphales que les hommes, leur indice monte à 85,79. Cet indice est à peu près celui que von Luschan a trouvé chez les Tahtadji (13 hommes 85,95), et celui que nous avons constaté chez les Arméniens (341 sujets, hommes et femmes réunis, 85,63).

Mise en séries de l'indice céphalique des Ansariés.

NOMBRE D'INDIVIDUS	LOCALITÉS	DOLICHO-CÉPHALES AU-DESSOUS DE 75	MÉSOCÉ-PHALES DE 75 A 79.9	BRACHY-CÉPHALES DE 80 A 84.9	HYPERBRA-CHYCÉPHALES 85 ET AU-DESSUS
42 hommes	Antioche	»	6	22	14
6 femmes	—	»	»	2	4

La mise en série de l'indice céphalométrique des Ansariés montre que, sur 48 sujets, 6 seulement sont mésocéphales ; 22 (dont deux femmes) brachycéphales, et 18 (dont 4 femmes) hyperbrachycéphales.

L'indice céphalométrique de nos Ansariés d'Antioche est formé par des diamètres antéro-postérieurs assez considérables, et dont la moyenne s'élève au chiffre de 194 millimètres, ainsi que par des diamètres transverse, maximum, dont la moyenne est 163 millimètres.

Cette brachycéphalie des Ansariés, tout aussi élevée que chez les Arméniens, est accompagnée d'une hypsicéphalie que je n'ai pas mesurée, en 1881, faute d'instrument. Elle est cependant des plus remarquables, et je l'ai facilement constatée.

Ces deux particularités morphologiques ont une origine commune qui doit être recherchée dans les déformations artificielles dont ils sont porteurs.

NOMS ET AGES — LIEUX DE NAISSANCE ET D'OBSERVATION — PROFESSION DU SUJET		COULEURS		DIAMÈTRES DE LA TÊTE				COURBES			MESURES DE LA FACE			MESURES DU NEZ			DÉFORMATIONS DE LA TÊTE
		YEUX	CHEVEUX	ANTÉRO-POSTÉRIEUR MAXIMUM	TRANSVERSAL MAXIMUM	INDICE CÉPHALIQUE	TRANSVERSAL-FRONTAL MINIMUM	INIO-FRONTALE TOTALE	TRANSVERSALE SUS-AURICULAIRE	HORIZONTALE FRONTO-LAMBDOÏQUE	DE LA GLABELLE AU POINT MENTONNIER	LARGEUR BI-ZYGOMATIQUE	INDICE FACIAL	LONGUEUR	LARGEUR	INDICE NASAL	
ANSARIÉS (Hommes)																	
Ali Eben Ali, 51 ans,	Antioche. meunier.	claire	claire	190	171	87,24	126	380	320	505	147	151	102,71	51	37	72,55	
Soliman Chaouch, 39 ans,	— —	—	moyenne	208	175	84.13	134	420	320	560	160	159	99,37	53	37	69,81	Aplatissement de l'occipit.
Ahmet Eben Soliman, 15 ans,	— étudiant.	moyenne	—	194	162	83,50	130	390	320	530	158	149	94,30	44	32	72,72	—
Mohammed Eben Tanaan, 35 ans,	— portefaix.	claire	—	204	157	76.96	118	360	295	533	147	154	104,75	46	32	69,56	
Chaban Eben Mahamet, 22 ans,	— forgeron.	foncée	—	188	172	91,48	120	340	320	510	159	151	94,96	53	35	66,03	Compress. fr.-breg et occ.
Abanlatif Eben Mahamed Mourit, 20 ans,	— confiseur.	—	—	196	166	84,69	122	378	320	564	161	165	102,48	52	49	94,23	Apl. inio-bregm.
Ahmed Kélaji, 50 ans,	— boulanger.	claire	—	203	169	83,25	128	372	320	538	181	160	88,39	51	45	88,23	
Assan Eben Ibrahim, 55 ans.	— cultivat.	foncée	—	200	186	93,00	122	353	315	539	167	155	92,81	58	41	70,68	
Ibrahim Eben Burchen, 40 ans,	— —	moyenne	claire	201	165	82,08	130	371	311	516	166	160	96,38	57	39	68,42	Affaiss. ou comp. bregm.
Ahmet Eben Mohammed, 40 ans,	— tisserand.	foncée	moyenne	200	167	83.59	129	350	350	540	168	158	96,93	52	34	65,38	
Cheikh Soliman, 65 ans,	— santon.	—	foncée	193	168	87,04	125	390	205	540	151	158	104,63	47	38	81,85	Apl. inio-breg. t. prononcé.
Ali Eben Soliman, 45 ans,	— cheik.	—	—	198	175	88,38	127	365	305	560	146	159	108,90	51	37	72,55	
Ismaïl Eben Mohamed, 25 ans,	— cultivat.	—	—	192	165	85,93	122	355	300	554	154	154	100.00	53	41	77,35	
Chahaban Ibrahim Eben Morad, 30 ans,	— boulanger.	—	moyenne	197	166	84,26	132	345	320	540	138	157	113,76	52	39	75,00	Déf. occipitale tr. accent
Ali-Thaouch, 30 ans,	— barbier.	—	foncée	202	162	80,19	114	349	300	545	177	159	89,83	46	38	82,61	
Soliman Eben Juseph, 40 ans,	— cultivat.	—	—	190	155	81,57	114	322	318	515	151	148	98,01	61	32	52,46	Déf. ant. p. acc.; apl. oc. g.
Juseph Eben Mourad, 15 ans,	— —	—	—	195	159	81,53	118	338	292	522	131	153	116,79	47	38	81,85	
Ahmet, 14 ans,	— —	—	—	187	160	85,56	118	325	290	510	140	148	105,71	49	32	65,30	Lég. déformation frontale.
Ahmet Eben Abdula, 45 ans,	— —	—	—	187	164	87,70	114	325	300	505	137	154	112,40	46	37	80.42	Lég. apl. fr., apl. occ. gauch.
Soliman Eben Ibrahim Mourad, 20 ans,	— boulanger.	foncée	moyenne	208	161	79,81	114	341	306	514	141	157	111,34	46	35	76,08	Apl. frontal très prononcé
Ismaïl Eben Ismail 45 ans,	— Cawas.	—	foncée	181	173	95,58	127	350	320	510	158	159	100,63	54	36	66,66	Déform. inio-bregmatique.
Salm, Eben Ahmed 20 ans,	— barbier.	—	moyenne	203	163	80,29	114	336	292	537	156	155	99,35	51	37	72,55	
Ali, 38 ans,	— jardinier.	—	claire	201	159	79,10	118	330	300	520	145	153	105,51	57	38	66,66	Apl. fronto-bregmatique.
Chaban, 37 ans,	— Cawas.	—	foncée	193	160	82,90	128	337	303	540	157	158	97,44	48	35	72,92	Apla. côté g.; déf. fr.-breg.
Ousta Ismail, 60 ans,	— rebouteur.	—	claire	202	160	79,20	110	346	292	532	153	156	101,95	51	35	68,63	
Ismaïl Eben Mohamed, 30 ans,	—	—	moyenne	204	168	82,35	110	348	305	532	161	154	95,65	48	33	68,75	Apl occ. gauch.; déf fr.-b
Assen Eben Mohamed, 26 ans,	— marchand	—	—	196	166	84,69	121	352	312	585	150	156	103,99	50	37	74,00	
Ibrahim Eben Mahmoud, 65 ans,	— mendiant.	—	claire	196	154	78,57	97	335	300	590	150	151	100,66	50	37	74,00	Déf. générale piriforme.
Halil Eben Chaïn, 26 ans,	— boulanger.	—	moyenne	186	156	83,87	98	328	304	506	147	147	100,00	53	35	66,03	
Ibrahim Eben Ali, 24 ans,	—	—	foncée	194	158	81,44	115	325	310	500	150	150	100,00	54	35	64,81	

NUMÉROS D'ORDRE	NOMS ET AGES — LIEUX DE NAISSANCE ET D'OBSERVATION — PROFESSION DU SUJET	COULEURS: DES YEUX	COULEURS: DES CHEVEUX	DIAMÈTRES DE LA TÊTE: ANTÉRO-POSTÉRIEUR MAXIMUM	DIAMÈTRES DE LA TÊTE: TRANSVERSE MAXIMUM	DIAMÈTRES DE LA TÊTE: INDICE CÉPHALIQUE	DIAMÈTRES DE LA TÊTE: TRANSVERSAL-FRONTAL MINIMUM	COURBES: INIO-FRONTALE TOTALE	COURBES: TRANSVERSALE SUS-AURICULAIRE	COURBES: HORIZONTALE FRONTO-LAMBDOÏQUE	MESURES DE LA FACE: DE LA GLABELLE AU POINT MENTONNIER	MESURES DE LA FACE: LARGEUR BI-ZYGOMATIQUE	MESURES DE LA FACE: INDICE FACIAL	MESURES DU NEZ: LONGUEUR	MESURES DU NEZ: LARGEUR	MESURES DU NEZ: INDICE NASAL	OBSERVATIONS
	ANSARIÉS (Hommes) *Suite*																
31	Chaïn Eben Assan, 30 ans, Antioche, cordonnier.	foncée	moyenne	191	164	84,53	102	348	295	512	140	153	109,28	46	33	71,73	Déform. occipitale gauche.
32	Mahmoud Eben Soliman, 25 ans, — boucher.	—	foncée	196	174	88,77	103	353	300	515	162	154	95,06	53	35	66,03	Aplatiss. occipital g. t. pr
33	Mohamed Eben Chaoud, 32 ans, Daphné, boulanger	—	—	198	162	81,81	98	310	317	596	157	150	95,54	55	33	59,99	— — —
34	Ismaïl Eben Ahmed, 18 ans, Antioche, ...	—	—	187	164	87,70	102	325	314	536	144	151	104,86	41	34	82,92	Affaiss. des temporaux.
35	Ismaïl Eben Halil, 30 ans, —	—	moyenne	202	165	81,68	118	304	310	545	153	157	102,60	52	37	71,15	Bosse fr. pr. lég. apl. occ. g
36	Mustapha Eben Assan, 25 ans, — médecin	—	foncée	196	172	87,75	98	345	321	530	140	154	109,99	49	35	71,42	Aplatiss. occipital gauche.
37	Soliman Eben Ahmed, 30 ans, — menuisier	—	moyenne	187	164	87,70	90	315	303	525	156	145	92,94	52	35	67,31	— — —
38	Saoul Eben Aïdar, 20 ans, — jardinier	—	foncée	190	168	88,42	102	310	335	520	145	157	108,27	47	35	75,46	Aplatiss. fronto-bregmat.
39	Soliman Eben Ahmet, 30 ans, — cordonnier	—	moyenne	198	168	84,84	119	310	333	540	142	162	114,08	50	44	88,00	Tête pyriforme.
40	Ali Eben Giober, 38 ans, Sussié, mendiant	—	foncée	194	164	84,53	108	310	335	530	144	157	109,02	53	42	79,24	
41	Assan Eben Ali, 25 ans, Antioche, meunier	—	—	192	157	81,77	112	325	310	530	149	151	101,34	50	34	68,00	Apl. occip. gauche.
42	Mostapha Eben Mohamed, 25 ans, Tellaboch, muletier	—	—	197	156	79,18	110	330	306	520	129	150	116,28	46	35	76,08	Apl. des pariétaux.
			Moyennes. . .	196	164	84,10	113	315	310	530	151	151	101,98	50	36	72,00	
	ANSARIÉS (Femmes)																
1	Kamille Eben Soliman, 20 ans, Antioche	moyenne	moyenne	191	163	84,02	114	332	310	500	152	152	100,00	43	30	69,76	
2	Hacha Eben Ali, 22 ans, —	foncée	foncée	185	158	85,40	110	362	332	552	133	146	109,77	41	32	78,05	
3	Hacha Eben Mohamed, 50 ans, —	—	—	182	163	89,56	114	303	295	500	135	144	106,66	41	31	75,61	
4	Sabalj Eben Abdula, 30 ans, —	moyenne	—	181	158	87,29	116	315	310	525	139	148	106,47	41	31	75,61	
5	Fatoum Eben Homro, 30 ans, —	—	—	174	142	81,60	119	275	272	470	142	156	109,85	47	30	63,83	
6	Zeiwa Eben Ali, 55 ans, —	—	—	184	158	85,86	110	322	310	501	144	139	96,52	46	31	67,39	
			Moyennes . .	183	157	85,79	113	318	304	509	140	147	104,99	43	30	69,76	

III

CRANIOMÉTRIE

Les crânes d'Ansariés sont encore fort rares dans les collections anthropologiques. Je n'en connais que deux séries. L'une est conservée au Muséum de Paris, et se compose de cinq sujets, dont trois femmes; l'autre appartient au Museum de Lyon et consiste en quatre sujets mâles. La première est due à l'un des rares voyageurs qui ont visité le pays des Ansariés, M. Cahun, et provient de Kerdaha, canton de Calbié [1]; l'autre a été recueillie par moi-même aux environs d'Antioche.

Comme pour les Arméniens et les Kurdes, ce n'est qu'au prix des plus grandes difficultés, et non sans quelques dangers, que ces crânes ont été exhumés et envoyés en Europe.

Dans leur ensemble ces neuf pièces montrent une homogénéité moins grande que celle que l'on a constatée chez les Ansariés vivants. Ceux-ci appartenant à la même localité tandis que les crânes proviennent de deux régions bien distinctes. Les observations auxquelles ils ont donné lieu les uns et les autres sont groupées sur deux tableaux. J'ai réuni dans cinq planches (de XXVII à XXXI) les types extrêmes que présentent ces deux séries.

L'état de conservation de ces crânes est assez bon, sauf le n° 5 de la série de Kerdaha dont la face manque.

Capacité cranienne. — Ces crânes sont en général assez grands ; leur cubage a donné une moyenne de 1569 centimètres cubes pour les deux séries réunies. Celle d'Antioche n'atteint pourtant que 1550, et celle de Kerdaha 1585 centimètres cubes. Les plus grands sont les n°s 2 de Kerdaha et 3 d'Antioche.

[1] *Crania ethnica, loc. cit.*, p. 411, pl. LXXXV.

Ils atteignent, le premier 1625 centimètres cubes; le second 1620. Au contraire, le n° 2 d'Antioche n'atteint que 1520 centimètres cubes.

Norma verticalis. — Sous cet aspect, ces crânes rappellent, par leur ovale généralement régulier, la série des Kurdes de Diarbékir, excepté toutefois le sujet féminin de Kerdaha, n° 4 (pl. XXVII) qui est beaucoup plus sphéroïdal, et qui pourrait être pris pour un crâne arménien. Le n° 5 (pl. XXVIII) également de Kerdaha, et le n° 3 d'Antioche (pl. XXX) sont au contraire ovoïdes, c'est-à-dire plus allongés.

Le front est chez la plupart large et arrondi, fréquemment déprimé. Les bosses frontales sont peu accusées même chez les hommes.

La boîte cranienne s'élargit d'une façon généralement régulière chez ces Ansariés comme chez les Kurdes, au niveau des bosses pariétales qui sont, du reste, modérément développées, notamment dans le n° 5 de Kerdaha (pl. XXVIII). Cette norma montre une asymétrie à peu près constante dans l'ovale de la plupart de ces crânes.. Le pariétal gauche et la partie correspondante du même côté de l'occipital sont manifestement aplatis. Les sutures sagitales et pariétales sont moins fines que celles que l'on a observées chez les Kurdes, mais elles sont le plus souvent, tout aussi compliquées.

La moyenne de la courbe horizontale totale est de 500 millimètres pour les deux séries réunies. Dans celle de Kerdaha, elle est de 508 millimètres, mais dans celle d'Antioche elle n'atteint que 490 millimètres.

La courbe transversale totale mesure en moyenne 455 millimètres. La série de Kerdaha arrive à 463 et celle d'Antioche à 447 millimètres seulement.

Norma lateralis. — Vus de profil ces crânes présentent une courbe, le plus souvent irrégulière, comparée à celle des Kurdes et des Arméniens. Dans le n° 3 d'Antioche, par exemple (pl. XXX), on constate que la courbe frontale, après s'être dressée assez subitement de l'ophrion au bregma, s'infléchit sensiblement, puis reprend sa course régulière jusqu'au lambda. Rejetée un peu en avant par la proéminence de l'écaille occipitale, d'abord assez forte, la courbe tombe bientôt presque verticalement jusqu'à l'inion. De ce point enfin, très accentué jusqu'au trou occipital, distance plus grande que chez tous les autres sujets, la courbure est assez faible, et se trouve cependant des plus tourmentées. La protubérance iniaque, si exagérée sur ce sujet, est au contraire presque effacée sur le n° 2 d'Antioche et le n° 5 de Kerdaha. Chez les autres sujets, comme le n° 5 de Kerdaha, par exemple, on rencontre plus de régularité dans la courbure générale de la voûte cranienne. On y retrouve au bregma et au lambda des dispositions semblables à celles que je viens de signaler. De légères inflexions se rencontrent tantôt un peu avant, tantôt un péu après ces points de sutures.

Les arcades sourcilières ne sont guère accentuées que dans le n° 5 de Kerdaha (pl. XXVIII).

Le diamètre antéro-postérieur maximum moyen des neuf individus réunis est de 171 millimètres. La moyenne de la série d'Antioche est de 166 millimètres et celle de Kerdaha de 174. Le diamètre le plus court est celui du n° 2 d'Antioche qui n'est que de 160 millimètres et le n° 5 de Kerdaha qui mesure 170 millimètres.

La moyenne du diamètre transverse maximum des deux séries est de 144 millimètres. Celle de la série d'Antioche est de 138 millimètres, et celle de Kerdaha de 148 millimètres. Le diamètre le plus large se trouve dans cette dernière série, et atteint 155 millimètres; c'est le n° 3 qui présente cette particularité, laquelle correspondant à un faible diamètre antéro-postérieur, en fait un ultra-brachycéphale avec un indice de 84,57. Le plus petit diamètre transversal maximum est fourni par le n° 2 d'Antioche. Il est de 130 millimètres. Son diamètre antéro-postérieur étant également très bas, l'indice de ce crâne arrive à être le plus faible avec le chiffre de 81,25.

Malgré ces cas particuliers, les neuf Ansariés présentent un indice craniométrique moyen de 84,21. La série d'Antioche donne un indice qui n'atteint que 83,13 mais celle de Kerdaha arrive à 85,05 par suite de la présence de l'ultra-brachycéphalie du n° 4 (88,57) et de celle du n° 1 (85,31).

Cette ultra-brachycéphalie est due sans doute, en partie à l'aplatissement de toute la région occipito-pariétale que l'on constate chez la plupart de ces sujets.

Trois crânes de Tahtadji lyciens mesurés par von Luschan lui ont donné un indice craniométrique moyen de 83,53. Cet indice correspond à celui que j'ai trouvé sur la série d'Antioche, comme l'indice céphalométrique que j'ai reconnu chez les Ansariés de cette localité, correspond à celui que von Luschan a rencontré chez les Tahtadji lyciens. Faudrait-il admettre, d'après cela, que les Ansariés de Kerdaha appartiennent à une famille plus brachycéphale que celles d'Antioche et de Lycie?

L'indice craniométrique de hauteur (hauteur-longueur) est très inférieur à celui des Kurdes (92,42), car il n'atteint que 79,16 pour la moyenne des neuf sujets réunis.

Le diamètre basilo-bregmatique présente une moyenne qui ne dépasse pas 133 millimètres. Comparé à celui des Kurdes et surtout à celui des Arméniens, ce diamètre est très bas chez les Ansariés de Kerdaha, car il n'atteint que 131 millimètres. Chez ceux d'Antioche il arrive à 136 millimètres.

Norma antérieure. — Vus de face ces crânes montrent un front souvent peu élevé et relativement étroit. La moyenne du diamètre frontal maximum est de 115 millimètres, et celle du frontal minimum de 95. L'indice frontal moyen des deux séries réunies est de 82,60.

Ce frontal maximum est particulièrement étroit dans le n° 2 d'Antioche qui n'atteint que 112 millimètres, et surtout dans les n°s 1 et 4 de Kerdaha où il ne présente que 105 millimètres. Quant au frontal minimum, il est également fort étroit, principalement dans la série de Kerdaha, car dans celle-ci trois sujets sur cinq donnent des diamètres inférieurs à 100 millimètres.

La face est plutôt longue que courte chez la plupart de nos Ansariés. La moyenne de sa hauteur ophrio-alvéolaire est de 87 millimètres avec une largeur moyenne bi-zygomatique de 125 millimètres. L'indice facial moyen est de 69,60 pour les neuf sujets réunis. Ils ont donc une dolichofacialie analogue à celle des Kurdes.

Les orbites sont généralement rondes. Leur hauteur moyenne est de 35 millimètres, et leur largeur de 40 millimètres. L'indice orbitaire est de 87,50. La moyenne du diamètre bi-orbitaire externe est de 104 millimètres, et celle de l'inter-orbitaire ou du bi-orbitaire interne de 23 millimètres. La largeur nasale des Ansariés est considérable, car la moyenne est de 51 millimètres; la largeur moyenne étant de 24 millimètres. L'indice nasal est de 45,85.

Norma postérieure. — Vus par la face postérieure, ces crânes montrent une voûte quelquefois assez élevée au vertex comme dans le n° 4 d'Antioche (pl. XXX). Le plus souvent pourtant, elle est peu développée, car la moyenne du diamètre basilo-bregmatique est de 133 millimètres. Cette moyenne est de 131 millimètres dans la série de Kerdaha et de 136 dans celle d'Antioche. Cette norma permet de reconnaître sur ces crânes des bosses occipitales parfois accentuées, comme dans le n° 4 d'Antioche (pl. XXXI), ainsi que des apophyses mastoïdes massives et rugueuses comme dans les n°s 3 et 4 d'Antioche. La distance de l'une à l'autre est faible; elle n'atteint en moyenne que 105 millimètres. A Kerdaha ce diamètre n'est que de 108 millimètres, et à Antioche de 102. Chez les Kurdes ce diamètre est de 109 millimètres.

Les diamètres bi-auriculaire et bi-astérique sont assez grands. La moyenne du premier est de 120 millimètres et celle du second est de 115 millimètres.

L'écaille occipitale, rarement globuleuse, mais souvent tourmentée, comme dans le n° 4 de Kerdaha (pl. XXVII) est reliée en général aux pariétaux par des sutures à engrenages épais et grossiers. Celles-ci sont fréquemment compliquées d'os wormiens à l'astérion et au lambda. Ces derniers sont parfois soudés entre eux, et presque invisibles (n° 3 d'Antioche, pl. XXX).

L'inion, très apparent dans les n°s 3 et 4 d'Antioche, est complètement effacé dans les autres, comme par exemple, dans les n°s 4 et 5 de Kerdaha qui sont pourtant des sujets masculins.

Norma inférieure. — Sous cet aspect, on peut constater non seulement l'ampleur générale de la base de ces crânes, mais encore les détails de la région palatine et ceux du basion. Celui-ci est fort irrégulièrement placé. Ses bords sont souvent arrondis, mais il est souvent aussi échancré. Le trou occipital est lui-même tantôt rond, tantôt ovale. Son indice moyen est comme chez les Kurdes de 91,42. Il n'est que de 90,90 dans la série d'Antioche, et en même temps plus ovale que dans les autres séries.

Son indice palatin est, du reste, de 75,51, tandis que celui de la série de Kerdaha est de 79,07. La moyenne de l'indice palatin de l'ensemble est de 76,08. La moyenne de la distance du basion à la naissance de la voûte palatine est de 42 millimètres.

La plupart de nos crânes d'Ansariés ont perdu leurs dents. Les n°s 4 d'Antioche et 5 de Kerdaha font exception, et montrent des dentitions irréprochables d'individus adultes.

CRANES D'ANSARIÉS DE KERDAHA

Muséum de Paris

MENSURATIONS		NUMÉROS DES CRANES 1 ♂	2 ♂	3 ♂	4 ♀	5 ♂	MOYENNES
CAPACITÉ CRANIENNE APPROCHÉE		1552	1640	1510	1625	1600	1585
DIAMÈTRES	Antéro-postérieur maximum	177	177	175	175	170	177
	Transversal maximum	151	146	148	155	142	148
	— bi-auriculaire	120	125	120	116	122	120
	— bi-mastoïdien	107	112	120	100	105	108
	— frontal maximum	105	120	122	105	120	114
	— frontal minimum	85	98	100	100	90	94
	Vertical basilo-bregmatique	140	126	132	135	125	131
INDICES CRANIOMÉTRIQUES	Longueur = 100 Largeur	85.31	82,48	84,57	88,57	83,53	85,05
	Longueur = 100 Hauteur	79,09	71,18	75,42	77,14	73,53	75,28
	Largeur = 100 Hauteur	92,71	86,30	89,18	87,09	88,02	88,51
INDICE FRONTAL		80,95	81,66	81,97	95,23	75,00	82,46
COURBES	Horizontale totale	505	515	505	510	505	508
	— pré-auriculaire	232	212	260	235	225	238
	Transversale totale	405	475	405	455	455	463
	— sus-auriculaire	312	325	330	315	320	320
	Frontale cérébrale	21	22	20	18	18	19
	— totale	110	120	120	122	115	117
	Pariétale	112	122	130	130	135	127
	Occipitale	115	120	105	118	120	115
TROU OCCIPITAL	Longueur	30	37	36	34	35	35
	Largeur	31	33	36	33	30	32
	Indice	86,12	89,20	100,00	97,05	83,34	91,42

MENSURATIONS		NUMÉROS DES CRANES 1 ♂	2 ♂	3 ♂	4 ♀	5 ♂	MOYENNES
LARGEUR DE LA FACE	Bi-orbitaire externe	113	115	116	101	»	111
	Inter-orbitaire	23	25	24	25	»	24
	Bi-zygomatique maximum	123	135	130	115	»	125
	Bi-maxillaire maximum	63	52	65	58	»	59
HAUTEUR DE LA FACE	Inter-maxillaire	11	17	18	20	»	17
	Totale de la face (ophrio-alvéolaire)	80	92	92	83	»	86
	— de la pommette	27	27	30	22	»	26
	Orbito-alvéolaire	36	44	50	50	»	45
INDICE FACIAL		65,04	68,15	70.77	72,16	»	68,80
ORBITES	Hauteur	32	38	33	36	»	34
	Largeur	37	48	42	40	»	41
	Indice orbitaire	86,49	79,17	78,57	90,00	»	82,92
NEZ	Longueur	51	52	50	54	52	51
	Largeur	23	24	22	25	23	23
	Indice nasal	45,09	46,15	44,00	42,29	44,23	45,09
VOUTE PALATINE	Longueur	45	45	41	41	»	43
	Largeur	38	36	36	28	»	34
	Distance au trou occipital	46	44	42	42	»	43
INDICE PALATIN		84,44	80,00	87,80	69,29	»	73,07

CRANES D'ANSARIÉS D'ANTIOCHE

Muséum de Lyon

MENSURATIONS		NUMÉROS DES CRANES 1 ♂	2 ♂	♂	4 ♂		MOYENNES
Capacité cranienne approchée		1550	1530	1620	1500	»	1550
Diamètres	Antéro-postérieur maximum	166	160	178	162	»	166
	Transversal maximum	138	130	140	141	»	138
	— bi-auriculaire	120	122	126	120	»	122
	— bi-mastoïdien	99	103	102	103	»	101
	— frontal maximum	118	112	110	110	»	116
	— — minimum	92	90	107	96	»	96
	Vertical basilo-bregmatique	134	135	142	135	»	136
Indices craniométriques	Longueur = 100 { Largeur	83,13	81,25	82,02	87,03	»	83,13
	Longueur = 100 { Hauteur	80,72	84,37	79.77	83,33	»	81,92
	Largeur = 100 | Hauteur	97,10	103,84	97,26	95,74	»	98,55
Indice frontal		77,96	80,35	92,28	80,67	»	82,75
Courbes	Horizontale totale	490	515	460	495	»	490
	— pré auriculaire	230	265	260	260	»	253
	Transversale totale	445	455	420	470	»	447
	— sus-auriculaire	330	320	315	340	»	326
	Frontale cérébrale	20	22	22	20	»	21
	— totale	120	120	120	120	»	120
	Pariétale	115	132	115	120	»	120
	Occipitale	110	110	120	110	»	112
Trou occipital	Longueur	32	»	36	33	»	33
	Largeur	30	»	29	31	»	30
	Indice	93,75	»	80,54	93,93	»	90,90

MENSURATIONS		NUMÉROS DES CRANES 1 ♂	2 ♂	3 ♂	4 ♂		MOYENNES
Largeur de la face	Bi-orbitaire externe	96	98	102	98	»	98
	Inter-orbitaire	20	24	24	21	»	22
	Bi-zygomatique maximum	116	123	128	134	»	125
	Bi-maxillaire maximum	91	»	88	»	»	89
Hauteur de la face	Inter-maxillaire	24	20	22	24	»	22
	Totale de la face (ophrio-alvéolaire)	90	74	92	95	»	87
	— de la pommette	22	15	23	20	»	20
	Orbito-alvéolaire	47	36	42	47	»	43
Indice facial		77,58	60,16	71,87	70,89	»	69,60
Orbites	Hauteur	38	35	38	36	»	35
	Largeur	38	38	42	39	»	39
	Indice orbitaire	86,84	92,10	90,47	92,30	»	89,74
Nez	Longueur	47	50	54	58	»	52
	Largeur	26	24	24	22	»	24
	Indice nasal	55,31	48,00	44.44	37.93	»	46,15
Voute palatine	Longueur	50	50	48	51	»	49
	Largeur	35	40	29	45	»	37
	Distance au trou occipital	42	44	43	37	»	41
Indice palatin		70,00	80,00	60,41	88,23	»	75,51

MÉTOUALI

I

ETHNOGÉNIE ET ETHNOGRAPHIE

Les Métouali sont bien différents des Syro-Arabes, Maronites et Druzes, qui les entourent. Ils sont également connus sous le nom de Metaouileh, Mitaouli et Mouteouli. Cette population passe en Syrie pour être, ainsi que les Ansariés, apparentée aux Kurdes. Comme eux, ils seraient originaires de Mésopotamie, et ne se seraient acheminés vers l'ouest qu'à l'époque de Saladin. Cette origine et cette parenté sont vraisemblables, mais ils semblent être installés en Syrie depuis bien plus longtemps. Les Métouali habitent essentiellement la vallée de Léontès et la plaine de la Bekaa, surtout dans le district de Bscharrah. C'est dans cette région que j'ai eu, en 1881, l'occasion de visiter des Métouali à Nino Allagah, petit village situé entre Chtora et Baalbeck, mais il ne m'a pas été possible à cette époque de photographier un seul individu de cette nation, encore moins de chercher à les mesurer[1].

On trouve également des familles Metouali sur la côte syrienne de la Méditerranée, à Saïda, puis aux environs à Hanaoueh. Ils viennent fréquemment à Beyrouth, et c'est là que feu le Dr Senès a pu en observer un certain nombre.

M. le Dr Lortet[2], qui durant l'un de ses voyages en Syrie a séjourné chez les Métouali dans le village d'Hanaoueh, et qui a même été reçu dans la maison de l'un

[1] *De Beyrouth à Tiflis, loc. cit.*

[2] *La Syrie d'aujourd'hui*, p. 132. et *Bull. Soc. d'anth. de Lyon*, t. III, 1884, p. 30.

de leurs cheikhs, a eu le loisir d'étudier un grand nombre de représentants de cette population, et a recueilli sur elle des renseignements intéressants.

Les mœurs et les coutumes des Métouali sont, malgré cela, encore peu connues à cause de leur grand fanatisme. Ils passent pour être belliqueux et hospitaliers. Leur costume est à peu près celui des autres Libanais. Leur tête, toujours soigneusement rasée, est couverte d'un volumineux turban qui rappelle celui des Turcomans.

Les femmes se tatouent le front, les lèvres, le dos de la main et l'avant-bras. Au nombre d'une centaine de mille environ, ils sont divisés, de même que les Ansariés, en un certain nombre de tribus formant une nation presque indépendante. Comme eux, ils reconnaissent tout au plus la suzeraineté des gouverneurs turcs des provinces qui ne manquent pas de les tracasser chaque fois qu'ils le peuvent.

L'instruction est très répandue chez les Métouali, à Hanouch, petit village de 400 âmes à peine, il y a non seulement une école primaire où se rendent tous les enfants mâles, mais encore une école supérieure qui est très fréquentée.

Ils obéissent à des cheikhs pris dans les principales familles et se sont constitués une petite milice ; il y a peu de temps encore, ils étaient en mesure de réunir une armée de quinze mille hommes.

Les Métouali peuvent avoir quatre femmes légitimes et autant d'esclaves qu'ils peuvent en nourrir, mais comme cela arrive chez la plupart des musulmans à qui cette coutume est permise, ils n'en usent que suivant l'état de leur fortune.

Sectateurs d'Ali, ils sont par conséquent chiites, assignent à Ali un rang supérieur à celui de Mohammed. Ils vénèrent Hussein comme saint et comme martyr.

Leur haine religieuse pour les gens de croyance différente de la leur est si grande qu'ils se tiennent, d'une façon absolue, à l'écart de toutes les populations qui habitent le même pays qu'eux, même les plus voisines.

S'ils se trouvent à proximité d'individus étrangers à leur religion, ils refusent de prendre leur repas en leur compagnie. Tout contact avec un hérétique sunnite ou chrétien doit être soumis à une purification de plusieurs jours. Il faut, à tout prix, effacer une souillure de ce genre. Ils brisent un vase dans lequel a bu un étranger. Partout où ils vont, ils portent avec eux un peu de terre de Perse, leur pays d'origine, disent-ils eux-mêmes.

Les Métouali ornent leurs maisons de diverses images qui montrent leur attachement à l'Iran, telles que des portraits du Schah ou des scènes de romans persans. Sans cesse persécutés par les Osmanlis, ils se sont placés en Turquie sous la protection des consuls de Perse.

II

MORPHOLOGIE ET ANTHROPOMÉTRIE

Par suite de leur fanatisme et de leur frayeur de perdre leur indépendance, les Métouali sont peu abordables et les observations même seulement morphologiques sont fort difficiles.

Le premier, feu M. le Dr Sénès, le digne successeur du vénérable et vénéré Dr Sucquet qui a habité si longtemps la Syrie comme médecin sanitaire français, a pu mesurer une série de Métouali. Ce n'est guère que parce qu'il était très connu de l'un de leurs cheikhs, et qu'il avait donné, à diverses reprises, des soins à quelques-uns d'entre eux, qu'il a réussi à opérer sur eux des mensurations.

Les Métouali ont un aspect plus grossier que toutes les autres populations des régions qu'ils habitent. Leur charpente osseuse est plus forte que celle des Arabes, par exemple, leur taille est généralement plus élevée et leurs épaules beaucoup plus larges.

La série qu'a mesurée M. Sénès se compose de dix individus de 25 à 35 ans.

Les cheveux et les yeux. — Les Métouali observés ont tous les cheveux noirs autant du moins que le montrent les quelques mèches que n'atteint pas le rasoir. Quant aux yeux, six individus sur dix les ont marron foncé, c'est-à-dire moyens, trois seulement les ont noirs. D'un éclat vif, ils ne sont jamais bridés.

Le diamètre bi-palpébral externe est en moyenne de 98 millimètres, et la distance bi-palpébrale interne de 27 millimètres.

Le nez, les oreilles, la bouche et la face. — Le nez est généralement droit et assez régulier chez les Métouali. Ils sont leptorhiniens avec un indice nasal moyen de 64,23. Huit individus sur dix ont des indices inférieurs à ce chiffre qui est à peu près celui que l'on rencontre chez les Persans Hadjemi.

Leurs oreilles présentent les mêmes particularités que celles de tous les individus qui portent de gros turbans ou des bonnets de fourrure.

La bouche est plutôt grande que petite chez les Métouali; cependant leurs lèvres sont minces et fines. Quant à la face, elle est longue avec des diamètres bi-zigomatiques moyens de 131 millimètres et des hauteurs ophrio-mentonnières de 131 millimètres. L'indice facial moyen est de 97,76. Aucun individu de cette série ne dépasse les indices de 98,51 et de 96,32. Cette dolichofacialie correspond à la leptorhinie qui est remarquable dans ce groupe par son homogénéité.

La taille et la grande envergure. — Les Métouali ont une taille qui oscille entre 165 et 170 centimètres. La moyenne est de 167 centimètres. Leur grande envergure se présente dans les mêmes proportions. Celle-ci se trouve cinq fois égale à la taille; elle lui est inférieure quatre fois et supérieure une fois seulement.

La tête, ses dimensions et ses déformations. — Les Métouali ont la tête plutôt courte que longue. La moyenne des diamètres antéro-postérieurs maximum est de 182 millimètres et celle du diamètre transverse maximum est de 153 millimètres.

L'indice céphalique moyen des dix sujets est de 84,06. Un seul indice est supérieur à 85; les neuf autres sont inférieurs à 84,09.

Cette brachycéphalie paraît être la caractéristique de cette population qui présente à tous les autres points de vue anthropométriques un ensemble propre aux dolichocéphales. Elle est due, on ne peut en douter, à l'aplatissement considérable que l'on observe sur l'occipital de tous les sujets de ce groupe.

III

CRANIOMÉTRIE

Si les Métouali sont encore peu connus au point de vue anthropométrique, par suite des difficultés que l'on éprouve à les aborder, on ne sait absolument rien de leur craniométrie. Le Muséum de Lyon possède la première série de crânes métouali apportée en Europe. Elle se compose de 9 sujets, dont 3 viennent de Saïda et 5 de Hunin dans le Liban. Ce n'est guère que grâce aux nombreuses relations qu'il possède en Syrie que M. le Dr Lortet a pu se procurer ces pièces ainsi qu'une importante collection de crânes syro-arabes, druzes et maronites, dont nous nous occuperons plus tard.

Sur ces 9 crânes de Métouali, 6 seulement ont été étudiés, les autres étant dans un état de conservation trop mauvais pour que l'on en pût tirer des renseignements utiles. Les 6 sujets observés sont adultes et du sexe masculin, excepté les numéros 4 et 5 de Saïda. Les mesures qui ont été prises sur ces individus sont réunies dans un tableau, et 4 des sujets plus typiques sont figurés dans les planches XXXII à XXXIV.

Capacité cranienne. — Dans leur ensemble ces 6 crânes présentent une capacité moyenne de 1500 centimètres cubes. Le numéro 3 de la série de Hunin est particulièrement grand: il cube 1560 centimètres cubes, tandis que le numéro 6 de la même série ne cube que 1350 centimètres cubes.

Norma verticalis. — Vus par leur face supérieure, ces crânes présentent un ovale aussi court que celui des crânes arméniens, notamment les numéros 4 et 5 de Saïda. Le numéro 1, au contraire, de Hunin est plus étroit.

Le front est généralement large surtout sur les sujets de Hunin, et les bosses frontales sont légèrement accusées. Les bosses pariétales sont assez développées, particulièrement sur le numéro 4 de Saïda.

Cette norma permet de voir des sutures simples et mouvementées principalement les fronto-pariétales au point stéphanique. Le numéro 4 de Saïda (pl. XXXIV) fait exception pourtant. Chez la plupart, les engrenages de la suture sagittale sont plus finis que les fronto-pariétales et les pariéto-occipitales, comme on le voit surtout dans le numéro 3 de Hunin (pl. XXXIII).

La moyenne de la courbe horizontale n'est que de 479 millimètres; le numéro 3 de Hunin arrive pourtant au chiffre de 510 millimètres. La moyenne de la courbe transversale totale est de 458 millimètres.

Norma lateralis. — Vus de profil, ces crânes présentent une courbure normale. Les arcades sourcilières sont peu marquées en général, excepté sur le numéro 3 de Hunin. Le frontal est presque toujours légèrement déprimé jusqu'au bregma, mais à partir de ce point la courbure s'accentue sur une longueur variant de 25 à 35 millimètres, puis elle s'infléchit graduellement jusqu'au lambda. Le numéro 1 de Hunin fait exception, car sur ce crâne la courbure subit une chute presque verticale, 32 millimètres avant d'atteindre le lambda.

Sur cette pièce comme sur celle qui porte le numéro 3, on observe, du reste, des traces manifestes d'un aplatissement de toute sa partie postérieure qui explique cette marche singulière de la courbe antéro-postérieure. L'écaille occipitale est très légèrement globuleuse, et la protubérance iniaque est légèrement marquée.

Le diamètre antéro-postérieur maximum moyen des six crânes est de 161 millimètres. Le plus court est le numéro 2 de Hunin avec 158 millimètres, et le plus long est le numéro 3 également de Hunin avec 170 millimètres.

La moyenne du diamètre transversal maximum est de 138 millimètres.

L'indice craniométrique moyen des six crânes de Métouali est de 85,71, c'est-à-dire qu'ils sont ultra-brachycéphales. Les indices des crânes de Hunin oscillent entre 82,42 et 85,44; tandis que, dans la série de Saïda, on trouve des sujets tels que, le numéro 5, dont l'indice atteint 91,21, et le numéro 4 qui donne le chiffre de 87,27. C'est à ces deux sujets, certainement déformés, que l'on doit de pouvoir attribuer à ces individus ce caractère d'ultra-brachycéphalie qui les rapproche de certains Arméniens. L'indice moyen de hauteur (hauteur, largeur) est pour les deux séries de 96,37. La moyenne du diamètre basilo-bregmatique est de 133 millimètres.

Norma antérieure. — La plupart des sujets ont le front élevé et large. La moyenne du frontal maximum est de 110 millimètres et la moyenne du frontal minimum de 90 millimètres. L'indice frontal moyen est de 81,81.

La face est plutôt courte que longue avec une hauteur ophrio-alvéolaire moyenne de 88 millimètres. Cette hauteur est surtout remarquable dans le numéro 1 de Hunin, chez qui elle atteint 95 millimètres, tandis que celle du numéro 4 de Saïda n'arrive qu'à 84 millimètres. La largeur bi-zigomatique moyenne présente pour les deux séries un diamètre moyen de 127 millimètres. L'indice facial moyen de l'ensemble est de 69,29. Cet indice qui fait des Métouali des mésosèmes les rapproche des Ansariés et de certains Kurdes.

Les orbites sont presque toutes rondes avec des hauteurs moyennes de 34 millimètres et des largeurs moyennes de 37 millimètres. L'indice orbitaire qui est de 91,89 rapproche les Métouali des Berbères chez qui cet indice se trouve fréquemment [1]. La moyenne du diamètre bi-orbitaire externe est de 95 millimètres et celle de l'inter-orbitaire est de 20 millimètres.

Le nez est long chez les Métouali. Son indice moyen est de 50,97. La largeur ou hauteur totale moyenne est de 51 millimètres et sa largeur de 22 millimètres.

Norma postérieure. — Vu par leur face postérieure, ces crânes montrent une voûte beaucoup moins élevée au vertex que celle des Kurdes, et surtout des Arméniens. Le diamètre basilo-bregmatique n'est que de 133 millimètres.

Les bosses occipitales sont modérément accentuées, mais les apophyses mastoïdes sont lourdes et rugueuses. La moyenne du diamètre bi-mastoïdien est de 101 millimètres et celle du diamètre bi-auriculaire de 97 millimètres. Le diamètre bi-astérique est de 102 millimètres.

L'écaille occipitale, rarement globuleuse et souvent aplatie comme chez les Arméniens et les Kurdes, est reliée aux pariétaux par des sutures beaucoup plus grossières que celles que l'on a constatées dans la région fronto-pariétale, comme par exemple dans les numéros 2 et 3 de Hunin, chez lesquels les os wormiens se sont développés. La rugosité de l'inion est presque nulle chez la plupart de ces crânes.

Norma inférieure. — Cette norma montre un trou occipital quelquefois ovale, mais le plus souvent rond, la moyenne de ces diamètres est de 53 millimètres par 27 millimètres. L'indice de cette ouverture est de 81,81. L'indice palatin est de 83,72. La longueur moyenne de cette région est de 43 millimètres et sa largeur moyenne de 36 millimètres. La profondeur moyenne est de 16 millimètres.

La distance moyenne du trou occipital au palais est de 35 millimètres.

[1] *Crania ethnica, loc. cit.*

CRANES DE MÉTOUALI

1 à 3 de Hunin. — 4 à 6 de Saïda

Muséum de Lyon

MENSURATIONS		1 ♂	2 ♂	3 ♂	4 ♀	5 ♀	6 ♂	MOYENNES
Capacité cranienne approchée		1353	1360	1464	1504	1355	1100	1356
Diamètres	Antéro postérieur maximum	165	158	170	165	148	160	161
	Transversal maximum	136	135	1.2	144	135	120	138
	— bi-auriculaire	84	95	95	93	93	86	91
	— bi-mastoïdien	103	105	105	102	94	97	101
	— frontal maximum	109	112	115	95	115	112	110
	— — minimum	90	88	92	95	90	88	90
	Vertical basilo-bregmatique	132	138	140	28	132	128	133
Indices craniométriques	Longueur = 100 Largeur	82,42	85,44	83,53	87,27	91,21	85,00	85,71
	Longueur = 100 Hauteur	79,99	87,34	82,35	77,57	89,18	80,00	82,61
	Largeur = 100 Hauteur	97,06	102,22	98,59	88,88	97,77	94,12	96,37
Indice frontal		82.67	78,57	79,99	94,89	78,25	78,57	81,81
Courbes	Horizontale totale	473	475	510	494	453	470	479
	— pré-auriculaire	265	2.0	275	232	225	245	247
	Transversale totale	450	440	480	48	450	450	458
	— sus-auriculaire	320	305	335	3 0	320	315	319
	Frontale cérébrale	20	18	16	20	15	20	18
	— totale	88	90	87	85	90	90	88
	Pariétale	115	110	110	115	110	115	112
	Occipitale	110	110	105	120	90	112	107
Trou occipital	Longueur	37	36	32	34	31	33	33
	Largeur	30	28	24	31	24	28	27
	Indice	81,08	77,77	75,00	91,17	77,42	84,84	81,81

MENSURATIONS		1 ♂	2 ♂	3 ♂	4 ♀	5 ♀	6 ♂	MOYENNES
Largeur de la face	Bi-orbitaire externe	97	95	100	97	86	97	95
	Inter-orbitaire	20	21	23	21	18	21	20
	Bi-zygomatique maximum	128	126	133	132	120	126	127
	Bi-maxillaire maximum	59	60	61	60	60	60	60
Hauteur de la face	Inter-maxillaire	15	17	21	18	20	27	19
	Totale de la face (ophrio-alvéolaire)	95	88	90	88	86	84	88
	— de la pommette	18	20	16	22	14	18	18
	Orbito-alvéolaire	38	43	42	41	40	41	40
Indice facial		74,22	69,84	67,67	66,67	71,66	66,66	69,29
Orbites	Hauteur	32	33	34	35	33	38	34
	Largeur	38	38	37	41	35	38	37
	Indice orbitaire	84,21	86,84	91,89	85,36	94,28	100,00	91,89
Nez	Longueur	51	52	54	48	44	44	48
	Largeur	22	25	24	24	19	21	22
	Indice nasal	43,13	48,07	44,44	50,00	43,18	47,72	45,83
Voute palatine	Longueur	45	36	42	43	46	46	43
	Largeur	38	33	35	35	38	38	36
	Distance au trou occipital	32	37	40	34	35	37	35
Indice palatin		84,44	91,67	83,33	81,37	82,61	82,61	83,72

TATS OU TADJIKS

I

ETHNOGÉNIE ET ETHNOGRAPHIE

Cette famille, appelée *Tadjik* en Perse et en Asie Centrale, passe pour représenter les descendants des émigrés perses qui, vers le ve siècle, étaient devenus les maîtres de la partie sud orientale du Caucase, c'est-à-dire de l'extrémité du Daghestan. Ce serait sous Schapour II (309 à 381 après J.-C.), le premier roi sassanide qui a su agrandir du côté nord le territoire persan, que se serait accomplie cette émigration.

Les Tats forment le fond de la population des côtes de la mer Caspienne entre Derbent et les bouches de la Koura. Ils remontent à l'ouest jusqu'à Djevat, au confluent de l'Araxe et de la Koura, couvrent une partie des steppes du Moughan et du Karabagh, puis les plaines au nord jusqu'au pied du Caucase, notamment dans la région de Kouba, mais ils ne vont pas jusqu'à Noukha. Leur nombre atteint à peine une centaine de mille.

A Bakou, les Tats sont fort nombreux, et les industries en emploient de trois à quatre mille. Ces gens, improprement appelés *Tatars* dans le pays, sont d'excellents travailleurs. En dehors des villes, les Tats sont plutôt laboureurs que pasteurs; ils deviennent pourtant fréquemment nomades, surtout ceux de la Basse-Koura, cette région marécageuse dont le climat devient meurtrier dès les premières chaleurs du printemps. Aussi, à partir de la fin d'avril, commence-t-on à voir émigrer vers les montagnes des villages presque entiers. Toute la population valide, poussant devant elle ses troupeaux, fuit ces contrées pestilentielles, laissant à quelques hommes robustes, et à quelques vieillards impotents, le soin de rentrer les récoltes pour l'hiver.

C'est ainsi que durant un voyage d'une semaine sur la Koura entre Bojie-Promicèle et Djevat, nous avons pu assister aux préparatifs de départ et au départ même de plusieurs villages tats échelonnés sur les bords sinueux de ce fleuve aux eaux lentes et boueuses.

En outre des belles et riches prairies qui recouvrent une partie de l'année ces immenses plaines humides où vivent de nombreux troupeaux de chevaux, de bœufs et de buffles, les Tats possèdent d'excellentes terres qu'ils cultivent avec succès. Ils récoltent en abondance des céréales et du coton. Salyan est leur centre commercial, aussi le bazar regorge-t-il de marchandises. La pierre et le bois sont rares dans toute cette région basse; les huttes sont pour la plupart faites de boue et de roseaux. La toiture est en madriers de peupliers, les seuls arbres du pays avec les saules. Un grand nombre de maisons, dans les villes ou les bourgs, sont pourvues de galeries couvertes.

L'état hygiénique de cette population est déplorable : n'ayant pas d'autre eau potable que celle de la Koura, ils ne l'emploient qu'après l'avoir laissé déposer dans de grandes jarres. Malgré cela, elle est loin d'être débarrassée de ses impuretés. Il en résulte que durant une grande partie de l'année, la population est décimée par des épidémies diverses qui se succèdent, quand elles ne sévissent pas en même temps, telles que, la fièvre typhoïde et la variole. Enfin la fièvre paludéenne fait de grands ravages chez les familles qui n'émigrent pas.

Il résulte de cet état de choses que les Tats dont l'alimentation est insuffisante sous ce climat débilitant, ne présentent pas, en général, une physionomie vigoureuse: leur teint est terreux, et ils sont souvent obèses. Les décès l'emportent de beaucoup sur les naissances dans la ville de Salyan, au moins autant que l'administration a pu s'en rendre compte durant ces dernières années. Cette population est pourtant développée d'assez bonne heure : les hommes se marient dès leur vingtième année, et les femmes depuis l'âge de quatorze ans.

Les Tats sont encore des demi-sauvages. Par suite de leur isolement, ils n'ont pas pu se développer autant que les autres peuples de la Transcaucasie. Ils ont encore les défauts de leurs qualités de *primitifs*, et on en fait un tableau peu flatteur. On les a représentés comme fourbes, astucieux, impertinents avec les égaux ou les inférieurs, ou quand ils se sentent les plus forts ; fort dociles et même lâches en face de leurs supérieurs. On les dit âpres au gain et adroits voleurs ; on a affirmé qu'il règne parmi eux la plus grande solidarité, quand il s'agit de cacher un méfait. Ils passent enfin pour être peu hospitaliers. Le peu de temps que nous avons passé chez les Tats ne nous a pas permis de les juger sous ce jour défavorable.

Un grand nombre de leurs usages rappellent ceux des Persans Hadjemi. Les Tats sont musulmans chiites pour la plupart, quelques-uns sont sunnites. Dans le district de Salyan ils sont vraiment fanatiques et professent un profond mépris pour les chrétiens. Ils purifient les objets touchés ou effleurés par ces derniers en les lavant jusqu'à sept fois. Tout aliment touché par un guiaour doit être jeté aux chiens.

Tout sévères observateurs du Coran que soient les Tats, ils ne négligent pas, paraît-il, les occasions de boire du vin ou du vodka. Leur zèle religieux est soutenu par des derviches persans qui viennent de temps à autre leur conter les actes édifiants du prophète. Les superstitions des Tats sont fort nombreuses, mais elles ne présentent aucune particularité spéciale ; elles se rapprochent de celles des peuples qui les avoisinent.

Les Tats n'ont jamais été étudiés qu'au point de vue linguistique ; on a pourtant émis quelques opinions sur leur ethnogénie. Leur langue est un dialecte ou un patois persan qui tend à se modifier, et peu à peu à être supplanté par le tatar aderbeïdjani, comme cela arrive chez les Juifs, les Arméniens et d'autres peuples de la région.

Des voyageurs ont prétendu que le type sémite était fort répandu parmi eux, et que sur certains points ils pouvaient être confondus avec des gens de cette race. Ce fait est peut-être exact pour les Tats de la zone caspienne touchant le Daghestan où les Arabes ont laissé des traces importantes de leur passage, et où les Juifs sont venus de Perse en très grand nombre, vers la fin du VIIIe siècle ; mais je n'ai rien vu de semblable dans la région de la Koura.

On a prétendu aussi que les Tats formaient une race mixte constituée par un mélange de Juifs, de Persans et d'Arméniens. Ces assertions n'étaient pas encore vérifiées par l'observation scientifique directe, lors de mes derniers voyages au Caucase ; aussi ai-je dû opérer, sur quelques représentants bien choisis de cette famille, un certain nombre de mensurations anthropométriques et des photographies qui permettent de se faire une opinion sur sa morphologie, et ses affinités avec les autres groupes ethniques qui l'entourent.

II

MORPHOLOGIE ET ANTRHOPOMÉTRIE

Nos observations ont porté sur 32 individus dont 4 femmes de 20 à 30 ans, tous habitant les bords de la Koura, entre la mer Caspienne et Djevat au confluent de l'Araxe. Je les ai divisés en séries correspondant aux cinq localités où ils ont été observés. Pris dans leur ensemble, les Tats ont pour la plupart un type voisin de celui des Hadjemi, et présentent une figure expressive.

Les cheveux et les yeux. — Les cheveux sont droits, quelquefois ondulés, et leur couleur, ainsi que celle des sourcils et de la barbe est foncée dans la proportion de 68 % et moyenne chez 31 %. Toutes les femmes de Norachaine sont brun foncé. Les Tats de Djevat sont *moyens* dans la proportion de 50 %. Les yeux, jamais bridés, sont vifs et brillants ; ils sont foncés dans la proportion de 65 % et moyen dans celle de 31 %.

La moyenne du diamètre bi-palpébral externe est de 108 millimètres chez les Tats de Salyan, de 100 millimètres chez ceux de Norachaine et de 98 millimètres chez ceux de Djevat. Quant à la moyenne du diamètre bi-palpébral interne, elle est de 30 millimètres chez les Tats de Salyan et de 28 millimètres chez ceux de Norachaine et de Djevat.

La moyenne de ces diamètres est, chez les neuf Hadjemi que j'ai étudiés dans cette même région, de 98 millimètres pour le premier et de 28 millimètres pour le second.

Mise en séries de la couleur des cheveux des Tats.

NOMBRE D'INDIVIDUS	LOCALITÉS	COULEUR FONCÉE	COULEUR MOYENNE	COULEUR CLAIRE
3 hommes	Hadji-Kaboul	3	»	»
6 —	Salyan	5	1	»
14 —	Norachaine	8	6	»
3 femmes	—	3	»	»
6 hommes	Djevat	3	3	»
32		22	10	»

Mise en séries de la couleur des yeux des Tats.

NOMBRE D'INDIVIDUS	LOCALITÉS	COULEUR FONCÉE	COULEUR MOYENNE	COULEUR CLAIRE
3 hommes	Hadji-Kaboul	3	»	»
6 —	Salyan	5	1	»
14 —	Norachaine	8	6	»
3 femmes	—	3	»	4
6 hommes	Djevat	2	3	1
32		21	10	1

Le nez, les oreilles, la bouche et la face. — Les oreilles sont régulières, mais toutefois rejetées en avant par le *papakh* (bonnet de fourrure). Leurs lèvres et leur bouche sont moyennement fortes et grandes. La dentition des Tats est remarquablement belle : les dents sont petites, régulières et blanches, rarement cariées de bonne heure. Leur voix est sonore ; leur poitrine large et bombée.

Le nez est droit avec une racine large, et il est souvent abaissé. L'indice moyen est fort variable. Chez les Tats de Salyan, il est de 71,15 ; chez ceux de Norachaine, il est de 69,23 et chez ceux de Djevàt de 70. Chez les femmes de Norachaine, il est de 70,21. La hauteur moyenne du nez des Tats est de 52 millimètres, et la largeur moyenne de 35 millimètres. L'indice moyen nasal est de 67,30. Ils sont donc mésorhiniens. C'est à peu près le même indice nasal que l'on trouve chez les Hadjemi ; ils n'ont pourtant dans ce groupe que 67,30. La mise en série de cet indice montre que, sur 32 sujets, on en trouve 15 dont les indices flottent entre 60 et 69,9, et 10 qui oscillent entre 70 et 79,9. On en voit 5 enfin qui atteignent à peine 60, et 2 qui dépassent 80.

Mise en séries de l'indice nasal des Tats.

NOMBRE D'INDIVIDUS	LOCALITÉS	AU-DESSOUS DE 60	DE 60 A 69,9	DE 70 A 79,9	80 ET AU-DESSUS
3 hommes	Hadji-Kaboul	1	1	1	»
6 —	Salyan	1	1	3	1
14 —	Norachaine	1	7	5	1
3 femmes	—	»	2	1	»
6 hommes	Djevat	2	4	»	»
32		5	15	10	2

La face est plutôt longue que large: l'indice facial moyen, dans l'ensemble, est de 95, mais il monte quelquefois au-dessus de 100 chez les Tats de Salyan et de Norachaine.

Mise en séries de l'indice facial des Tats.

NOMBRE D'INDIVIDUS	LOCALITÉS	AU-DESSOUS DE 95	DE 95 A 99,9	DE 100 A 104,9	105 ET AU-DESSUS
3 hommes	Hadji-Kaboul	2	»	1	»
6 —	Salyan	3	1	1	1
14 —	Norachaine	3	6	4	1
3 femmes	—	2	»	1	»
6 hommes	Djevat	2	3	1	»
32		12	10	8	2

Le diamètre bi-zygomatique dépasse rarement 140 millimètres, surtout chez les sujets de Djevat et de Norachaine, il est variable dans les autres groupes, à Salyan surtout où il va de 135 à 145 millimètres.

La mise en séries de l'indice facial montre que chez les Tats la dolichofacialie est un caractère assez constant. On voit, en effet, 12 sujets sur 32, dont les indices se trouvent au-dessous de 95, et 10 seulement flottant entre 95 et 99,9. On en rencontre cependant 10 qui dépassent 100.

La taille et la grande envergure. — La taille des Tats est élevée, surtout à Djevat où j'ai trouvé une moyenne de 175 centimètres. Sur six hommes, le plus petit avait 170 centimètres, et le plus grand 184 centimètres. A Salyan, six Tats ont donné une moyenne de 173 centimètres ; le plus petit ayant 167 centimètres, et le plus grand 181 centimètres. Quant à la grande envergure totale, elle est souvent égale à la taille, les sujets étant bien entendu déchaussés. A Salyan, elle est de 173 centimètres (taille 173 centimètres), tandis qu'elle est de 179 centimètres à Djevat (taille 175 centimètres). Leur embonpoint est plutôt faible ou moyen que fort.

La grande envergure des Tats dépasse généralement 170 centimètres, comme la taille du reste, et se trouve supérieure à celle-ci dans la proportion de 33 %.

La tête, ses dimensions et ses déformations. — L'indice céphalométrique présente un tout autre intérêt, car il montre une dolychocéphalie bien établie chez ce petit peuple. L'ensemble présente l'indice moyen de 79, mais cette moyenne, en se décomposant par série, montre qu'il y a lieu de tenir compte de certaines variations dues à des déformations artificielles, surtout à des compressions fronto-occipitales. Les chiffres du diamètre métopyque viennent confirmer cette opinion. La série d'Hadji-Kaboul donne 74,61, tandis que, dans celles de Salyan et de Norachaine, on a 79, et dans celle de Djevat 77,37. Les femmes sont beaucoup moins dolychocéphales, car elles donnent un indice moyen de 82,12.

La mise en séries de l'indice céphalique montre que 17 sujets sur 32 présentent des indices variant de 75 à 79,9. On en voit 12 qui flottent de 80 à 84,9, mais à côté on en trouve 3 qui atteignent à peine l'indice de 75.

Mise en séries de l'indice céphalique des Tats.

NOMBRE D'INDIVIDUS	LOCALITÉS	DOLICHOCÉPHALES AU-DESSOUS DE 75	MÉSOCÉPHALES DE 75 A 79,9	BRACHYCÉPHALES DE 80 A 84,9	HYPERBRACHYCÉPHALES 85 ET AU-DESSUS
3 hommes	Hadji-Kaboul	2	1	»	1
6 —	Salyan	1	2	3	»
14 —	Norachaine	»	6	8	»
3 femmes	—	»	2	1	»
6 hommes	Djevat	»	6	»	»
32		3	17	12	»

Étant donné qu'au point de vue linguistique et historique les Tats passent pour être originaires de la Perse, et qu'une partie serait de race juive, il était intéressant de les comparer aux Juifs de Perse et aux Hadjemi. En l'absence de toute observation morphologique sur les premiers, je ne puis formuler aucune opinion à leur égard, quand au second, j'ai eu l'occasion de mesurer trois séries de trois hommes, voici leurs caractères principaux :

Comme les Tats, ils sont tous brun foncé : yeux, barbe et cheveux. Les yeux vifs et brillants présentent un diamètre bi-palpébral externe moyen, de 28 millimètres. Le nez est, comme chez les Tats, droit et abaissé, son indice moyen est de 67,38.

La face est aussi étroite que chez les Tats, pourtant elle dépasse 4 fois l'indice de 95, et seulement 3 fois celui de 100. Le diamètre bi-zygomatique atteint rarement plus de 140 millimètres.

L'indice céphalique des Hadjemi est remarquablement intéressant à comparer à celui des Tats : il varie entre 77 et 78 ; celui des Tats étant 77.

La taille et la grande envergure sont sensiblement pareilles chez les deux familles. Pourtant, il faut reconnaître que la taille des Hadjemi est inférieure à celle des Tats, car elle ne dépasse guère 170 centimètres et la grande envergure va jusqu'à 178 centimètres. Mais ce dernier caractère n'a qu'une importance secondaire. Ce que nous devons retenir, c'est le rapport ou la ressemblance absolue des indices céphaliques de ces deux familles.

J'ai retrouvé les mêmes caractères morphologiques et anthropométriques sur des Afghans émigrés dans la vallée de l'Araxe, non loin d'Ordoubat, au village de Killit. Ces individus ont une physionomie qui rappelle plutôt certain Kurdes que les Hadjemi. Ils sont grands, très vigoureux et tous absolument bruns. Leur nez et long et convexe.

L'indice nasal des trois sujets que j'ai pu mesurer est de 60,33.

Leur face est un peu moins étroite que celle des Tats et des Hadjemi, mais elle ne présente pourtant qu'un indice moyen de 106,15.

Ces Afghans sont dolychocéphales, comme leurs voisins les Hadjemi et les Tats ; leur indice céphalique est de 76,50.

Les dernières observations qui ne portent malheureusement que sur un nombre restreint d'individus montrent cependant une affinité incontestable entre les divers groupes de population que nous avons étudiés dans les régions de la mer Caspienne et de la vallée de l'Araxe.

Ces mêmes observations qui concordent, dans de certaines limites, avec celles de MM. Duhousset et Houssay pourraient donner lieu à d'autres comparaisons intéressantes avec la population de l'Arménie, de la Perse et de l'Asie centrale, mais je considère que le nombre des mensurations opérées jusqu'à ce jour, sur ces divers peuples, n'est pas encore assez considérable pour donner des résultats satisfaisants.

Numéros d'ordre	Noms et âges	Lieux de naissance et d'observation	Profession du sujet	Couleur des cheveux	Couleur des yeux	Forme des cheveux	Forme du nez	Forme de l'œil	Diamètres de la tête : antéro-postérieur maximum	Métopique	Transverse maximum	Indice céphalique	Mesures de la face : de la glabelle au point mentonnier	Bi-zygomatique	Indice facial	Mesures de l'œil : bipalpébrale externe	Bipalpébrale interne	Mesures du nez : hauteur	Largeur	Indice nasal	Mesures de l'oreille : hauteur	Largeur	Largeur de la bouche	Taille debout	Grande envergure totale	Observations
	TATS DE SALYAN (hommes)																									
1	Tarih, 20 ans,	Salyan,	cultivateur.	foncée	foncée	droits	dr. lég. conv.	non bridé	188	183	152	80,85	158	140	88,60	100	28	51	38	74,51	50	35	48	168	175	Forte dépr. front. occip.
2	Allekbech, 28 ans,	—	—	—	—	rasés	conv. trab.	—	198	190	158	79,79	151	145	96,02	118	28	57	38	56,66	62	38	55	181	180	Dépr. front
3	Zenal, 40 ans,	—	—	—	—	»	concave.	—	192	186	155	80,73	150	140	93,33	108	33	50	40	80,00	60	37	48	167	173	—
4	Mehemet, 25 ans,	—	—	tr. fonc.	tr. fonc.	droits	droite	—	194	185	145	74,74	156	138	88,46	105	36	48	35	72,92	64	34	55	171	172	—
5	Abdoullah, 30 ans,	—	—	—	—	—	—	—	190	178	157	82,63	138	145	105,07	105	30	53	40	75,47	64	35	52	175	183	—
6	Hussem, 45 ans,	—	postillon	moy.	moy	—	dr. ab.	—	188	178	148	78,72	145	145	100,00	108	20	57	34	59,65	64	38	52	179	160	
							Moyennes.		191	183	152	79,58	149	142	95,30	107	30	52	37	71,15	60	36	51	173	173	
	TATS DE NORACHAINE (hommes)																									
1	Asis, 28 ans,	Norachaine,	chef du village.	foncée	foncée	droits	dr. ab.	non bridé	188	182	155	82,44	140	144	102,85	104	33	55	40	72,72	70	40	56	»	»	Apl. front. et occip. dr.
2	Mouktar, 30 ans,	—	. . . . . .	moy.	moy.	rasés	droite	—	180	173	144	80,00	146	138	94,52	103	26	55	40	72,72	68	38	53	»	»	
3	Mehemet, 33 ans,	—	. . . . . .	foncée	foncée	droits	tr. conv. trab.	—	192	183	150	78,12	148	140	94,59	98	27	51	37	72,55	58	38	50	»	»	Dépr. front. bregm.
4	Kerbellah, 45 ans,	—	. . . . . .	moy.	moy.	rasés	conv. ab.	—	188	175	153	81,38	128	144	112,49	92	22	60	36	60,00	73	33	58	»	»	
5	Abouch, 35 ans,	—	. . . . . .	foncée	foncée	—	conv. tr. ab.	—	192	188	150	73,17	132	134	101,51	90	28	51	37	72,55	56	38	50	»	»	
6	Hassan, 27 ans,	—	. . . . . .	—	—	—	concave	—	185	178	153	82,70	140	141	100,71	103	32	45	40	88,89	51	36	44	»	»	Apl. lambdoïde gauche.
7	Karddache, 25 ans.	—	. . . . . .	—	—	»	droite	—	182	173	146	80,22	141	137	97,16	100	27	52	30	57,69	60	30	55	»	»	
8	Hassan, 20 ans,	—	. . . . . .	—	—	droits	—	—	188	182	156	82,98	145	144	99,30	111	32	48	38	73,17	66	35	50	»	»	— —
9	Kouli, 20 ans,	—	. . . . . .	—	—	—	conv. ab.	—	184	164	145	78,80	143	139	97,20	102	28	55	35	63,63	59	34	47	»	»	— —
10	Abbas, 30 ans,	—	. . . . . .	moy.	moy.	—	convexe	—	185	180	153	82,70	144	137	95,13	99	30	55	38	69,08	60	35	53	»	»	— —
11	Agha Ballat, 28 ans,	—	. . . . . .	—	—	—	conv. ab.	—	184	172	149	80,97	138	132	95,65	96	26	54	37	68,52	50	35	48	»	»	— —
12	Tarib, 25 ans,	—	. . . . . .	foncée	foncée	—	droite	—	188	184	145	77,12	142	138	97,18	100	29	49	34	68,39	63	36	46	»	»	
13	Achmer, 28 ans,	—	. . . . . .	moy.	moy.	—	concave	—	180	150	136	75,55	140	142	101,42	94	30	46	30	65,21	58	32	50	»	»	
14	Hassan, 25 ans,	—	. . . . . .	—	—	—	—	—	196	183	153	78,06	160	148	92,50	108	28	58	40	68,96	71	39	49	»	»	
							Moyennes.		186	176	149	80,10	141	139	98,58	100	28	52	36	69,23	61	35	50	»	»	
	TATS DE DJEVAT (hommes)																									
1	Mamef, 25 ans,	Djevat,	pêcheur	foncée	foncée	oudul.	conv. ab.	non bridé	193	184	148	76,68	148	144	97,29	96	27	55	31	61,82	67	30	45	184	187	
2	Ibat, 23 ans,	—	—	—	moy.	—	—	—	190	178	145	76,31	151	134	88,74	102	25	56	31	55,36	64	27	48	179	178	
3	Harabek, 30 ans,	—	—	—	foncée	—	—	—	188	169	143	76,06	188	138	100,00	99	30	52	32	61,53	60	30	45	170	180	Apl. lambdoïde.
4	Mahmord, 45 ans,	—	—	moy.	claire	droits	conv. tr. ab	—	188	179	140	77,66	144	140	97,22	83	31	60	33	55,00	61	35	44	175	186	
5	Cherali, 30 ans,	—	—	—	moy.	—	droite	—	195	184	155	79,08	150	142	94,66	108	29	59	36	61,01	61	35	41	170	173	Proémin. occip.
6	Abouch, 22 ans,	—	—	—	—	—	dr. ab.	—	188	180	147	78,19	141	138	97,87	99	28	52	35	67,30	58	35	47	174	174	Dépr. front.
							Moyennes.		190	179	147	77,37	145	139	95,86	98	28	55	32	60,00	61	32	45	175	179	

NUMÉROS D'ORDRE	NOMS ET AGES — LIEUX DE NAISSANCE ET D'OBSERVATION — PROFESSION DU SUJET	COULEUR		FORME DES CHEVEUX	FORME		DIAMÈTRES DE LA TÊTE				MESURES DE LA FACE			MESURES DE L'ŒIL		MESURES DU NEZ			MESURES DE L'OREILLE		LARGEUR DE LA BOUCHE	TAILLE DEBOUT	GRANDE ENVERGURE TOTALE	OBSERVATIONS
		DES CHEVEUX	DES YEUX		DU NEZ	DE L'ŒIL	ANTÉRO-POSTÉRIEUR MAXIMUM	MÉTOPYQUE	TRANSVERSE MAXIMUM	INDICE CÉPHALIQUE	DE LA GLABELLE AU POINT MENTONNIER	BI-ZYGOMATIQUE	INDICE FACIAL	BIPALPÉBRALE EXTERNE	BIPALPÉBRALE INTERNE	HAUTEUR	LARGEUR	INDICE NASAL	HAUTEUR	LARGEUR				
	TATS DE HADJI-KABOUL (hommes)																							
1	Kerim, 45 ans, Hadji-Kaboul, cultivateur.	foncée	foncée	rasés	droite ab.	non bridé	198	180	152	76,76	152	138	104,54	107	26	52	38	73,07	58	32	53	»	»	Déf. inio-front.
2	Babachi, 25 ans, — —	—	—	droits	droite	—	187	176	140	74,86	140	132	94,28	100	22	55	37	67,27	57	31	54	»	»	Lég. dépr. front.
3	Kerim, 25 ans, — —	—	—	—	conv. et ab.	—	194	186	142	73,19	146	136	93,15	98	17	60	30	50,00	61	39	48	»	»	Dépr. front,
	Moyennes.						193	180	144	74,61	139	135	97,12	101	21	55	35	63,63	58	35	53	»	»	
	TATS DE NORACHAINE (femmes)																							
1	X 30 ans, Norachaine, femme de pêcheur	foncée	foncée	droits	droite ab.	non bridé	190	181	146	76,84	142	132	92,95	92	21	51	34	66,66	61	41	56	»	»	
2	— 45 ans, — —	—	—	—	—	—	186	177	146	78,49	132	136	103,02	104	30	52	35	67,30	60	40	53	»	»	
3	— 25 ans, — —	—	—	—	—	—	182	185	149	81,86	129	122	94,57	92	21	40	30	75,00	54	33	44	»	»	
	Moyennes.						176	181	147	78,40	134	130	96,77	98	25	47	33	70,21	57	37	51	»	»	
	HADJEMI (hommes)																							
1	Myrza Abbas, 50 ans, Erivan, seid.	foncée	foncée	droits	droite	non bridé	186	176	144	77,42	138	143	103,62	118	35	49	39	79,59	67	40	48	170	171	Lég. dép. bregm.
2	Alahchraf, 32 ans, — nègociant	—	—	—	droite ab.	—	182	162	148	81,31	128	141	110,15	92	28	40	35	87,50	58	38	45	164	163	
3	Ali Bek, 30, Hourmiah, Kamarlou, —	—	—	—	droite	—	188	169	140	74,47	137	139	101,46	94	25	52	35	67,30	54	36	41	170	170	Dép. bregm.
4	Akhmet, 25 ans, Tabriz. Migri, ferblantier.	—	—	—	—	—	193	168	142	73,57	128	135	105,46	90	29	56	37	66,07	60	35	51	158	160	Apl lamb cic. front. breg
5	Abdoullah, 50 ans, — — terrassier	—	—	—	conv.	—	185	170	143	77,29	147	130	88,43	98	28	58	39	67,24	73	40	48	170	178	— —
6	Abbas Ali, 30 ans, Aderbeidjan, —	—	—	—	droite	—	188	172	147	80,32	153	140	91,50	96	28	52	37	71,15	61	42	58	165	173	
7	Djebraïl, 21 ans, Norachaine, pêcheur.	—	—	—	—	—	185	168	145	78,37	143	135	94,40	105	27	52	31	59,61	57	33	50	165	160	
8	Moustapha, 60 ans, Lissagorsk, jardinier	—	—	—	dr. ab.	—	186	174	142	76,34	140	142	101,42	100	28	61	35	57,38	62	43	48	160	170	Dépr. inio-front.
9	Ali, 30 ans, Choucha, portefaix.	—	—	—	convexe	—	180	175	152	84,44	146	136	93,15	95	25	56	35	62,50	67	35	45	163	171	Front. tr. déprimé.
	Moyennes.						185	170	144	77,83	140	137	97,85	98	28	52	35	67,30	62	38	48	165	169	

ADERBÉIDJANI

OU TATARS DE L'ADERBÉIDJAN

I

ETHNOGÉNIE ET ETHNOGRAPHIE

Les Tatars, comme les Turcs, sont originaires de la Haute-Asie, et sont plus connus sous le nom vulgaire et impropre de *Tartares*. Cette dénomination, qui appartient en particulier à une tribu, s'est étendue peu à peu à toutes les tribus turcomanes. C'est au XIIe siècle, lorsque les peuples de la Tatarie menacèrent l'Europe et l'Asie occidentales d'un envahissement général que le nom de *Tartares* fut répandu par les chroniqueurs. Les seuls documents certains qu'ils nous ont laissés à ce sujet, nous apprennent que les Tatars entraient pour une très grosse part dans les forces mises en mouvement par Gengis Khan. Par suite de ce fait, les chrétiens et même les musulmans désignèrent sous ce nom générique les autres peuplades turques et mongoles qui leur étaient moins connues.

L'origine du nom de Tatars a donné lieu à des conjectures variées et aussi peu satisfaisantes les unes que les autres. Seul Aboul-Ghaz [1] semble donner une origine plausible de cette dénomination. Il la fait venir du nom d'un prince

[1] *Histoire générale des Tatars*.

nommé Tatar, frère de Mongol, qui fut, suivant lui, leur père et leur fondateur. C'est un usage que les écrivains musulmans semblent avoir adopté, à l'exemple des chrétiens, de tirer les noms de leur nation de ceux des fondateurs réels ou imaginaires dont ils rattachent la descendance à l'un des fils de Noé.

Quelques historiens se basant sur des textes d'Hérodote et d'Hippocrate dont l'interprétation est encore discutable, ont voulu assimiler les Tatars aux Scythes des auteurs classiques, lesquels rattachent ce peuple aux races de Gog et de Magog descendant de Japhet.

Cette opinion a été soutenue principalement par Niebuhr[1] et par Baellk[2]. Mais Lenormant[3] a cherché à démontrer par de nouvelles interprétations des textes anciens que ces peuples n'avaient rien de commun. Cet auteur a reconnu que cette assimilation des peuples de Gog avec les Scythes avait été établie par Josèphe[4], conformément à la tradition constante des Juifs.

Il est, au reste, probable que les allusions si fréquentes aux incursions et aux ravages des peuples de Gog que l'on trouve dans Jérémie et dans Ezéchiel, se rapportent à l'invasion et à la domination de peuples contemporains des Scythes, si ce n'est aux Scythes eux-mêmes.

Tout porte à croire que les Tatars qui nous intéressent ici sont originairement des Turcomans émigrés dans l'Aderbéidjan à l'époque d'Argoun Kshan. C'est de cette région qu'ils sont venus plus tard en Arménie où ils se sont partagés en diverses tribus qui furent mêlées à toutes les guerres du siècle des Timourides. Leur histoire a été recueillie avec le même soin que celle des peuples dominant durant la même période.

Malgré les guerres de conquête dont ils ont dû soutenir le choc, les Turcomans se sont perpétués pendant plusieurs siècles dans les mêmes contrées, où de nos jours vivent leurs descendants.

Les Turcomans, disent les anciens auteurs, entre autres Thomas Medzoph[5], étaient les seuls adversaires redoutables des Mongols : aussi verra-t-on Timour et ses descendants diriger sans relâche leurs efforts contre ces bandes indomptables qui leur échappaient après les défaites, et qui portaient sans cesse un défi à leur puissance.

Au premier plan du tableau tracé par Thomas, apparaissent donc les chefs

[1] *Klein. Schrifften*, t. I, p. 312.
[2] *Corpus inscript. grec.*, t. II, p. 81, t. IV, p. 59.
[3] *Hist. anc. de l'Orient*, t. I, p. 297
[4] Josèphe, chap. VI, 5.
[5] *Chronique arm.*, *loc. cit.*

turcomans qui sont les maîtres de la plus grande partie du pays par la force des armes et la rapidité de leur action. Les autres habitants subissent la loi du plus fort : chrétiens, ils sont exposés aux avanies et aux persécutions de la part de tout ce qui hait leur nom ; musulmans, ils tremblent devant les Mongols, mais ils n'ont pas moins peur des Kurdes qui les attaquent, les pillent, les rançonnent et les font prisonniers.

Quoi qu'il en soit, les Tatars de la Transcaucasie que nous appelons plus justement *Aderbèidjani*, du nom de la région d'où ils sont venus en Arménie, diffèrent considérablement des Tatars de Kazan et de la Crimée. Ils ne présentent même aucune ressemblance, et ce serait perpétuer une cause d'erreur que de conserver pour ces peuples si dissemblables ce nom de *Tatars*.

D'une façon générale, on peut dire que les Tatars de l'Aderbéidjan se sont fortement aryanisés ou, plus exactement, iranisés. Toutefois, ce n'est pas d'une façon absolue : car, à côté du type iranisé, on en trouve qui sont restés parfaitement mongoloïdes ou turcs. On constate facilement ces différents types dans les grands centres tatars de la Transcaucasie comme Choucha, Ordoubat, Nakhitchevan et Erivan.

Au contact des populations qu'ils ont envahies, les Aderbéidjani n'ont pas modifié leur langue, mais ils ont subi du moins une influence religieuse. De païens qu'ils étaient en arrivant, ils sont devenus, dans le voisinage des Persans, des musulmans chiites, après avoir toutefois suivi pendant longtemps la belle doctrine de Zoroastre.

Venus sans doute sur le sol arménien avec les premiers flots mongols, les Tatars ont prospéré partout où ils se sont établis ; et lorsque les Perses se ruèrent à leur tour, à diverses reprises, dans les plaines et les vallées de l'Araxe et de la Koura, la population tatare prit un nouveau développement.

Aujourd'hui, répandus un peu partout, en Transcaucasie, ils forment des bourgs et des villages nombreux et prospères. Ils constituent une partie importante de la population de plusieurs grandes villes. Leur nombre y égale celui des Arméniens, et même quelquefois le dépasse de beaucoup comme à Ordoubat et à Nakhitchevan.

Moins beaux que leurs voisins du Caucase, ils ont un caractère plus grave et plus sérieux. Ils ont des qualités morales que n'ont pas ces derniers : activité incessante, sincérité et probité incorruptibles.

Le voyageur trouve chez les Aderbéijdani une hospitalité pleine de délicatesse qui ne répond guère à la réputation de grossièreté et même de brigandage qu'on leur a faite. Il doit y avoir confusion. Les séjours que j'ai faits parmi eux m'ont permis de constater la douceur de leurs mœurs patriarcales et leurs nombreuses qualités. Ce sont eux qui m'ont fourni les meilleurs serviteurs, et je n'ai cessé de les regretter lorsque, loin de leur pays, j'en ai été privé.

On l'a dit bien souvent, les Tatars sont les véritables civilisateurs du Caucase. La plupart savent lire et écrire le turc de l'Aderbéidjan qui est leur langue propre, et beaucoup y joignent la connaissance de l'arabe et du persan. Le dialecte turc de l'Aderbéidjan se distingue par une grande simplicité qui en rend l'usage facile, aussi est-il fort répandu dans l'Asie occidentale. C'est celui qu'emploient généralement les interprètes; il sert pour toutes les transactions entre les peuples d'origine et de langue si variées qui sont répandus dans cette partie de l'Asie.

On s'est demandé pourquoi ces Tatars, si bien doués, sont tombés en quelque sorte sous la domination de ceux qu'ils avaient envahis, et l'on a reconnu qu'à côté des nombreuses qualités qu'ils possèdent à un si haut degré, il leur a manqué l'esprit d'initiative. Sur bien des points, ils se sont laissé ronger par l'usure, et les Arméniens sont devenus leurs maîtres.

Nous l'avons dit précédemment, les Aderbéidjani sont en grande majorité chiites, mais contrairement à ce qui se passe chez leurs coréligionnaires, ils ne sont pas intolérants, et vivent en bon accord avec les sunnites et les chrétiens. Les haines féroces qui existent ailleurs entre les deux sectes musulmanes ne se voient pas ici. Bien plus, dans certains villages mixtes, le maire ou *Startchina* est alternativement un Arménien ou un Tatar, et les choses n'en vont pas moins bien pour cela.

Dans les régions voisines de la Perse où les fêtes religieuses chiites se célèbrent encore avec grande pompe, les chrétiens peuvent y assister sans danger, malgré le fanatisme encore assez grand des imams et des seyeds.

C'est ainsi qu'à Choucha, ville importante du Karabagh, dans les processions funèbres et sanglantes faites en souvenir de la mort de Hassan et Housseïn, les cosaques font caracoler leurs chevaux, et les musiques militaires retentissent tout comme dans une procession chrétienne. Et pourtant les membres chiites qui prennent part à ces processions se laissent entraîner, au milieu de leurs lamentations sur les martyrs de la famille du prophète, à se martyriser eux-mêmes d'une manière atroce. En tête de la procession marchent les Balafrés, enveloppés de suaires, et suivant la cadence de la marche, ils se frappent le front avec un sabre nu; le sang coule des entailles, et le fer frappe de nouveau. Peu à peu un masque de sang qui noircit rapidement au soleil couvre leur visage, et dans leur face hideuse, on ne voit plus que le blanc de leurs yeux hagards et les dents découvertes dans un rictus de souffrance.

D'autres fidèles entourent leur tête nue de chevilles de bois qu'ils enfoncent dans les chairs, passent des cadenas de fer dans leurs pommettes et dans leurs oreilles, ou s'entourent les épaules de lames de glaives tranchantes que chaque mouvement fait pénétrer dans la peau. D'autres encore, se chargent les bras, la poitrine, les reins de chaînettes et de miroirs qui sont fixés par des crochets de fer plantés à vif. Souvent, ces malheureux tombent épuisés, tandis que les derviches et les prêtres dont le rôle est plus facile, continuent à exciter la foule par des chants, des prières et des cris.

Ces scènes étranges ne rappellent-elles pas celles des fakirs de l'Inde, des Aïssaouas de l'Algérie, des derviches tourneurs et hurleurs de la Turquie et de l'Egypte, voire même d'autres fanatiques qui vivent plus près de nous ! Chez tous ces individus, on retrouve cet état pathologique spécial qui se rattache à l'hystérie, à la monomanie, à l'anesthésie locale ou à la catalepsie spontanée ou amenée volontairement par des excitations savamment conduites.

Les hommes sont d'excellents serviteurs, et surtout des cochers hors ligne, grâce à leur sobriété. Ils ne boivent ni vin, ni alcool, ni aucune boisson fermentée, et conduisent avec une habileté et un sang-froid admirables leurs fringants attelages lancés à une vitesse vertigineuse dans les chemins les plus dangereux.

La population aderbéidjani s'élève à plus d'un million d'individus seulement en Transcaucasie. Ce chiffre peut être estimé à trois millions sur le territoire persan.

Un fait très important à signaler chez cette population qui révèle la statistique administrative, c'est l'infériorité marquée du nombre des femmes, sur celui des hommes. C'est ainsi qu'on trouve à Elisabethpol, pour 1952 feux, une population de 11.139 habitants, répartie entre 6529 hommes et 4615 femmes. Dans le district du Zanguezour, où l'on a constaté 7101 feux et une population tatare totale de 37.985 individus, on trouve 21.447 hommes et 16.538 femmes.

Dans le district de Choucha, on compte 4550 femmes et 7045 hommes pour 2425 feux tatars. Les Arméniens qui y possèdent 3349 feux, et dont la population totale s'élève à 15.188, comptent 8729 hommes pour 6359 femmes.

II

MORPHOLOGIE ET ANTHROPOMÉTRIE

Ces émigrés du nord de l'Iran tranchent d'une façon complète au milieu des populations qu'ils ont envahies. S'ils ont pris aux Arméniens quelques-unes de leurs coutumes, en même temps qu'ils se sont emparés de leurs villages et de leurs terres sur bien des points, ils se sont pourtant peu mêlés avec les premiers occupants du sol. En sorte que, s'il y a eu mélange des deux races, il n'a eu que peu de conséquence comme le montre le type de l'envahisseur qui est assez homogène.

Nous avons étudié en 1890 les Aderbéidjani dans onze localités différentes et nos observations portent sur 130 sujets dont 18 femmes, tous adultes de 20 à 40 ans. Nos mesures sont groupées dans cinq tableaux.

Durant mes précédents voyages[1] il ne m'avait été donné d'étudier que 18 sujets de cette race et d'une origine certaine. Le général von Erkert a mesuré autrefois 34 individus donnés comme Aderbéidjani[2].

Les Aderbéidjani, nous l'avons dit, n'ont aucun rapport avec les autres peuples qui partagent avec eux le nom de Tatar, tels que les Tatars de Kazan, de Kassimof, du Volga, du Caucase, de la Crimée qui se distinguent eux-mêmes entre eux en trois catégories très distinctes. MM. Kharouzine et Lygine[3] ont étudié ces derniers en 1890, et ont reconnu qu'ils ne sont Turcs que par leur langage; ils présentent,

[1] *Recherches anthropologiques au Caucase*, Lyon, 1887, t. IV, p. 238.

[2] *Bull. de la section caucasienne de la Soç. russe de Géographie*, Tiflis, 1882-83.

[3] Les Tatars de Gourzoff. Observations céphalométriques sur les Tatars de la cote sud de la Crimée (*Journal de la Soc. des am. des Sc. nat. de Moscou*, fasc. 7 et 9, 1890, en russe).

au point de vue physique, un mélange d'éléments des plus divers : Grecs, Génois, Arméniens, Juifs, Tziganes, Turcs, Russes, etc.

Quant aux Tatars de Kazan et du Caucase, j'ai eu l'occasion d'en mesurer plusieurs séries en 1879 et en 1892 [1]; M. Benzinger [2] a étudié autrefois les Tatars de Kazimof et M. Virouboff ceux des montagnes du Daghestan [3] durant l'été 1890.

LES CHEVEUX ET LES YEUX. — De même que les Arméniens, les Aderbéidjani sont incontestablement bruns. Sur 112 hommes, 68 ont les cheveux noir foncé et 32 les ont moyens ou châtain foncé; 3 ou 4 à peine les ont de teinte plus claire. C'est à Kara-Kilissa et à Ordoubat qu'ils sont le plus bruns (9 sur 10 et 11 sur 11). A Choucha, à Erivan, à Aralych et à Arkhouri on en trouve de 45 à 50 % de moyens ou châtain foncé.

Mise en séries de la couleur des cheveux des Aderbéidjani

NOMBRE D'INDIVIDUS	LOCALITÉS	COULEUR FONCÉE	COULEUR MOYENNE	COULEUR CLAIRE
19 hommes	Choucha	10	9	»
10 —	Kara-Kilissa	9	1	»
11 —	Nakhitchevan	6	4	1
5 femmes	—	3	2	»
11 hommes	Ordoubat	11	»	»
5 —	Kathar	5	»	»
17 —	Erivan	6	11	»
5 —	Kazakent	1	4	»
3 —	Kamarlou	3	»	»
16 —	Aralych	9	7	»
3 femmes	—	3	»	»
15 hommes	Arkhouri	11	2	2
10 femmes	—	8	2	»
130		85	42	3

Les Tatars de Kuzan que j'ai étudiés n'ont les cheveux foncés que dans la proportion de 28 %, tandis que les cheveux moyens et clairs, c'est-à-dire blonds ou châtains, se concentrent chez eux dans la proportion de 36 %.

Ces Tatars ont les cheveux droits et en général ne les rasent jamais.

Les Aderbéidjani ne les portent au contraire que sur les pariétaux et l'occipital. Toute la partie supérieure de la tête est rasée. Ces cheveux sont presque toujours droits, jamais frisés et très rarement ondulés.

[1] *Bull. Soc. Anthr. de Lyon*, t. XI, 1892.

[2] Les Tatars de Kuzinoff (*Journal de la Soc. des am. des Sc. nat. de Moscou*, 1880, en russe).

[3] Rapport sur un voyage dans le Caucase, fait en 1890 (*même revue*, 1890).

Les yeux sont particulièrement foncés à Ordoubat (11 sur 11), à Kara-Kilissa (7 sur 9), à Aralych (11 sur 16); mais ils sont quelquefois moyens à Erivan (11 sur 17), à Choucha (8 sur 19) et à Arkhouri (10 sur 15), c'est-à-dire qu'il y a 62 °/₀ d'yeux réellement foncés. Les moins foncés sont verts ou gris d'acier. On rencontre chez les femmes la même proportion de brun foncé et de châtain que chez les hommes.

Mise en séries de la couleur des yeux des Aderbéidjani

NOMBRE D'INDIVIDUS	LOCALITÉS	COULEUR FONCÉE	COULEUR MOYENNE	COULEUR CLAIRE
19 hommes	Choucha	9	8	2
10 —	Kara-Kilissa	7	2	1
11 —	Nakhitchevan	6	4	1
5 femmes	—	2	3	»
11 hommes	Ordoubat	11	»	»
5 —	Kathar	5	»	»
17 —	Erivan	6	11	»
5 —	Kazakent	1	4	»
3 —	Kamarlon	3	»	»
16 —	Aralych.	11	5	»
3 femmes	—	3	»	»
15 hommes	Arkhouri	3	10	2
10 femmes	—	8	2	»
130		75	49	6

Les yeux sont rarement bridés chez les Tatars de Kazan et de Gourzoul (35 sujets). Ils sont clairs ou moyens, c'est-à-dire bleu ou gris vert dans la proportion chacun de 36 °/₀; les yeux foncés ne se rencontrent chez ces Tatars que dans la proportion de 28 °/₀.

Chez les Aderbéidjani, des cils longs et fournis ombragent leurs yeux jamais bridés, mais bien ouverts d'un éclat remarquablement vif et pénétrant ; ils ne présentent aucun caractère mongoloïde.

La distance inter-orbitaire externe ou bipalpébrale est de 96 millimètres en moyenne chez les hommes. C'est à Adonbat que l'on trouve les plus grands écarts, c'est-à-dire que l'on constate des diamètres de 102 millimètres, et à Erivan ils descendent à 93 millimètres. Cette distance est de 97 millimètres en moyenne pour les femmes. Chez les Tatars de Kazan cette moyenne est de 98 millimètres.

Chez les Aderbéidjani, la distance bi-palpébrale interne est en moyenne de 28 millimètres chez les hommes et de 29 chez les femmes. Chez les Tatars de Kazan, cette moyenne est de 30 millimètres.

LE NEZ, LA BOUCHE, LES OREILLES ET LA FACE. — Le nez des Aderbéidjani est généralement droit, plus ou moins abaissé, mais quelquefois aussi convexe et abaissé.

C'est à Choucha que les nez convexes et abaissés sont le plus fréquents (9 sur 19), ainsi qu'à Ordoubat (6 sur 11), à Erivan (7 sur 17) et à Aralych (6 sur 16). On les trouve au contraire droits à Nakhitchevan (6 sur 11), à Aralych (9 sur 16) et à Arkhouri (15 sur 15).

La longueur et la largeur du nez sont assez ordinaires. L'indice nasal moyen est de 64,15 pour l'ensemble des sujets hommes et femmes réunis. Pour les hommes seuls, il est de 64,81. Celui des femmes est un peu plus bas, il n'atteint que 61,70. Cette leptorhinie est à peu près égale à celle des Arméniens. C'est à Katar que les Aderbéidjani sont le plus leptorhiniens avec un indice moyen de 57,38, et c'est à Kazakend qu'ils le sont le moins. On trouve là un indice moyen de 71,15. A Choucha, à Aralych et à Arkhouri l'indice moyen varie entre 66 et 67.

Mise en séries de l'indice nasal des Aderbéidjani

NOMBRE D'INDIVIDUS	LOCALITÉS	AU-DESSOUS DE 60	DE 60 A 69,9	DE 70 A 79,9	80 ET AU-DESSUS
19 hommes	Choucha	2	8	8	1
10 —	Kara-Kilissa	1	5	4	»
11 —	Nakhitchevan	2	8	1	»
5 femmes	—	»	1	3	1
11 hommes	Ordoubat	8	1	1	1
5 —	Kathar	3	2	»	»
17 —	Erivan	4	8	4	1
5 —	Kozakent	»	2	3	»
3 —	Kamarlon	1	1	1	»
16 —	Aralych	3	7	6	»
3 femmes	—	1	2	»	»
15 hommes	Arkhouri	»	13	2	»
10 femmes	—	5	5	»	»
130		30	63	33	4

Chez les Tatars de Kazan le nez est généralement droit (75 %) et quelquefois connexes (25 %). L'indice nasal moyen des 22 sujets est de 71,43 (hauteur moyenne 47 millimètres, largeur moyenne 35 milimètres).

Chez les Aderbéidjani la bouche est plutôt petite que grande. Son ouverture moyenne n'est que de 46 millimètres (47 chez les hommes et 42 chez les femmes). Les lèvres sont fines et laissent voir une dentition fort belle et d'une admirable régularité. La carie est rare, et la dent de sagesse assez précoce.

Les oreilles ne sont pas trop déformées, bien qu'ils portent tous le papakh dès l'enfance. L'indice moyen général est de 59,33. Mais ce qui prouve bien que la hauteur de l'oreille est modifiée par la coiffure, c'est que les hommes seuls ont un indice moyen de 60, tandis que chez les femmes il est de 53,70. Chez celles-ci, en effet, la coiffure ne rejette pas le pavillon tout entier en avant, diminuant ainsi la largeur totale de l'organe.

La face est plutôt longue que courte. Le diamètre bi-zygomatique est en général moins considérable que chez les Arméniens; il atteint rarement 140 millimètres, et descend assez souvent à 137 millimètres. La hauteur ophrio-mentonnière dépasse au contraire fréquemment 140 millimètres, chez les hommes du moins. Chez les femmes, ces rapports sont également exagérés.

L'indice facial moyen de l'ensemble des 130 Aderbéidjani, hommes et femmes réunis, est de 97,16, celui des hommes étant de 97,88 et celui des femmes de 94,69.

La face est beaucoup moins allongée chez les Tatars de Kazan que chez les Aderbéidjani. Elle présente chez les 22 sujets un indice de 101,46. Le diamètre bi-zygomatique moyen est de 139 millimètres et le diamètre ophrio-mentonnier moyen de 137 millimètres.

Mise en séries de l'indice facial des Aderbéidjani

NOMBRE D'INDIVIDUS	LOCALITÉS	AU-DESSOUS DE 95	DE 95 A 99,9	DE 100 A 104,9	105 ET AU-DESSUS
19 hommes	Choucha	7	5	6	1
10 —	Kara-Kilissa	3	3	4	»
11 —	Nakhitchevan	4	5	1	1
5 femmes	—	2	2	1	»
11 hommes	Ordoubat	3	6	»	2
5 —	Kathar	4	1	»	»
17 —	Erivan	6	6	3	2
5 —	Kazakent	»	2	3	»
3 —	Kamarlou	1	»	1	1
16 —	Aralych	2	6	7	1
3 femmes	—	»	2	1	»
15 hommes	Arkhouri	9	3	»	3
10 femmes	—	8	2	»	»
130		49	43	27	11

La mise en série montre en somme que, chez les Aderbéidjani, la face est allongée, car sur 113 hommes, 76 présentent des indices inférieurs à 100, et 36 seulement sont mésati-faciaux avec des indices dépassant quelque peu 100. C'est à

Choucha (7 sur 19) et à Aralych (8 sur 16) que l'on trouve le plus d'individus avec des indices de la face dépassant 100. Au contraire, ceux qui se tiennent dans les limites de 93 à 97 sont très fréquents à Kara-Kilissa (6 sur 10), à Nakhitchevan (9 sur 11), à Ordoubat (9 sur 11), à Erivan (13 sur 17) et à Arkhouri (13 sur 15).

La taille et la grande envergure. — Les Aderbéidjani sont généralement de taille élevée; la moyenne des 112 hommes observés est de 1m,70. C'est à Nakhitchevan que se trouve la moyenne la plus élevée avec des sujets mesurant jusqu'à 1m,86 et 1m,91; puis à Choucha où l'on rencontre des tailles de 1m,80, et enfin à Katar où des sujets atteignent 1m,76 et 1m,78.

C'est à Ordoubat que l'on rencontre les plus petits hommes avec des tailles de 1m,58. Quant à la grande envergure, elle est en moyenne de 1m,72, c'est-à-dire de 2 centimètres plus élevée que la taille; mais prise en détail, il est intéressant de voir comment elle varie, suivant les localités, et surtout combien est variable son rapport avec la taille. Elle est, en général, supérieure à la taille, excepté à Erivan, où celle-ci ne lui est inférieure que huit fois sur dix-sept, et deux fois égale.

Mise en séries de la taille debout des Aderbéidjani

Nombre d'individus	Localités	Au-dessous de 1,60	De 1,60 à 1,64	De 1,65 à 1,69	1,70 et au-dessus
19 hommes	Choucha.	»	»	»	1
10 —	Kara-Kilissa	»	2	3	5
11 —	Nakhitchevan	»	»	»	11
5 femmes	—	»	»	»	»
11 hommes	Ordoubat	2	»	4	1
5 —	Kathar	»	»	»	5
17 —	Erivan	»	5	7	5
5 —	Kazakent	»	1	3	1
3 —	Kamarlou	1	»	»	2
16 —	Aralych.	»	2	5	7
3 femmes	—	»	»	»	»
15 hommes	Arkhouri	»	»	6	9
10 femmes	—	»	»	»	»
130		3	10	28	47

Elle est aussi égale à la taille à Kamarlou. A Nakhitchevan elle ne la dépasse que d'1 centimètre, mais à Aralych et à Arkhouri, elle la dépasse de 2 centimètres.

Les Tatars de Kazan sont en général moins grands que les Aderbéidjani. Ils ne présentent une moyenne que de 168 centimètres. On voit 9 sujets sur 22 qui dépassent le chiffre de 170 centimètres et 13 qui ne l'atteignent pas.

Mise en séries de la grande envergure des Aderbéidjani

NOMBRE D'INDIVIDUS	LOCALITÉS	AU-DESSOUS DE 1,60	DE 1,60 A 1,64	DE 1,65 A 1,69	1,70 ET AU-DESSUS
19 hommes	Choucha	»	»	»	1
10 —	Kara-Kilissa	»	»	1	9
11 —	Nakhitchevan	»	»	1	10
5 femmes	—	»	»	»	»
11 hommes	Ordoubat	1	1	»	5
5 —	Kathar	»	»	3	2
17 —	Erivan	3	3	1	10
5 —	Kazakent	»	1	1	3
3 —	Kamarlou	»	»	1	2
16 —	Aralych	2	»	2	10
3 femmes	—	»	»	»	»
15 hommes	Arkhouri	»	2	2	11
10 femmes	—	»	»	»	»
136		6	7	12	63

Mise en séries de la grande envergure des Aderbéidjani comparée à leur taille.

NOMBRE D'INDIVIDUS	LOCALITÉS	GRANDE ENVERG. INFÉRIEURE A LA TAILLE	GRANDE ENVERG. ÉGALE A LA TAILLE	GRANDE ENVERG. SUPÉRIEURE A LA TAILLE
19 hommes	Choucha	1	»	»
10 —	Kara-Kilissa	2	»	8
11 —	Nakhitchevan	2	1	8
5 femmes	—	»	»	»
11 hommes	Ordoubat	1	»	6
5 —	Kathar	5	»	»
17 —	Erivan	9	1	7
5 —	Kazakent	»	1	4
3 —	Kamarlou	2	»	1
16 —	Aralych	3	1	10
3 femmes	—	»	»	»
15 hommes	Arkhouri	3	»	12
10 femmes	—	»	»	»
130		28	4	56

La tête, ses diamètres et ses déformations. — Les Aderbéidjani ont la tête plutôt longue que ronde. Les 130 individus hommes et femmes réunis des diverses localités où il nous a été donné d'étudier cette race présentent un indice céphalométrique moyen de 78,07. Les femmes, un peu plus dolychocéphales que les hommes, à Aralych surtout (73,91), ont un indice moyen de 76,96.

Quant aux hommes pris en masse, ils ont 78,19 comme moyenne générale.

Von Erkert donne comme indice céphalique de ses 34 sujets le chiffre de 79,4.

En somme, les Aderbéidjani sont sous-dolychocéphales, ou mésocéphales, mais l'indice moyen de 78,19 n'est obtenu qu'avec des séries qui présentent entre elles une homogénéité assez relative. C'est ainsi, par exemple, que, dans la série de Choucha où se trouvent 9 individus sur 19 dont l'indice dépasse 79, il en est 5 qui n'atteignent pas celui de 78 et plusieurs n'ont que 76. A Kara-Kilissa, 5 sur 10 n'arrivent pas à 78, et parmi ceux-ci, l'un a 71,79 et l'autre 74,47. A Erivan, 11 sur 17 sont dans le même cas : deux sujets ne présentent que 74 et un autre 75,12. A Aralych, dont la moyenne générale est du reste de 77,95, 10 sujets sur 17 n'atteignent pas cette moyenne, et deux n'ont que 75,27 ; un autre n'arrive qu'à 73,68.

Mise en séries de l'indice céphalique des Aderbéidjani

NOMBRE D'INDIVIDUS	LOCALITÉS	DOLICHOCÉPHALES AU-DESSOUS DE 75	MÉSOCÉPHALES DE 75 A 79,9	BRACHYCÉPHALES DE 80 A 84,9	HYPERBRACHYCÉPHALES 85 ET AU-DESSUS
19 hommes	Choucha.	»	12	7	»
10 —	Kara-Kilissa	2	5	3	»
11 —	Nakhitchevan	1	10	»	3
5 femmes	—	1	3	1	»
11 hommes	Ordoubat	»	4	7	»
5 —	Kathar	»	5	»	»
17 —	Erivan	1	15	1	»
5 —	Kazakent	2	3	»	»
3 —	Kamarlou	»	1	2	1
16 —	Aralych	1	11	3	1
3 femmes	—	2	1	»	»
15 hommes	Arkhouri	»	11	4	»
10 femmes	—	1	9	»	»
130		11	90	28	1

Cette mise en série montre qu'en somme les dolichocéphales dont les indices sont inférieurs à 75 ne sont représentés que par 11 sujets sur 130, alors que 90 ont des indices allant de 75 à 79,9. On en voit d'autre part 28 dont les indices varient de 80 à 84,9.

La mésocéphalie serait donc la caractéristique des Aderbéidjani, sans la présence parmi eux d'un certain nombre de brachycéphales. Ces derniers se trouvent surtout à Choucha dans la proportion de 1 sur 19 : à Kara-Kalissa dans celle de 3 sur 10 ; à Ordoubat de 7 sur 11 ; à Aralych de 3 sur 16, et à Arkhouri de 4 sur 15. Bien que la présence de ces brachycéphales puisse s'expliquer au milieu de cette race évidemment mésocéphale par le fait de mélanges probables avec des individus de quelqu'une des autres races de la région, on ne doit pas perdre de vue l'influence parfois considérable des déformations que l'on exerce chez ce peuple comme chez toutes les autres populations de la Transcaucasie et de toutes les autres régions du reste de l'Asie occidentale.

On remarque, en effet, que les Aderbéidjani les plus brachycéphales sont généralement porteurs d'un aplatissement marqué de toute la partie occipitale de la tête, on en trouve de ces derniers 40 %. Les plus dolychocéphales présentent, au contraire, des traces parfois très accentuées de compressions inio-frontales et bregmatiques. Ceux-ci se rencontrent dans la proportion de 60 % et dans cette catégorie ne figure aucune femme.

Les Tatars de Kazimof (30 sujets) présentent d'après Benzinger un indice céphalique de 83,1. D'autre part, M. Viroubof a constaté que l'indice céphalique moyen de 170 Tatars des montagnes du Caucase est de 83,5. Cet indice moyen se décompose ainsi : Dolichocéphales 8 %, mésocéphales 6 %, brachycéphales 66 %.

Par la comparaison de ces divers chiffres, il paraît démontrer qu'en général les Tatars sont brachycéphales et que la mésaticéphalie des Aderbéidjani est due aux influences iraniennes considérables qu'ils ont subies depuis leur arrivée dans les pays qu'ils habitent de nos jours. C'est à ces particularités qu'il faut sans doute attribuer la brachycéphalie que j'ai rencontrée autrefois[1] sur les Aderbéidjani de la région du lac Gôk-Tchai et de Bayazid, à moins que l'on préfère voir dans ces populations des groupes tatars moins iranisés que les autres, comme nous avons pu le voir chez quelques individus de Choucha et d'Ordoubat.

Les Tatars de Kazan que j'ai observés ne présentent pas de traces de déformations artificielles de la tête. Ils sont brachycéphales avec un indice céphalique moyen de 82,54. Sur les 22 sujets, il y en a 11 qui ont des indices moyens de 82,54 et 9 qui ont des indices inférieurs à ce chiffre. L'indice le plus élevé arrive à 85,59 et le plus bas descend à 76,63. Cette série est quelque peu homogène, puisqu'elle est formée pour 18 % de brachycéphales, 2 % de mésocéphales et 2 % de sus-brachycéphales. M. Kharouzine a trouvé de son côté pour les 35 Tatars de Gourzof 77 % de brachycéphales avec 86,1 comme indice céphalique moyen.

[1] *Recherches anthropologiques au Caucase, loc. cit.*

ADERBÈIDJANI DE CHOUCHA (hommes)

Numéros d'ordre	Noms et âges	Lieux de naissance et d'observation	Profession du sujet	Couleur des cheveux	Couleur des yeux	Forme des cheveux	Forme du nez	Forme de l'œil	Diamètres de la tête : antéro-postérieur maximum	Métopique	Transverse maximum	Indice céphalique	Mesures de la face : de la glabelle au point mentonnier	Bi-zygomatique	Indice facial	De l'œil : bipalpébrale externe	Bipalpébrale interne	Du nez : hauteur	Largeur	Indice nasal	De l'oreille : hauteur	Largeur	Largeur de la bouche	Taille debout	Grande envergure totale	Observations
1	Ibrahim, 32 ans,	Choucha.	négociant.	moy.	moy.	droits	droite ab.	non bridé	188	184	143	76,06	156	130	83,33	104	25	53	33	62,26	60	36	43	180	175	Dép. front. inio-bregm.
2	Kerbellah, 40 ans,	—	—	foncée	foncée	—	conv. ab.	—	177	170	145	81,92	144	144	100,00	104	28	53	40	75,47	60	38	46	»	»	
3	Hassan, 30 ans,	—	—	moy.	moy.	—	—	—	178	172	142	79,77	134	138	102,98	88	23	55	36	65,45	57	35	44	»	»	Dép. front. inio-bregm.
4	Mehemet Oni, 40 ans,	—	—	foncée	foncée	—	tr. conv. tr. ab.	—	188	166	148	80,87	144	138	95,83	100	28	55	41	74,54	71	41	47	»	»	
5	Ali, 45 ans,	—	starchins	—	—	—	droite	—	194	192	152	78,35	158	154	97,46	101	24	52	37	71,15	57	35	46	»	»	Dép. front. inio-bregm.
6	Kerbellah, 45 ans,	—	négociant	—	moy.	—	—	—	207	198	158	76,32	159	138	86,79	100	28	57	37	64,91	63	42	53	»	»	Apl. lambd. et front.
7	Hussim, 63 ans,	—	—	—	foncée	—	conv. tr. ab.	—	180	170	146	81,11	150	141	93,99	87	27	68	35	51,47	72	28	48	»	»	Apl. occip. front. et breg
8	Suliman, 30 ans,	—	—	moy.	moy.	—	droite	—	198	188	154	77,77	153	148	96,72	95	28	55	35	63,64	61	34	48	»	»	Apl. lambdoïde.
9	Kerbellah, 60 ans,	—	—	—	—	—	convexe	—	190	178	155	81,58	140	136	97,14	95	28	57	36	63,15	66	3[illegible]	50	»	»	Apl. occip. droit.
10	Kerb. Mehemet, 30 ans,	—	—	foncée	foncée	—	dr. lèg. ab.	—	198	188	157	79,29	143	135	94,40	102	24	57	42	73,68	61	30	50	»	»	Dép. bregm.
11	Astal, 40 ans,	—	—	—	—	—	droite ab.	—	195	184	153	78,46	135	140	103,70	88	32	53	40	75,47	64	32	53	»	»	Comp. front. inio-bregm.
12	Kacin, 65 ans,	—	—	moy.	moy.	—	—	—	185	182	141	76,21	138	138	100,00	91	25	53	42	79,24	63	35	47	»	»	Apl. occipital gauche.
13	Gemil, 32 ans,	—	—	foncée	foncée	—	concave	—	190	180	146	76,84	128	144	112,49	93	24	54	38	70,37	62	33	58	»	»	
14	Igamat,	—	—	moy	moy.	—	conv. tr. ab.	—	187	181	147	78,61	143	136	95,10	92	24	56	37	66,07	63	31	42	»	»	
15	Abbas, 25 ans,	—	—	—	claire	—	tr. conv.	—	192	180	155	80,73	147	148	100,68	105	24	58	38	65,51	63	37	51	»	»	
16	Kerbellah, 40 ans,	—	—	—	moy.	—	—	—	190	175	150	78,94	134	138	102,98	91	26	40	32	80,00	»	»	48	»	»	Dép. inio-front.
17	Aliogli 30 ans,	—	—	foncée	foncée	—	droite	—	195	188	150	76,92	152	135	88,81	104	28	57	38	66,66	70	35	44	»	»	
18	Mehemet Pir, 32 ans,	—	—	—	—	—	—	—	183	170	153	83,60	155	132	85,16	88	26	53	30	56,60	58	28	48	»	»	Forte dép. front.
19	Tadach, 46 ans,	—	—	moy.	claire	—	—	—	182	178	150	82,41	142	138	90,79	95	23	40	35	71,43	64	37	51	»	»	
							Moyennes.		189	181	149	78,83	145	139	95,85	96	[illegible]	54	36	66,66	63	34	48	»	»	

ADERBÈIDJANI DE KARA-KILISSA (hommes)

Numéros d'ordre	Noms et âges	Lieux de naissance et d'observation	Profession du sujet	Couleur des cheveux	Couleur des yeux	Forme des cheveux	Forme du nez	Forme de l'œil	Diamètres de la tête : antéro-postérieur maximum	Métopique	Transverse maximum	Indice céphalique	Mesures de la face : de la glabelle au point mentonnier	Bi-zygomatique	Indice facial	De l'œil : bipalpébrale externe	Bipalpébrale interne	Du nez : hauteur	Largeur	Indice nasal	De l'oreille : hauteur	Largeur	Largeur de la bouche	Taille debout	Grande envergure totale	Observations
1	Bakhchali, 50 ans,	Kara Kilissa,	agriculteur.	foncée	moy.	droits	»	non bridé	193	175	145	75,13	157	136	86,62	90	30	55	35	63,64	55	36	40	170	176	Fort dép. breg. ant. pos.
2	Allah Verdi, 40 ans,	—	—	—	foncée	—	peu conv. ab.	—	198	188	154	77,77	141	142	100,71	102	32	58	36	62,06	58	37	51	166	175	
3	Abbas, 26 ans,	—	—	moy.	claire	—	droite	—	188	184	140	74,47	143	135	94,40	90	22	40	34	68,39	6[illegible]	38	48	174	18[illegible]	
4	Bakich, 23 ans,	—	—	foncée	foncée	—	—	—	188	178	148	78,72	142	138	97,18	100	28	48	35	72,81	65	40	50	175	182	
5	Gevher, 62 ans,	—	—	—	—	—	convexe	—	182	173	152	83,51	139	140	100,72	100	32	54	38	70,37	59	3	50	168	170	Dép. front. bregm.
6	Abbas, 55 ans,	—	—	—	—	—	droite	—	180	174	151	83,88	132	138	104,54	92	30	51	40	78,43	60	37	43	164	174	Dép. front. bregm. lambd
7	Allah Kouli, 65 ans,	—	—	—	—	—	conv. ab.	—	184	174	148	80,43	141	142	101,42	92	30	51	34	66,67	64	34	48	160	170	
8	Fatali, 35 ans,	—	tel apar.	—	moy.	—	droite ab.	—	192	178	148	77,08	148	138	93,24	10[illegible]	33	56	36	64,29	69	38	45	175	171	
9	Hassan, 27 ans,	—	—	—	foncée	ondul.	droite	—	190	184	155	78,08	144	143	99,30	108	32	50	35	70,00	70	38	50	169	165	
10	Djefer Kouli, 26 ans,	—	—	—	—	—	droite ab.	—	195	182	140	71,79	140	130	97,14	98	28	64	35	54,69	55	34	48	174	180	
							Moyennes.		180	170	148	78,30	142	138	97,18	97	30	53	35	66,03	61	36	47	169	174	

NUMÉROS D'ORDRE	NOMS ET AGES LIEUX DE NAISSANCE ET D'OBSERVATION PROFESSION DU SUJET	COULEUR des cheveux	COULEUR des yeux	FORME DES CHEVEUX	FORME du nez	FORME de l'œil	DIAMÈTRES DE LA TÊTE antéro-postérieur maximum	DIAMÈTRES DE LA TÊTE métopique	DIAMÈTRES DE LA TÊTE transverse	INDICE CÉPHALIQUE	MESURES DE LA FACE de la glabelle au point mentonnier	MESURES DE LA FACE bi-zygomatique	INDICE FACIAL	MESURES DE L'ŒIL bipalpébrale externe	MESURES DE L'ŒIL bipalpébrale interne	MESURES DU NEZ hauteur	MESURES DU NEZ largeur	INDICE NASAL	MESURES DE L'OREILLE hauteur	MESURES DE L'OREILLE largeur	LARGEUR DE LA BOUCHE	TAILLE DEBOUT	GRANDE ENVERGURE TOTALE	OBSERVATIONS
	ADERBÉIDJANI DE NAKHITCHEVAN (hommes)																							
1	KERBELLAH, 40 ans, Nakhitchevan, cultivateur.	moy.	moy	ondul.	droite	non bridé	189	173	144	76,19	144	142	98,61	98	33	55	38	69,08	58	32	50	178	182	Forte dép. inio-fr.
2	HASSAN, 30 ans, — —	foncée	foncée	—	droite ab.	—	193	176	151	78,23	154	148	96,10	110	28	63	37	58,73	75	40	52	185	189	Déf. inio-bregm.
3	ALI ASCHER, 45 ans, — —	claire	claire	—	concave	—	189	171	142	75,13	146	137	93,83	100	26	58	37	63,78	67	40	47	178	180	Compr. pariétale.
4	KERBELLAH, 50 ans, — —	moy.	moy.	—	conv. ab.	—	185	168	134	72,43	[illegible]	134	90,53	90	27	56	38	67,86	57	40	44	174	176	Apl. frontal.
5	KADIMALI, 32 ans, — empl. police.	tr. fonc.	tr. fonc.	—	droite	—	196	181	147	75,00	142	143	100,70	109	28	50	35	70,00	62	40	46	176	179	
6	DJAFER, 30 ans, — négociant.	—	—	—	—	—	[illegible]	177	148	78,72	143	136	95,10	100	28	52	36	69,23	64	38	45	174	170	
7	LAZINN, 46 ans, — tchapar.	—	—	droits	droite ab.	—	194	184	150	77,32	153	144	94,11	95	31	65	38	58,46	63	41	50	180	180	Lég. comp. bregm.
8	ABBAS, 24 ans, — —	moy.	moy.	—	convexe	—	186	182	143	76,88	155	140	90,32	100	33	57	38	66,66	70	45	54	191	195	Tr. forte dépr. front.
9	TARI, 30 ans, — —	tr. fonc.	tr. fonc.	ondul.	droite	—	193	174	149	77,20	150	159	105,99	95	28	55	38	69,08	61	36	54	172	169	Forte dépr. inio-fr.-breg.
10	SAFARALI, 25 ans, — —	moy.	moy.	droits	—	—	194	176	150	77,32	147	145	98,63	98	26	56	35	62,50	68	38	48	170	172	Dépr. inio-front.-bregm.
11	KHODJA, 35 ans, — —	foncée	foncée	—	—	—	195	180	148	75,89	14[illegible]	140	96,55	95	29	55	34	61,81	67	44	42	171	172	
	Moyennes.						191	176	146	76,44	147	142	96,59	99	28	56	36	64,29	64	39	48	177	178	
	ADERBÉIDJANI DE NAKHITCHEVAN (femmes)																							
1	DJAHAN, 50 ans, Nakhitchevan.	moy.	moy.	droits	concave	non bridé	190	171	139	73,15	134	122	91,04	96	24	48	38	79,17	»	»	»	»	»	Petite taille.
2	NABAT, 32 ans, —	foncée	foncée	—	—	—	185	154	141	76,21	123	127	104,09	94	27	48	37	77,08	57	37	54	»	»	—
3	KHANOUM, 28 ans, —	moy.	moy.	—	droite	—	170	154	138	81,17	133	124	93,23	86	26	42	34	80,95	56	35	40	»	»	
4	JATCH, 30 ans —	foncée	foncée	ondul.	—	—	181	168	137	75,69	133	130	97,74	84	26	51	36	70,58	52	31	45	»	»	
5	GUS, 50 ans, —	—	—	—	—	—	178	161	140	78,65	133	130	97,74	93	23	52	33	63,46	60	39	40	»	»	
	Moyennes.						180	160	139	77,22	131	126	96,18	90	25	48	35	72,91	56	35	45	»	»	
	ADERBÉIDJANI D'ORDOUBAT (hommes)																							
1	DJEBRAIL, 25 ans, Ordoubat, tchapar.	foncée	foncée	droits	droite	non bridé	193	160	148	76,68	158	148	93,67	104	28	59	30	50,84	60	38	58	178	182	Aplat-occipit.
2	KACIM, 25 ans, — —	tr. fonc.	tr. fonc.	—	—	—	180	165	146	81,11	146	144	98,63	95	23	56	34	60,71	58	42	45	158	160	
3	ABBAZ, 22 ans, — domestique	foncée	foncée	—	concave	—	181	166	148	81,76	130	138	106,15	98	28	47	40	85,10	69	37	45	158	158	
4	MIRZA, 45 ans, — écrivain.	—	—	—	conv. tr. ab.	—	191	179	153	80,10	145	140	96,55	100	26	63	35	55,56	63	36	»	168	172	
5	AGHA, 38 ans, — négociant.	—	—	—	droite ab.	—	185	168	147	79,46	122	135	110,65	108	30	52	40	76,92	59	32	»	166	173	
6	SAFAROGLI, 64 ans, — —	—	—	—	convexe	—	194	173	154	79,38	148	132	89,18	88	26	55	33	59,99	74	35	»	169	172	Dép. front. bregm.
7	KERBELLAH, 55 ans, — —	—	—	—	droite	—	190	168	154	81,05	148	138	93,24	90	30	56	30	53,57	63	38	»	166	169	
8	ALI, 22 ans, — —	—	—	—	conv. ab.	—	190	177	152	80,00	146	140	95,89	108	27	63	35	55,56	65	36	»	166	173	
9	HADJI, 30 ans, — cultivateur.	—	—	—	—	—	187	178	152	81,28	145	142	97,93	109	26	61	36	56,25	63	37	»	168	172	
10	DJEFAR, 34 ans, — négociant	—	—	—	—	—	189	178	150	79,36	147	141	95,91	100	28	63	35	55,56	64	36	»	169	172	
11	IBRAHIM, 20 ans, — —	—	—	—	—	—	189	179	153	80,95	146	140	95,89	108	27	62	35	56,45	65	26	»	167	173	
	Moyennes.						188	173	150	79,78	143	139	97,20	102	27	58	34	58,61	63	36	47	166	169	

NUMÉROS D'ORDRE	NOMS ET AGES	LIEUX DE NAISSANCE ET D'OBSERVATION	PROFESSION DU SUJET	COULEUR		FORME DES CHEVEUX	FORME		DIAMÈTRES DE LA TÊTE				MESURES DE LA FACE			MESURES DE L'ŒIL		MESURES DU NEZ			MESURES DE L'OREILLE		LARGEUR DE LA BOUCHE	TAILLE DEBOUT	GRANDE ENVERGURE TOTALE	OBSERVATIONS
				DES CHEVEUX	DES YEUX		DU NEZ	DE L'ŒIL	ANTÉRO-POSTÉRIEUR MAXIMUM	MÉTOPIQUE	TRANSVERSE MAXIMUM	INDICE CÉPHALIQUE	DE LA GLABELLE AU POINT MENTONNIER	BI-ZYGOMATIQUE	INDICE FACIAL	BIPALPÉBRALE EXTERNE	BIPALPÉBRALE INTERNE	HAUTEUR	LARGEUR	INDICE NASAL	HAUTEUR	LARGEUR				
	ADERBÉIDJANI DE KATHAR (hommes)																									
1	KOUDAYAR, 32 ans,	Kathar,	ouvrier fondeur.	foncée	foncée	droits	conv. ab.	non bridé	186	172	144	77,42	157	139	88,53	98	23	64	35	54,69	65	40	51	175	168	Lég. dépr. inio-frontale.
2	ABAS, 47 ans,	—	—	—	—	—	—	—	185	172	143	77,29	150	139	89,10	96	24	65	36	55,38	65	41	50	177	169	—
3	HASSAN, 30 ans,	—	—	—	—	—	—	—	187	173	144	77,00	158	138	87,34	97	24	64	37	57,81	66	42	52	170	168	—
4	CHABADIN, 53 ans,	—	—	—	—	—	—	—	184	176	144	78,26	143	136	95,10	98	26	56	35	62,50	68	42	48	176	174	—
5	BAKICH, 37 ans,	—	—	—	—	—	—	—	185	178	145	78,37	144	136	94,44	90	26	56	34	60,71	67	42	49	178	175	—
							Moyennes.		185	174	144	77,83	151	137	90,72	97	24	61	35	57,38	66	41	50	176	170	
	ADERBÉIDJANI D'ÉRIVAN (hommes)																									
1	KERBELLAH, 35 ans,	Erivan, Khegart,	cultivat.	moy.	moy.	droits	concave	non bridé	183	168	141	78,69	145	133	91,72	86	30	52	40	76,92	60	35	44	160	168	
2	» 25 ans,	—	—	—	—	—	droite	—	182	170	145	79,67	144	143	99,30	95	27	56	35	62,50	60	35	51	168	171	
3	» 60 ans,	—	—	—	—	—	conv. ab.	—	176	100	141	80,11	138	128	92,75	80	30	54	32	58,26	44	28	46	163	159	Apl. lambd. gauche.
4	ISMAÏL, 35 ans,	—	—	foncée	foncée	frisés	droite	—	196	185	154	78,57	144	44	100,00	95	30	40	38	95,00	60	35	46	173	177	
5	» 30 ans,	—	—	moy.	moy.	droits	conv. ab.	—	193	174	150	77,72	138	135	97,82	93	28	59	34	57,65	41	32	50	183	178	
6	» 40 ans,	—	—	—	—	—	droite ab.	—	189	164	140	74,07	138	132	95,65	85	34	60	36	60,00	63	38	51	169	159	
7	» 45 ans,	—	—	foncée	foncée	—	—	—	190	178	151	77,04	153	142	92,80	102	30	54	36	66,66	49	39	50	189	181	Déf. inio-front.-breg.
8	» 22 ans,	—	—	moy.	moy.	—	conv. ab.	—	188	168	148	78,72	145	135	93,10	99	28	57	32	56,14	63	33	48	175	178	Déf. inio-bregm.
9	» 50 ans,	—	—	—	—	—	concave	—	197	182	148	75,12	148	138	93,24	98	33	50	34	68,00	47	35	47	173	17.	Lég. aplat. front.
10	» 35 ans,	—	—	foncée	foncée	—	droite ab.	—	188	166	144	76,59	141	130	92,19	94	34	49	34	67,34	63	32	42	167	170	Lég. comp. post. front.
11	NADJAF, 50 ans,	—	caravanier.	moy.	moy.	—	conv. ab.	—	198	170	140	75,25	126	136	107,93	95	36	49	38	77,55	62	42	44	168	168	
12	» 28 ans,	—	—	—	—	—	droite	—	1·7	170	143	77,54	138	138	100,00	90	28	51	35	68,63	40	29	48	169	172	
13	» 25 ans,	—	—	—	—	—	lég. conv.	—	188	165	146	77,66	144	139	96,52	95	30	59	34	57,65	60	34	56	162	170	
14	» 70 ans,	—	—	—	—	—	droite	—	186	168	148	79,57	148	142	95,94	105	26	55	38	69,08	65	25	51	165	163	
15	» 30 ans,	—	—	foncée	foncée	frisés	droite ab.	—	189	173	146	77,25	138	140	101,44	90	26	58	38	65,51	63	38	52	161	178	
16	RAMAZAN, 25 ans,	—	tchapar.	—	—	—	convexe	—	180	178	143	76,88	126	134	106,34	94	28	54	40	74,07	63	40	46	166	163	
17	» 16 ans,	—		—	—	droits	droite	—	194	176	145	76,28	138	13·	97,82	94	33	47	36	77,59	60	36	48	160	154	
							Moyennes.		189	171	146	77,25	140	136	97,14	93	30	53	35	66,03	57	34	47	168	168	
	ADERBÉIDJANI DE KAZAKENT (hommes)																									
1	ABBAS, 28 ans,	Kazakent,	cultivateur	moy.	moy.	droits	droite ab.	non bridé	196	181	149	76,02	136	140	102,94	100	26	54	37	68,52	56	31	46	160	175	
2	» 25 ans,	—	—	—	—	—	droite	—	185	168	135	72,97	143	142	99,30	98	28	52	37	71,15	50	38	47	173	183	
3	» 25 ans,	—	—	foncée	foncée	—	—	—	193	177	149	77,20	138	138	103,75	98	28	52	40	76,92	58	30	48	169	178	
4	» 28 ans,	—	—	moy.	moy.	frisés	—	—	188	168	145	77,12	134	132	98,50	88	33	47	36	77,59	61	37	44	160	162	Déf. inio-front. bregm.
5	» 45 ans,	—	—	—	—	—	—	—	190	165	140	73,68	134	135	100,74	94	30	55	35	63,63	60	38	41	167	167	
							Moyennes.		190	171	143	75,26	136	137	100,73	95	29	52	37	71,15	57	34	45	167	178	

NUMÉROS D'ORDRE	NOMS ET AGES LIEUX DE NAISSANCE ET D'OBSERVATION PROFESSION DU SUJET	COULEUR		FORME DES CHEVEUX	FORME		DIAMÈTRES DE LA TÊTE				MESURES											LARGEUR DE LA BOUCHE	TAILLE DEBOUT	GRANDE ENVERGURE TOTALE	OBSERVATIONS
											DE LA FACE			DE L'ŒIL		DU NEZ			DE L'OREILLE						
		DES CHEVEUX	DES YEUX		DU NEZ	DE L'ŒIL	ANTÉRO-POSTÉRIEUR MAXIMUM	MÉTOPIQUE	TRANSVERSE MAXIMUM	INDICE CÉPHALIQUE	DE LA GLABELLE AU POINT MENTONNIER	BI-ZYGOMATIQUE	INDICE FACIAL	BIPALPÉBRALE EXTERNE	BIPALPÉBRALE INTERNE	HAUTEUR	LARGEUR	INDICE NASAL	HAUTEUR	LARGEUR				
	ADERBÉIDJANI DE KAMARLOU (hommes)																								
1	Molla, 40 ans, Kamarlou, profess. de langue.	foncée	foncée	droits	droite	non bridé	182	168	148	81,31	124	137	110,48	93	28	51	36	70,58	57	37	45	159	170	Forte dépr. inio-front.
2	Ahmed-bec, 36 ans, Kamarlou, propriétaire. .	—	—	—	—	—	187	182	153	81,82	136	141	103,67	94	32	57	30	63,15	69	41	44	175	165	Dépr. front-lambdoïque.
3	Sadikh, 17 ans, — maréchal ferrand.	—	—	—	—	—	188	160	148	78,72	146	130	83,91	98	26	58	33	56,89	55	37	45	173	172	
	Moyennes.						185	173	149	80,54	136	130	102,20	95	28	55	35	63,64	60	38	45	160	169	
	ADERBÉIDJANI D'ARALYCH (hommes)																								
1	Kouda, 25 ans, Aralych, cultivateur.	foncée	foncée	droits	convexe	non bridé	195	174	155	79,48	142	144	101,40	107	28	48	31	64,58	63	38	45	180	180	Dépr. front. breg.
2	Alaske, 30 ans — —	—	—	—	—	—	194	178	150	77,32	148	143	96,61	94	30	59	34	57,65	68	35	44	175	181	Forte dépr. front. breg.
3	Akpar, — —	tr. fonc.	tr. fonc	—	droite	—	178	160	143	80,33	140	138	98,56	92	33	56	30	53,57	50	36	48	170	176	Forte dépr. front. inio-br
4	Kollas, 25 ans, — —	moy.	moy.	—	conv. ab.	—	182	165	137	75,27	138	129	93,47	95	28	49	33	67,34	53	36	46	160	158	Comp. inio-fron. breg.
5	» 30 ans, — —	tr. fonc.	tr. fonc.	—	droite	—	182	162	150	82.41	140	138	98,56	98	28	49	35	71,42	60	40	45	172	174	
6	Orondy, 23 ans, — —	foncée	foncée	—	—	—	183	180	143	78,14	142	144	101,40	98	23	48	35	72,92	58	45	45	175	166	
7	Ussup, 30 ans, — —	—	—	—	—	—	190	172	140	73,68	140	135	96,42	100	28	50	35	70,00	53	44	43	160	173	Déf. inio-fr.
8	Djabar, 20 ans, — —	—	—	—	—	—	185	170	145	78,37	135	142	105.18	97	23	46	36	78,26	68	40	46	170	155	
9	Kazim, 33 ans, — —	moy.	—	—	convexe	—	188	174	145	77,12	142	144	101,40	98	20	48	38	79,17	65	40	47	176	178	Déf. antéro-post. géné-.
10	Mahamed, 25 ans, — —	—	—	—	—	—	185	172	140	75,67	134	136	101,49	75	24	50	36	72,00	55	38	50	165	171	
11	» 22 ans, — —	foncée	—	—	—	—	183	165	148	80,87	134	140	104,47	93	30	40	34	68,39	60	41	48	165	178	
12	Kerbellah, 40 ans, Sardar Boulak, cultivateur	moy	moy.	—	droite	—	188	163	145	77,12	153	145	94,76	98	3	56	37	66,07	72	38	50	169	171	
13	» 20 ans. Aralych, cultivateur.	foncée	foncée	—	—	—	185	178	142	76,75	144	138	95,83	90	28	54	36	66,66	60	37	43	168	179	
14	» 25 ans, — —	moy.	moy.	dr. ab.	—	—	200	179	150	75,00	143	141	98,60	92	32	54	32	59,26	64	40	45	165	174	Apl. inio-breg.
15	» 40 ans, — —	—	—	—	conv. ab.	—	192	172	148	77,08	134	140	104,47	90	29	52	36	69,23	50	40	45	160	168	Dép. front. inio-breg.
16	» 35 ans, — —	—	—	—	droite	—	174	162	150	86,20	138	138	100,00	104	25	52	34	65,38	62	37	40	166	173	Relev. inio-lambd.
	Moyennes.						186	170	145	77,95	140	139	99,28	95	27	51	34	66,67	60	39	45	169	171	
	ADERBÉIDJANI D'ARALYCH (femmes)																								
1	Leili, 22 ans, Aralich, paysan.	foncée	foncée	droits	droite	—	188	167	136	72,34	138	132	95,65	100	31	43	28	65,10	56	31	46	»	»	
2	Ghehar, 25 ans, — —	—	—	—	—	—	184	162	140	76,08	134	132	98,50	101	28	51	22	43,13	59	31	47	»	»	
3	Chaban, 40 ans, — —	—	—	—	—	—	182	153	133	73,07	120	124	103,33	100	27	49	34	69,39	57	37	44	»	»	
	Moyennes.						184	161	136	73,91	130	129	99,23	100	28	47	28	59,57	57	34	45	»	»	

NUMÉROS D'ORDRE	NOMS ET AGES LIEUX DE NAISSANCE ET D'OBSERVATION PROFESSION DU SUJET			COULEUR des cheveux	COULEUR des yeux	FORME DES CHEVEUX	FORME du nez	FORME de l'œil	DIAMÈTRES DE LA TÊTE: Antéro-postérieur maximum	Métopique	Transverse maximum	Indice céphalique	MESURES de la face: De la glabelle au point mentonnier	Bi-zygomatique	Indice facial	de l'œil: Bipalpébrale externe	Bipalpébrale interne	du nez: Hauteur	Largeur	Indice nasal	de l'oreille: Hauteur	Largeur	Largeur de la bouche	Taille debout	Grande envergure totale	OBSERVATIONS
	ADERBÉIDJANI D'ARKHOURI (hommes)																									
1	ALLAH-CHRAF, 20 ans,	Arkhouri,	cultivateur.	claire	claire	droits	droite	—	186	165	146	78,49	134	143	106,71	98	23	51	34	62,96	59	34	48	168	163	
2	YUSUF, 82 ans,	—	—	—	—	—	—	—	186	174	148	79,57	140	138	98,56	100	29	60	38	63,34	72	43	50	170	173	Déf. inio-front. breg.
3	ABAS-ALI, 35 ans,	—	—	foncée	moy. foncée	—	—	—	186	168	151	81,18	132	144	109,08	107	32	54	40	74,07	57	42	48	178	180	
4	ALI, 17 ans,	—	—	—		—	—	—	188	178	144	76,59	125	142	113,60	94	28	46	35	76,08	50	30	52	171	175	
5	ALLAH-VERDI, 25 ans,	—	—	—	—	—	—	—	178	165	140	78,65	148	136	91,89	95	28	53	33	62,26	61	38	53	174	179	
6	MAHMOUD, 31 ans,	—	—	—	—	—	—	—	188	173	151	80,32	148	135	91,21	98	27	56	38	67,86	53	32	43	169	167	Déf. inio-bregm.
7	ABAS-ALI, 48 ans,	—	—	moy. foncée	moy.	—	—	—	196	172	150	76,53	147	134	91,15	88	30	51	35	68,62	48	36	46	166	173	
8	» 40 ans,	—	—		—	—	—	—	186	164	147	79,03	148	136	91,89	89	24	56	37	65,25	60	39	44	168	164	
9	» 36 ans,	—	—	—	—	—	—	—	188	177	148	78,72	132	144	91,66	100	30	54	34	62,96	49	37	43	173	180	
10	» 42 ans,	—	—	—	—	—	—	—	189	176	149	78.43	132	144	91,66	92	29	49	30	61,22	58	42	41	170	176	
11	» 39 ans,	—	—	moy. foncée	—	—	—	—	186	178	151	81,18	117	145	91,83	97	28	58	39	64,00	57	43	46	171	174	
12	ABAS, 26 ans,	—	—		—	—	—	—	184	169	150	81,52	148	136	91,89	102	32	56	38	67,88	60	36	50	174	170	
13	» 31 ans,	—	—	—	—	—	—	—	187	177	145	76,72	134	140	91,78	100	30	50	34	68,00	61	39	47	166	174	
14	» 22 ans,	—	—	—	—	—	—	—	188	178	150	79,78	140	138	98,56	97	31	51	33	68,62	49	31	43	170	173	
15	» 35 ans,	—	—	—	—	—	—	—	186	167	144	77.83	140	137	97,85	99	31	53	33	62,26	51	30	48	167	169	
							Moyennes.		186	172	147	79,03	139	139	100,00	96	28	52	35	67,30	56	36	46	170	173	
	ADERBÉIDJANI D'ARKHOURI (femmes)																									
1	» 25 ans,	Arkhouri,	....	foncée	foncée	droits	droite	non bridé	170	161	134	78,82	136	129	94,85	102	27	49	27	55,10	54	27	46	»	»	Petite taille.
2	» 26 ans,	—	....	moy.	moy.	ondul.	—	—	189	176	143	75,66	135	132	97,77	102	20	45	22	48,88	56	22	38	»	»	—
3	» 15 ans,	—	....	—	—	droits	concave	—	186	149	137	73,65	132	118	89,39	97	28	46	30	65,22	50	28	43	»	»	
4	» 20 ans.	—	....	foncée	foncée	—	droite	—	170	160	134	78,82	133	120	90,22	99	27	47	30	60,00	54	24	44	»	»	
5	» 27 ans,	—	....	—	—	—	—	—	172	168	136	79,07	137	127	92,70	101	28	45	29	63,04	52	25	40	»	»	
6	» 24 ans,	—	....	—	—	—		—	177	164	137	77,40	134	129	96,86	100	28	47	28	59,57	54	27	44	»	»	
7	» 32 ans,	—	....	—	—	—	convexe	—	176	160	140	79,54	132	119	90,15	98	27	45	22	48,88	53	26	41	»	»	
8	» 30 ans,	—	....	—	—	—	—	—	172	164	137	79,65	136	121	88,97	102	29	48	30	48,42	50	28	39	»	»	
9	» 22 ans,	—	....	—	—	ondul.	droite	—	177	169	136	76,83	134	124	92.53	97	28	47	29	61,70	51	29	38	»	»	
10	» 20 ans,	—	....	—	—	—	—	—	173	170	132	76,30	132	125	94,69	103	29	44	27	61,36	50	20	40	»	»	
							Moyennes.		176	163	136	77,27	131	121	92,53	100	28	46	27	58,69	52	26	41			

III

CRANIOMÉTRIE

Les crânes aderbdéijani sont fort rares dans les collections. Je n'ai pu m'en procurer que deux. Ils proviennent de Nakhitchevan et ne possèdent pas leur mâchoire inférieure. Ce sont de sujets adultes du sexe masculin.

Capacité cranienne approchée. — Ces crânes ne sont pas d'une capacité très considérable ; ils cubent, l'un 1490, l'autre seulement 1410 centimètres.

Norma verticalis. — Examinés par leur face supérieure, ces crânes rappellent par leur ovale régulier certains sujets arméniens. Le front est large, arrondi et peu déprimé. Les bosses frontales sont légèrement accusées, comme chez les Kurdes, et la boîte cranienne s'élargit au niveau des bosses pariétales à peine indiquées. Le frontal maximum est de 108 millimètres chez le premier et de 110 chez le second. Les sutures fronto-pariétales et sagittales sont simples et généralement fines. La moyenne de la courbe horizontale totale est de 493 millimètres pour les deux sujets. La courbe transversale totale moyenne est de 445 millimètres.

Norma lateralis. — Vus de profil, ces crânes présentent une courbe assez régulière ; partant de la glabelle et dépassant les arcades sourcilières assez développées, elle court sans interruption jusqu'au bregma ; de ce point elle s'infléchit sur une longueur de 25 à 30 millimètres, puis elle reprend sa course régulière jusqu'au lambda. Là, l'écaille occipitale fait une saillie, en quelque sorte normale, plus accentuée dans le n° 1 que dans le n° 2, puis s'adoucit vers l'inion. Le diamètre antéro-postérieur maximum moyen est de 175 millimètres et le transversal maximum moyen, de 144 millimètres. L'indice céphalique est de 82,88 pour le n° 1, et de 82,76 pour le n° 2. Ils ne présentent pas de traces de déformation artificielle. L'indice basilo-bregmatique moyen (hauteur-longueur) est de 77,78, et 77,01.

Norma antérieure. — Vus de face, ces crânes présentent des fronts moyennement élevés et relativement étroits. Le frontal minimum n'a que 93 millimètres. La face est plutôt longue que courte chez ces Aderbéidjani; l'indice facial n'est que de 62,60.

Les orbites sont généralement rondes, leur hauteur moyenne est de 31 millimètres, et leur largeur de 33 millimètres. L'indice orbitaire est de 94,28. La moyenne du diamètre bi-orbitaire externe est de 88 millimètres, et celle du diamètre bi-orbitaire interne, de 20 millimètres. L'ouverture du nez est de 24 millimètres, et sa longueur de 43 millimètres; l'indice nasal est de 55,80.

Norma postérieure. — Sous cet aspect, on peut constater d'abord la largeur relativement assez grande de ces crânes à leur base. Le diamètre bi-mastoïdien est de 101 millimètres. L'écaille occipitale, rarement globuleuse, est reliée aux pariétaux par des sutures plus compliquées que celles des régions pariétales et frontales, avec des dispositions à la formation d'os wormiens.

Norma inférieure. — Cette face montre des voûtes palatines assez courtes, avec un indice de 89,13. Le trou occipital est ovale, son indice est de 83,34.

TURCS

I

ETHNOGÉNIE ET ETHNOGRAPHIE

Ainsi qu'on l'a vu à propos des Aderbéidjani ou Tatars de l'Aderbéidjan, les Turcs sont originaires de la Haute Asie. Le mot turc n'a jamais été défini d'une façon nette et précise depuis les auteurs byzantins jusqu'à nos jours. Pour les Byzantins comme pour les Arabes, ce mot a un sens collectif comme celui de *Scythes* ou de *Huns*. En Europe, on a voulu restreindre l'usage du mot aux Turcs Osmanli, malgré la répugnance qu'éprouve ceux-ci à s'appeler Turcs, alléguant qu'ils sont sont plutôt des Arabo-Persans par leur civilisation, et on peut ajouter des Irano-méditerranéens par leurs caractères morphologiques.

L'origine du mot *turc* est inconnue. On le rencontre pourtant dans la langue turque primitive, sous la forme de *turkur* qui veut dire également brigand. C'est en partie pour cette raison que les Osmanli n'aiment pas à être appelés *Turcs*. Ils laissent de préférence ce nom à leurs frères, de race moins mélangée, restés nomades, en y ajoutant le suffixe *men*. *Turkmen* veut dire quelque chose comme *appartenant aux Turcs*. La forme persane est *Turkoman*, qui est la plus usitée [1].

Sous la dénomination générale de Turcs Osmanli, je comprends toutes les popu-

[1] Egli, *Nomina ographica*, Leipzig, 1893.

lations d'origine turque qui habitent l'Asie occidentale, et spécialement l'Anatolie, en exceptant, bien entendu, les Aderbéidjani et les autres peuples appelés Tatars, dont il a été question précédemment.

Les Turcs occidentaux qui doivent nous intéresser ici sont tous plus ou moins descendants des hordes qui formaient les armées des conquérants de l'Inde et de l'Iran, et d'où sont issues les deux dynasties des Ghaznevides et des Seldjoukides.

Une partie de la population turque, actuellement sédentaire de l'Anatolie, paraît être les débris de quelques-unes de ces tribus qui émigrèrent en Arménie comme agriculteurs, après la défaite de Romain Diogènes, en 1071, et d'où sont sortis les Osmanli.

Une autre partie de la population turque de l'Asie Mineure, qui est restée nomade, a les mêmes origines que les précédents: elle se compose de vrais Turcomans souvent appelés *Yuruk*, et d'autres nomades appelés *Avchars*, venus également de la Perse.

En dehors de l'Asie Centrale, de la Perse, de la Transcaucasie, de l'Anatolie et de la Syrie, on rencontre des Turcs en Europe, en Bulgarie, en Macédoine, en Bosnie et en Herzégovine. Leur nombre est fort difficile à apprécier, soit parce que les statistiques administratives ottomanes sont, en général, peu dignes de foi, soit parce qu'en Turquie tout individu qui n'est ni chrétien, ni Arabe, ni Kurde, se dit Turc ou, le plus souvent, *Osmanli*. Or, on sait, par ce qui a été dit plus haut, combien sont nombreux en Anatolie et en Syrie ces petits peuples, ou ces sectes diverses, qui ne sont ni chrétiens, ni Arabes, ni Kurdes, et qui ne sont pas non plus Turcs, ni au point de vue morphologique, ni au point de vue linguistique.

Les Turcs ont été bien souvent décrits, au point de vue ethnographique, mais on ne s'est attaché, généralement, qu'à faire connaître les Osmanli de Byzance ou des autres grandes villes de l'empire ottoman.

Leur état social et leurs mœurs portent le cachet de l'antiquité. Ils en ont gardé les vices et l'ignorance, et en perdent chaque jour davantage la simplicité. La superstition, les préjugés et toutes les conséquences de l'ignorance imprègnent encore à peu près toutes les classes de la nation. Malgré cela, on constate chez les Turcs anatoliens une moralité plus solide que chez la plupart des autres peuples qui les entourent. Ils sont sobres, hospitaliers, philanthropes. Le meurtre, plus rare chez eux que chez les autres nations de l'Orient, n'a guère pour mobile que la vengeance, et rarement le vol. Les brigands d'Asie Mineure dévalisaient jadis le voyageur, mais ne le tuaient qu'exceptionnellement. Ce n'est guère actuellement que les Tcherkesses émigrés qui y commettent les quelques crimes que l'on signale de temps à autre.

Malgré les qualités que l'on se plaît à lui reconnaître, le peuple turc de l'Asie

Mineure est malheureux. C'est qu'il est atteint du même mal que les Arméniens et les Grecs, premiers occupants du sol. Ce serait sortir de mon cadre que de parler ici de la cachexie ottomane. Tout en étudiant la Turquie et les Turcs, au point de vue anthropologique et ethnographique, je ne suis pas resté indifférent à la question politique. Je me propose de faire connaître ailleurs les observations qu'il m'a été donné de faire dans ce pays, durant les différents voyages que j'y ai accomplis depuis quinze ans. Je ne peux pour le moment que renvoyer le lecteur aux auteurs qui ont traité ces questions d'ethnologie politique et de sociologie internationale[1].

Je ne parlerai ici ni de la polygamie, ni de l'esclavage qui persiste toujours en pays turc. Je n'entrerai pas non plus dans des détails relatifs à la religion, à l'organisation politique et administrative de l'empire ottoman. Je ne désire insister en ce moment que sur quelques sectaires qui, bien que considérés comme Turcs, doivent avoir une tout autre origine. Tels sont les Kizilbachi, en dehors des Turcs de Cappadoce.

En Arménie et en Anatolie, on donne le nom de Kizilbachi (tête rouge) à des communautés qui semblent être les héritières du mazdéisme dans ces pays, ainsi que des anciens cultes païens de la contrée. On estime leur nombre à 300.000 environ. Les uns se disent Turcs ou Turcomans, les autres Kurdes ou Arabes. Leur chef réside dans le Dersin, sur le fleuve Mourad (l'Euphrate oriental). Les principaux groupes de Kizilbachi se trouvent dans le bassin de l'Euphrate moyen, sur le Kelkit et sur le Haut Kizil Irmak, dans les régions comprises entre Trébizonde, Kastamouni et Angora. C'est là que j'ai eu l'occasion d'étudier, à plusieurs reprises, un certain nombre d'individus de cette catégorie.

Ce sont de paisibles cultivateurs aux mœurs douces et fort hospitalières. Toutefois, je ne partage pas l'opinion des voyageurs qui ont visité les Kizilbachi de Cappadoce, avant moi, au point de vue de leur propreté et de leur état sanitaire. Nous n'avons pas rencontré durant nos divers voyages en Asie Mineure de villages plus malpropres que les leurs, celui d'Euyuk d'Aladja en particulier, et nulle part aussi nous n'avons trouvé autant de gens atteints de syphilis et d'ophtalmies purulentes.

Les musulmans considèrent les Kizilbachi, de même que les Ansariés, comme des chrétiens, parce qu'ils boivent du vin, mangent du porc, saignent les poulets, et laissent à leurs femmes une certaine liberté. Il ne se circoncisent pas, et n'ont pas

[1] Voyage du général Marmont en Orient, 1837. — Thouvenel, *la Hongrie et la Valachie*, 1840. — Ubicini, *Lettres sur la Turquie*, 1853. — Mathieu, *la Turquie et ses différents peuples*, 1856. — De Amicis, *Constantinople*, 1880. — Kesnin-Bey, *le Mal d'Orient*, 1887. — Parmentier, *Voyage dans la Turquie d'Europe*, 1890. — Paul de Régla, *les Bas-fonds de Constantinople*, 1892. — Comte de Cholet, *Voyage en Turquie d'Asie*, 1892. — Victor Bérard, *la Turquie et l'Hellénisme contemporain*, 1893. — Des Godins de Souhesmes, *Huit ans en Turquie*, 1893 ; *Au pays des Osmanli*, 1894 ; *Turcs et Levantins*, 1895. — Guilbert, *les Nouvelles d'Orient*, 1894.

de mosquée. Le principe de leur religion ainsi que les pratiques de leur culte restent aussi secrets que ceux des Yesidi et des Ansariés, avec lesquels ils présentent de nombreux rapports.

D'après ce que l'on croit savoir de la religion des Kizilbachi, ce serait un mélange de rites chrétiens et païens, au-dessus duquel émergerait une vénération spéciale pour Ali qu'ils semblent regarder comme la personnification de Dieu, tandis qu'ils ont l'air d'ignorer jusqu'au nom de Mahomet[1].

D'après Tozer, Taylor[2] qui a visité les Kizilbachi de Dersim dit qu'ils adorent le soleil et les étoiles, emploient les sacrements chrétiens du baptême et de la communion, respectent Jésus et les apôtres. Ils enseignent l'ubiquité et l'omnipotence d'Ali, et vénèrent les objets naturels tels que les vieux chênes et les masses de rocher isolées. Ils adorent le soleil à son lever et à son coucher, révèrent le feu, prient et sacrifient aux sources des rivières[3]. Suivant Taylor, ces Kizilbach du Dersin seraient d'origine arménienne.

D'après le Dr van Lennep[4], les Kizilbachi croiraient à la transmigration des âmes. Leur culte, qu'ils pratiquent en grand secret, consisterait essentiellement en danses auxquelles hommes et femmes prennent part, et dégénérerait en saturnales nocturnes.

Comme on le voit, ce sont là les mêmes accusations portées contre les Yézidi et sur les Ansariés. Il est probable qu'elles sont exagérées pour les uns comme pour les autres, par la haine que tout bon sunnite professe pour ces sectaires, en somme, bien inoffensifs.

Les Kizilbachi méprisent et haïssent les sunnites, et l'on se retrouve, de part et d'autre, en présence d'un antagonisme semblable à celui qui existe entre chiites et sunnites. Ces derniers confondent assez souvent les « têtes rouges » avec les Perses auxquels ils donnent ce nom en terme de mépris. Les Persans prennent cette épithète comme une cruelle injure, et cependant l'origine de ce nom vient de la Perse et remonte à l'époque où Ismaïl Sofi commandait à ses soldats de porter un bonnet rouge autour duquel ils plaçaient un turban à douze plis, en mémoire et en l'honneur des douze imams, successeurs d'Ali, desquels ils prétendent descendre.

[1] *Turkish Armenia and Eastern Asia Minore*, London, 1881.

[2] Taylor's Travels in Kurdistan, *in the gegraphical Society's Journal for* 1865, vol. XXXV, pp. 28-29.

[3] *Travelsin Asia Minor*.

[4] *Journal of a Loirr in Armenia*, etc., *in the geographical Society's Journal for* 1868, vol. XXXVIII, p. 219-320.

Les Bektachi qui, pour les Turcs, constituent une autre grande secte beaucoup plus importante que la précédente, se rencontrent en très grand nombre en Cappadoce et dans d'autres régions de la Turquie. Ils présentent au point de vue de leurs caractères physiques et ethnographies, de grandes analogies avec les Yezidi, les Ansariés et ces autres petits groupes ethniques qu'il n'est plus possible de confondre avec les autres grandes races qui les entourent. Il y a donc un vif intérêt à les étudier au même titre que ces derniers.

L'ordre des Bektachi a été fondé sous le règne du sultan Orkhan: peu de temps avant la milice des Janissaires qui lui était intimement liée. Leur fondateur est Hadji-Bektach-Veli, un saint homme qui vivait à Soulidjé, près d'Amassia, et dont le tombeau est conservé aujourd'hui dans le grand tekké du village de Hadji-Bektach, situé entre Urgub et Kir-Chehir. C'est là tout ce que l'on sait de précis sur cette secte à laquelle tous les Janissaires s'affilièrent. Des idées personnelles de Hadji-Bektach, de leurs rites, on ne sait pas grand'chose.

De leur tekké où nous avons été reçus largement, nous avons emporté l'impression que les Bektachi sont très riches et très puissants ; qu'ils vénèrent particulièrement le tombeau de leur fondateur; que, chez eux, la mosquée est un lieu visité pour la forme plus que pour le fond ; enfin que dans leurs chapelles privées, grandes et petites, dans leurs oratoires, figure une abondance de chandeliers de cuivre, plusieurs centaines, dont quelques-uns ont une véritable valeur artistique. Ceux-ci nous ont paru plus ou moins symboliques ou, dans tous les cas, tenant une grande place dans leur culte dont ils sont à peu près les seuls objets apparents.

Les derviches de cette secte font vœu de chasteté. Quelques pièces de leur costume sont indispensables. Ce sont : le *teslim-tach*, étoile de jade, qu'ils portent sur la poitrine (en Anatolie où le jade manque il est remplacé par le marbre d'Urgub) ; le *nifir*, sorte de cornet à bouquin ; le *djilbend*, espèce de giberne, et surtout le *tadj*, coiffure de feutre blanc, de forme haute et cannelée, qu'ils fabriquent eux-mêmes et qu'ils ne peuvent, sans péché, abandonner à l'examen des profanes[1].

Il faut ajouter à cela que l'imam Hadji-Mehemet-baba, supérieur du tekké de Hadji-Bektach, porte à l'oreille droite une boucle en argent, d'une forme spéciale (boucle de robe de femme), tandis que les derviches simples en portent une en jade ou en pierre d'Urgub.

Les chrétiens indigènes ont identifié Hadji-Bektach-Veli à saint Haralambos, d'où il résulte que le tekké est ouvert à tous indistinctement.

Un fait curieux à signaler, c'est que Kizilbachi et Bektachi semblent affiliés. Au

[1] A. Cuinet, *la Turquie d'Asie, vilayet d'Angora*, Paris, 1893.

tekké même on nous a dit que de la mer Noire au Taurus on compte plus de 100 villages bektachi qui sont, en réalité, peuplés de Kizilbachi. Et d'ailleurs, en dehors du tekké et de ses soixante derviches environ, le bourg d'Hadji-Bektach est habité par des Kizilbachi.

L'imam nous a dit aussi qu'ils ont des ramifications partout, jusque dans nos grandes villes d'Europe. Sur un signe, ils sont en état de rassembler une armée nombreuse.

Parmi les derviches du tekké se voient des types ethniques des plus divers : des Arabes purs, des Grecs convertis, des Albanais, etc.

En outre du blanc, la couleur préférée de la secte semble être le vert, qui est celle des turbans et des manteaux des prêtres. Disons enfin, pour terminer cette série de renseignements recueillis *de visu*, que les Bektachi sont en somme très tolérants. Leur chef suprême réside dans le tekké d'Erenkeui, non loin de Stamboul ; il se nomme, actuellement, Ali-Mehemet-baba.

Mais, dira-t-on, puisque les Bektachi ont une origine aussi récente, et puisque, autour de cette secte, se sont groupés, en outre des Turcs, des Albanais, des Grecs, des Bulgares, des Arabes, etc., comment peuvent-ils présenter des caractères ethniques, à part, dans le genre de ceux des Ansariés ? Je répondrai d'abord que cette diversité de nationalités ne se rencontre que chez les derviches des tekkés (couvents) où toute observation anthropologique ne présente pas plus d'intérêt pour la connaissance des peuples de l'Asie Mineure que n'en offriraient les Chartreux ou autres congrégations, à l'étude de la France ou de l'Italie.

Dans chaque contrée on doit, sans doute, trouver chez les Bektachi, des caractères morphologiques différents. En ce qui concerne ceux de l'Anatolie, ils présentent une homogénéité d'autant plus remarquable que les éléments dont est formé leur groupe sont à peu de chose près les mêmes dans une région donnée.

Ce qui est absolument certain, c'est que tous les Bektachi sont, ainsi qu'on le verra, au moins aussi superbrachycéphales que les Ansariés et les Tahtadji, sinon beaucoup plus. Quant à leur origine, il est probable qu'elle est plus ancienne qu'on ne le croit, et la création de leur ordre par Hadji-Bektach, telle qu'on la raconte actuellement, doit être considérée comme une simple reconnaissance officielle de la secte, et une occasion de la rattacher à la grande masse mahométane.

Les Bektachi doivent sans doute leur existence première à des groupements successifs des populations primitives du pays, des mécréants islamiques de tous genres ; de gens plus ou moins païens, mazdéens ou chrétiens, analogues en cela aux groupes des Yézidi et des Ansariés.

Les Bektachi que von Luschan a étudiés en Lycie sont, suivant lui, fort voisins à tous égards des Tahtadji et des Ansariés, leurs parents. En Lycie, ils habitent les villes, principalement Elmaly, la grande ville centrale de cette contrée. Il n'est pas possible, quant à présent, de rien préciser de leur religion. Ils boivent du vin, fêtent le Ramazan, mais seulement pour la forme. « Il est certain aussi, dit von Luschan, qu'ils entretiennent des relations avec les derviches étrangers. Pour le reste, ils s'efforcent de paraître de bons mahométans. Les Turcs les reconnaissent et les regardent comme des demi-chrétiens. »

II

MORPHOLOGIE ET ANTHROPOMÉTRIE

Etant donné le mélange extraordinaire qui règne dans la composition de la population turque de l'Asie occidentale, des mensurations risqueraient fort de ne présenter qu'un intérêt très médiocre, si l'on n'apportait une critique des plus sévères dans le choix des sujets que l'on se propose d'observer. Il importe donc de se renseigner, plus que pour toute autre population sur l'origine de chacun des groupes que l'on veut mesurer.

On rencontre, en effet, en Cappadoce, des villages qui ne sont musulmans que depuis peu de temps, tel entre autres celui de Djerlavouk, d'origine grecque. La langue grecque y a persisté, quoique la population se soit convertie à l'islamisme, depuis le XVIIe siècle. On doit citer encore le village arménien de Koumarlou, dont la population est devenue Kizilbach, et continue cependant à parler la langue arménienne.

Il suffit de parcourir les récits des expéditions des conquérants turco-mongols, en Asie Mineure, ainsi que les lamentables martyrologes des historiens arméniens anciens et modernes, pour se rendre compte des bouleversements ethniques qui se sont opérés dans cette région. Malgré les renseignements que l'on peut obtenir des rares hommes instruits de ce pays, il serait fort difficile parfois de diagnostiquer la nationalité de tel ou tel individu ou groupe d'individus, si l'on ne possédait pas des points de repère sérieux.

Ces points de repère résident dans l'existence d'un certain nombre de villages qui sont restés purs de tout mélange avec leurs voisins. C'est ainsi qu'au milieu de populations qui paraissent appartenir à la race turque, subsistent des groupes de familles arméniennes ou grecques de race, de langue et de religion. Tels sont, par exemple, en Cappadoce, les villages arméniens de Mandjesou et de Ghezi, où l'on parle arménien, et les villages d'Ak-dagh-Maaden, de Zindjidéré, et bien d'autres qui sont restés absolument grecs.

Les éléments arménien, kurde, arabe et grec refoulent de plus en plus les Turcs ainsi que les débris des anciennes populations du pays, en les modifiant, ou en les assimilant. Toutefois quelques groupes de Turcs et des débris de quelques types primitifs paraissent résister encore à cette absorption. Il serait curieux de retrouver et ces débris de types primitifs qui paraissent persister chez les diverses sectes dont nous avons parlé, et ces groupes de Turcs non mêlés. C'est dans l'espoir d'arriver à ce résultat que j'ai mesuré 120 Turcs, dont 13 femmes, dans 16 localités différentes de la Cappadoce.

M. von Luschan [1] a mesuré autrefois 187 Turcs Osmanli, dans 14 localités différentes de la Lycie et 40 Bektachi des mêmes pays. M. Eliseief [2] a étudié récemment 138 Turcs divers dans l'Anatolie centrale.

Les cheveux et les yeux. — Les Osmanli sont incontestablement bruns en majorité. Les cheveux, presque toujours droits et lisses, quand ils ne sont pas rasés complètement sont foncés, en Cappadoce, dans la proportion de 60 %; moyens dans celle de 22 %, et clairs dans celle de 38 %. C'est à Boghaz-Keui que j'ai trouvé le plus de cheveux clairs. Sur 9 sujets observés 2 étaient moyens et 7 foncés.

Les yeux, rarement obliques et bridés, excepté chez les Aochars et quelques sujets isolés, sont pour la plupart foncés, notamment à Yozgat (12 sur 14). A Boghaz-Keui, au contraire, on rencontre des yeux clairs (5 sur 9), puis à Angora (7 sur 12) et à Erkilet (5 sur 10). En somme, sur les 120 sujets observés 59 ont les yeux brun foncé (51 %), 43 les ont moyens (49 %) et 16 seulement les ont clairs (20 %.)

La distance bi-orbitaire externe moyenne est de 98 millimètres. C'est à Yozgat et à Everek que l'on trouve des diamètres supérieurs à cette moyenne (111 millimètres) et c'est à Angora qu'on en trouve d'inférieurs (96 millimètres). Le diamètre moyen inter-orbitaire interne est de 31 millimètres. A Everek cette moyenne est dépassée (34 millimètres), mais elle est inférieure à Angora (26 millimètres).

Le nez la bouche les oreilles et la face. — Le nez des Turcs est généralement droit : la pointe est souvent arrondie, rarement recourbée. Il est moyennement

[1] *Loc. cit.*
[2] *Journal de la Soc. des Sciences nat. de Moscou*, 1890 et 1891, en russe.

large. L'indice nasal des 120 sujets est de 70 avec des diamètres moyens de 50 millimètres pour la longueur et de 35 millimètres pour la largeur. On constate dans cet indice nasal la plus grande hétérogénéité, car on trouve 19 sujets avec des indices inférieurs à 60 ; 37 variant de 60 à 69,9 ; 39 variant de 70 à 79,09, et 23 supérieurs à 80. C'est à Angora et à Yozgat que l'on trouve le plus de leptorhinie : on en constate 7 sur 10 dans la première localité et 7 sur 14 dans la seconde.

La bouche et les oreilles ne présentent pas de caractère bien spécial.

La face des Turcs est plutôt large que longue. L'indice facial de toute notre série est de 100 avec des hauteurs moyennes ophrio-mentonnières et des largeurs bizygomatiques l'une et l'autre de 131 millimètres. Les faces les plus courtes se rencontrent à Angora où, sur 12 individus, 6 ont des indices dépassant 106, et 6 autres des indices qui oscillent entre 100 et 104. A Boghaz-Keui, 8 sujets sur 9 sont dans le même cas. Les faces les plus longues se trouvent dans le bourg d'Urgub. Dans cette localité habitée par un très grand nombre de Bektachi, aucun des 7 individus observés ne présente un indice facial dépassant 95.

Dans l'ensemble on compte 35 individus dans ce dernier cas et 33 dont les indices sont supérieurs à la moyenne générale.

La taille et la grande envergure. — La taille des Turcs passe pour être généralement élevée. La moyenne est pour les 120 sujets de 171 centimètres. En effet, sur la totalité, on en trouve 64 ayant une taille supérieure à 170 centimètres, et 32 oscillant entre 165 et 169 centimètres. C'est à Angora, à Yozgat et à Boghaz-Keui que l'on trouve les plus hautes tailles. Dans ces localités les statures de 170 centimètres ne sont pas rares. A Césarée on en trouve de 172 fréquemment. La hauteur moyenne de la taille des 40 Bektachi mesurés par von Luschan est de 166 centimètres.

La grande envergure est considérable chez les Turcs, car elle dépasse d'une façon constante 170 centimètres. C'est à Yozgat que ce diamètre atteint le chiffre le plus élevé. Elle est supérieure à la taille d'ailleurs presque toujours, à Yozgat, à Angora et à Césarée.

La tête, ses diamètres et ses déformations. — Les Turcs anatoliens sont brachycéphales, car nos 120 sujets présentent dans leur ensemble un indice céphalique moyen de 84,53. Le diamètre antéro-postérieur maximum moyen est de 181 millimètres et le transverse maximum moyen de 153 millimètres.

Sur 120 sujets, 58 ont des indices supérieurs à 85 ; 46 des indices variant de 84 à 80 et 16 de 79 à 75. C'est à Euyuk d'Aladja, à Erkilet et à Urgub, que l'on trouve la plus grande brachycéphalie avec des indices de 86,11 à 86,36 et même 86,81. Les moins brachycéphales se trouvent à Kara-in et à Emerli avec des indices de 81,82 et 81,56.

La moyenne de l'indice céphalique des Turcs de Lycie est bien inférieure à celle de nos Turcs de Cappadoce : car, sur 187 individus, von Luschan n'en trouve que 67 ayant des indices supérieurs à 80, tandis que 96 n'atteignent pas ce chiffre. Dans la première catégorie on remarque cependant 13 sujets ayant l'indice de 87 ; 39 ayant celui de 85 ; 15 celui de 84 et 17 celui de 82.

Ce sont à peu près les mêmes résultats auxquels M. Eliseief est arrivé, car sur 137 individus, il en a trouvé 95 ayant des indices variant de 86 à 82.

Quant à l'hypsicéphalie qui a été souvent signalée chez les Turcs sans qu'on l'ait jamais mesurée avant von Luschan, elle est aussi manifeste chez ce peuple que chez les Ansariés et les Arméniens.

L'indice auriculo-bregmatique ou de largeur-hauteur est de 66,85 dans la série de Cappadoce comme dans celle de Lycie. Le diamètre auriculo-bregmatique n'est pourtant pas plus élevé que celui des Arméniens puisqu'il est en moyenne de 121 millimètres, la moyenne du diamètre antéro-postérieur maximum étant de 131 millimètres.

La mise en séries de l'indice céphalique de nos 120 sujets montre que, dans cette région, le type des Turcs est assez homogène, en ce qui concerne ce caractère essentiel. C'est que, malgré tous les mélanges que l'on peut supposer, les divers groupes que nous avons étudiés ont à peu près la même origine, et, se trouvant dans des milieux analogues, ont dû subir les mêmes vicissitudes. On ne se trouve pas ici en présence de ces dissemblances marquées que von Luschan a constatées chez les Turcs de Lycie, et qui les séparent en deux groupes bien distincts, l'un brachycéphale, l'autre dolichocéphale, habitant des régions différentes. Ces deux groupes qui ont, sans doute, des origines également différentes occupent, le premier, les montagnes et les plaines marécageuses ; les seconds, les villes et les côtes. C'est dans ces conditions que se rencontrent la plupart des Kizilbachi et des Bektachi, chez lesquels on peut constater, du reste, la superbrachycéphalie la plus élevée ; tels sont, par exemple, les 8 Kizilbachi d'Euyuk d'Aladja et les Bektachi d'Urgub dont l'indice céphalique est de 86,11 ; les 6 Kizilbachi de Frakten dont l'indice céphalique varie entre 85 et 87, ainsi que celui des Turcs de la région de Césarée dont je n'ai pas pu connaître exactement la religion, mais qui me paraissent appartenir soit aux Kizilbachi, soit aux Bektachi.

Von Luschan a trouvé, chez les 40 Bektachi de Lycie qu'il a mesurés, en dehors des 187 Turcs orthodoxes, un indice céphalique moyen de 86,85 qui se rapproche assez de celui que nous avons constaté dans les groupes que je crois Kizilbachi ou Bektachi.

La série de von Luschan est remarquable par sa superbrachycéphalie, car sur 40 sujets, on en voit 18 dont les indices dépassent la moyenne. Cette superbrachycéphalie est la conséquence de l'hypsicéphalie extraordinaire que présentent ces mêmes individus dont l'indice auriculo-bregmatique est de 78,28.

La mise en séries des indices individuels des 120 Turcs cappadociens soumis à la mensuration auriculo-bregmatique montre que si, de même qu'on l'a constaté chez les Arméniens, l'indice moyen de hauteur-largeur est de 66,85, l'indice de fréquence oscille chez les uns comme chez les autres, entre 65 (9 %), 66 (11 %), 67 (12 %) et 68 (11 %). C'est généralement chez les groupes les plus superbrachycéphales, comme ceux des Kizilbachi et des Bektachi de Cappadoce et de Lycie, que se trouvent les indices hypsicéphales.

Von Luschan a trouvé, sur ses 187 sujets non Bektachi, les mêmes écarts et les mêmes rapports ; toutefois l'oscillation est plus étendue, puisqu'il a trouvé 16 % d'indice de 64 et 20 % d'indice de 69.

Comme pour les Arméniens, nous avons pris à la lame de plomb des courbes allant uniformément de l'inion à l'ophrion. Le schéma ci-joint que donne leur superposition, réduites en trois groupes A, B, C, vient confirmer les proportions dans lesquelles les mensurations ont permis de constater l'hypsicéphalie qui caractérise ces populations.

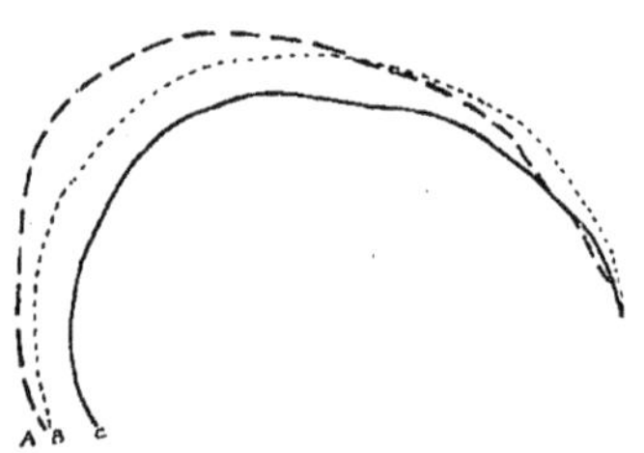

On voit, en effet, par ce graphique, que, sur 120 individus, 24, soit 20 %, présentent la courbe A qui est la plus élevée, tandis que 72, soit 60 %, rentrent dans la courbe B qui paraît normale, quoique assez comprimée ; enfin, 24 sujets, soit 20 %, constituent la courbe C qui est la plus tourmentée, et montrent les traces de compression les plus accentuées.

Les courbes A et C sont celles des individus les plus brachycéphales, c'est-à-dire des gens d'Euyuk, d'Erkilet, de Frakten et d'Urgub, villes ou villages Kizilbachi ou Bektachi.

III

CRANIOMÉTRIE

Les crânes turcs sont moins rares que ceux des autres peuples que nous avons précédemment étudiés; ils n'en sont pas beaucoup plus connus pour cela, car leur origine est assez discutable. Pour moi, je n'en ai recueilli aucun d'une origine absolument certaine.

Weisbach[1] a recueilli autrefois 70 crânes de Turcs ottomans dans les cimetières de Stamboul, Pera, Galata et Scutari, mais cette série est mélangée de Grecs, de Tcherkesses et d'Arabes.

Davis, Flower et Ecker[2] ont donné des mesures de diverses petites séries de crânes turcs dont la provenance n'est pas beaucoup plus certaine que celle de la collection Weisbach.

La capacité moyenne des crânes de Weisbach est de 1460 centimètres cubes; celle de Davis (8 crânes), de 1610 centimètres cubes; celle de Flower (2 crânes), de 1640, et celle d'Ecker (1 crâne), 1370 centimètres cubes. L'indice céphalique moyen de la série de Weisbach est de 82,85; celui de la collection Davis est de 84,64: celui de la série de Flower, 86,25, et celui d'Ecker, 81,03.

On voit par ce qui précède que l'on sait peu de chose des crânes turcs. Il serait donc fort difficile de se faire une opinion sur cette population hétérogène au premier chef, si l'on n'avait pas quelques mesures sur le vivant.

[1] Weisbach, Die Schädelform der Turken (*Mittheil. der anthrop. Gesellsch. in Wien*, B. III, s. 185).
[2] *Thesorus craniorum* d'après *Crania ethnica*, p. 414.

NOMBRE D'INDIVIDUS	SEXE — LIEUX DE NAISSANCE ET D'OBSERVATION		DIAMÈTRES DE LA TÊTE			MESURES													OBSERVATIONS
						DE LA FACE			DE L'ŒIL		DU NEZ			DE L'OREILLE					
		ANTÉRO-POSTÉRIEUR MAXIMUM	AURICULO BREGM.	TRANSVERSE MAXIMUM	INDICE CÉPHALIQUE	DE LA GLABELLE AU POINT MENTONNIER	BI-ZYGOMATIQUE	INDICE FACIAL	BIPALPÉBRALE EXTERNE	BIPALPÉBRALE INTERNE	HAUTEUR	LARGEUR	INDICE NASAL	HAUTEUR	LARGEUR	LARGEUR DE LA BOUCHE	TAILLE DEBOUT	GRANDE ENVERGURE TOTALE	
	TURCS DE CAPPADOCE																		
8	Hommes d'Euyuk d'Aladja (Kizil-bach) . . . . . . Moyennes	180	121	155	86,11	132	145	109,84	98	31	47	37	79.72	»	»	»	169	178	
9	— de Boghaz Keui (Sunite) . . . . . . —	182	121	151	82,96	133	140	105,26	98	32	52	36	69,23	65	40	»	170	178	
14	— de Yozgat — . . . . . . —	182	122	152	83,51	134	131	97,76	100	31	52	37	71,15	61	36	»	172	178	
8	Femmes — — . . . . . . —	173	112	147	84,97	120	121	100,83	98	26	50	29	58,00	57	37	»	171	171	
12	Hommes d'Angora — . . . . . . —	180	120	152	84,44	129	138	106,97	96	29	39	34	87,18	56	33	54	169	176	
10	— d'Erkilet — . . . . . . —	182	123	158	85,81	131	120	96,18	97	32	49	34	68,39	57	37	»	169	171	
5	Femmes — ? . . . . . . —	176	125	152	86.36	117	132	112,82	98	25	44	31	70,45	60	34	»	169	170	
7	Hommes de Kara-in ? . . . . . . —	179	119	146	81,56	130	121	93,07	92	29	54	36	66,66	58	33	»	171	171	
7	— de Guézilet et Tchakmak ? . . . . . . —	184	119	151	82,06	132	143	108,33	99	33	49	37	75,51	»	»	»	169	176	
4	— de Césarée ? . . . . . . —	181	127	154	85,08	138	142	106,76	98	30	50	39	78,00	»	»	»	171	173	
6	— de Frac-ten (Bektachi) . . . . . . —	177	122	152	85,87	137	127	92.70	99	30	52	34	65,38	63	34	»	169	172	
3	— d'Everek — . . . . . . —	185	125	158	85,40	138	120	86,95	111	34	56	37	66,07	62	36	»	171	171	
7	— de Tchesmé — . . . . . . —	183	115	156	85,24	136	128	94,12	96	32	54	38	70,37	62	36	»	170	171	
9	— d'Emerli ? . . . . . . —	187	126	153	81,82	136	127	93,38	97	33	54	36	66,66	64	37	»	171	172	
7	— d'Urgub (Bektachi) . . . . . . —	180	118	155	86,11	132	119	90,15	97	32	52	35	67,31	61	33	»	171	170	
4	— Afchars nbsiades . . . . . . —	182	121	145	79,67	137	141	102,92	102	33	55	35	63,63	»	»	»	180	185	
120	Turcs Moyennes	181	121	153	84,53	131	131	100,60	98	31	50	35	70,00	60	35	54	171	171	
	GRECS DE CAPPADOCE																		
12	Hommes d'Urgub . . . . Moyennes	180	120	156	86,66	134	126	94,02	102	32	53	35	63,64	60	33	»	»	»	
10	Femmes — . . . . —	174	121	149	85,63	121	127	104,95	95	28	50	31	62,00	58	30	»	»	»	
3	Hommes d'Erkilet . . . . —	187	116	158	84,49	136	125	91,91	100	32	58	40	68,96	62	37	»	»	»	
25	Grecs Moyennes.	179	120	154	86,03	129	126	97,67	99	31	51	34	62.96	59	32	»	»	»	

AÏSSORI OU CHALDÉENS

ETHNOGÉNIE ET ETHNOGRAPHIE

On désigne, au Caucase, sous le nom d'Aïssori des émigrés chrétiens orignaires des régions du lac d'Ourmiah en Perse et des monts Zaab en Turquie, où ils existent depuis des siècles, et où ils vivent au nombre de quelques milles. Ils sont connus dans leur pays sous le nom de Chaldéens, de Nestoriens, ou de Nazaréens. Ils se nomment eux-mêmes Chaldéens. Le nom d'Aïssori leur vient, dit-on, des Arméniens sans que l'on sache toutefois en expliquer la raison [1].

C'est à la suite de la guerre russo-perse de 1827 que cent familles demandèrent la permission d'émigrer en Russie, à cause des vexations sans nombre qu'ils avaient à subir de la part des Persans. La permission reçue, elles quittèrent pour toujours la Perse, sous la conduite de leur chef Allah Verdi Toumayeff, et, à partir de 1830, quelques centaines d'individus abandonnèrent les villages de Soupourgan, Mongelara, Inguidja, Koradjaloni, Nazi et Gouytapa.

Allah Verdi Toumayeff était un vénérable patriarche qui avait su gagner la

[1] Les Aïssores ou Chaldéens émigrés en Arménie (*Bull. Soc. anthr. de Lyon*, t. IX, 1891).

confiance de tous par ses vertus et son courage à défendre l'indépendance de ses compatriotes.

Ces émigrés vinrent d'abord se fixer dans les environs de Nakhitchevan, mais trois ans plus tard, espérant trouver mieux au point de vue du climat et des terres, ils se transportèrent dans le district de Choucha, où ils vécurent durant une dizaine d'années dans le village de *Terter*. A la suite d'une épidémie de diphtérie, ils émigrèrent de nouveau, et se dirigèrent dans le district d'Érivan. Ainsi ballottés, ces malheureux s'arrêtèrent dans la contrée où ils arrivèrent tout d'abord. Et, après avoir franchi les énormes montagnes du Karabagh et du Zanguezour, ils se fixèrent dans la plaine basse, humide et chaude de la malsaine région de Kamarlou, dans le village Agalezalon, puis dans celui de Douzorm.

En 1840, enfin, ils obtinrent des Tatars, habitant actuellement Char-Kend, la cession de l'un de leurs anciens villages, celui de Koïlassar, qu'ils abandonnèrent sans doute à cause de sa position déplorable dans des marais pestilentiels.

En dehors de ce village, les Aïssori sont actuellement au nombre de 2000 environ et de la région de Kamarlou, où l'on en trouve également quelques centaines, c'est à Tiflis que l'on rencontre le plus grand nombre d'Aïssori.

Ils viennent à la grande ville exercer le métier de *moucha* (portefaix) et surtout porteurs d'eau, et les femmes celui de blanchisseuses et de lingères.

Contrairement aux peuples des régions qu'ils habitaient, et qui sont, à part les Arméniens et les Juifs, presque tous nomades ou demi-nomades, ils sont sédentaires. Sur certains points, ils élèvent des troupeaux qui, sans avoir l'importance de ceux de leurs voisins nomades, leur permettent de vivre convenablement. La situation de leurs terres leur permet plutôt l'élevage des chevaux et des buffles que celui des moutons. En Arménie et particulièrement à Koïlassar, les Aïssori cultivent avec soin les céréales, le coton, la vigne, le tabac, les melons, les concombres, etc., et dans leurs jardins qu'ils entretiennent avec amour, on voit de nombreux légumes européens au milieu desquels croissent de beaux arbres fruitiers. Parmi ceux-ci les plus fréquents sont les pêchers, les abricotiers et les cerisiers. Les Aïssori n'étant pas mahométans boivent du vin, mais ils ne le fabriquent pas mieux que la plupart des Caucasiens et Arméniens, de sorte que cette production est forcément restreinte. En hiver, ils distillent une partie de leur vin de façon à se procurer du vodka, car avec la civilisation le goût pour cette terrible boisson a été introduit chez eux.

Ils se sont mis depuis quelques années à sécher leurs fruits pour les expédier dans les grandes villes.

Bien que récoltant de beau blé, ils ne font pas d'autre pain que ces sortes de galettes appelées en Arménie *lavasch* auxquelles l'estomac des Européens a de la peine à se faire.

En dehors des arbres fruitiers, les Aïssori d'Arménie n'ont guère à leur disposition que des peupliers, des saules et quelques platanes. Le bois est donc rare chez eux comme chez leurs voisins, aussi le gardent-ils précieusement pour leurs constructions faites, du reste, dans le style de celles des Arméniens et des Tatars. Ils n'emploient comme ces derniers, pour leur chauffage, que des fientes de buffle et de vache que l'on fait sécher soigneusement à cet effet.

On remarque dans quelques jardins de Koïlassar, comme aux environs de Kamarlou et dans toute la vallée inférieure de l'Araxe, un certain nombre de mûriers qui montrent que la culture des vers à soie fait partie de leurs occupations.

La terre appartient rarement aux Aïssori, aussi resteront-ils encore longtemps dans un état voisin de la misère. Ceux-ci, en effet, n'étant pas encore habitués à l'épargne, et étant obligés de payer le dixième de leurs revenus au propriétaire, il en résulte que, durant les années de mauvaise récolte, ils sont presque réduits à la famine, et sont souvent forcés d'emprunter.

Cette situation fort digne d'intérêt est le fait de cette période transitoire que traverse cette population nouvellement émigrée sur un sol nouveau, et dans une région où elle se trouve au contact de races différentes de la sienne.

Les Aïssori passent pour être supérieurs à leurs voisins, au point de vue moral. On leur reconnaît une certaine droiture, de l'activité et de l'intelligence. Hospitaliers et charitables, quoique souvent misérables; ils secourent assez leurs semblables, même en dehors de leurs coreligionnaires, pour qu'il n'y ait pas d'indigents autour d'eux. Ils sont serviables, respectueux envers les vieillards et leurs supérieurs. Ils ont conservé plus d'un usage patriarcal dans leurs villages, et, quand ils travaillent en dehors de leur famille, ils font d'excellents serviteurs.

Les Aïssori ont adopté en partie le costume des Arméniens. Les femmes s'enveloppent pourtant la tête d'un grand mouchoir de soie ou de coton, qu'elles rejettent simplement en arrière au lieu de le fixer solidement sous le menton comme les Arméniennes. Beaucoup portent des colliers, faits de chaînettes garnies de pièces de monnaie d'or ou d'argent, à la manière des femmes tatares ou kurdes. La plupart portent des tabliers, des bas et des pantalons rouges, de préférence à toute autre couleur. Quelques-unes ont conservé l'usage du manteau persan, sans manches, et du jupon court.

Les danses et les jeux des Aïssori se rattachent, les uns à ceux des Arméniens, les autres à ceux des Kurdes. Les uns et les autres s'exécutent toujours au son de la zourna et du tambourin, accompagné, le plus souvent, de chants et de battements de mains.

L'une des danses les plus caractéristiques est une ronde qui s'exécute avec un balancement de droite à gauche, accompagné d'un pas dont la cadence rappelle celle de la Lesghinka.

La langue des Aïssori qui sont, d'après leurs traditions, les parents des Chaldéens primitifs, est un dialecte de l'ancien syriaque modernisé par la perte de quelques formes grammaticales et par l'admission d'une grande quantité de mots persans, turcs, arabes et kurdes.

Ils ne peuvent parler leur langue qu'entre eux : cependant, par suite de la grande ressemblance qui existe entre cette langue et l'ancien hébreu, ils se comprennent également avec les Juifs qui parlent encore leur langue mère. Dans leurs rapports avec les autres peuples, ils se font entendre au moyen de la langue tatare que tous, hommes et femmes, connaissent bien. Grâce aux écoles, la langue russe sera bientôt connue de toute cette population.

Les livres religieux des Aïssori sont imprimés en ancien syriaque, très différent de la langue parlée actuellement. La langue écrite est fort difficile, son alphabet se compose de vingt-deux lettres, dont quatre voyelles seulement. Cette pauvreté de voyelles fit déjà, dans l'antiquité, introduire dans cet alphabet des signes spéciaux qui modifient la valeur des lettres.

Leur littérature écrite et orale est presque nulle. Ils ont, en partie, oublié, dans leurs émigrations, leurs légendes et leurs proverbes ; ils les ont remplacés par ceux des Tatares. C'est donc dans leur propre pays qu'il faut aller pour retrouver peut-être des notions précises sur la mythologie, les légendes et les traditions des Aïssori.

Le nombre des superstitions est fort considérable chez ce peuple de mœurs encore si simples. En voici quelques exemples. Le mercredi et le vendredi sont des jours consacrés aux esprits malins, aussi les femmes doivent-elles se garder de se baigner ou de laver du linge ces jours-là, ces esprits leur étant particulièrement hostiles.

Le 6 juin, les Aïssori ont une fête en l'honneur du roi des serpents *(Mari-name) :* personne ne travaille ce jour-là, dans la crainte d'être mordu par des serpents.

Le 3 août est une fête en l'honneur des ânes *(Palma khmari).* On observe également le repos ce jour-là dans la crainte d'encourir des accidents.

D'après les Aïssori, les étables sont habitées par de mauvais esprits du sexe féminin nommés *Dechabukhtai.* Ces esprits ne sont hostiles qu'aux femmes, mais on peut les en garantir si l'on a le courage de planter une aiguille dans leur corps.

Une croyance fort répandue est que les morts punissent ceux qui ont négligé de les saluer lorsqu'on les porte au cimetière, aussi fait-on toujours sortir de la maison les enfants et même les malades chaque fois qu'il y a un enterrement.

Ils sont convaincus de l'existence de certains hommes nocturnes à grandes jambes et à grands bras *(nat-bli)* qui rôdent la nuit comme des fauves à la recherche de leur proie.

Ils croient également aux lutins; aussi, n'entrent-ils jamais dans une maison la nuit, sans lumière, sans prononcer le nom de Dieu.

Les mauvais esprits se réunissent chaque nuit dans les moulins pour y faire le sabbat, et dans ce but ils prennent une forme humaine.

Toutes les maladies et même tous les phénomènes de la nature, notamment l'apparition d'une comète, une éclipse de lune ou de soleil, le tonnerre, les nuages, la pluie, la neige, la grêle, la voie lactée, tout a pour eux une explication superstitieuse.

A l'occasion des accouchements, les Aïssori font une série de cérémonies dans l'idée qu'ils ont, que des mauvais esprits en veulent à la vie du nouveau-né ou à celle de la mère. Aussi, dans le but de les protéger, ils font des signes de croix autour de l'accouchée avec un poignard qu'ils placent ensuite avec un évangile sous son oreiller, pendant sept jours. Ils sont certains que, si l'on fait bouillir le sang d'une personne assassinée, on doit y voir l'image de l'assassin, et par suite le découvrir.

Les Aïssori, comme nombre de peuples primitifs, particulièrement en Asie occidentale, pratiquaient jadis l'astrolâtrie. Les apôtres Pierre et Thomas en firent des chrétiens, mais vers 489, ils embrassèrent la doctrine de Nestor qu'une grande partie d'entre eux n'a pas encore abandonnée, malgré la présence parmi eux de missions catholiques depuis l'année 1599, et plus récemment, depuis 1831, de missions anglaises et américaines.

Cette population n'accepte pas le nom de Nestoriens qu'on leur a donné, ils se disent plutôt Nazaréens-messianiques. Quant à celui de Chaldéens, il serait, suivant Kanikof, d'origine moderne, et aurait été appliqué, par ordre des papes, à la portion de la nation nestorienne convertie au catholicisme par les jésuites, dans le courant du XVIIIe siècle. Les Nestoriens et les Chaldéens ne feraient donc, dans tous les cas, au dire des missionnaires, qu'un seul et même peuple chrétien, ne différant que par des dissidences religieuses. D'après Reclus, les Aïssori ne seraient que les représentants d'une tribu kurde qui prétend descendre des anciens Assyriens.

Quelle que soit l'origine de cette population, il importe de constater qu'elle habite depuis un temps immémorial la région montagneuse de Djoulamerg, entre les deux lacs d'Ourmiah et de Van.

Lors de la prise de la Mésopotamie par les Arabes, ils ne furent pas inquiétés dans leurs communautés importantes et leurs forteresses. Indépendants de fait, ils ont pu se croire inattaquables jusqu'en 1843. A cette époque, les Kurdes encouragés par les Turcs à saccager les villages chrétiens, comme ils le font encore de nos jours en Asie Mineure, se ruèrent sur les Nestoriens. Les hommes qui se défendirent furent massacrés; les femmes furent emmenées en captivité, et les garçons circoncis devinrent, par force, des musulmans et les futurs ennemis de leurs familles.

Les Nestoriens ont une sorte de gouvernement indépendant. C'est toute une hiérarchie de prêtres qui les gouvernent sous le patriarcat temporel et spirituel (prêtre-roi) de *Mar Simonn* (seigneur Simon). Il réside à Kotchaves, près de Djoulamerg. La succession au patriarcat est héréditaire au deuxième degré : le neveu succède à l'oncle. Lorsque la mère du futur patriarche est enceinte on ne la nourrit que de fruits et de légumes, pour que, même avant sa naissance, l'enfant suive le régime du clergé. Si elle met au monde une fille, celle-ci est condamnée à la vie religieuse[1].

Les Chaldéens qui jadis appartenaient aux Nestoriens sont plus particulièrement devenus catholiques ; ils ont conservé cependant beaucoup de pratiques de leur ancien culte. De plus leurs prêtres se marient, excepté toutefois les grands dignitaires.

Parmi les coutumes religieuses anciennes que l'on connaît aux Chaldéens de Koïlassar, on cite celle de sacrifier un bœuf le 15 juillet en l'honneur des martyrs Kyril et Juliette, qui sont les patrons de leur Église. Lorsqu'ils vont visiter les cimetières, ils ne manquent jamais de déposer sur les tombes de leurs parents ou amis des aliments divers qu'ils distribuent aux pauvres au nom des défunts. En ce qui concerne les usages relatifs à la naissance, au mariage et à la mort, les Chaldéens d'Arménie, ceux de Koïlassar au moins, se rapprochent beaucoup de ceux des Arméniens sous certains rapports, et sous d'autres de ceux des Kurdes.

Connaissant actuellement les données ethnographiques que l'on a recueillies sur ces Aïssori ou Chaldéens, il reste à rechercher leurs origines. Par leur langue mère ils sont sémites, cela ne fait de doute pour personne. Par leur religion primitive ainsi que par un certain nombre d'usages, ils sont Iraniens ou du moins voisins des Arméniens et des Kurdes. D'après leurs traditions enfin, ils se disent, eux-mêmes, descendants de Nemrod et d'Assur.

Quelle que soit la valeur de ces divers éléments d'information, il en est un autre qui n'a pas encore été mis en œuvre, c'est l'anthropologie morphologique.

[1] Eugène Bore, *Mémoires d'un voyage en Orient.*

Des mensurations anthropométriques que nous avons pratiquées sur 22 hommes et sur 5 femmes nous permettront peut-être d'apporter un élément nouveau à la discussion. Mais avant, nous devons jeter un coup d'œil rétrospectif sur les idées des historiens à propos de cette population.

Parlant des Chaldéens, Prichard[1] dit que les auteurs éminents tels que Michaelis[2] et Schœleger[3] ont soutenu que les Chaldéens ou Kasdims étaient un peuple différent des Assyriens et des Syriens, et que la Chaldée de l'antiquité n'était pas au sud de la Mésopotamie, mais au nord au contraire, sans doute en Asie Mineure, et en Arménie par conséquent.

L'historien de l'Arménie, Saint-Martin[4], cite la ville actuelle de Trébizonde comme l'ancien chef-lieu de la division militaire de Chaldée ou *Kaldia*, sous le règne des Pagratides, aux VIIe et IXe siècles, à l'époque de la toute-puissance de l'Arménie.

D'autre part, on sait que le peuple chaldéen a été souvent mentionné sous le nom de *Kasdim* par les auteurs sacrés des dernières dynasties de Juda et de Samarie, comme peuple guerrier du nord.

Suivant d'Ekstein[5], et après lui Lenormant[6], ces Kasdims ou Chaldéens seraient des Kouschites représentés par le personnage de Nemrod. Tout porte à croire, d'après ces mêmes auteurs, que ce sont les *Kicciọi* d'Hérodote, et les Céphenes auxquels la tradition grecque attribuait la fondation du premier empire chaldéen.

Il est à remarquer encore que les Grecs rattachaient les Chaldéens aux Kardukhs, peuple montagnard et guerrier des régions élevées du Kurdistan actuel, et qui se firent connaître surtout par les difficultés qu'ils créèrent à Xénophon dans sa retraite[7].

« Tous les géographes anciens, remarque aussi Renan, placent les Chaldéens en Arménie, dans le Pont et le pays des Chalybes. Là était sans doute la Chaldée primitive, un repaire de belliqueux montagnards, redoutés dans tout l'Orient pour leurs brigandages, servant dans les armées étrangères et jusque dans l'Inde comme mercenaires, parfaitement semblables en un mot, à ce que sont de nos jours dans les mêmes centres les Kurdes avec lesquels on a tant de raison de les identifier. »

[1] Prichard, *Hist. nat.*, t. I, p. 192.
[2] Michaelis, *Specim. Geof. Herbr.*, ext. part. II, p. 80.
[3] Schœleger, *Von den Chaldeen Repertor für Bible*, ch. VIII.
[4] Saint-Martin, *Mémoires sur l'Arménie*, t. II, p. 356.
[5] D'Ekstein, *Atheneum français*, avril, août 1854.
[6] F. Lenormant, *Hist. anc. de l'Orient*, t. IV, p. 57.
[7] Xénophon, *Cyropédie*, III.

Renan[1] conjecture que le nom de Kasdim, qui est la forme hébraïque du nom des Chaldéens, ne diffère pas de la forme grecque (Καλδαιει) de Kaldaia, en admettant la forme intermédiaire *Kard*. Cette forme reparaît aux diverses époques avec une persistance remarquable dans les noms des peuples montagnards cantonnés dans les gorges des monts Zagros, tels, par exemple, les Gordoukh, Gordiani, etc.

D'un autre côté, le nom de *Kiccioi* qui leur est également donné par quelques auteurs grecs, n'est autre que le nom de Kousch à peine déformé par l'euphonie grecque et c'est, paraît-il, le même peuple que l'on trouve désigné dans les plus anciennes inscriptions cunéiformes dans le nom de Kasschi ou Cosséens. Ceux-ci, identiques aux Kurdes, sont représentés comme habitant les montagnes du Zagros, d'où ils descendaient faire de fréquentes incursions dans la Babylonie jusqu'au jour où ils s'emparèrent du pays, qu'ils conservèrent durant plusieurs siècles sous leur domination. Chose curieuse sur laquelle nous reviendrons plus tard, c'est que Kardu est le nom de la province d'Ararat dans la paraphrase chaldaïque et du mont Ararat chez les Syriens.

Si des données historiques qui précèdent on peut garder la conviction que les Chaldéens des montagnes du Zagros et du Grand-Zab sont originaires du Pont, ainsi que les Kurdes, rien ne permet de les rattacher sûrement aux Sémites auxquels appartenaient peut-être leurs ancêtres.

Leur langue et leur culte, qui les ont fait considérer comme Sémites, les séparent des Kurdes d'autre part, et si leurs caractères morphologiques concordaient sur quelques points, on devrait en conclure que, bien que d'origine commune, ils se sont séparés en deux groupes dès la plus haute antiquité.

[1] Renan, *Histoire des langues sémitiques*, liv. I, chap. II, p. 65.

II

MORPHOLOGIE ET ANTHROPOMÉTRIE

Cette population passe pour appartenir à un type essentiellement brun, présentant une physionomie sémitique.

Cette description, faite *a priori* par des voyageurs, n'est basée sur aucune observation scientifique et mérite d'être vérifiée [1]. J'ai eu l'occasion, en 1890, de visiter les Aïssori à Koïlassar et à Kamarlou et d'en étudier un très grand nombre. Je n'ai pourtant réussi qu'à Tiflis à en photographier une série assez importante et à en mesurer quelques-uns ; 22 hommes et 5 femmes. Les observations auxquelles ces individus ont donné lieu sont réunies dans un tableau et je représente dans la planche L un type excellent d'hommes et de femmes originaire de Salmat.

Les yeux et les cheveux. — Les Aïssori sont incontestablement bruns. Sur les 27 individus que j'ai observés, les cheveux sont noirs ou châtains, très foncés chez 13 sujets; 8 hommes les ont moyens ou châtains et un seul les a clairs ou blonds. Toutes les femmes les ont noir foncé.

Chez 20 individus, y compris les 5 femmes, les cheveux sont droits, et 7 hommes les ont ondulés. Quant aux yeux, toutes les femmes les ont noir foncé; 12 hommes sur 22 les ont foncés et 9 seulement châtains, un seul les a bleu verdâtre.

Les yeux jamais bridés sont largement fendus et brillants chez tous, d'une façon remarquable. Les distances bipalpébrales interne et externe varient beaucoup.

[1] Rapport sur une mission scientifique en Arménie russe (*Archives des missions*, Paris, 1893).

Chez les hommes, la première (bi-int.) oscille entre 19 et 35 millimètres, la moyenne se trouve autour de 36 millimètres, tandis que la seconde (bi-ext.) se tient entre 91 et 110 millimètres, la moyenne est à 98 millimètres.

Ce diamètre bipalpébral interne appelé aussi inter-oculaire dépasse rarement, en effet, 38 millimètres (33 % seulement) il est, au contraire, fréquemment inférieur à ce chiffre (67 %).

Chez les 5 femmes le diamètre bipalpébral interne court entre 33 et 38 millimètres et la moyenne est 34 millimètres; le diamètre bipalpéral externe varie entre 90 et 100 millimètres; la moyenne est 96 millimètres.

L'indice bipalpébral moyen de l'ensemble des Aïssori que j'ai étudiés, hommes et femmes réunis, est de 26,53.

Le nez, la bouche, les oreilles et la face. — Le nez des Aïssori est presque toujours aquilin, fortement abaissé chez tous et souvent saillant.

Ils sont pour la plupart leptorhiniens. Leur indice nasal moyen général est de 67,30. Cet indice est dépassé chez 8 hommes, l'un d'eux atteint même 75. Chez les femmes, l'indice nasal est plus variable, sa moyenne est inférieure à celle des hommes, il n'est que de 66.

La bouche des Aïssori est assez normale, les lèvres généralement fines laissent une ouverture moyenne de 49 millimètres. Chez les hommes, ce diamètre est de 50 millimètres; mais chez les femmes elle n'est que de 46.

La dentition est fort belle chez les hommes comme chez les femmes de cette famille; les dents de sagesse viennent assez tard, mais les caries sont rares chez les jeunes sujets.

Les Aïssori ont la face moyennement large, quoique les pommettes soient pourtant peu saillantes. J'ai trouvé à cette population des indices de la face variant de 92 à 110, mais l'indice moyen général est de 101,48 chez les hommes et de 94,46 chez les femmes. Ils peuvent être encore classés parmi les leptoprosopes.

Le frontal minimum est souvent étroit, et la partie angulaire de la mandibule, le *gonion*, est souvent assez lourde et accentuée.

Les oreilles sont assez régulières: on trouve chez les hommes (ceux-ci ne portent jamais de turban) une hauteur de 59 millimètres et une largeur moyenne de 36 millimètres, chez les femmes, la hauteur moyenne est de 58 millimètres, bien que presque toutes portent des pendants d'oreilles souvent lourds, et leur largeur moyenne est de 29 millimètres. Les oreilles les plus hautes ou longues dépassent rarement 65 millimètres chez les hommes et 60 millimètres chez les femmes.

L'indice moyen de l'oreille calculé chez les Aïssori, hommes et femmes réunis, est de 59,32.

LA TAILLE ET LA GRANDE ENVERGURE. — Les Aïssori sont plutôt d'une taille au-dessus de la moyenne que petits. La moyenne n'atteint chez les hommes que 166 centimètres, mais à côté de petits hommes qui n'arrivent pas à 160 centimètres (19 %), un certain nombre dépassent 170 centimètres (18 %). Chez les femmes, la moyenne n'atteint que 159 centimètres, elles sont donc en général petites.

La moyenne des hommes et des femmes réunis est de 165 centimètres.

La grande envergure, comparée à la taille, présente toujours un certain intérêt. Chez les Aïssori hommes, elle est aussi fréquemment inférieure que supérieure à la taille (taille 168 centimètres, et gr. en. 172 centimètres ; ou taille 174 centimètres, et gr. en. 168 centimètres), tandis qu'elle n'est que quatre fois égale.

Chez les femmes, elle est presque toujours inférieure. On trouve par exemple des sujets mesurant comme taille 156 centimètres n'avoir que 145 centimètres, de grande envergure.

Calculée sur l'ensemble des Aïssori, hommes et femmes réunis, la moyenne de la grande envergure égale celle de la taille ; elle est donc de 165 centimètres.

LA TÊTE, SES DIAMÈTRES ET SES DÉFORMATIONS. — L'indice céphalométrique des Aïssori montre une population ultra-brachycéphale, il est pour la totalité des sujets étudiés (soit 27 individus) de 89, et on trouve 22 % atteignant l'indice de 90. Mais ce chiffre perd de son importance exceptionnelle lorsqu'on étudie séparément les hommes et les femmes. C'est en effet, la série des hommes qui donne l'indice moyen élevé de 89,50, tandis que celui des femmes n'atteint que le chiffre de 88,69.

Chez les hommes, les indices inférieurs à 88 sont rares (18 %), alors que ceux qui dépassent 90 comptent pour 40 %. Ceux-ci présentent des diamètres transverses, maximum atteignant 164 et même 167 millimètres, comme le jeune Palous d'Inguidja, par exemple, dont l'indice est de 95,97. Ce jeune Aïssori présente en effet une tête à peu près sphérique. En éliminant ce sujet exceptionnel, l'indice moyen de cette famille tombe à 89, chiffre que la mise en série montre comme très fréquent et, par conséquent, comme caractéristique du type.

Chez les femmes, l'indice moyen est de 88,63. Trois sujets atteignent des indices variant de 87 à 88. Deux seulement dépassent 89, et cet écart impose à toute la série l'indice 88,63. Si l'on élimine le sujet le plus brachycéphale, la femme Certrikof, l'indice moyen tombe au-dessous de 88.

Cette hyper-brachycéphalie remarquable que l'on constate chez les Aïssori hommes comme chez les femmes est due certainement à la largeur quelquefois considérable du diamètre transverse maximum, mais on ne doit pas perdre de vue que certains sujets, parmi les plus brachycéphales, présentent des diamètres antéro-postérieurs relativement assez bas par suite de la déformation qu'a subie leur occipital. Celui-ci ayant été aplati, et se trouvant en quelque sorte taillé à pic, le diamètre antéro-postérieur se trouve fortement raccourci.

C'est le même fait que j'ai déjà constaté chez la plupart des peuples ultra-brachycéphales de l'Asie Mineure et du Caucase.

Parmi les Aïssori que nous étudions, on remarque plus spécialement cette particularité chez les sujets n° 6, 15 et 16. Chez le premier, dont l'indice est de 95,97, le diamètre antéro-postérieur n'est que de 174 millimètres avec un diamètre métopyque de 171 millimètres, et un diamètre transverse maximum de 167 millimètres. Pour le n° 15, dont l'indice est de 93,71, le diamètre antéro-postérieur est moins bas, mais alors le transverse maximum est fort élevé, il arrive à 164 millimètres. Le même cas se présente pour le n° 16, dont l'indice moyen est de 165 millimètres avec un diamètre antéro-postérieur de 177 millimètres, et un diamètre métopyque de 173 millimètres.

Les Aïssori sont donc brun foncé par les cheveux et les yeux; par la disposition de ceux-ci, ils n'ont rien de mongoloïde pas plus que par la disposition de leur face. Par la forme de leur nez, ils sont leptorhiniens. Leur tête les place parmi les ultra-brachycéphales.

NUMÉROS D'ORDRE	NOMS ET AGES, LIEUX DE NAISSANCE ET D'OBSERVATION, PROFESSION DU SUJET	COULEUR		FORME DES CHEVEUX	FORME		DIAMÈTRES DE LA TÊTE				MESURES										LARGEUR DE LA BOUCHE	TAILLE DEBOUT	GRANDE ENVERGURE TOTALE	OBSERVATIONS
											DE LA FACE			DE L'ŒIL		DU NEZ			DE L'OREILLE					
		DES CHEVEUX	DES YEUX		DU NEZ	DE L'ŒIL	ANTÉRO-POSTÉRIEUR MAXIMUM	MÉTOPIQUE	TRANSVERSE MAXIMUM	INDICE CÉPHALIQUE	DE LA GLABELLE AU POINT MENTONNIER	BI-ZYGOMATIQUE	INDICE FACIAL	BIPALPÉBRALE EXTERNE	BIPALPÉBRALE INTERNE	HAUTEUR	LARGEUR	INDICE NASAL	HAUTEUR	LARGEUR				
	AÏSSORI (hommes)																							
1	OUCHANA, 21 ans, Chameske, Perse, Tiflis, moucha.	moy.	moy.	droits	droite abaissé	non bridé	172	170	144	83,72	128	120	98,48	110	24	37	45	78.95	53	45	54	168	172	
2	BABA, 23 ans, Dymake, — —	foncée	ch. fonc.	—	dr. conv. ab. m.	—	175	170	158	90,28	132	132	100,00	100	24	45	34	75,55	40	40	50	168	175	
3	MIKAEL, 45 ans, Karadjah, — —	moy.	ch. clair	—	dr. abais. saill.	—	175	177	150	85,71	140	142	101,42	108	23	42	40	95,24	60	33	50	162	170	Front légèr. comprimé.
4	MICHEL, 35 ans, Taraguens, — —	noirs	ch. fonc.	—	conv. ab. saill.	—	170	173	148	87,06	145	134	92,41	106	20	62	38	61,29	56	38	50	161	168	Apl occipit.
5	GUEORGIOS, 20 ans, Ourmiah, — —	—	—	ondul.	dr. conv. saill.	—	170	178	154	90,58	144	136	94,44	115	27	48	36	75,00	60	36	47	164	155	
6	PALOUS, 20 ans, Inguidja, — —	foncée	—	droits	dr. saillante	—	174	171	167	95,97	142	138	97,18	107	22	47	33	70,20	47	30	47	155	151	
7	CHAPAZO, 35 ans, — — —	—	foncée	—	dr. ab.	—	178	172	158	88,76	137	135	103,84	98	19	52	34	65,38	52	33	45	160	100	Aplat. front bregmat.
8	BABA, 24 ans, Chamchedja, — —	moy.	—	ondul.	conv. ab.	—	172	175	155	90,11	136	135	99,26	96	20	56	37	66,07	56	34	53	174	108	
9	ONAN, 23 ans, Salmast. — cocher.	foncée	—	—	dr. conv. ab. m.	—	175	178	152	86,85	128	131	102,34	102	24	53	36	67,92	60	30	50	165	105	
10	GUARKIS, 30 ans, — — port. d'eau	—	—	droits	conv. ab. moy.	—	172	170	155	90,11	138	143	103,62	107	20	63	40	63,49	60	35	50	158	154	Aplat. front. bregm.
11	. . . . . , 20 ans, Ourmiah, — moucha.	—	—	ondul.	droite	—	172	162	154	89,53	138	140	101,44	90	25	50	34	68,00	63	38	58	169	168	
12	BADAFOF, 21 ans, — — —	—	—	—	—	—	173	163	155	89,59	138	141	102,17	92	27	50	35	70,00	65	37	60	169	169	
13	SIMON, 27 ans, — — —	—	—	—	—	—	173	165	157	90,75	137	142	103,65	90	28	51	34	66,67	62	38	61	170	160	
14	. . . . . , 19 ans, — — —	—	—	—	—	—	171	160	155	90,64	139	140	100,72	91	26	50	36	72,00	65	38	64	169	171	
15	. . . . . , 29 ans, Salmast. — —	—	—	droits	conv. abaissée	—	175	173	164	93,71	138	144	104,34	102	30	50	38	64,40	60	35	60	172	180	
16	NACERNOF, 34 ans, — — —	—	—	—	—	—	177	173	165	93,22	138	141	103,62	100	30	58	38	65 51	60	38	38	171	179	
17	. . . . . , 20 ans, — — —	claire	moy.	—	—	—	176	162	150	88,63	125	137	109,60	92	28	48	34	70,83	65	40	28	170	172	
18	. . . . . , 24 ans, — — —	moy.	—	»	saillant	—	178	165	159	89,32	126	130	110,31	91	20	48	36	75,00	65	40	29	172	172	Aplat occipit.
19	VARDI, 27 ans, — — —	moy.	foncée	droits	—	—	168	158	143	88,09	135	135	100,00	89	34	53	22	60,37	67	32	»	170	174	Aplat. —
20	. . . . . , 22 ans, — — —	—	—	—	—	—	168	157	149	88,69	137	136	99,27	89	35	54	32	59,26	68	32	»	169	172	Aplat. —
21	. . . . . , 23 ans, — — —	moy.	moy.	—	—	—	175	160	156	89,14	138	141	102,17	98	29	50	33	66,00	60	32	48	168	167	
22	. . . . . , 22 ans, — — —	—	—	—	—	—	177	169	157	88,70	139	140	100,72	97	28	50	32	64,00	61	33	47	160	167	
					Moyenne.		173	169	155	89,50	135	137	101,48	98	26	52	35	67,30	59	36	50	166	168	
	AÏSSORI (femmes)																							
1	BADALOF, 27 ans, Salmast, Tiflis, servante.	foncée	foncée	droits	dr. conv.	non bridé	108	166	147	87,50	123	114	92,68	90	24	50	35	70,00	55	30	45	156	145	
2	NACERNOF, 28 ans, —	—	—	—	dr. abais.	—	105	160	143	89,69	133	133	96,37	98	24	52	35	67,31	60	26	49	149	143	Occipit. aplati.
3	CERTRICOF, 30 ans, — lingère.	—	—	—	très abaissée	—	105	158	153	92,72	132	134	101,51	100	28	53	35	66,03	55	30	45	165	156	Aplat. occipit. gauche.
4	VARDI, 25 ans, —	—	—	—	conv. abaissée	—	170	160	148	87,06	128	130	101,56	98	22	55	30	54,54	60	30	48	168	164	Occip. légèr. aplat.
5	VARDI, 30 ans, — blanchisseuse.	—	—	—	—	—	170	168	153	87,83	130	130	100,00	95	25	44	34	77,27	62	33	44	164	154	
					Moyenne.		108	168	149	88,69	130	128	94,46	96	24	50	33	66,00	58	29	45	160	152	

APPENDICE

La plus grande partie de ce mémoire était tirée lorsque j'ai reçu de mon ami le Dr von Luschan la communication de deux séries de crânes d'Arméniens et une, non moins intéressante, de Kurdes, que les circonstances indépendantes de sa volonté l'avaient empêché de m'envoyer plus tôt. Ces matériaux qu'il a recueillis lui-même durant ses expéditions scientifiques en Syrie sont trop précieux pour que j'aie pu hésiter un seul instant à les utiliser dans l'étude qui fait l'objet de mes recherches actuelles.

Les crânes d'Arméniens au nombre de seize viennent de trois localités différentes : Aïntab et Marach, sur le revers méridional du Taurus, et Damas à la lisière du désert syrien. Je n'ai mesuré que 12 sujets à cause de l'incertitude de la provenance de 4 d'entre eux. Les crânes kurdes, au nombre de 8, viennent de Damas et d'Aïntab ; 6 seulement ont été mesurés. Ils appartenaient tous à des adultes du sexe masculin.

Par leur aspect général, ces crânes diffèrent peu de ceux que j'ai décrits précédemment. Les mesures auxquelles ils ont donné lieu et qui sont réunies dans les trois tableaux qui suivent viennent confirmer ce que j'ai avancé au sujet des types arméniens et kurdes.

Les indices craniométriques moyens des Arméniens sont à peu de chose près identiques à ceux que nous avons constatés sur les crânes que j'ai recueillis à Erivan, entre autres. Comme tous les crânes arméniens connus, ils sont hypsi-hyperbrachycéphales.

L'indice nasal de cette nouvelle série est identique à celui des séries d'Arménie.

En ce qui concerne les Kurdes, on trouve dans cette série les mêmes particularités que celles que nous avons observées sur les crânes de Diarbékir. L'indice craniométrique moyen est un peu différent dans les deux séries par suite de l'exagération de la déformation occipito-frontale de l'un des sujets de Damas, mais dans l'ensemble les caractères généraux sont identiques. L'indice nasal est le même à Damas et à Diarbékir.

CRANES D'ARMÉNIENS D'AINTAB

MENSURATIONS		NUMÉROS DES CRANES 1	2	3	4	5	6	MOYENNES
		♂	♂	♂	♂	♂	♂	
CAPACITÉ CRANIENNE APPROCHÉE		1200	1400	1370	1315	1400	1200	1314
DIAMÈTRES	Antéro-postérieur maximum	163	165	166	165	173	161	165
	Transversal maximum	134	143	148	135	141	132	138
	— bi-auriculaire	78	94	93	88	92	80	87
	— bi-mastoïdien	98	106	100	102	102	98	101
	— frontal maximum	120	118	116	112	120	114	116
	— frontal minimum	100	98	94	96	95	94	96
	Vertical basilo-bregmatique	122	132	134	135	135	122	130
INDICES CRANIOMÉTRIQUES	Longueur = 100 Largeur	82-21	86,66	89,15	81,81	81,50	81,98	83,63
	Longueur = 100 Hauteur	74,84	79,99	80,72	81,81	78,03	75,77	78,78
	Largeur = 100 Hauteur	91,04	92,30	90,53	100,00	95,74	92,42	94,20
INDICE FRONTAL		83,33	83,05	81,03	85,71	79,16	82,46	82,75
COURBES	Horizontale totale	495	495	500	480	495	498	488
	— pré-auriculaire	255	268	270	200	275	245	262
	Transversale totale	440	475	465	440	455	305	440
	— sus-auriculaire	315	325	325	310	325	320	320
	Frontale cérébrale	100	92	110	90	100	112	100
	— totale	122	120	124	126	122	124	123
	Pariétale	120	98	115	115	110	115	112
	Occipitale	110	128	115	110	115	112	115
TROU OCCIPITAL	Longueur	32	38	35	38	34	34	35
	Largeur	28	33	30	36	28	28	30
	Indice	87,50	86,82	85,71	94,71	77,78	82,35	85,71

MENSURATIONS		NUMÉROS DES CRANES 1	2	3	4	5	6	MOYENNES
		♂	♂	♂	♂	♂	♂	
LARGEUR DE LA FACE	Bi-orbitaire externe	100	94	95	93	98	100	96
	Inter-orbitaire	20	20	23	24	20	20	21
	Bi-zygomatique maximum	118	132	134	127	131	127	128
	Bi-maxillaire maximum	61	62	60	61	46	56	57
HAUTEUR DE LA FACE	Inter-maxillaire	22	21	18	21	22	18	20
	Totale de la face (ophrio-alvéolaire)	98	94	95	86	91	86	91
	— de la pommette	23	25	18	21	22	21	21
	Orbito-alvéolaire	45	47	40	42	44	41	43
INDICE FACIAL		83.05	71,21	70.89	67,71	69,46	67,71	71,69
ORBITES	Hauteur	30	33	34	32	33	32	32
	Largeur	36	38	38	34	35	37	36
	Indice orbitaire	83,34	86,82	89,45	94.11	94,28	86,49	88,89
NEZ	Longueur	48	52	42	50	45	54	48
	Largeur	26	26	24	24	22	23	24
	Indice nasal	54,17	50,00	57,14	48.00	48,88	42,59	50,00
VOUTE PALATINE	Longueur	5	50	48	54	48	44	49
	Largeur	34	36	34	36	35	34	34
	Distance au trou occipital	38	42	36	43	42	37	39
INDICE PALATIN		68,00	72,00	70,83	66,66	72,91	77,27	69,39

CRANES D'ARMÉNIENS

7 à 8 de Marasch, 9 à 12 de Damas.

MENSURATIONS			7 ♂	8 ♂	9 ♂	10 ♂	11 ♂	12 ♂	MOYENNES
CAPACITÉ CRANIENNE APPROCHÉE			1430	1680	1130	1450	1380	1400	1411
DIAMÈTRES	Antéro-postérieur maximum		165	166	155	167	168	165	164
	Transversal maximum		148	152	125	118	145	140	142
	— bi-auriculaire		94	80	67	64	93	95	82
	— bi-mastoïdien		103	142	95	92	110	112	104
	— frontal maximum		122	130	103	110	118	115	117
	— — minimum		95	90	90	94	97	96	93
	Vertical basilo-bregmatique		133	138	125	140	135	130	133
INDICES CRANIOMÉTRIQUES	Longueur = 100	Largeur	89,63	91,55	80,64	85,03	86,31	84,85	86 58
		Hauteur	80,60	83,13	80,64	83,83	80,35	78,78	81,09
	Largeur = 100	Hauteur	89,86	90,79	100,00	98,59	93,10	92,85	93,66
INDICE FRONTAL			79,16	69,23	82,57	84,54	82,20	81,35	79,49
COURBES	Horizontale totale		485	485	435	490	495	490	483
	pré-auriculaire		270	270	250	265	260	260	262
	Transversale totale		475	495	480	400	485	445	473
	— sus-auriculaire		315	355	310	345	345	325	332
	Frontale cérébrale		105	105	95	105	115	95	103
	— totale		120	122	124	122	119	120	121
	Pariétale		112	112	120	125	120	125	119
	Occipitale		105	120	95	115	115	110	110
TROU OCCIPITAL	Longueur		35	38	32	34	31	39	34
	Largeur		32	36	24	28	25	36	30
	Indice		91,43	94,73	75,00	82,35	80,65	92,30	83,23

MENSURATIONS		7 ♂	8 ♂	9 ♂	10 ♂	11 ♂	12 ♂	MOYENNES
LARGEUR DE LA FACE	Bi-orbitaire externe	91	97	93	98	98	97	95
	Inter-orbitaire	20	21	18	24	24	24	21
	Bi-zygomatique maximum	133	131	117	127	132	132	12[illegible]
	Bi-maxillaire maximum	57	63	54	65	65	62	6[illegible]
HAUTEUR DE LA FACE	Inter-maxillaire	22	25	22	21	18	2[illegible]	21
	Totale de la face (ophrio-alvéolaire)	91	90	86	98	88	90	91
	— de la pommette	23	24	21	27	22	24	23
	Orbito alvéolaire	40	43	43	52	40	46	44
INDICE FACIAL		68,42	68,70	73.50	77,16	66,66	68,18	70.31
ORBITES	Hauteur	36	36	35	36	32	35	35
	Largeur	38	38	38	38	38	38	38
	Indice orbitaire	94,73	94,73	92,10	94,73	84,21	92,10	92,10
NEZ	Longueur	52	55	50	56	57	44	52
	Largeur	24	27	23	27	25	23	24
	Indice nasal	46,15	49,09	400	48,21	43,86	52,27	46,15
VOUTE PALATINE	Longueur	46	47	47	48	44	50	47
	Largeur	34	34	32	35	35	41	35
	Distance au trou occipital	42	34	38	42	47	42	40
INDICE PALATIN		73,91	72,34	68,08	72,92	79,54	82,00	75,46

CRANES DE KURDES

1 à 4 de Damas. — 5 à 6 d'Aintab.

MENSURATIONS		1 ♂	2 ♂	3 ♂	4 ♂	5 ♂	6 ♂	MOYENNES
CAPACITÉ CRANIENNE APPRÉCIÉE		1470	1510	1450	1520	1400	1310	1455
DIAMÈTRES	Antéro postérieur maximum	175	178	175	174	180	172	175
	Transversal maximum	150	144	146	148	142	120	143
	— bi-auriculaire	98	76	84	98	75	75	84
	— bi-mastoïdien	114	105	98	110	112	95	105
	— frontal maximum	124	124	125	120	118	110	120
	— — minimum	97	95	9.	92	93	93	94
	Vertical basilo-bregmatique	135	138	138	138	124	121	132
INDICES CRANIOMÉTRIQUES	Longueur = 100 { Largeur	85,71	80,90	83,43	85,05	78.88	75,58	81,71
	Longueur = 100 { Hauteur	77,14	77,53	78,85	79,31	68,88	70,35	75.42
	Largeur = 100 | Hauteur	89,99	95,83	94.52	93,24	87,32	93,37	92,30
INDICE FRONTAL		78.22	76,61	75,20	76,66	78,81	84,54	78,33
COURBES	Horizontale totale	525	515	500	515	520	490	510
	— pré-auriculaire	295	280	285	285	229	275	274
	Transversale totale	460	475	460	400	450	420	454
	— sus-auriculaire	320	330	340	335	310	300	322
	Frontale cérébrale	100	115	110	95	95	95	101
	— totale	130	132	130	128	131	130	130
	Pariétale	115	145	95	125	130	115	120
	Occipitale	112	92	110	120	115	115	110
TROU OCCIPITAL	Longueur	34	38	34	37	35	39	35
	Largeur	31	29	27	28	29	30	29
	Indice	91,17	76,30	79,40	75,68	82,85	76,92	80,56

MENSURATIONS		1 ♂	2 ♂	3 ♂	4 ♂	5 ♂	6 ♂	MOYENNES
LARGEUR DE LA FACE	Bi-orbitaire externe	101	102	98	98	100	96	99
	Inter-orbitaire	22	26	22	23	25	22	23
	Bi-zygomatique maximum	140	136	122	134	135	120	131
	Bi-maxillaire maximum	72	65	61	63	72	64	66
HAUTEUR DE LA FACE	Inter-maxillaire	21	22	20	23	18	18	20
	Totale de la face (ophrio-alvéolaire)	96	100	98	96	92	88	95
	— de la pommette	29	27	27	27	27	26	26
	Orbito-alvéolaire	52	50	49	47	43	43	47
INDICE FACIAL		68,57	73,53	80,33	71.64	68,15	73,33	72,52
ORBITES	Hauteur	34	35	36	31	34	36	34
	Largeur	40	41	41	38	37	37	39
	Indice orbitaire	86,00	85,36	87,80	81,56	91,90	97,31	87,17
NEZ	Longueur	54	58	58	49	58	55	55
	Largeur	27	35	26	25	22	26	26
	Indice nasal	50,00	60,34	44,83	51,02	37,93	47,27	47,27
VOUTE PALATINE	Longueur	56	48	42	48	48	48	48
	Largeur	38	37	34	37	36	35	36
	Distance au trou occipital	44	38	38	38	41	42	40
INDICE PALATIN		67,86	77,08	80,95	77,08	75,00	79,17	75,00

RÉSUMÉ ET CONCLUSIONS

Arrivé au terme de la tâche que je me suis tracée, je vais essayer de faire ressortir les résultats principaux de mes longues et pénibles recherches dans les parties de l'Asie occidentale que j'ai parcourues pendant plusieurs années et principalement de 1890 à 1894.

Ayant laissé de côté, quant à présent, la description détaillée des populations dites sémitiques et pélasgiques, il ne m'est pas possible de présenter ici des vues générales sur l'ethnogénie de l'Asie occidentale. Malgré l'importance des documents historiques, philologiques et anthropométriques déjà recueillis sur ces populations et mis en œuvre par des savants éminents, je considère que toutes les conclusions que je pourrais émettre sur la question ne sauraient être que provisoires, comme la plupart, du reste, de celles qui ont été proposées jusqu'à ce jour. Je préfère attendre, pour aborder utilement un essai de synthèse, d'avoir pu reprendre mes investigations analytiques, en Syrie, en Mésopotamie et dans les régions aryo-iraniennes, où l'ethnologie a encore tout à apprendre.

Je dois donc pour le moment restreindre ici mes conclusions ethnogéniques comme j'ai dû restreindre le cadre de mes descriptions. Je dois surtout donner un résumé des faits acquis sur la morphologie des peuples qui viennent d'être décrits, montrer leurs affinités, et par suite établir des groupements logiques.

Lorsque l'on jette un coup d'œil d'ensemble sur la composition ethnique de la Transcaucasie, de l'Anatolie, de la Syrie du nord, y compris une partie de la Haute-Mésopotamie et du Kurdistan turc, ce qui frappe tout d'abord, comme au Caucase et en Arabie, c'est la diversité des peuples qui habitent ces vastes contrées. Un fait qui ne surprend pas moins l'observateur, c'est le manque absolu d'affinité morphologique et linguistique.

Et comment pourrait-il en être autrement dans cette Asie antérieure, terre qui a excité la convoitise des races de l'Asie centrale dès la plus haute antiquité et où, sur un substratum de populations d'origines diverses, sont venus se répandre ces innombrables débris d'armées envahissantes. Partout dans ces régions, au Caucase surtout, on retrouve, réfugiés au fond des vallées sauvages et inaccessibles, des lambeaux de peuples refoulés par les conquérants.

Dans les plaines ou sur les hauts plateaux arméniens, là où les Assyriens, les Perses, les Arabes et les hordes barbares turco-mongoles ont pu pénétrer et s'établir librement, de nombreux mélanges se sont certainement produits. Pourtant, le type arménien primitif s'est maintenu avec quelque pureté sur de grandes surfaces du pays. De même que les types arabe, parsi et juif, on ne le rencontre qu'exceptionnellement métissé et cela dans des régions restreintes. Chez les groupes ethniques, qui paraissent provenir de mélanges de plusieurs races, la prédominance de certains caractères est presque toujours assez apparente pour qu'il soit possible de rattacher ces groupes à l'une des races entrant dans sa constitution. Tels sont les Kurdes, les Tatars Aderbéidjani et bien d'autres.

Je crois avoir montré, en décrivant les peuples de la chaîne ponto-caspienne, que l'hétérogénéité de leurs types est si considérable que, s'il est tout au plus possible de les réunir en un groupe spécial que j'ai appelé *caucasien*, on ne peut plus donner cette appellation à la grande masse des races blanches ou indo-européennes.

L'étude des races des autres régions de l'Asie occidentale vient confirmer pleinenement cette manière de voir qui est, du reste, actuellement partagée non seulement par la majorité des anthropologistes, mais encore par un grand nombre de philologues.

Certains groupements ethniques, qui ont été établis autrefois d'après les seuls caractères linguistiques, ne sauraient être maintenus en présence des faits que les recherches morphologiques ont mis en lumière. Je citerai, en première ligne, le groupe dit *iranien*, dans lequel on a rangé, à côté des Persans, en outre des Kurdes, des Ossethes, des Afghans et de bien d'autres races mixtes qui présentent les plus grandes dissemblances, les Arméniens qui sont à tous égards bien différents de la plupart d'entre eux.

Il paraît démontré que, dès une époque très ancienne, l'arménien n'était pas confondu avec les langues iraniennes.

Les Ossethes, dont l'idiome paraît être iranien, ont été classés définitivement parmi les Caucassiens, par leurs caractères physiques.

Aucun groupement méthodique durable et utile n'est donc possible qu'autant qu'il sera basé sur des observations morphologiques nombreuses que l'on complètera, bien entendu, de tous les autres éléments d'information auxquels peuvent donner lieu un individu, une famille, un groupe ou une race. Et, en effet, si l'on admet que le type d'une race peut être fortement modifié par des infiltrations de sang étranger dues à des émigrations volontaires ou à des invasions, à plus forte raison devra-t-on ne pas perdre de vue que sa langue peut être également modifiée et même remplacée sous des influences multiples par un autre idiome.

La légende, la tradition, l'histoire et l'archéologie sont des guides précieux pour nous éclairer sur ces points. Aussi les anthropologistes feront-ils bien de ne plus traiter avec autant de dédain les indications que les matériaux de cette nature peuvent leur fournir, et qui leur en apprendront plus sur l'origine et la filiation des peuples que l'emploi exclusif du compas.

Grâce aux matériaux recueillis par les historiens et les philologues, on est arrivé à esquisser l'ethnogénie d'un certain nombre de races. Les résultats des recherches anthropométriques ont souvent confirmé les présomptions que pouvait faire naître l'interprétation de ces documents, mais elle est venue aussi les contredire quelquefois. C'est ainsi que la tradition m'a appris que certaines tribus kurdes des environs d'Erivan et de la Haute-Mésopotamie, que leur brachycéphalie séparait d'une façon surprenante des autres tribus et les rapprochait des Arméniens, étaient, en effet, issues de familles arméniennes. On remarque, au contraire, quelques tribus kurdes qui diffèrent de la masse de la nation par une dolichocéphalie que l'on ne rencontre que chez les Persans Hadjemi et chez les Arabes.

Si l'histoire et la philologie tendent à prouver que les Arméniens aussi bien que les Juifs doivent chercher leurs origines communes chez les races primitives de la Mésopotamie, la fréquence du type dit *sémitique* dans la nation arménienne s'explique assez facilement. D'autre part, des documents historiques nous apprennent que c'est par milliers que les rois assyriens ont déporté en Arménie des Juifs de Babylonie. Nos observations nous avaient permis de constater, en effet, que des villages entiers habités par des Arméniens présentaient la plupart des caractères propres aux Juifs.

L'iranisation morphologique des Turcs dits Tatars de l'Aderbéidjan originaires, comme les autres Turcs, de l'Asie Centrale, et qui se sont répandus en si grand nombre en Transcaucasie, s'explique par les faits historiques qui relatent leurs émigrations et leur fusion avec les populations de l'Iran.

Toutefois, les traces bien évidentes de métissage ne se rencontrent que sur des points déterminés et par l'analyse de quelques mises en séries, par localités, des indices céphaliques, par exemple, on doit arriver à trouver, d'une part, dans quel sens se sont opérés les mélanges, et, d'autre part, où se trouvent les groupes les plus purs ou du moins les plus homogènes.

Mise en séries par groupes locaux des indices céphaliques moyens des Arméniens, des Kurdes, des Tats et des Aderbéidjani

341 ARMÉNIENS

Indice céphalique moyen. 85,63

NOMBRE D'INDIVIDUS ET SEXES		TRIBUS OU LOCALITÉS	INDICES MOYENS
—		—	—
2	femmes	Digh	77,71
2	—	Hadjin	79,07
18	—	Akhaltzick	82,48
5	hommes	Césarée	83,33
15	—	Göl	83,37
8	—	Migri	83,51
19	—	Akhaltzick	84,06
13	—	Sulivan	84,08
15	—	Yozgat	84,15
5	femmes	Migri	84,48
15	hommes	Akoulis	84,49
6	—	Kamarlou	84,61
9	femmes	Akoulis	85,14
9	hommes	Igdir	85,22
27	—	Erivan	85,47
15	—	Tiflis	86,03
11	—	Kara-Kilissa	86,18
17	—	Gollu	86,18
4	—	Chikavouz	86,26
5	—	Nakhitchevan	86,51
18	—	Hadjin	86,59
11	—	Novo-Bayazid	86,70
8	—	Choucha	86,74
3	—	Evérek	86,76
12	—	Digh	86,88
17	—	Tathève	86,95
28	—	Ghiroussi	87,29
11	—	Sis	87,77
3	femmes	Sis	87,86
2	hommes	Urgub	88,50
3	—	Ourmiah	89,50
5	femmes	Nakhitchevan	90,90

332 KURDES

Indice céphalique moyen. 78,53

3 hommes	Yesidi de Koulpe	72,36
10 —	Tziganes d'Igdir	74,22
8 femmes	Bourouki d'Airidja	74,44
6 hommes	Radki de Sardar Boulak	74,74
13 —	Radki de Tokmak-Göl	75,13
6 femmes	Radki de Sardar Boulak	75,41
6 hommes	Bourouki de Tchitchanlou	76,16
6 —	Galtourni d'Allaghöz	66,19
6 —	Djelali de Sardar-Boulak	76,31
7 —	Bourouki d'Airidja	76,44
8 femmes	Djélali de Petchara	76,50
11 hommes	Djélali de Korghane	76,53
4 femmes	Bourouki de Tchitchanlou	77,05
23 hommes	Zaza de Kharpout	77,12
9 femmes	Radki de Tokmak-Göl	77,22
7 hommes	Djélali de Petchara	77,89
20 —	Milanli d'Allaghöz	77,89
22 —	Barazi d'Orfa	78,11
6 —	Sofikanli de la vall. de l'Araxe	78,49
3 —	Yésidi d'Igdir	78,61
6 —	Seilanli de Bayazid	79,29
16 —	Chikanli de Biredjick	79,39
10 femmes	Zaza de Diarbékir	79,46
14 hommes	Zaza —	79,48
6 —	Eydéranli de la plaine d'Abaga	81,22
5 —	Boktanli de Van	82,38
4 femmes	Seylanli de Bayazid	82,48
11 hommes	Divers de Haute-Mésopotamie	82,54
35 —	— — —	82,54
11 —	Dodas de Bitlis	82,56
30 —	Bilikani d'Erivan	83,87

32 TATS

Indice céphalique moyen. 79,00

3 hommes	Hadji-Kaboul	74,61
6 —	Djevat	77,37
3 femmes	Norachaine	78,40
6 hommes	Salyan	79,58
14 —	Norachaine	80,10

130 ADERBÉIDJANI

Indice céphalique moyen. 78,07

3 femmes	Aralych	73,91
5 hommes	Kazakent	75,26
11 —	Nakhitchevan	76,44
5 femmes	—	77,22
17 hommes	Erivan	77,25
10 femmes	Arkhouri	77,27
5 hommes	Kathar	77,83
16 —	Aralych	77,95
10 —	Kara-Kilissa	78,30
19 —	Choucha	78,83
15 —	Arkhouri	79,03
11 —	Ordoubat	79,78
3 —	Kamarlou	80,54

Les mises en séries ci-dessus montrent que l'homogénéité des Arméniens est surtout remarquable dans le Karabagh et dans les vallées supérieures de l'Araxe et de la Koura, où l'on rencontre le plus fréquemment l'indice céphalique moyen de 86,83. On voit que quatre unités à peine séparent les indices extrêmes de cette série composée de 341 sujets. Les groupes qui paraissent avoir subi une influence sémitique la plus caractérisée sont ceux qui habitent la vallée de l'Araxe, entre Erivan et Migri, dans le pays antique de Gokten, par exemple, où ont été déportés de grandes quantités de Juifs, et où les Arabes sont venus à plusieurs reprises.

Chez les Kurdes, au contraire, l'hétérogénéité est si grande que l'écart que l'on observe entre les types extrêmes qui composent cette série de 332 sujets est de dix unités, c'est-à-dire qu'en dessus et en dessous du type qui est représenté par l'indice moyen de 81,53, et qui se rencontre surtout chez les Djelali et les Seylanli de la région de l'Ararat, se trouvent des dolichocéphales et des brachycéphales. Les premiers sont les Yésidi de la vallée de l'Araxe et de la Perse dont l'indice descend à 70,04 et qui sont vraisemblablement apparentés à des peuples dolychocéphales. Les seconds sont les tribus de la Haute-Mésopotamie et du Kurdistan turc, dont les indices montent jusqu'à 83,27 mêlés de divers éléments brachycéphales, et surtout les Bilikani d'origine arménienne dont l'indice va jusqu'à 86,48. Si l'on doit considérer les Aïssori comme une tribu kurde, leur ultra-brachycéphalie est à noter, mais leur ethnogénie est loin d'être éclairée d'une façon satisfaisante.

Quant aux Aderbéidjani dont l'indice moyen de 78,19 se rencontre surtout à Choucha et à Erivan, ils présentent également des extrêmes qui oscillent entre 73,91 et 82,88. Les plus dolichocéphales, avec une moyenne de 76,44, se trouvent à Nakhitchevan où les Arabes ont fait jadis de longues stations. L'autre extrême dont la moyenne est de 79,78 est fourni par les habitants d'Ordoubat qui ont dû se mêler à l'ancienne population essentiellement arménienne. Le même fait se présente pour Arkhouri.

Les Tats qui ne peuvent pas être séparés des Hadjemi sont plus homogènes ; le type des 32 sujets que j'ai observés présente un indice moyen de 79. Il se rencontre surtout à Salyan près de l'embouchure de la Koura dans la mer Caspienne. Les plus dolichocéphales avec 74,61 se trouvent à Hadji-Kaboul et à Djevat où ils sont mêlés à des Hadjemi, l'autre extrême est fréquent à Norachaine où ils se trouvent au contact d'une colonie arménienne.

Au point de vue céphalométrique, les Ansariés sont relativement homogènes. L'indice moyen des 48 sujets que j'ai étudiés à Antioche est de 84,53 avec des extrêmes assez rares variant de 78 à 88.

Les courbes tracées dans le tableau page 240 montrent l'homogénéité relative des Arméniens et des Ansariés et d'une partie des Kurdes, ainsi que les points de contact qui existent entre ces trois peuples.

Il n'en est pas de même pour les Turcs Osmanli d'Anatolie. Leur hétérogénéité est même des plus extraordinaires. Comment, en effet, pourrait-on trouver un type caractérisé chez un peuple dont la composition est si complexe. Formé de débris de hordes barbares turques, quelquefois mongoloïdes, il a vu maintes fois son sang se renouveler à la suite de ses émigrations successives. Par l'absorption d'une partie des populations envahies et opprimées, la nation turque s'est fait un nouveau type en s'assimilant des lambeaux des premiers occupants du sol : Grecs d'origine pélasgique, Arméniens ou autres races de type arménoïde qui formaient le fond de l'antique population anatolienne.

Dans certaines régions où le Turc a été absorbé par l'élément arménien ou grec, il est brachycéphale ou ultra-brachycéphale; ailleurs où, grâce à l'islamisme, il a pu se mêler aux Kurdes ou aux Arabes, il est devenu mésaticéphale.

Il me reste à parler ici des résultats fournis par l'étude des crânes des races que je viens d'étudier, et dont je n'ai eu que de rares spécimens à ma disposition.

INDICE CÉPHALIQUE COMPARÉ DES ARMÉNIENS, DES KURDES ET DES ANSARIÉS

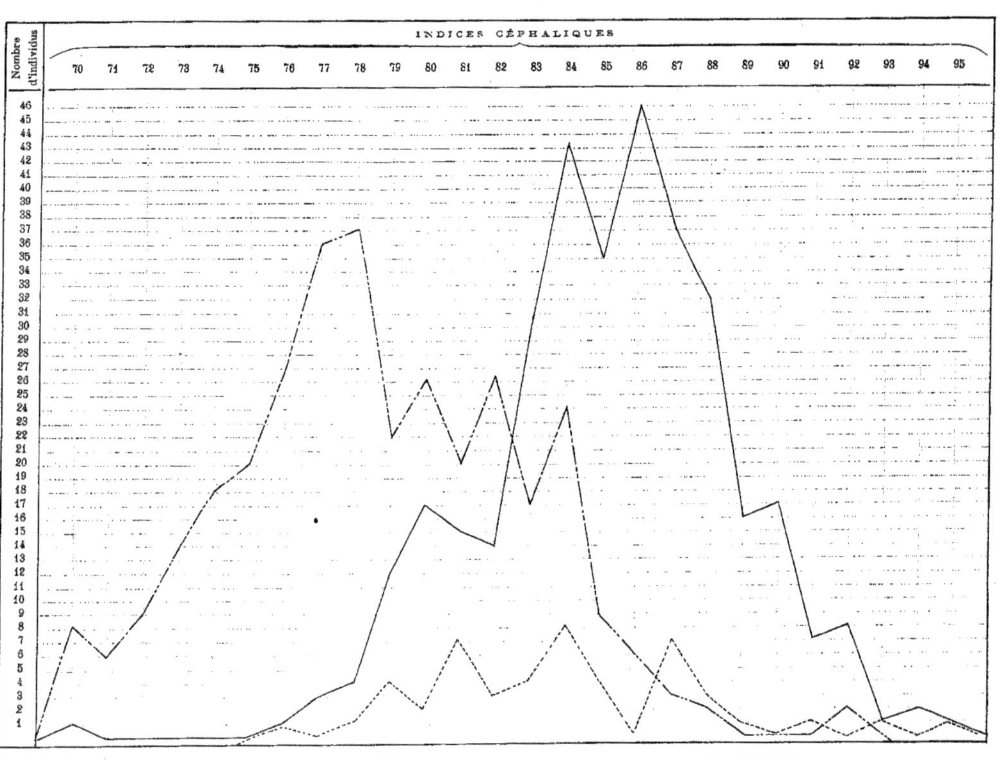

CRANES

INDICE CÉPHALIQUE MOYEN

5 Kurdes de Diarbékir	79,43
6 Kurdes de localités diverses de Syrie	81,71
2 Tatars aderbéidjani de Nakhitchevan	82,80
4 Ansariés d'Antioche	83,13
5 Arméniens de localités diverses	83,23
6 Arméniens d'Aïntab	83,63
5 Ansariés de Kerdaha	85,05
6 Métouali de Syrie	85,71
5 Arméniens d'Erivan	85,88
6 Arméniens de Syrie	86,58

INDICE FACIAL (OPHRIO-ALVÉOLAIRE) MOYEN

2 Aderbéidjani de Nakhitchevan	62,60
5 Arméniens de localités diverses	65,91
6 Métouali de Syrie	69,28
4 Ansariés d'Antioche	69,60
5 Ansariés de Kerdaha	69,86
6 Arméniens de localités diverses de Syrie	70,31
6 Arméniens d'Aïntab	71,09
6 Kurdes de Syrie	72,52
5 Kurdes de Diarbékir	76,23

INDICE NASAL MOYEN

5 Arméniens de localités diverses	45,10
5 Arméniens d'Erivan	45,15
5 Ansariés de Kerdaha	45,19
2 Aderbéidjani de Nakhitchevan	45,80
6 Métouali de Syrie	45,83
4 Ansariés d'Antioche	46,15
6 Arméniens de Syrie	46,15
5 Kurdes de Diarbekir	47,05
6 Kurdes de Syrie	47,27
6 Arméniens d'Aïntab	48,00

Cette mise en série vient confirmer ce que les observations céphalométriques avaient démontré, à savoir une hétérogénéité complète entre les races des pays que nous étudions.

Les caractères des peuples de la Transcaucasie, de l'Anatolie et d'une partie de la Syrie, peuvent se résumer dans les termes suivants :

1° Les Arméniens ont presque tous les yeux et les cheveux brun très foncé, la tête haute et ronde (hypsi-brachycéphalie); le nez long, droit, souvent convexe, (leptorhinie) et arrondi à son extrémité; la bouche plutôt grande que petite; les oreilles aussi plutôt grandes que petites; la face moyennement large (mésatifacialie), la taille au-dessus de la moyenne ; la grande envergure dépassant souvent la taille.

Des déformations artificielles portant sur les parties occipito-frontale et occipito-bregmatique se rencontrent chez ce peuple dans la proportion de 70 pour 100. Elle est rare chez les femmes.

Les crânes arméniens viennent confirmer dans de certaines limites les caractères observés sur le vivant. Ils donnent dans leur ensemble un indice céphalique moyen de 84,52, tandis que celui des 341 sujets est de 85,63. Cette différence n'a rien d'anormal; elle correspond à l'écart qui a été constaté entre les indices craniométriques et les indices céphalométriques.

2° Les Kurdes ont presque tous les yeux et les cheveux brun foncé ; la tête plutôt longue que courte (mésaticéphalie); le nez convexe, abaissé et long (leptorhinie) ; la bouche moyenne et les lèvres minces ; les oreilles normales avec le pavillon rejeté pourtant en avant ; la face étroite et longue (dolichofacialie). La taille est élevée ainsi que la grande envergure qui est presque toujours supérieure à elle.

Des traces de compression fronto-occipitale ou occipito-bregmatique se rencontrent chez les Kurdes dans la proportion de 80 pour 100. Les onze crânes Kurdes qui ont été mesurés présentent un indice moyen de 80,57. Il diffère assez de celui des 332 sujets que j'ai observés, puisque ce dernier est de 78,53. Cet écart de deux unités est celui que l'on rencontre entre les indices craniométriques et les indices céphalométriques.

3° Les Bakhtyari comme les Kurdes ont les cheveux et les yeux toujours brun foncé. Chez eux la tête est courte et haute (hypsi-hyperbrachycéphalie) ; le nez, gros, long et souvent aquilin (leptorhinie), la face moyenne et étroite (mésatifacialie), la taille au-dessus de la moyenne. De même que les Kurdes dont ils diffèrent en quelques points, les Bakhtyari se déforment presques tous la tête.

4° Les Ansariés sont plutôt bruns d'une façon générale ; parmi eux les cheveux clairs ou blonds sont plus rares que les moyens ou châtains. Les yeux bruns sont aussi les plus nombreux. Ils ont le nez droit, légèrement abaissé (mésorhinie) ; la face moyennement large (mésatifacialie) ; la tête, très courte et élevée (hypsi-hyperbrachycéphalie), est très souvent comprimée d'avant en arrière, comme chez les Kurdes et les Arméniens. Ils ont une taille moyenne. L'indice céphalique moyen des neuf crânes d'Ansariés que nous avons décrits diffère peu de celui des 48 sujets vivants mesurés. Le premier est de 84,21 et le second de 85,63.

5° Les Métouali ont les cheveux noirs et les yeux brun plus ou moins foncé. Leur nez est droit et moyennement allongé (leptorhinie); leur face est longue et étroite (dolichofacialie); leur tête courte et élevée (hypsi-brachycéphalie). Ils sont de taille élevée.

Six crânes de Métouali ont donné un indice céphalique moyen de 85,71, tandis que celui des dix individus vivants n'est que de 84,09.

Cet écart en sens inverse doit s'expliquer par l'exagération de l'aplatissement fronto-occipital que l'on constate sur la plupart de ces crânes.

6° Les Tats, bien différents des Tadjiks de l'Asie centrale, ont pour la plupart les cheveux et les yeux brun foncé, le nez droit, quelquefois long (leptorhinie), une face étroite et longue (dolichofacialie). Leur tête est longue (vraie dolichocéphalie); leur taille au-dessus de la moyenne.

7° Les Hadjémi comme les Tats sont presque tous bruns; leur nez est droit et abaissé et leur face étroite. Ils sont dolichocéphales, comme les Tats, mais moins grands qu'eux.

8° Les Afghans rappellent en général plutôt les Kurdes que les Tats et les Hadjémi par l'ensemble de leurs caractères et de leur physionomie.

9° Les Aderbéidjani sont tous brun foncé avec des cheveux presque toujours noirs et des yeux rarement clairs ou moyens. Le nez est long et abaissé (leptorhinie); la face est téroite (dolichofacialie); la tête est moyennement longue (mésaticéphalie), et très souvent déformée. Leur stature est élevée. L'indice craniométrique des deux crânes d'Aderbéidjani est de 82,88, alors que l'indice moyen céphalique des 130 sujets étudiés est de 78,19. Cet écart est peu surprenant, car ces crânes proviennent de la région où cette race est surtout mésocéphale.

10° Les Turcs Osmanli d'Asie sont essentiellement bruns; leurs cheveux ne sont qu'exceptionnellement blonds et leurs yeux clairs. Le nez est droit, long et arrondi à son extrémité (leptorhinie). Leur face est plutôt large que longue (mésofacialie); la tête est courte et élevée (hypsi-brachycéphalie). Elle présente, aussi bien que chez les Kurdes, les Ansariés et les autres peuples qui pratiquent la compression pariéto-occipitale, un aspect cuboïde. Leur taille est au-dessus de la moyenne.

11° Les Aïssori sont absolument tous bruns avec des yeux et des cheveux noirs ou marron foncé. Leur nez presque toujours aquilin est fortement abaissé et souvent saillant (leptorhinie). La face est moyennant large (leptoprosopie). Ils ont la tête élevée et courte (hypsi-hyperbrachycéphalie). Les déformations occipito-frontales sont fort communes chez les Aïssori. Leur taille est moyenne et rien ne les rapproche des Mongoloïdes ou des Sémites.

Les mises en séries des indices moyens principaux de chacun des peuples qui viennent d'être étudiés donnent un excellent résumé de leurs caractères morphologiques.

INDICE CÉPHALIQUE MOYEN

3	Kurdes Yesidi	72,36
10	Tsiganes	74,22
3	Afghans	76,50
9	Hadjémi	77,50
4	Mamacéni	78,00
130	Tatars aderbéidjani	78,07
332	Kurdes	78,53
32	Tats	79,00
5	Rusténi	82,20
10	Métouali	84,06
48	Ansariés	84,53
120	Turcs osmanli	84,53
341	Arméniens	85,63
8	Turcs kizilbachi	86,00
27	Aïssori	89,00
9	Bakhtyari	89,32

INDICE FACIAL MOYEN (OPHRIO-MENTONNIER)

32	Tats	95,00
130	Tatars aderbéidjani	97,16
10	Métouali	97,76
332	Kurdes	99,27
120	Turcs osmanli	100,00
341	Arméniens	100,72
48	Ansariés	101,00
27	Aïssori	101,48

INDICE NASAL MOYEN

130	Tatars aderbéidjani	64,15
10	Métouali	64,23
341	Arméniens	64,81
332	Kurdes	66,03
32	Tats	67,30
27	Aïssori	67,30
9	Bakhtyari	69,08
120	Turcs	70,00
48	Ansariés	71,42

TAILLE DEBOUT

27	Aïssori	1,65
341	Arméniens	1,67
10	Métouali	1,67
9	Bakhtyari	1,67
5	Rusténi	1,67
332	Kurdes	1,68
4	Mamaceni	1,68
130	Tatars aderbéidjani	1,70
32	Tats	1,70
120	Turcs	1,71

GRANDE ENVERGURE

27	Aïssori	1,65
10	Métouali	1,67
341	Arméniens	1,69
332	Kurdes	1,70
130	Tatars aderbéidjani	1,72
32	Tats	1,73
120	Turcs	1,73

Le tableau récapitulatif des indices céphaliques des peuples actuels de l'Asie occidentale, les plus étudiés, montre la place qu'occupent dans l'ensemble des populations de cette région les groupes qui viennent d'être décrits.

Indices céphaliques de quelques peuples actuels de l'Asie occidentale.

NOMBRE DE SUJETS	PEUPLES	OBSERVATEURS MM.		INDICES
79	Grecs de Lycie	von Luschan.	Dolichocéphales.	72,00
3	Yésidi de Zara'	Chantre.	—	72,36
4	Lori du Louristan	Houssay.	—	73,57
10	Tsiganes de Transcaucasie	Chantre.	—	74,22
15	Tsiganes de Lycie	von Luschan.	—	75,13
3	Afghans de la vallée de l'Araxe	Chantre.	S.-dolichocéphales.	76,50
6	Bédouins de Mésopotamie	J.-E. Gautier.	—	76,73
9	Hadjémi de la basse Koura	Chantre.	—	77,50
3	Hadjémi de Suziane	Houssay.	—	77,77
4	Mamacéni de Mésopotamie	J.-E. Gautier.	Mésaticéphales.	78,00
130	Aderbéidjani de Transcaucasie	Chantre.	—	78,07
11	Disfouli de Suze	Houssay.	—	78,35
9	Bédouin de Syrie	Chantre.	—	78,41
25	Kurdes d'Airidja (Transcaucasie)	Nossouroff.	—	78,48
332	Kurdes divers de Transcaucasie et de Turquie	Chantre.	—	78,53
3	Yesidi de Karakou	Chantre.	—	78,61
26	Yürük de Lycie	von Luschan.	—	78,61
32	Tats de la Basse-Koura	Chantre.	—	79,00
34	Aderbéidjani de Traucaucasie	Erkert.	—	79,04

NOMBRE DE SUJETS	PEUPLES	OBSERVATEURS MM.		INDICES
45	Grecs de Bythinie	Weisbach.	Brachycéphales.	80,07
17	Grecs de localités diverses d'Asie	Apostolides.	—	81,00
187	Turcs osmanli de Lycie.	von Luschan.	—	81,00
7	Bédouins de Syrie	von Luschan.	—	81,93
5	Rusténi de Mésopotamie	Gautier.	—	82,20
170	Tatars du Dagesthan	Wirouboff.	—	83,05
4	Bakhtyari	Duhousset.	—	83,07
3	Bakhtyari	Houssay.	—	83,70
10	Métouali du Liban	Senez.	—	84,06
120	Turcs osmanli de Cappadoce	Chantre.	—	84,33
131	Turcs osmanli d'Anatolie)	Eliseiff.	—	84,40
5	Grecs d'Erkilet (Anatolie)	Chantre.	—	84,49
48	Ansariés d'Antioche	—	—	84,53
25	Grecs de Syrie	—	—	84,91
34	Juifs d'Akhaltzick.	—	Ultra ou superbrachycéphales.	85,19
22	Grecs d'Urgub (Anatolie)	—	—	85,40
341	Arméniens de Trancaucasie et d'Anatolie	—	—	85,63
18	Tahtadji de Syrie	von Luschan.	—	85,95
4	Yésidi de Hammah (Syrie).	Chantre.	—	86,00
15	Grecs de Syrie	von Luschan.	—	86,03
8	Turcs kizilbachi d'Euyuk d'Aladja (Anatolie).	Chantre.	—	86,11
6	Arméniens d'Ourmiah	—	—	86,34
4	Juifs d'Ourmiah	—	—	86,34
5	Kurdes d'Ourmiah	—	—	86,68
40	Turcs bektachi de Syrie	von Luschan.	—	86,85
6	Turcs kizilbachi de Frakten (Anatolie)	Chantre.	—	87,00
29	Maronites de Syrie	Senez.	—	87,13
142	Grecs de Kerassund	Niophitos.	—	87,21
27	Lazes de Batoum	Chantre.	—	86,88
84	Grecs de Syrie	von Luschan.	—	88,00
4	Yésidi de Cheik-han.	Gautier.	—	88,15
5	Kurdes de Batoum	Smirnow.	—	88,70
27	Aïssori	Chantre.	—	89,00
9	Bakhtyari	Gautier.	—	89,32
5	Druzes de Syrie	Senez.	—	90,47

Les documents morphologiques que nous avons réunis, joints aux renseignements philologiques, ethnographiques et historiques, ont montré que, au-dessus de tous les peuples actuels de l'Asie occidentale, se place la race arménienne, importante entre toutes par son ancienneté et par son homogénéité dans le temps et dans l'espace.

Quelque opinion que l'on ait sur l'origine de la famille arménienne, que l'on veuille la rattacher au groupe dit *sémitique* ou à l'autre groupe dont la dénomination de *touranienne* est tout aussi défectueuse, il semble démontré que c'est dans la Mésopotamie qu'elle s'est formée côte à côte avec quelques autres grandes races encore mal définies, et que c'est dans les régions de l'Ararat qu'elle s'est développée et qu'elle s'est constituée ensuite en nation.

Le type arménien si remarquable par sa persistance est fixé depuis fort longtemps, car il est reconnaissable déjà sur certains bas-reliefs assyriens, tels que celui qui représente des ambassadeurs du Naïri, visitant Assourbanipal, en Elam.

Nos recherches nous ont conduit à une autre constatation non moins intéressante, c'est celle de l'existence d'un certain nombre de peuples secondaires que leurs affinités morphologiques et ethnographiques ne peuvent placer ailleurs qu'à côté des Arméniens.

Ces populations arménoïdes, c'est-à-dire hypsi-hyperbrachycéphales, sont en partie confondues actuellement sous le couvert d'un islamisme fort mitigé, parmi les Kurdes ou les Turcs. Sous des noms ou des sobriquets très divers, ils professent des cultes plus ou moins mystérieux, mais ayant tous quelques liens de parenté entre eux.

Nous avons rangé dans cette catégorie les Ansariés, les Tahtadji, les Kizilbachi, les Bektachi, les Métouali, les Yésidi et quelques autres familles encore moins connues. Ces divers groupes semblent avoir été constitués en partie par des Arméniens qui auraient résisté d'abord aux propagateurs du christianisme et ensuite à ceux de l'islamisme. Leurs origines peuvent être cherchées sans doute aussi, dans une période plus ancienne, parmi les débris des peuplades païennes primitives de l'Asie Mineure et de la Syrie que von Luschau a identifiés avec les Hétéens.

Après la nation arménienne et les groupes arménoïdes qui peuvent s'y rattacher, vient assurément parmi les peuples présentant le plus d'intérêt celui qui est connu depuis la plus haute antiquité sous la dénomination de Kardouk, de Kart, et qui porte actuellement le nom de Kurde. Ce que j'ai exposé précédemment de l'ethnogénie des Aïssori, jadis classés parmi les Sémites et maintenant considérés comme une tribu Kurde, me dispense d'entrer ici dans de plus amples détails sur l'origine de cette population. Qu'elle représente réellement les descendants de Nemrod et d'Assur, comme le veulent ses traditions, et que l'on doive ou non lui attribuer la fondation du premier empire assyrien, il est permis de croire que, dans le principe, elle était apparentée d'une part au peuple arménien avec lequel elle s'est souvent mêlée, et que, d'autre part, elle présente des affinités sérieuses avec plusieurs autres races d'origine également mésopotamienne dont nous aurons à rechercher ultérieurement la constitution.

Comme proches parents des Kurdes j'ai décrit les Bakhtyari et quelques autres petites nations qui s'y rattachent plus par des affinités ethnographiques et linguistiques que morphologiques.

Une autre catégorie de races dont l'antiquité est moins reculée que celle des Arméniens et des Kurdes, mais dont le rôle n'a pas été moins important dans l'histoire, est celle à qui je conserverai volontiers le nom d'iraniennes. Ces races constituent la majeure partie de la population de la Perse et ont débordé au nord, de l'autre côté de l'Araxe, en Transcaucasie. Elles sont connues sous les noms de Tats ou Tadjiks, d'Hadjémi, d'Afghans, etc. Elles forment un groupe à peu près homogène, présentant des caractères morphologiques communs. Ces caractères rapprochent ce groupe des Tsiganes et de la famille sémitique ; ils se retrouvent en partie dans un groupe d'origine turque émigré depuis longtemps en Iran. Cette population s'est développée surtout dans l'Aderbéidjan et n'offre presque plus aucune trace de son type primitif.

Quant à la population turque de l'Asie Mineure, dite *Osmanli*, aussi bien que celle qui porte le nom de *grecque* dans ce pays, elles ne sont composées que dans de très faibles proportions de vrais Turcs et de vrais Grecs. Elles ont perdu leur type ethnique. Elles possèdent pourtant des religions et des langues qui leur sont propres, mais elles sont imprégnées depuis fort longtemps d'éléments arméniens et des débris des antiques populations pélasgiques, protocappadociennes ou hétéennes dont je me propose d'étudier le type et la civilisation dans un mémoire spécial.

TABLE DES MATIÈRES

Lyon. — Imp. PITRAT AINÉ, A. Rey Successeur, 4, rue Gentil. — 8125

PLANCHES

Arméniennes d'Akhaltzikh (Russie)

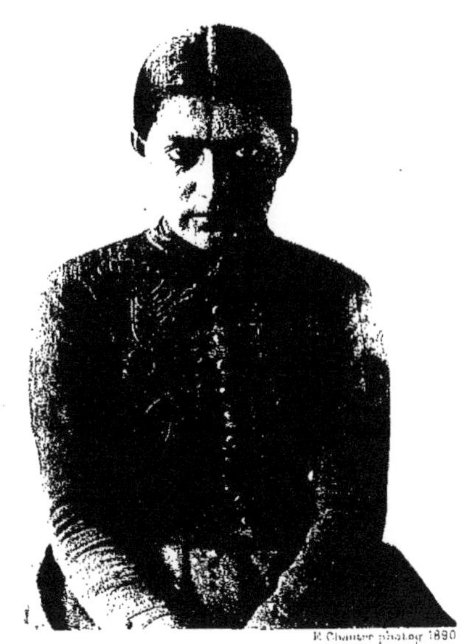

E. Chantre photog. 1890

Arméniennes d'Akoulis (Russie)

E. Chantre, photog 1890

Arméniens d'Akoulis (Russie)

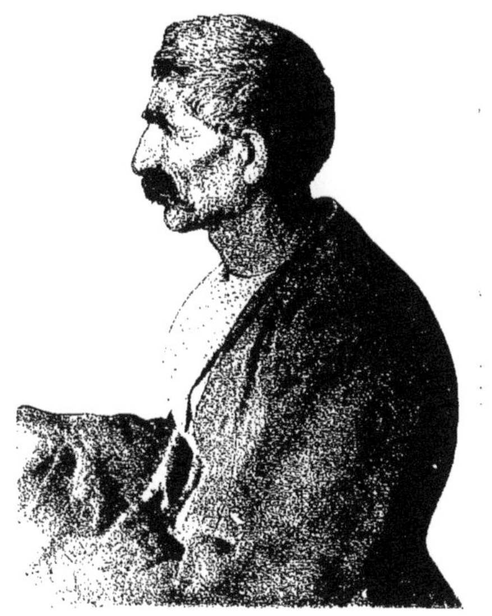

Arméniens de Tathève (Russie)

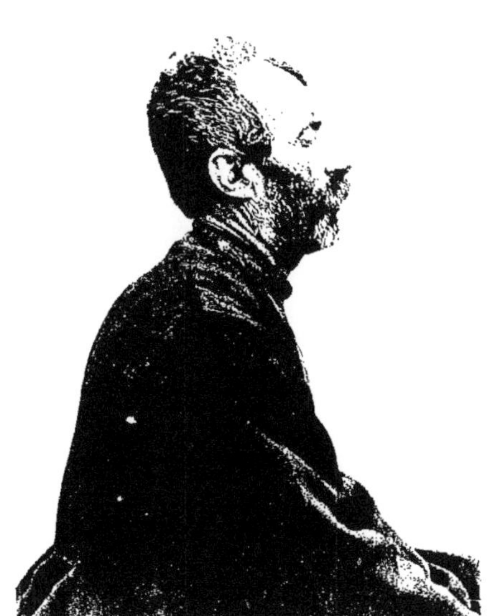

E. Chantre phot. 1893

Arméniens de Göl. (Russie)

Photog. E. Chantre

Kalpakdjian effendi et son fils

Arméniens de Césarée (Turquie)

Photog. Chantre

Arméniennes

de Césarée et de Sis, (Turquie)

Imp. Sailland Lyon.

Arméniens

d'Hadjin, Khozan (Turquie)

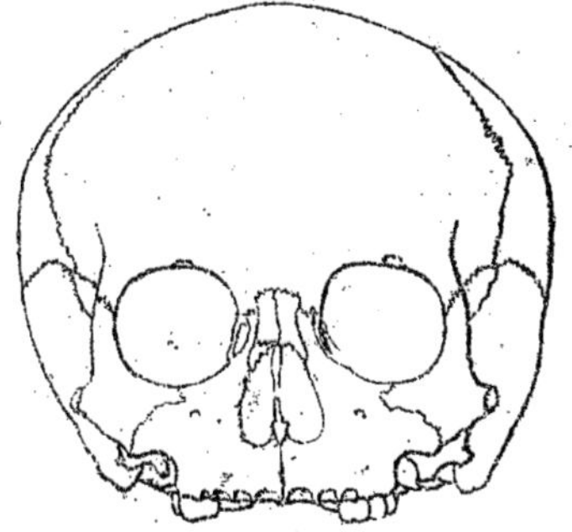

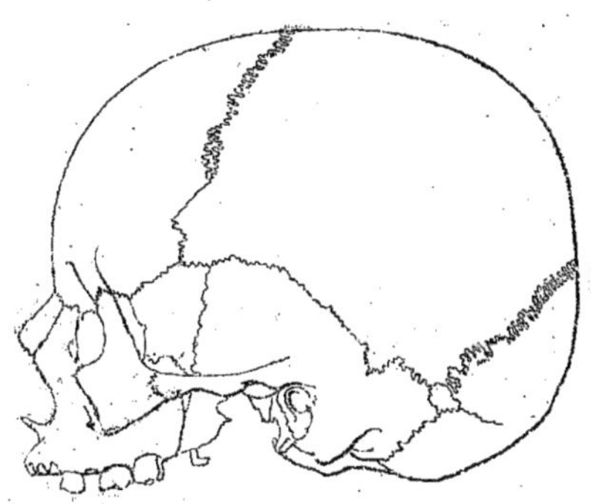

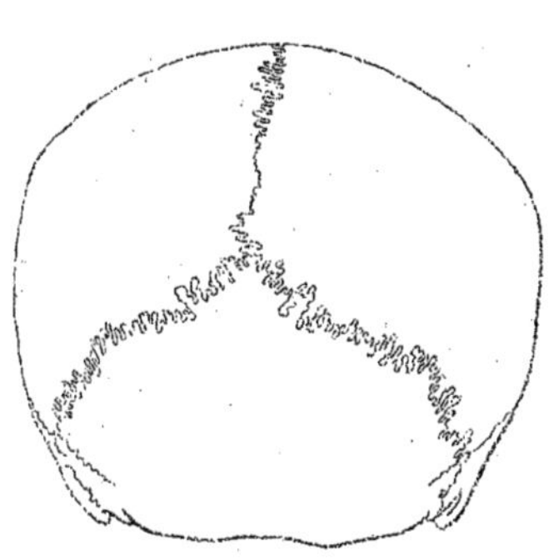

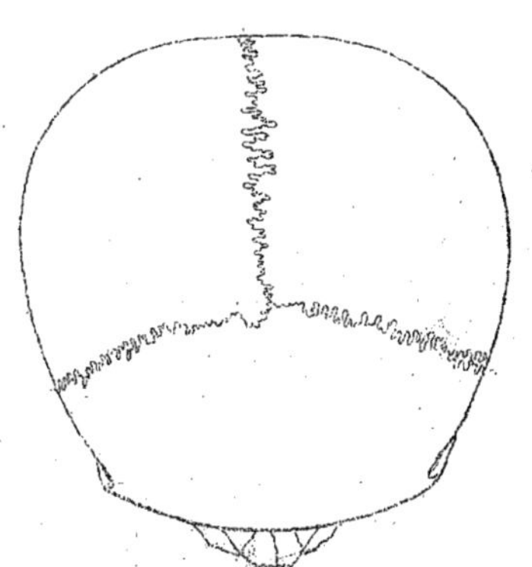

Arménien d'Erivan (Russie)

Imp. J. Sallard Lyon

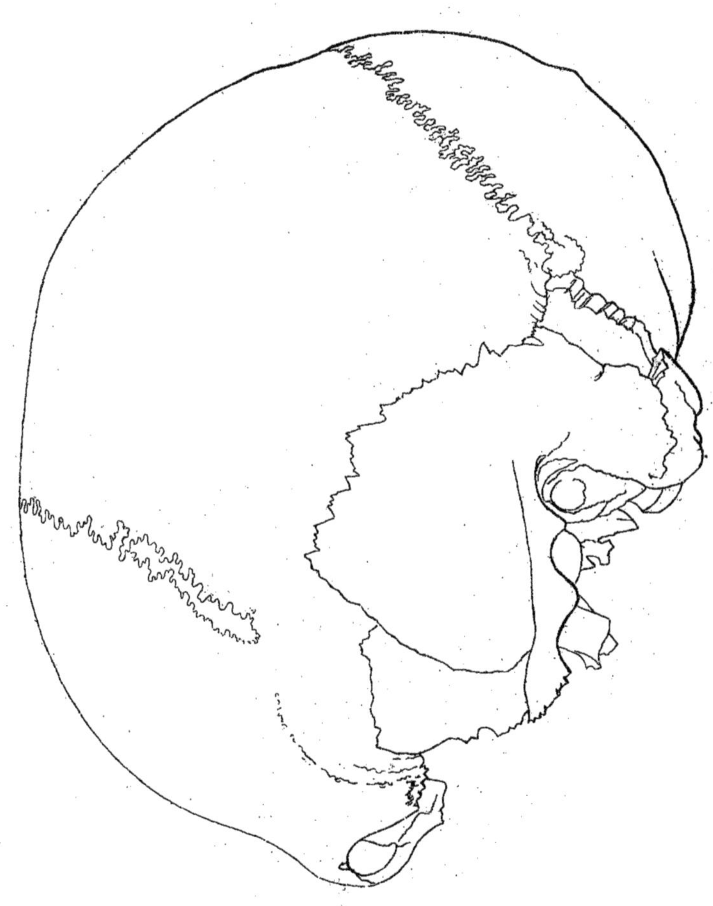

Gauthier. scripsit.

E. Chantre. Direxit.

Arménien d'Erivan (Russie

Imp. J. Sailliard. Lyon.

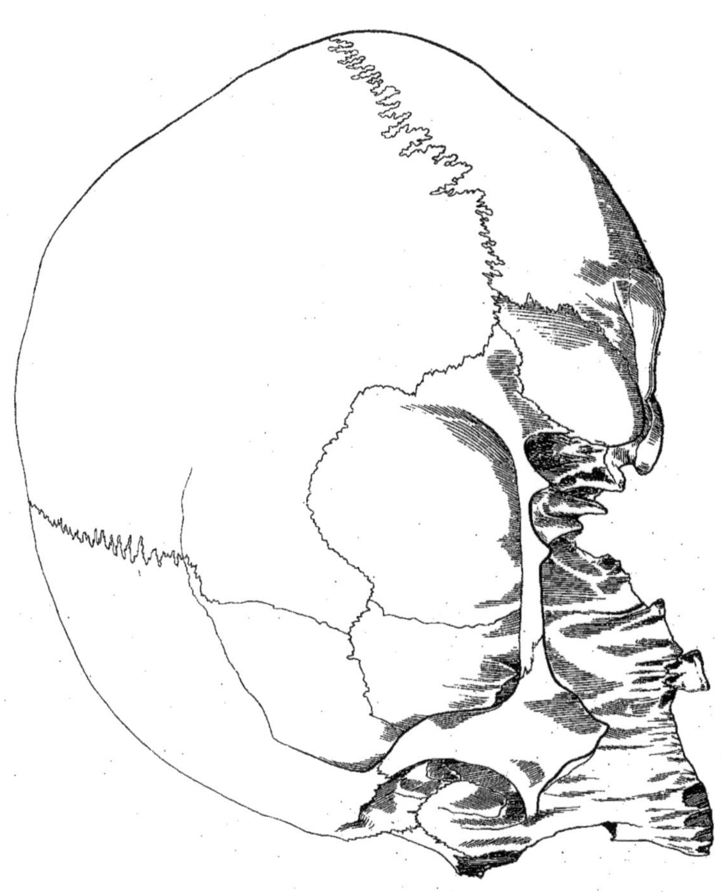

hier. scripsit.

E. Chantre. Direxit.

Arménien de Mouch (Turquie)

Imp. J. Saillard. Lyon.

[illegible] 1890 — Héliogravure [illegible]

Kurdes Bourouki d'Aïridja

Le Cheikh Atach et sa femme

Héliogravure Lemercier

E. Chantre photog. 1890

Kurdes Bourouki d'Aïridja

Imp. [illegible] Lyon

Héliogravure Lemercier

E. Chantre photog. 1890.

Kurdes Radki de Sourmalou (Russie)

Imp. Jullien Lyon

Héliogravure Lemercier & Cie — E. Chantre photog. 1890

Kurdes Radki de Sourmalou

Khoté et Sourmé, filles d'Hassan Agha

Photogravure Lemercier & Cie

E. Chantre photog. 1890

Kurdes des environs d'Alep

Héliogravure [illegible]

E. Chantre phot. [illegible]

Kurdes des environs d'Alep

Photo-collographie Bellotti

Photo E. Chantre

Kurdes Zaza de Karpouth (Turquie)

Kurdes de la vallée de l'Abaga (Ararat)

[illegible] de Moussa agha (Chef de la Tribu des [illegible])

Phototypie Lemercier & Cie — E. Chantre photog. 1881

Kurdes des environs de Van

Tribu des Chekas

Héliogravure Lemercier & Cie — E. Chantre photog. 1890

Kurdes de Merdjri-Khan pres Orfa

Tribus des Barazi et des Dug̃herli

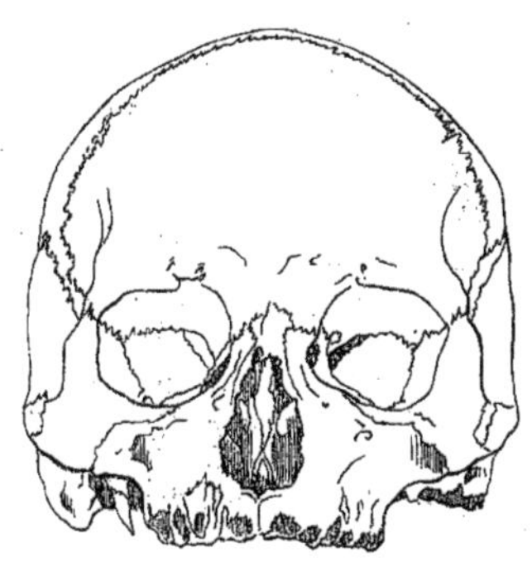

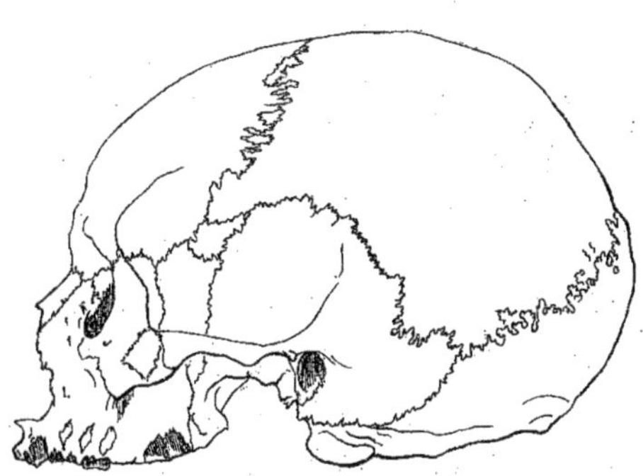

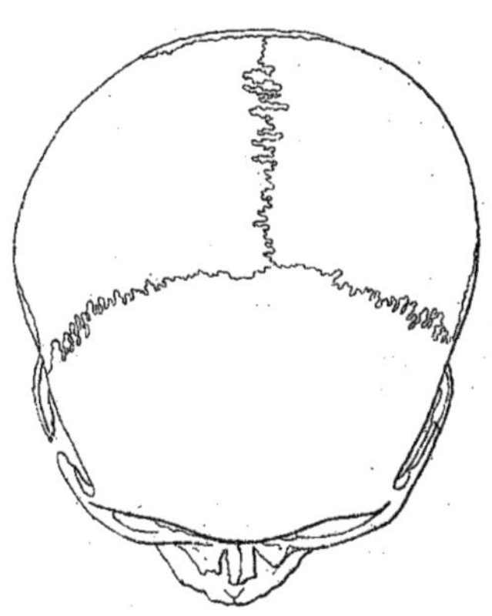

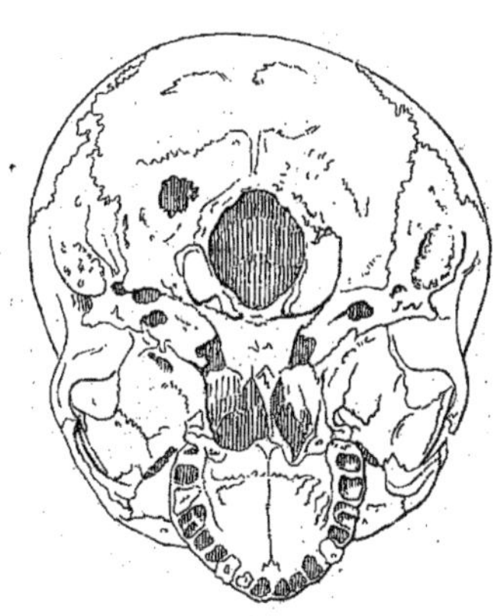

Gauthier sculpsit E. Chantre, Dirax.

Kurde de Diarbekir (Turquie)

N° 1

Imp. J. Baillard Lyon.

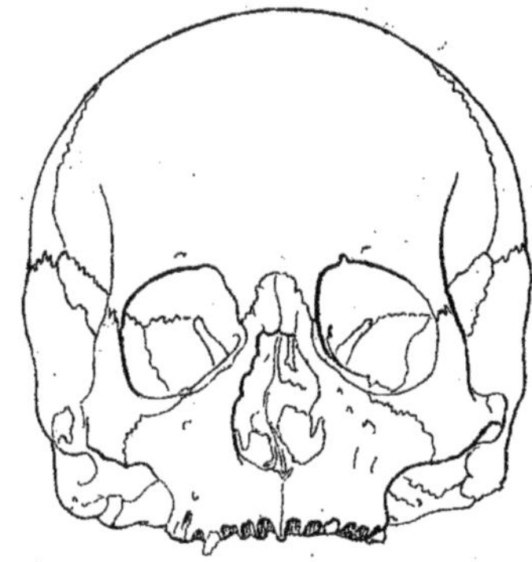

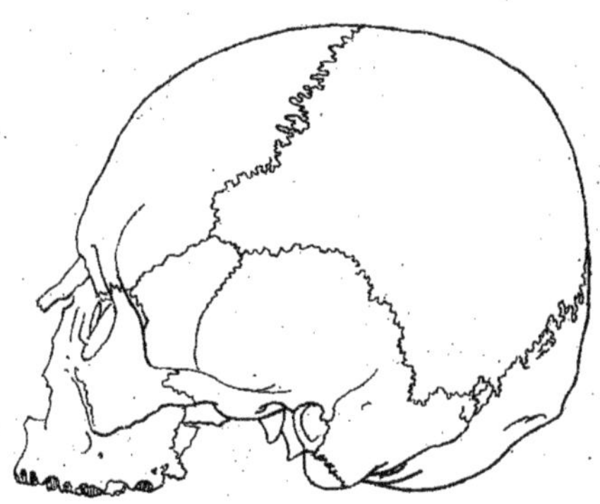

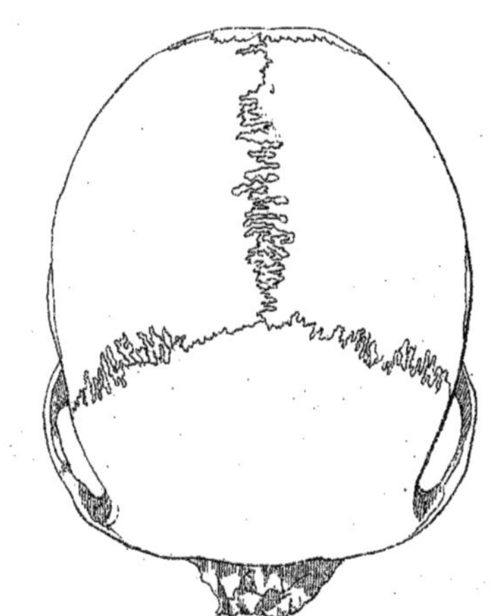

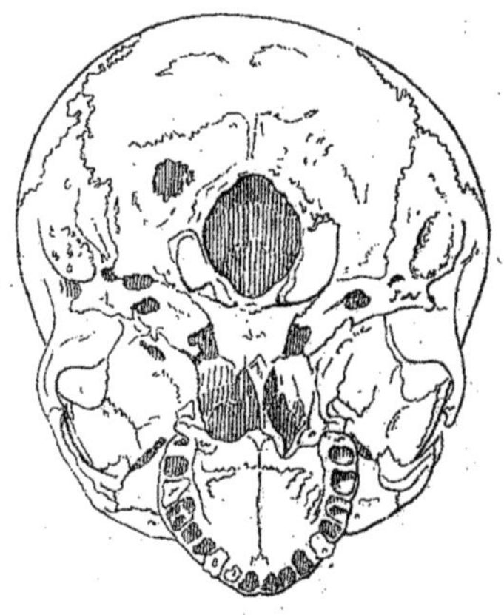

Gauthier sculpsit. E. Chantre Direxit.

Kurde de Diarbekir (Turquie)

N° 2

Imp. J. Seillard Lyon.

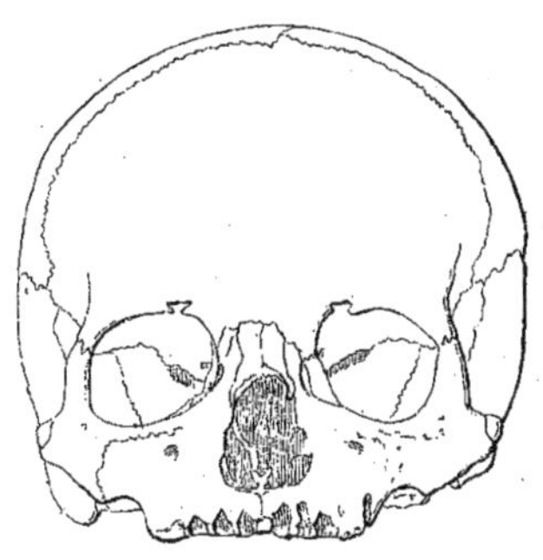

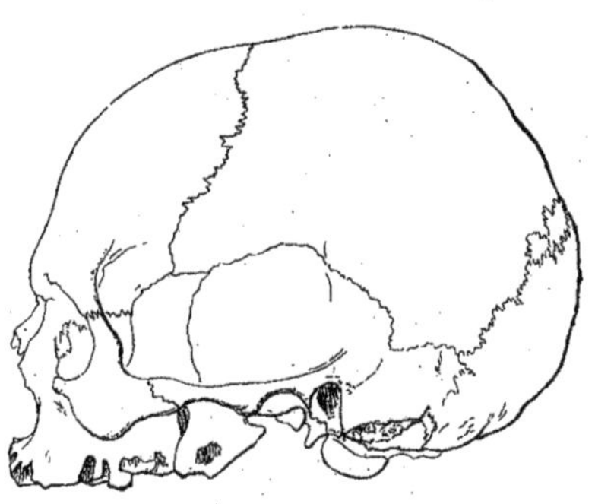

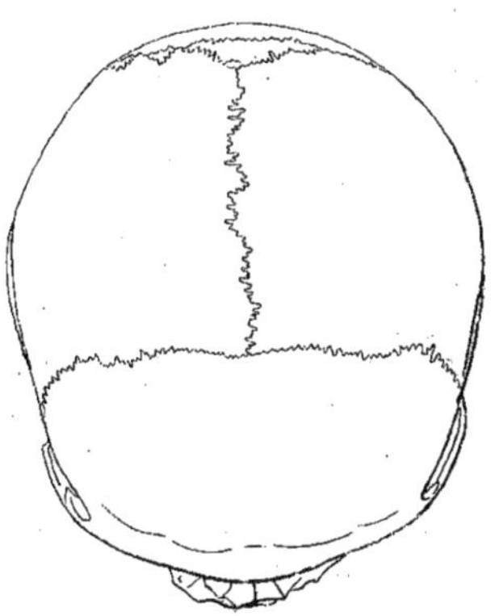

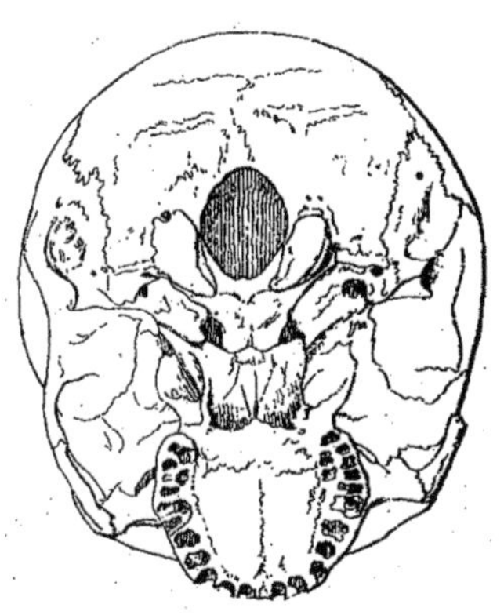

Gauthier scripsit.

E. Chantre Direxit.

Kurde de Diarbekir (Turquie)

N° 3

Imp. J. Sallard, Lyon.

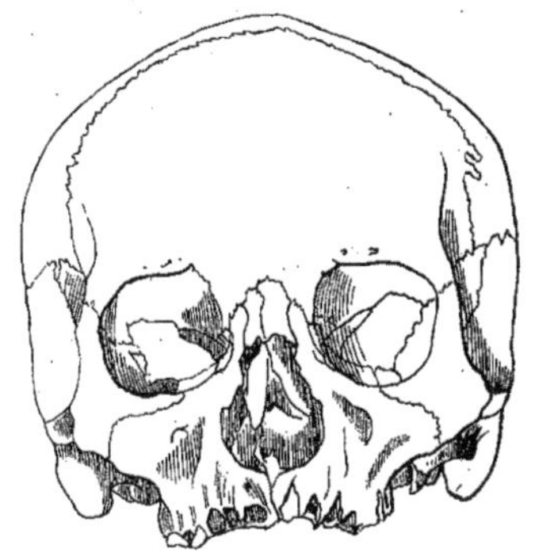

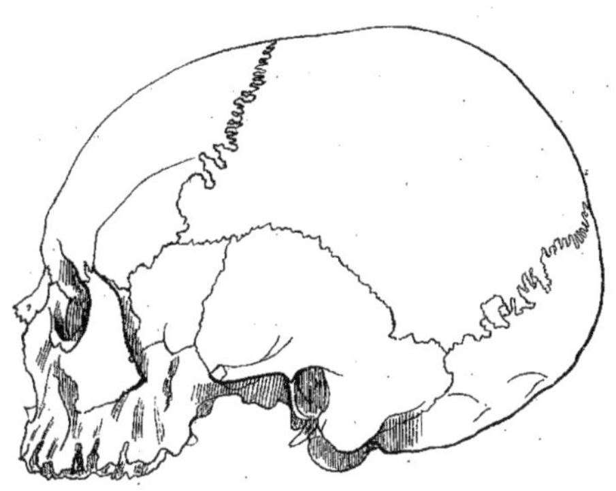

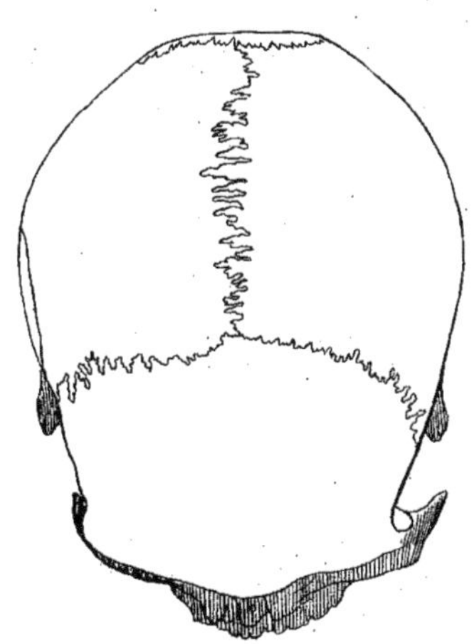

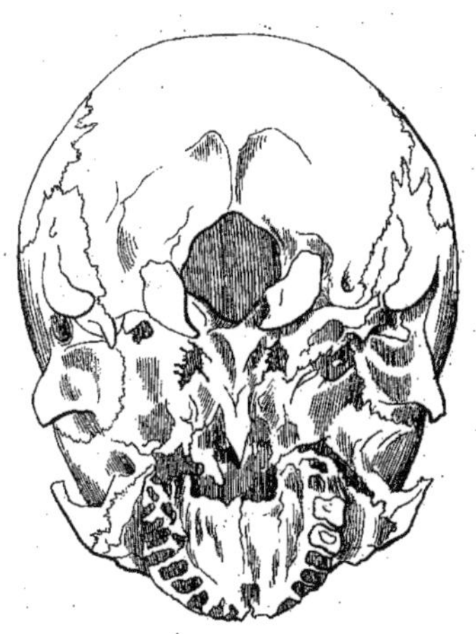

Gestner sculpsit

E. Chantre Direxit

Kurde de Diarbekir (Turquie)

Nº 4

Imp. J. Saillard, Lyon.

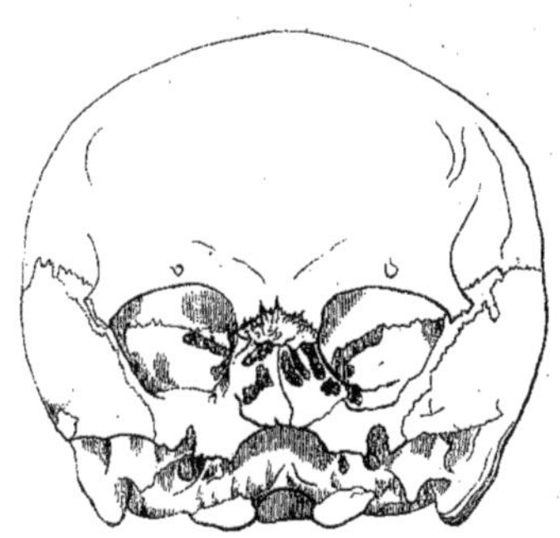

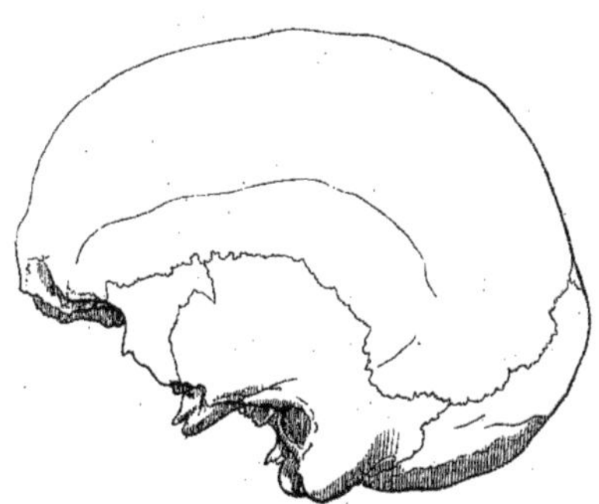

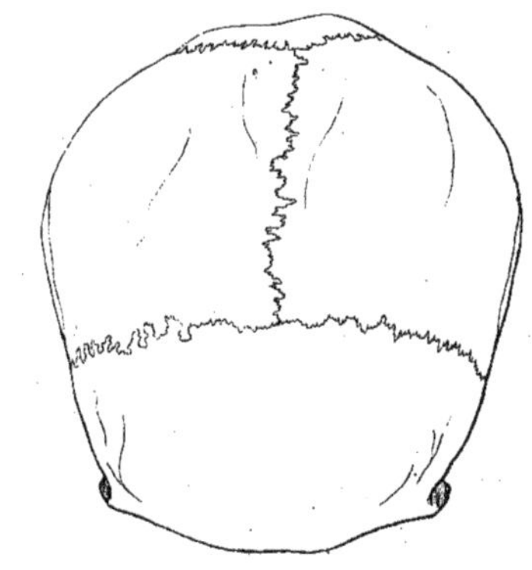

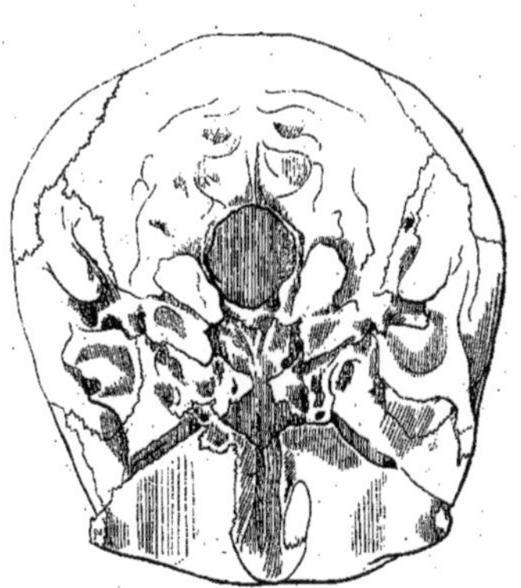

Sauthier, sculpsit.

E. Chantre, Direxit.

Kurde de Diarbekir (Turquie)

N° 5

Imp. J. Sabliard. Lyon.

Le Cheikh Soliman et son Fils
Ansaries d'Antioche

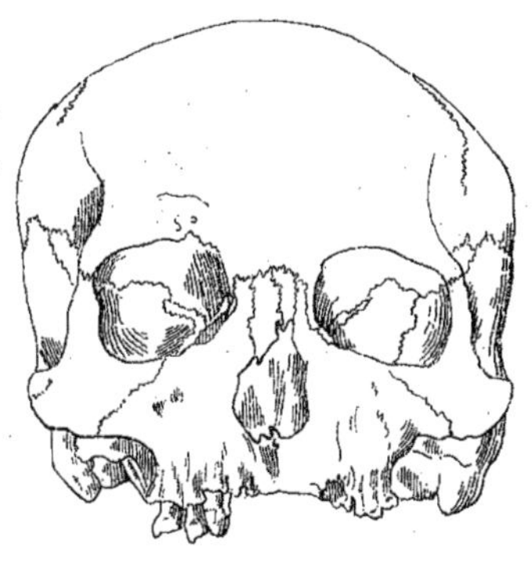

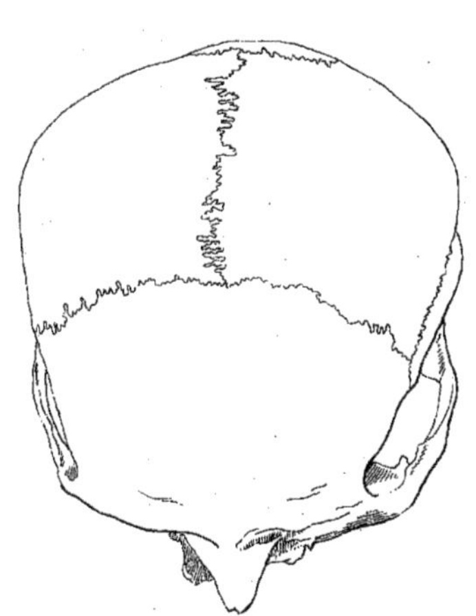

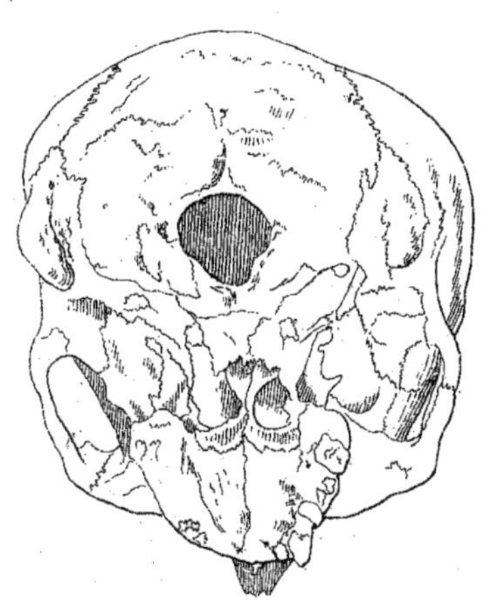

Ansaries de Kerdaha (Turquie)

N° 4

Imp. J. Saillard, Lyon.

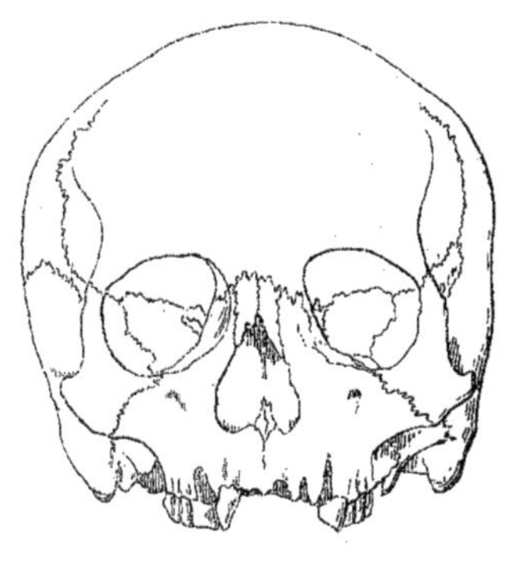

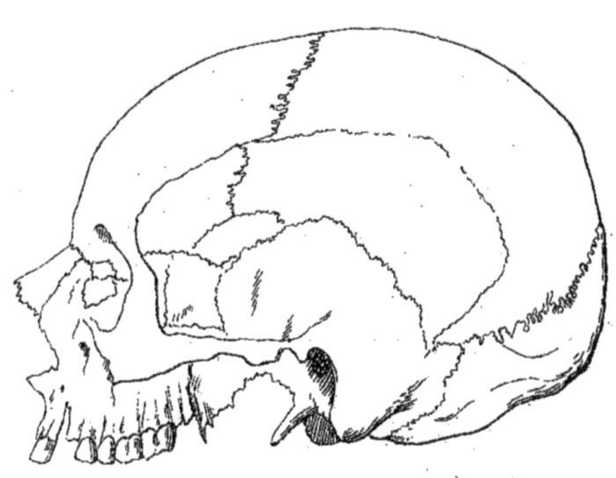

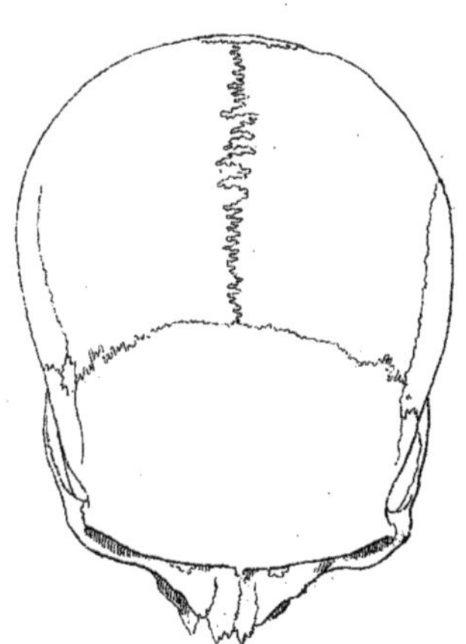

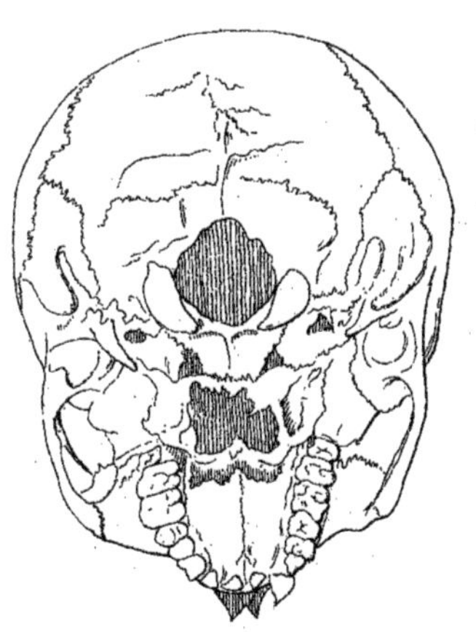

E. Chantre Direxit

Ansaries de Kerdaha (Turquie)

N° 5

Imp. J. Baillard Lyon

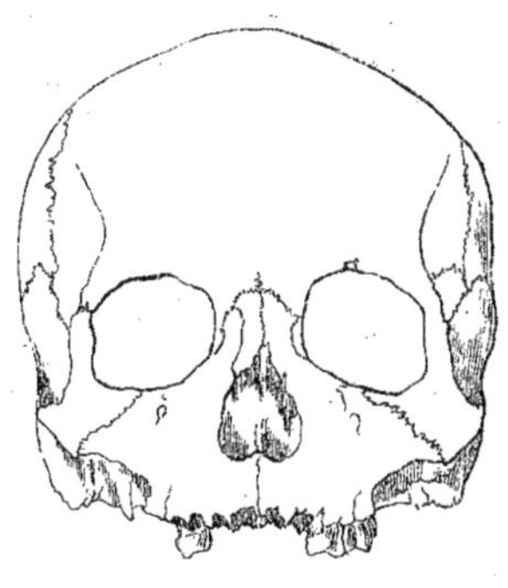

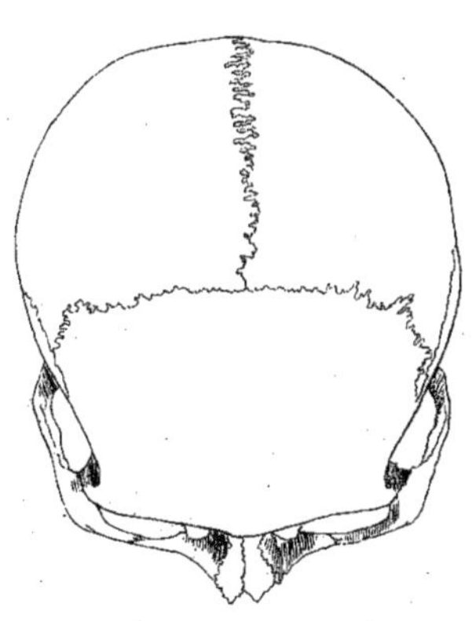

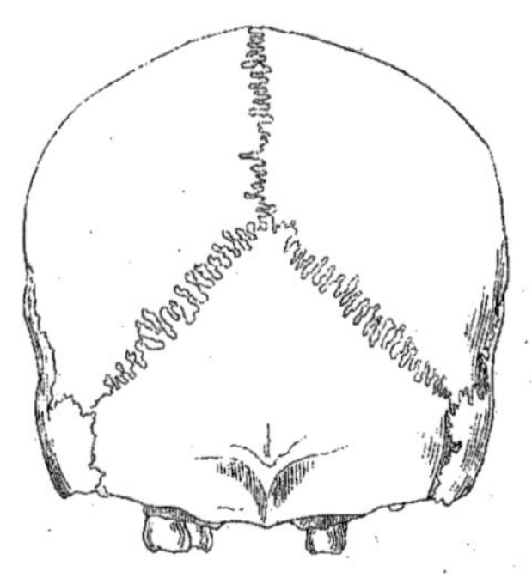

Gauthier sculpsit

Ansaries d'Antioche (Turquie)

N° 2

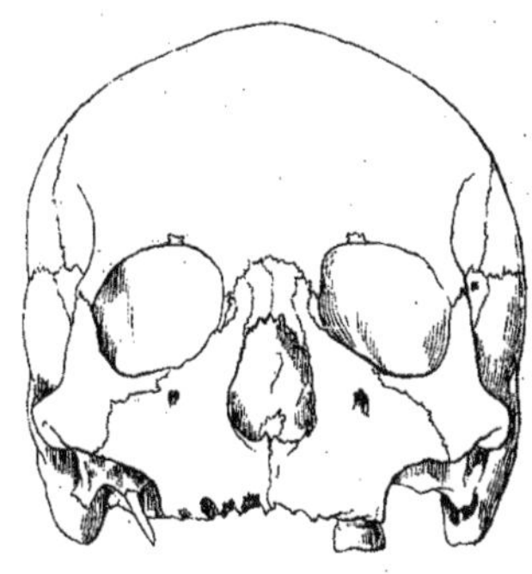

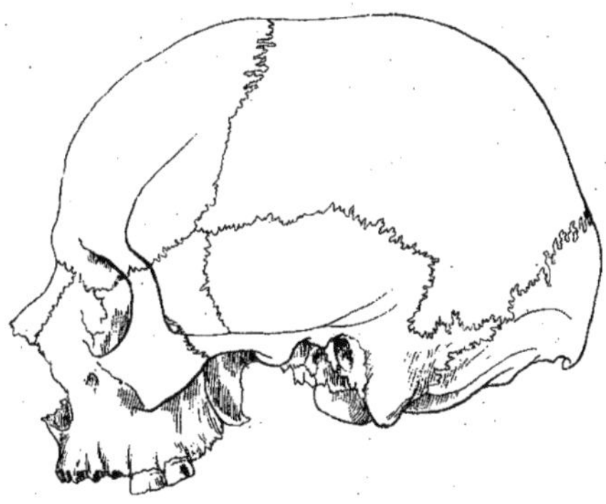

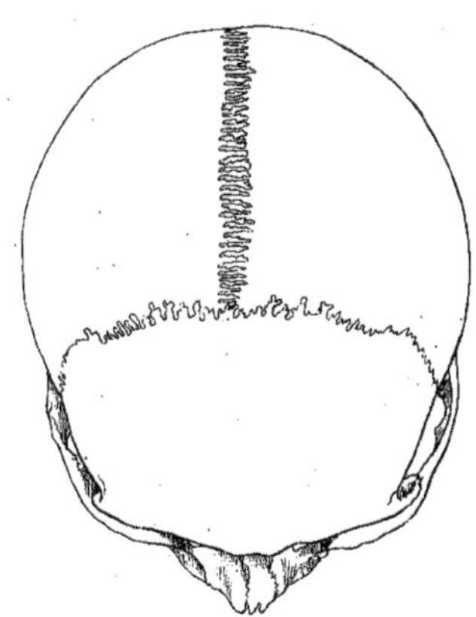

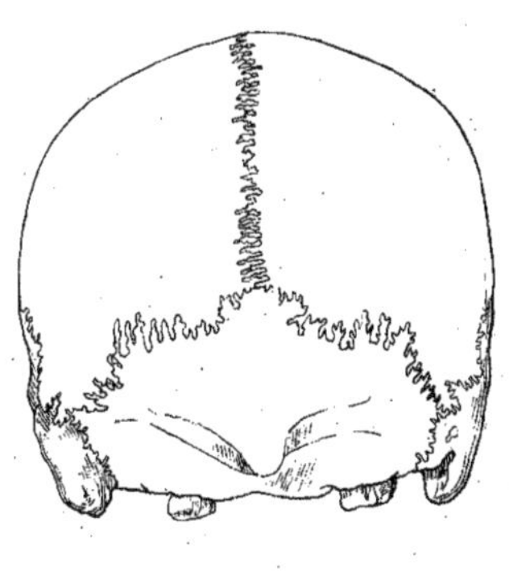

Gauthier scripsit

E. Chantre. Dirext.

Ansaries d'Antioche (Turquie)

N° 3

Imp. C. Seillard Lyon

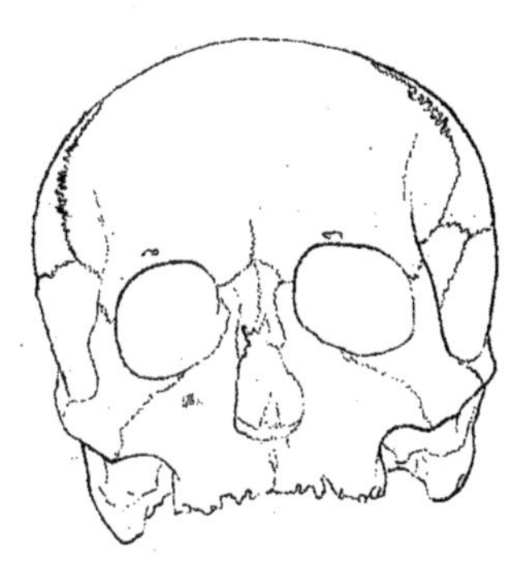

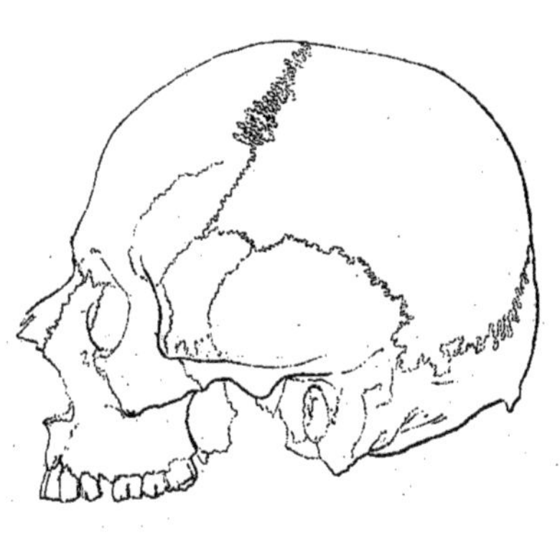

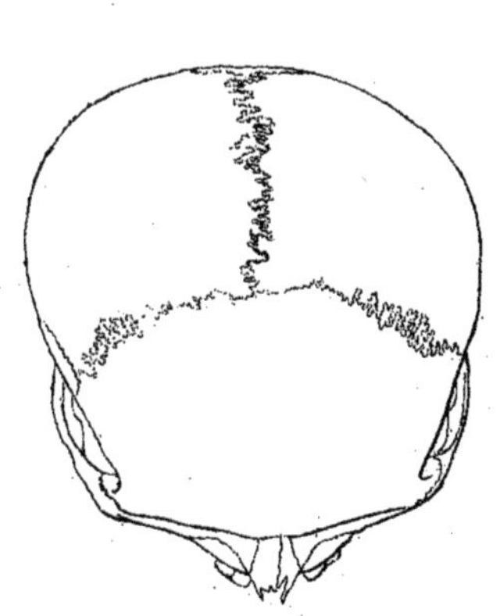

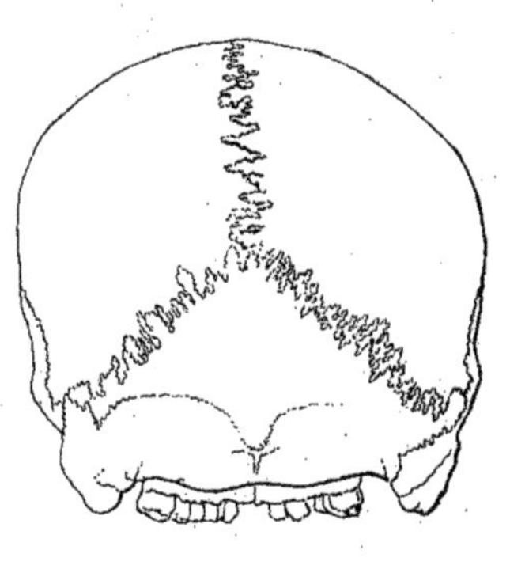

E. Chantre. Direxit.

Gauthier scripsit.

Ansaries d'Antioche (Turquie)

Imp. J. Sailliard Lyon.

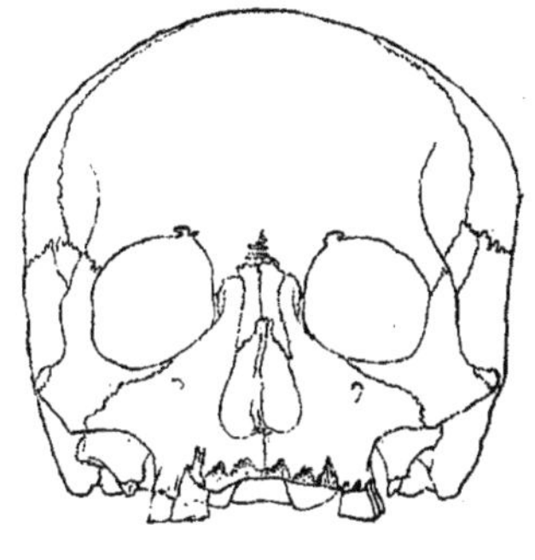

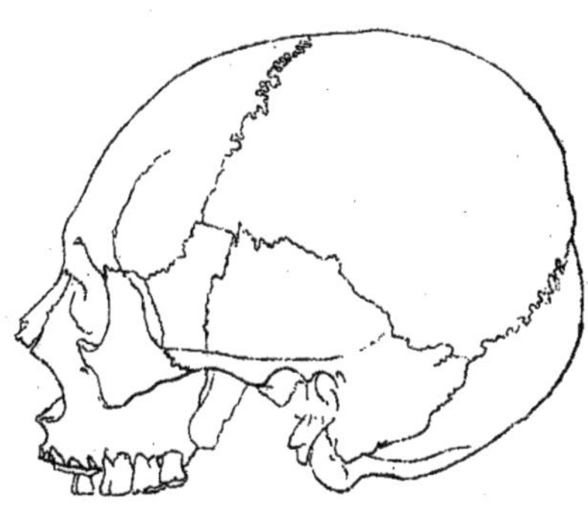

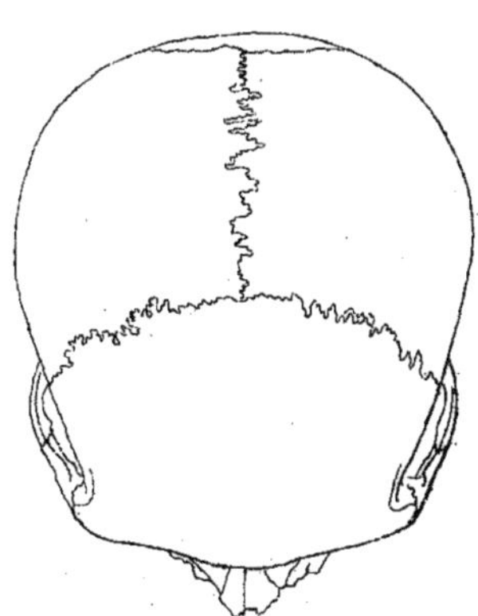

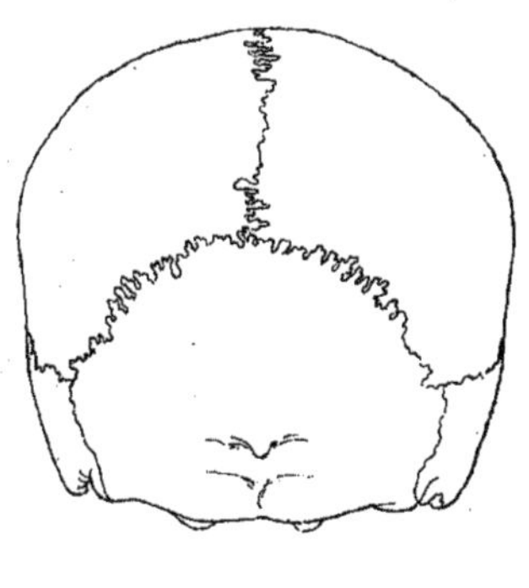

Gauthier sculpsit

E. Chantre Direxit.

Metouali de Hunin (Turquie)

N° 1

Imp. J. Saillard Lyon

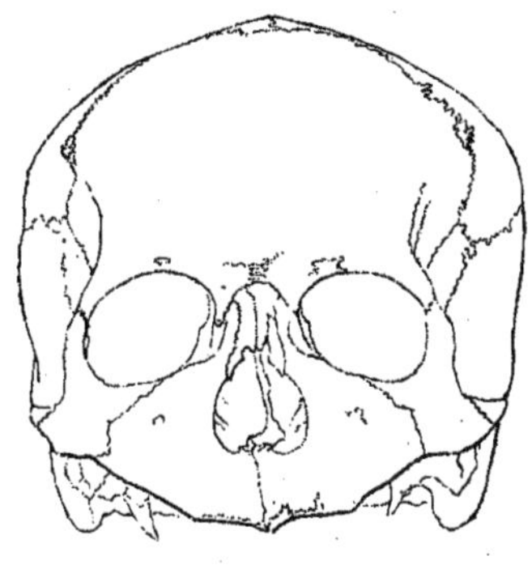

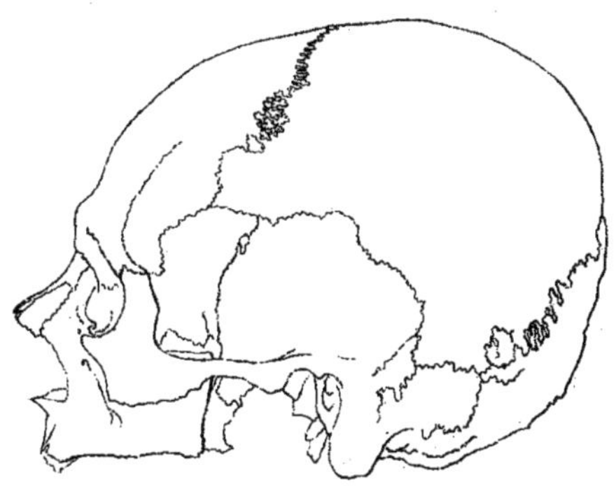

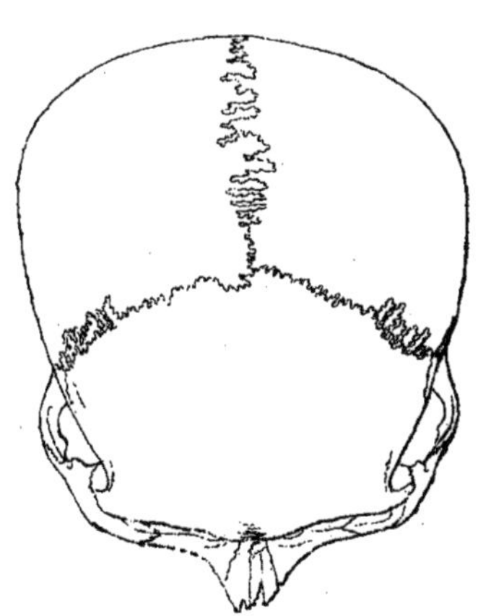

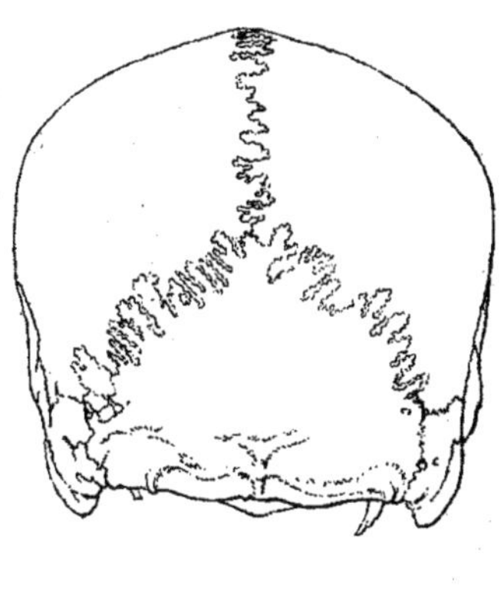

Gauthier sculpsit.

E. Chantre, Direxit.

Metouali de Hunin (Turquie)

N° 3

Imp. J. Baillard Lyon.

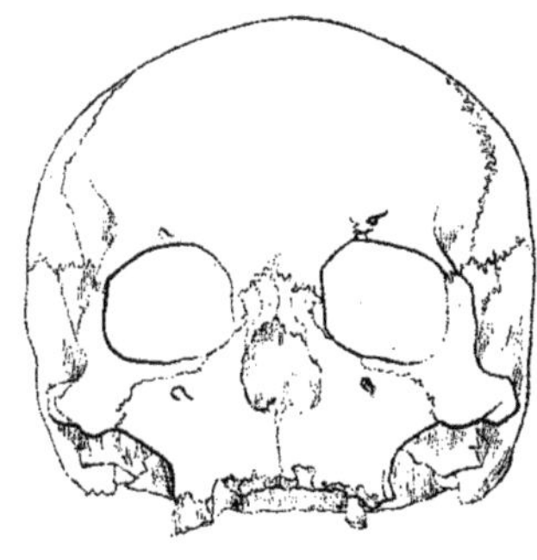

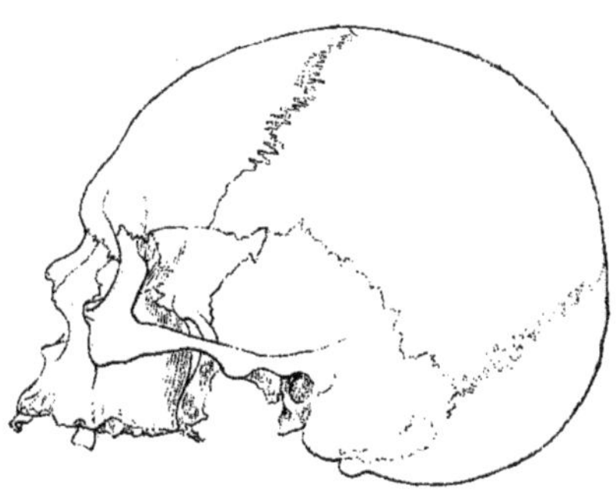

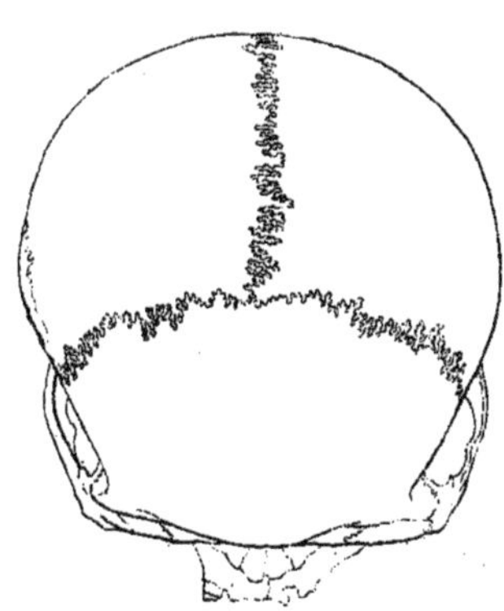

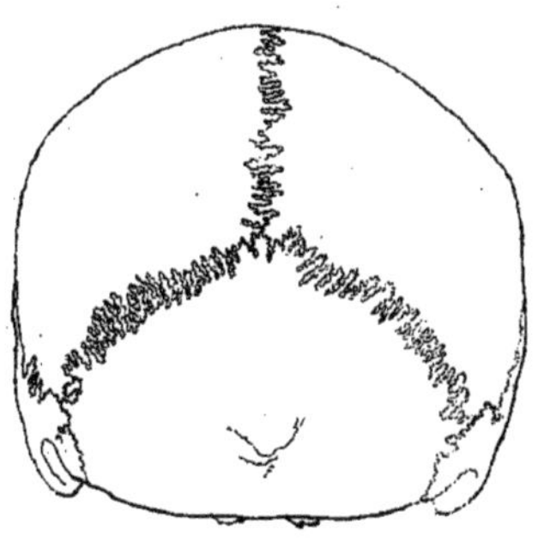

Gauthier scripsit

E. Chantre Direxit

Metouali de Saïda (Turquie)

N° 4

Imp. J. Saillard Lyon

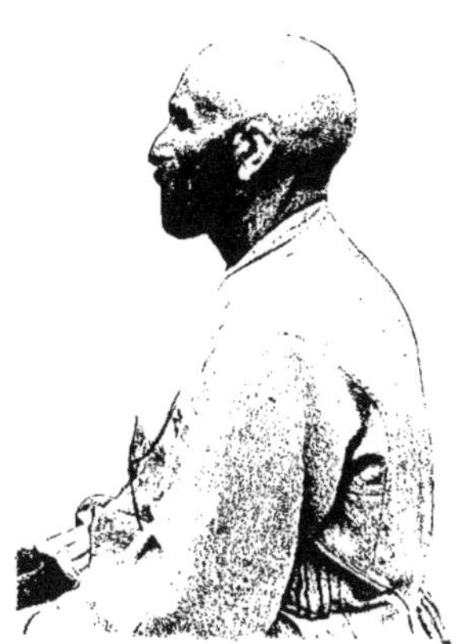

Nadjaf et Abbas

Aderbeidjani d'Erivan (Russie)

Ismaïl bek Novrouzoff et Djafar Kouli
Aderbeidjani de Choucha (Russie)

E. Chantre phot. 1890

Fetali et Hassan

Aderbeidjani de Kara-Kilissa (Russie)

Gul et Fatma

Aderbeidjani d'Arkhouri (Ararat)

Turcs Kizilbachi

d'Euyuk d'Aladja (Turquie.)

Hadji Mehemed et son frère

Turcs Osmanli d'Erkilet (Turquie)

E. Chantre. Direxit

La 1re et la 2me Femme d'Hadji Mehemed

Turques Osmanli d'Erkilet (Turquie)

Imp. u Sadlard Lyon

Afchars du Khozan (Turquie)

Aïssori de Salmast
(PERSE)
Emigrés à Tiflis

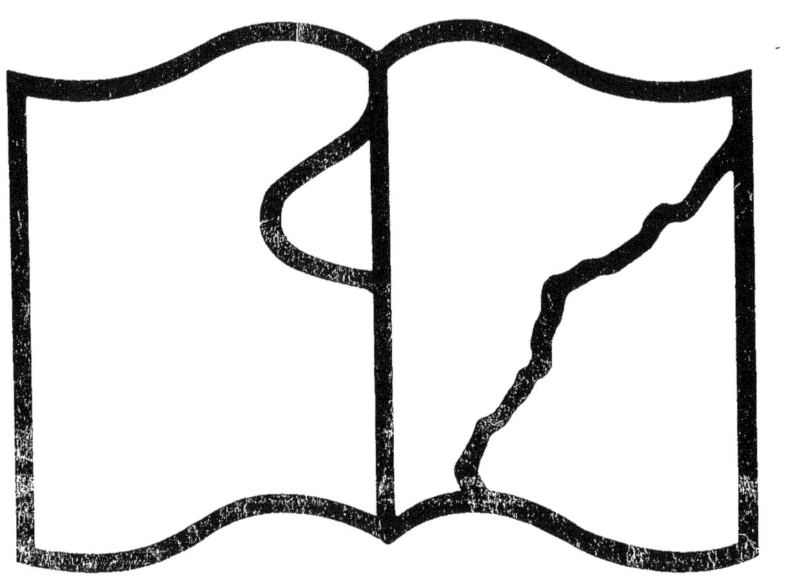

Texte détérioré — reliure défectueuse

NF Z 43-120-11

A
B

www.ingramcontent.com/pod-product-compliance
Ingram Content Group UK Ltd.
Pitfield, Milton Keynes, MK11 3LW, UK
UKHW020426200726
13857UKWH00002B/301